Werner Rau

MOBIL REISEN

UMBRIEN & MARKEN

Mit San Marino

Werner Rau

MOBIL REISEN

UMBRIEN MARKEN

MIT SAN MARINO

Unterwegs auf den schönsten Reiserouten
mit Wohnmobil, Caravan, Auto- & Van-Camper

Mit vor Ort ermittelten GPS-Koordinaten

WERNER RAU VERLAG

Idee, Layout, Text, Karten, Stadtpläne und Fotos (falls nicht anders gekennzeichnet): Werner Rau

Titelgestaltung: HitzArtworks, 72667 Schlaitdorf

Titelfoto: Trevi bei Spoleto, Umbrien

1. Auflage 2018/2019

Herstellung: Druckerei & Verlag Steinmeier, 86738 Deiningen
Printed in Germany

ISBN 978-3-926145-76-5
Geo Nr. 663 10177

INHALT

Zum Kennen Lernen

Kunst, Kultur und große Meister

Anreise

Mobile Touring Highlights

UMBRIEN

SAN MARINO

MARKEN

Praktische und nützliche Informationen von A bis Z

Extra-Infos

Karten und Stadtpläne

EIN KURZPORTRÄT MITTELITALIENS

Italien, italienisch *Italia*, trägt die offizielle Bezeichnung *Repubblica Italiana, Italienische Republik*.

Italien erstreckt sich von den Alpen über die gesamte Italienische Halbinsel (1.200 km) und umfasst außerdem die Inseln Sardinien und Sizilien, sowie diverse kleinere Inseln und Inselgruppen im Tyrrhenischen Meer.

Italien grenzt im Norden an Österreich und die Schweiz, im Westen an Frankreich, das Fürstentum Monaco, an das Ligurische und an das Tyrrhenische Meer, im Osten an Slowenien und an das Adriatische Meer und im Süden schließlich an das Ionische Meer.

Größe des Landes – Insgesamt umfasst Italien ein Territorium von 301.335 qkm, inklusive der Inseln Sardinien und Sizilien. Davon entfallen auf die Provinz Umbrien 8.456 qkm und auf die Provinz Marken/Marche 9.695 qkm.

Italien hat eine Küstenlänge von annähernd 7.600 km.

Bevölkerung – In Italien leben insgesamt rund 60 Mio. Menschen, davon leben in der Provinz Marken/Marche rund 1,55 Mio. Einwohner und in Umbrien ca. 0,9 Mio. Einwohner.

Bevölkerungsdichte: 162 Einwohner pro Quadratkilometer (zum Vergleich Deutschland: 229 Einw./qkm).

Nach Großbritannien, den Benelux–Staaten und der Bundesrepublik Deutschland ist Italien das am dichtesten besiedelte Land Europas.

Die ganz überwiegende Mehrheit der Italiener (rund 98 %) bekennt sich zur römisch-katholischen Kirche. Die römisch-katholische Glaubensrichtung war in Italien bis 1984 Staatsreligion.

Italien kann auf die ältesten Universitäten in Europa verweisen, Parma, 1066 gegründet, und Bologna, 1088 gegründet.

Hauptstädte – Landeshauptstadt ist Rom mit fast 3 Mio. Einwohnern.

Die Hauptstadt Umbriens ist **Perugia** mit fast 166.000 Einwohnern. Die nächst größeren Städte sind Terni (ca. 115.000 Einw.) und Folignio (ca. 60.000 Einw.).

Ancona (ca. 101.000 Einw.) ist die Hauptstadt der Provinz Marken. Die nächst größeren Städte sind Pesaro (ca. 95.000 Einw.) und Fano (ca. 61.000 Einw.).

Staatswesen und Verwaltung – Nach Ausrufung der Republik im Jahre 1946 erhält Italien 1948 eine neue Verfassung. Aufgrund dieser Verfassung ist der auf sieben Jahre von einem Wahlmännerkollegium (die Abgeordneten beider Parlamentskammern und 58 Vertreter der Regionen) gewählte Präsident das Staatsoberhaupt.

Das italienische **Zweikammerparlament** besteht aus **Abgeordnetenkammer** „Camera dei Deputati" mit 630 Mitgliedern und **Senat** „Senato della Repubblica" mit 324 Mitglieder sowie 9 Senatoren, die auf Lebenszeit gewählt sind. Beide Kammern werden alle fünf Jahre neu gewählt.

Staatsoberhaupt ist der auf sieben Jahre gewählte **Staatspräsident**. Seit Dezember 2016 hat dieses Amt *Sergio Mattarella* inne.

Der Staatspräsident ernennt die Regierung und er hat das Recht, das Parlament aufzulösen.

Die Regierung wird vom **Ministerpräsidenten** (seit Dezember 2016 *Paolo Gentiloni,* Nachfolger von *Matteo Renzi,* dessen angestrebte Verfassungsänderung in einem Referendum am 4. Dezember 2016 vom Volk abgelehnt worden war und Renzi daraufhin zurücktreten musste) geführt und hat sich gegenüber dem Parlament zu verantworten.

Italien ist Mitglied der EU, G-8, NATO, OECD, OSZE, UNO und WEU.

Verwaltungstechnisch gliedert sich Italien in **20 Regionen**, die sich wiederum in **Provinzen** aufteilen.

Fünf der 20 Regionen Italiens sind mit weitgehenden Autonomierechten ausgestattet. Zu ihnen zählen Aostatal, Friaul-Julisch-Venetien, Sardinien, Sizilien und Trentino-Südtirol.

Die Region Umbrien unterteilt sich in die Provinzen ***Perugia*** und ***Terni,*** die

Region Marken in die Provinzen ***Ancona, Ascoli Piceno, Fermo, Macerata*** und ***Pesaro-Urbino.***

Wirtschaftliche Schwerpunkte – Großes Gewicht hat im Lande zwar immer noch Agrarwirtschaft (Obst, Wein, Zitrusfrüchte, Getreide), allerdings mit sinkender Tendenz. Von größerer Bedeutung, mit regional deutlichen Unterschieden, sind aber längst die Industriebereiche Automobil, Maschinenbau, Metallverarbeitung, Textil, Bekleidung, Schuhe und Chemie.

Etwa ein Drittel der Landesfläche Italiens wird agrartechnisch bearbeitet. Die Regionen Toskana, Marken und Umbrien zählen zu den vorwiegend landwirtschaftlich genutzten Gebieten Italiens.

Wegen Überfischung und Wasserverschmutzung spielt die Meeresfischerei nur noch eine unbedeutende Rolle.

In allen Wirtschaftssektoren ist ein starkes Nord-Süd-Gefälle zu beobachten. Von den Beschäftigten des Landes arbeiten kaum noch 20 % in der Landwirtschaft, während die Industrie fast 44 % aller Arbeitsplätze zur Verfügung stellt.

In den beschriebenen Regionen Umbrien und Marken, die in diesem Falle durchaus noch zum relativ wohlhabenden Norden des Landes gezählt werden dürfen, spielt neben den angeführten Sparten vor allem der Tourismus eine ganz maßgebliche Rolle im Wirtschaftsleben. Jährlich besuchen weit über 35 Mio. Touristen das Land, von denen fast ein Drittel aus der Bundesrepublik kommen.

Wichtige Exportartikel aus Umbrien und Marken sind Oliven, Wein und Schuhe.

In den früher ausschließlich bäuerlich geprägten Regionen Umbrien und Marken ist die Agrarwirtschaft zwar immer noch ein wichtiger Faktor, aber nicht mehr der größte Arbeitgeber. Heute arbeiten mehr Menschen im Dienstleistungsgewerbe und in der Industrie. Beide Bereiche erlebten vor allem im 19. Jh. einen rasanten Aufschwung.

In der Landwirtschaft dominieren immer noch zwei große Bereiche, Wein und Oliven.

Für Mittelitalien gilt, wie für viele andere italienische Regionen, dass viele landwirtschaftliche Betriebe eine neue Art entdeckt haben, profitabel zu wirtschaften, sie haben sich dem **Agritourismus** geöffnet. Man nutzt die meist reizvolle Lage der Gehöfte, ihre oft urige Architektur und das Ambiente der nicht selten historischen Herrenhäuser und Gutshöfe und bietet so eine ländlich-rustikale, dennoch zeitgemäß komfortable Atmosphäre für Feriengäste.

Landesnatur – Die Landesnatur der Regionen Umbrien und Marken (wie übrigens auch die der Toskana) wird maßgeblich geprägt vom Mittelitalienischen Hügel- und Beckenland.

Wichtigster Höhenzug ist der ganz Italien durchziehende Gebirgsrücken des **Apennin**, der bei Florenz weit nach Südosten schwingt und somit einer zum Tyrrhenischen Meer hin offenen, abfallenden, weniger hügeligen Landschaft Raum gibt. Die höchste Erhebung im Apennin ist der Grand Sasso mit 2.912 m

Die bedeutendsten **Flüsse**, die aus dem Apennin kommen, die die westlich des Gebirges gelegenen Landschaftsbecken (Subapenninische Becken) entwässern, sind der **Arno** in der Toskana und der **Tiber** (Tevere) in Umbrien.

Die **Beckenlandschaften**, früher regelmäßig von Überschwemmungen heimgesucht, sind überaus fruchtbar und werden folglich landwirtschaftlich intensiv genutzt. Nicht zuletzt die häufigen Überschwemmungen veranlassten die etruskischen Stadtgründer, ihre Siedlungen an den Hängen der Beckenlandschaft oder auf Bergplateaus anzulegen. Arezzo, Assisi, Cortona, Perugia oder Spoleto u. a. sind Beispiele dafür.

Zu Italiens **längsten Flüssen** zählen der Arno, die Etsch (der Adige), der Po und der Tiber (Tevere).

Nationalfeiertag ist der „Tag der Befreiung" am 25. April.

Italiens **Nationalhymne** „Inno di Mameli" (Hymne von Mameli) beginnt mit den Worten: „Fratelli d'Italia, l'Italia s'è desta, / Dell'elmo di Scipio s'è cinta la testa. ..." (etwa: Brüder Italiens, Italien hat sich erhoben und sich mit Scipios Helm das Haupt gekrönt). Scipio Africanus, 235 – 183 v. Chr., war römischer Feldherr und Staatsmann. Der Text der Hymne stammt von Goffredo Mameli, die Melodie dazu schrieb Michele Novaro.

Umbrien ist mit 8.456 qkm die kleinste der Regionen Italiens. Sie grenzt an die Toskana, an Marken/Marche und Latium und hat als einzige Region Italiens keinen Zugang zum Meer.

Umbrien wird gerne auch „Grünes Herz Italiens" genannt, ein zutreffender Beiname, wenn man sein landschaftliches Erscheinungsbild sieht.

Einer der großen Flüsse Italiens, der Tiber, durchfließt Umbrien auf der Hälfte seines gesamten Weges ins Mittelmeer. Das Landschaftsbild Umbriens wird geprägt von großen Tälern, die gelegentlich sogar dramatische Formen annehmen, wie das wildromantische Nera-Tal zum Beispiel.

Die Region Umbrien ist in zwei Provinzen unterteilt, deren Verwaltungshauptorte Perugia und Terni, zu den größten und wirtschaftlich bedeutendsten Städte der Region zählen.

Von historischer oder kunstgeschichtlicher Bedeutung sind, neben

ITALIEN – DIE PROVINZEN

Perugia, die Städte Assisi, Orvieto, Todi, Gubbio, Foligno, Spoleto, Città di Castello und Norcia.

Auch klimatisch gesehen unterscheidet sich Umbrien etwas von seinen Nachbarn. Da das Gebiet am Rande des Bergzuges des Apennin und relativ weit vom Meer entfernt liegt, profitiert die Region nicht mehr so sehr von den mildernden klimatischen Einflüssen des Mittelmeeres. Eine Folge davon sind relativ kalte und feuchte Winter und warme, nicht selten schwüle Sommer. Und die Winter in den Höhenlagen des Apennin sind oft sehr schneereich. Vor allem in den frühen Morgenstunden kommt es in den Tälern oft zu Nebelbildung.

Emblem der Region Marken

Umbriens größter See ist der Lago Trasimeno.

Die Region **Marche/Marken** liegt an der mittelitalienischen Adriaküste. Im Nordwesten grenzt Marken an die Region Emilla-Romagna, im Westen an die Toskana und an Umbrien und im Südosten an die Region Abruzzi. Lange galten die Marken als Italiens „Tor zum Orient".

Hauptstadt der Region Marche ist die Hafenstadt Ancona.

Verwaltungstechnisch ist die 9.695 qkm große Region Marken unterteilt in fünf Provinzen: Pesaro-Urbino, Ancona, Macerata, Fermo und Ascoli Piceno.

Vor allem das Hinterland der Marken, das von den parallel zur Adria verlaufenden Höhenzügen des Apennin und ihren Tälern geprägt wird, präsentiert sich als abgeschiedene, ländliche Region. Kaum eine der vornehmlich auf den Anhöhen der Bergzüge gelegenen knapp 240 Gemeinden zählt mehr als 5.000 Einwohner.

Interessant und überraschend ist die Herkunft des Provinznamens. „Marche" stammt angeblich vom deutschen Wort „Mark" ab, was soviel wie „Grenzland" bedeutet, Grenzland zum lange Zeit weiter im Osten dominierenden Orient.

Noch lange vor der griechischen Kulturepoche waren die Marken vom italienischen Volksstamm der Picener bewohnt, einem Bergvolk aus den Sibillinischen Bergen, das sich in „Ausculum", dem heutigen Ascoli, niederließ.

Das Symbol der Picener, der Specht (italienisch „picchio", lat. „picus"), ist noch heute das Wappentier der Marken. Der Überlieferung nach soll sich einst ein Specht, der heilige Vogel des Kriegsgottes der Picener, auf ihrem Banner niedergelassen haben. Seitdem nannte sich ihr Volk „Picentes" oder „Piceni".

Zwischen dem 8. und dem 1. vorchristlichen Jahrhundert hatte sich an der Adriaküste eine blühende Picenische Kultur entwickelt, wie Ausgrabungsfunde aus vorchristlichen Nekropolen (Novilara, Numana, Fabriano, Matelica etc.) Wissenschaftler annehmen lässt.

Vor Beginn unserer Zeitrechnung waren die Marken stark von der Kultur der Griechen beeinflusst. Später dann konnten keltische Stämme der gallischen Senonen, die sich in den Marken vor allem um Senigallia festgesetzt hatten, 295 v. Chr. von den Römern vertrieben werden.

Während der Römerherrschaft entstanden die wichtigen Straßen Via Flaminia und Via Salaria, an denen entlang sich Kunst und Religion, Klöster, Abteien und der von Norcia ausgehende Benediktinerorden im Land verbreiteten.

GESCHICHTE – IN STICHWORTEN

Frühgeschichte – Italien ist schon in prähistorischer Zeit – im Süden z. B. von lybisch-iberischen Stämmen – bewohnt. Etwa ab 2000 v. Chr. folgen die Stämme der Italiker und ab ca. 800 v. Chr. beginnen Griechen Sizilien und Unteritalien zu kolonisieren.

Ca. 9. – 4. Jh. v. Chr. – Etrusker. Etwa ab dem neunten vorchristlichen Jahrhundert dringt ein wahrscheinlich kleinasiatisches Volk (die genaue Herkunft ist unklar) in Nord- und Mittelitalien ein, das als *Etrusker* (lat. *Etrusci* oder *Tusci*, griech. *Tyrrhenoi*) bekannt wurde. Die Etrusker – selbst nannten sie sich *Rasenna* – besiedeln Mittelitalien zwischen Arno, Tiber, Apenninengebirge und Tyrrhenischem Meer. Diese antike Landschaft geht als *Etrurien* in die Geschichtsbücher ein. Etwa ab dem 3. Jh. ändert sich der Name Etruriens in *Tuscia* und später in Toskana.

Bis etwa ins 4. Jh. v. Chr. entwickelt sich Etrurien zu einer politisch tonangebenden und kulturell richtungsweisenden Macht auf der Italienischen Halbinsel.

Im 6. Jh. weitet sich die etruskische Macht nach Süden aus und umfasst auch Rom und Kampanien. Das römische Königsgeschlecht der Tarquinier ist etruskischer Abstammung.

Allerdings ist Etrurien kein einheitliches politisches Staatsgefüge, sondern es setzt sich aus zwölf mächtigen Stadtstaaten zusammen. Zu diesem **Etrurischen Bund** gehörten u. a. die Städte Arezzo (Arretium), Bolsena (Volsinii), Chiusi (Clusium), Cortona (Curtuns), Perugia (Perusia), Roselle (Rusellae), Volterra (Velathri) oder Vulci, das heute nur noch als antike Nekropolis existiert.

Die hochstehende etruskische Kunst, stark beeinflusst von griechischen Stilelementen, erreicht Mitte des 5. Jh. ihren Höhepunkt und prägt maßgeblich noch das Kunstverständnis späterer römischer Künstler. Vor allem aus dem Bereich des Totenkults – ein wichtiger Aspekt in der Weltsicht der Etrusker, die an ein Leben nach dem Tode glaubten – sind viele Bauwerke und Kunstgegenstände erhalten. Zahlreich zu finden sind im Lande etruskische Nekropolen und Grabkammern.

Hochentwickelt war die Kunst der Freskenmalerei und vor allem die Keramik- und Terrakottakunst. Von besonderer Bedeutung sind in diesem Zusammenhang Sarkophage und Urnen mit liegenden Gestalten auf den Deckeln.

753 v. Chr. – Der Legende nach wird in diesem Jahr von *Romulus*, einem Etrusker, die Stadt Rom gegründet.

510 v. Chr. – Das etruskische Stadtkönigtum in Rom wird gestürzt. Das Königreich Rom wird Republik und Italien wird „Mittelpunkt der Alten Welt".

5. Jh. v. Chr. – Die Macht der Etrusker beginnt zu schwinden.

4. Jh. v. Chr. – 4. Jh. n. Chr. – Die Macht und Größe des **Römischen Imperiums** zeigt sich nicht nur in seiner militärischen, administrativen oder städtebaulichen Vormachtstellung, sondern auch auf dem Gebiet der Künste.

In vielen Bereichen der Architektur und der bildenden Kunst entwickeln römische Baumeister, Bildhauer, Maler, Töpfer und Goldschmiede das etruskische und griechische Erbe weiter.

Die Ausstrahlung der römischen Kultur, Wissenschaft und Kunst ist auf allen Gebieten so stark, dass sie Grundlagen für die kulturelle Entwicklung ganz Westeuropas werden.

220 v. Chr. – Kaiser Gaius Flaminius veranlasst den Bau der Via Flaminia. Die Straße führt von Rom durch das Gebiet der späteren Provinz Marken bis an die Adriaküste bei Rimini.

264 – 241 v. Chr. – Erster Punischer Krieg. Eroberung Siziliens.

Ca. 260 v. Chr. – Rom unterwirft die letzten etruskischen Stadtstaaten.

219 – 201 v. Chr. – Zweiter Punischer Krieg. Hannibal zieht über die Alpen. Die Römer besiegen die Karthager.

200 – 133 v. Chr. – Rom dehnt seinen Machtbereich über das östliche Mittelmeer und bis Kleinasien aus. Die Republik Rom wurde zur Weltmacht *Imperium Romanum*.

133 – 100 v. Chr. – Innere Unruhen im Römischen Reich führen zu Bürgerkriegen und zu politischen Machtkämpfen im Senat.

60 v. Chr. – Erstes Triumvirat (Dreimännerbund) mit *Pompejus, Crassus* und *Gajus Julius Cäsar.*

44 v. Chr. – *Julius Cäsar* wird ermordet. Ende der Republik.

31 v. Chr. – 14 n. Chr. – Ausrufung des Kaiserreichs. Erster Kaiser des Römischen Imperiums ist *Octavian, Kaiser Augustus.* Er lässt Perugia (Umbrien), das er zuvor zerstören ließ, neu errichten.

Bis ca. 200 n. Chr. – Glanzzeit des Römischen Imperiums unter den *Kaisern Vespasian, Trajan, Hadrian* und *Mark Aurel.*

Um 303 – Christenverfolgung.

306 – 330 – Konstantin der Große erringt die Alleinherrschaft und macht im Jahre 330 Konstantinopel (Byzanz, heute Istanbul) zur neuen Hauptstadt des Reiches.

391 – 395 – Kaiser *Theodosius* erhebt das Christentum zur Staatsreligion. Nach seinem Tode wird das Römische Kaiserreich in ein *Oströmisches* und in ein *Weströmisches Reich* aufgeteilt.

5. Jh. – Die durch den Ansturm der Hunnen ausgelöste Völkerwanderung brandet nach Norditalien. Zu den wandernden Germanenstämmen zählen u. a. die Westgoten. Sie erobern 410 unter ihrem *König Alarich* die Stadt Rom.

476 – Der Germane *Odoaker* setzt den weströmischen Kaiser *Romulus Augustus* ab. Dies bedeutet das Ende des westlichen Kaiserreichs.

480 – In Norcia (Umbrien) erblickt ein gewisser *Benedikt* das Licht der Welt. Der spätere Ordensgründer (Benediktinerorden, der erste christliche Orden in der westlichen Hemisphäre) gilt in der Kirchengeschichte als Begründer des Ordenswesens und Mönchstums.

493 – Der Ostgotenkönig *Theoderich* besiegt Odoaker und macht Ravenna zur Hauptstadt des Ostgotenreichs.

568 – In Oberitalien fallen die Langobarden ein. Tuscien (Toskana), Teile Umbriens (Spoleto) und Benevent werden dem Langobardenreich einverleibt.

8 Jh. – König *Pippin*, von Papst Stefan III. um Hilfe gerufen, unterwirft 754 das Langobardenreich und verleiht davon große Teile dem Papst (Grundlage des späteren Kirchenstaates). *Karl der Große*, Sohn Pippins und seit 768 König der Franken, wird 774 auch König des Langobardenreichs.

Im Jahre 800 wird Karl d. Große in Rom von Papst Leo III. zum Römischen Kaiser gekrönt. Ganz Italien, von Sizilien bis zu den Alpen ist unter fränkischer Vorherrschaft.

9. Jh. – Nach dem Tode Karls d. Gr. 814 beginnt die fränkische Vorherrschaft in Italien wieder zu zerfallen. Kämpfe um die Langobardische Krone.

951 – *Otto I.*, König der Sachsen, besetzt das Langobardenreich, wird zum König von Italien und 962 zum Römischen Kaiser gekrönt.

11. Jh. – Ausgangs des 11. Jh. bilden sich in Oberitalien selbständige Stadtrepubliken und schließen sich zum Lombardischen Städtebund zusammen.

12. Jh. – Der Stauferkönig *Friedrich I. Barbarossa (Rotbart)* wird 1155 zum Römischen Kaiser gekrönt. Friedrich führt lange Kämpfe, einerseits gegen den Lombardischen Städtebund, andererseits gegen *Papst Alexander III.*

Es bilden sich zwei erbittert streitende Parteien – die kaisertreuen *Ghibellinen* (nach der Stauferburg Waiblingen in Württemberg) und die papsttreuen *Guelfen* (Welfen). 1177 versöhnt sich der Kaiser mit dem Papst.

1181 (oder 1182) wird in Assisi (Umbrien) *Franziskus* geboren. Der Gründer des Ordens Mindere Brüder (später Franziskaner) wurde zwei Jahre nach seinem Tod im Jahre 1226 heilig gesprochen.

1190 ertrinkt Friedrich Barbarossa auf dem dritten Kreuzzug in der Türkei. Thronfolger wird sein Sohn Kaiser *Heinrich VI.*

1194 – Am 26. Dezember 1194 erblickt der spätere Kaiser *Friedrich II.* in Jesi (Marken) das Licht der Welt.

13. Jh. – In den Marken – die im 10. Jh. als „Grenzland" im Süden des Kaiserreiches Ottos I. definiert werden – kommen große Adelsgeschlechter der Region, wie die Montefeltro, die Malatesta, Della Rovere, Varano u. a., zu Macht und Einfluss.

1220 – *Friedrich II.*, ein Enkel Friedrich Barbarossas und Erbe des mächtigen Normannenreiches, wird zum Kaiser gekrönt. Der kaiserliche Hof in Palermo ist ein Zentrum des italienischen Geisteslebens jener Zeit.

Friedrich II. siegt über die lombardischen Städte, unterliegt aber im Kampf gegen *Papst Gregor IX.* Mit dem Tode Friedrichs II. im Jahre 1250 beginnt der Niedergang des staufischen Kaisertums.

1309 – Die Päpste verlegen ihre Residenz von Rom nach Avignon. Das Exil der Päpste dauert bis 1377.

1348 – Mittelitalien wird von Pestepidemien heimgesucht.

1452 – Mit der Krönung *Friedrichs III.* wird die letzte Krönung eines deutschen Kaisers in Rom vollzogen.

Einige der großen Entdecker und Künstler des 15. Jh. erblicken das Licht der Welt, unter ihnen *Christoph Kolumbus, Amerigo Vespucci, Girolamo Savonarola, Leonardo da Vinci* u. a.

1453 – Ende des Oströmischen Reiches. In Italien strebt die Renaissance ihrer Blütezeit zu.

1515 – *Franz I.* von Frankreich erobert Mailand.

1519 – Wahl *Karls V.* zum Kaiser des Hl. Römischen Reiches.

1527 – „Sacco di Roma", Kaiserliche Truppen plündern Rom.

1530 – Kaiserkrönung Karls V. in Bologna.

1533 – *Katharina de Medici* heiratet Frankreichs späteren König Heinrich II.

1713 – 1734 – Die Lombardei und das Großherzogtum Toskana kommen an die Habsburger Österreichs. Die österreichischen Habsburger werden zur wichtigen Macht in Italien.

1805 – *Napoleon* vereint die oberitalienischen Republiken und Venetien zum Königreich Italien. Sein Stiefsohn *Eugène Beauharnais* wird Vizekönig. Napoleon selbst krönt sich mit der Krone der Langobardischen Könige.

1815 – Nach dem Sturz Napoleons und nach dem Wiener Kongress werden die Lombardei und Venetien österreichische Provinzen.

1820 – Es mehren sich Aufstände unter Führung der „Carbonari" (Köhler) gegen die österreichische Herrschaft in Italien.

1831 – Die Bewegung „La Giovine Italia" (Junges Italien) G. Mazzinis strebt die Selbstbestimmung Italiens an. Die Bemühungen um ein einiges, selbständiges Italien gehen unter dem Begriff „Risorgimento" in die italienische Geschichte ein.

1848 – Ausgehend vom liberalen Staat Piemont-Sardinien wird der Druck auf die österreichische Herrschaft in Italien massiv verstärkt. Es kommt zur Revolution, die von *König Karl Albert* von Sardinien angeführt wird. Unter *Marschall Radetzky* siegen die österreichischen Truppen.

1849 – *Viktor Emanuel II.* wird Nachfolger seines zurückgetretenen Vaters Karl Albert und damit neuer König von Sardinien-Piemont.

Der Versuch *Giuseppe Garibaldis* in Rom die Republik auszurufen scheitert.

Graf Camillo Cavour, Ministerpräsident von Sardinien-Piemont, strebt eine Annäherung an Frankreich an.

1861 – *Viktor Emanuel II.*, König von Sardinien, erhält den Titel „König von Italien". Erste Hauptstadt wird Turin.

1865 – 1870 – Florenz ist Italiens Hauptstadt.

1866 – Kriegserklärung Italiens an Österreich. Die Preußen, Italiens Verbündete, siegen über die Österreicher in der Schlacht von Königgrätz. Italien erhält Venetien.

1870 – Italienische Truppen besetzen das von Franzosen gehaltene Rom und ernennen die Stadt zur Hauptstadt Italiens. Die Herrschaft des Papstes wird beendet, der einst Europa beherrschende Kirchenstaat beseitigt.

1900 – König Umberto I. wird ermordet. Nachfolger wird *König Viktor Emanuel III.*

1915 – Unter Missachtung des Dreibundes (Italien, Österreich-Ungarn, Deutschland) tritt Italien im Mai 1915 an die Seite der Entente (Frankreich, Großbritannien) und damit in den 1. Weltkrieg ein.

1919 – Im Frieden von Saint-Germain werden Triest, Südtirol und Istrien Italien zugesprochen.

1922 – *Benito Mussolini* begründet einen faschistischen Staat. Auftakt dazu ist Mussolinis „Marsch auf Rom".

1929 – Durch die Lateranverträge bereinigt Mussolini das gespannte Verhältnis zwischen Vatikan und Staat.

1933 – Italien schließt einen Freundschaftspakt mit Sowjetrussland.

1940 – Italien tritt nach anfänglichem Zögern an der Seite des Deutschen Reichs in den Zweiten Weltkrieg ein.

1943 – Sturz Mussolinis und Kapitulation Italiens. Mussolini gründet die „Republik von Salò", die aber nur von ganz kurzem Bestand ist.

1945 – Mussolini wird von Freischärlern erschossen.

1946 – Nach der Abdankung König Umbertos II. Ausrufung der Italienischen Republik. Erster Staatspräsident wird *de Nicola*.

1948 – Italien erhält eine neue demokratische Verfassung.

1949 – Italien ist Gründungsmitglied der NATO.

1957 – In Rom wird die EWG (Europäische Wirtschaftsgemeinschaft) gegründet. Italien ist Gründungsmitglied.

1960 – Olympische Sommerspiele in Rom.

1966 – Überschwemmungskatastrophe in Mittel- und Oberitalien.

1970 – Bis in die Mitte der 70er Jahre durchlebt Italien eine turbulente Zeit der Streiks, Regierungskrisen und häufigen Regierungsumbildungen.

1976 – Verheerendes Erdbeben in Friaul, der norditalienischen Region östlich von Venedig. Giftgasunglück von Seveso bei Mailand.

1978 – Nach einem sehr kurzen Pontifikat von nur wenigen Wochen stirbt *Papst Johannes Paul I.* Nachfolger wird der aus Polen stammende Karel Woytila als Papst *Johannes Paul II.* Somit hat seit 455 Jahren erstmals nicht ein Italiener den Heiligen Stuhl inne.

Im selben Jahr wird der ehemalige italienische Ministerpräsident *Aldo Moro* von Mitgliedern der „Roten Brigade" entführt und nach fast zweimonatiger Gefangenschaft ermordet aufgefunden. Innenpolitische Krise. Der 81 jährige *Sandro Pertini* von der Sozialistischen Partei wird Nachfolger des zurückgetretenen Staatspräsidenten *Leone*.

In den folgenden Jahren wird Italien mehrfach von Terroranschlägen heimgesucht.

1980 – Blutiger Terroranschlag im Bahnhof von Bologna.

1981 – Papst Johannes Paul II. wird auf dem Petersplatz durch die Schüsse eines Attentäters schwer verletzt.

1985 – *Francesco Cossiga* von der Democracia Christiana (DC) folgt Sandro Pertini (PSI) im Amt des auf sieben Jahre gewählten Staatspräsidenten.

1987 – Nach fast vierjähriger Amtszeit (seit August 1983) und mehrfacher Umbildung seiner Mehrparteienregierung tritt Ministerpräsident *Bettino Craxi* von der Sozialistischen Partei Italiens zurück. Sein Nachfolger wird *Giovanni Goria* von den Christdemokraten.

1988 – Die Fünfparteienregierung wird von *C. de Mita* fortgeführt. Die Regierung beschließt weitere Autonomiegesetze für Südtirol.

1989 – Mitte des Jahres übernimmt *Giulio Andreotti* zum sechstenmal in seiner politischen Karriere das Amt des Ministerpräsidenten.

1991 – Giulio Andreotti, Ministerpräsident der 49. italienischen Nachkriegsregierung, kündigt am 29. März seinen Rücktritt an.

1992 – Die Südtirol-Frage wird beigelegt. *Oscar Luigi Scalfaro* wird Staatspräsident.

1992 ist das Jahr der groß angelegten Aktion „mani pulite". Engagierte Staatsanwälte versuchen unter dem Motto „Saubere Hände" den verbreiteten Korruptionssumpf in Wirtschaft und Politik trocken zu legen. Es wird offenbar, dass fast alle Kreise, die Macht und Einfluss im Lande ausüben, durch ein enges Netz aus Schmiergeldzahlungen, Filz und Vetternwirtschaft von der Lombardei bis Sizilien miteinander verbunden sind. Es wird eine Reihe großer Korruptionsaffären („tangenti") aufgedeckt, in die Parteiführer und Regierungsmitglieder verstrickt sind.

Das Ausmaß der Affären erschüttert das politische System Italiens. Eine der großen Parteien Italiens, die Democrazia Cristiana, überlebt die zahllosen Skandale letztendlich nicht. Namhafte Staatspolitiker wie der Christdemokrat Giulio Andreotti oder der Sozialist Bettino Craxi finden sich auf der Anklagebank wieder.

1993 – In der Nacht vom 26. zum 27. Mai 1993 erschüttert eine gewaltige Explosion das historische Stadtzentrum in Florenz. Mindestens sechs Tote sind zu beklagen. Die Fassade der Uffizien und einige kostbare Gemälde dort werden beschädigt. Danach sind die Uffizien wochenlang nicht zugänglich.

1994 – Die Democrazia Cristiana (DC), eine der großen politischen Parteien Italiens, wird aufgelöst. *Silvio Berlusconi*, Italiens einflussreicher Medientycoon, wird Ministerpräsident. Er beteiligt die Neofaschisten an seiner Regierung.

1997 – In der Nacht zum 26. September 1997 erschüttert ein heftiges Erdbeben der Stärke 5,5 die Provinz Umbrien. In der Region werden Dörfer zerstört. Man beklagt acht Tote. In der Franziskus-Basilika von Assisi stürzen Teile des Deckengewölbes ein. Einige der kostbaren Fresken von Giotto werden stark in Mitleidenschaft gezogen, Teile davon werden gar irreparabel beschädigt.

1999 – Im Mai 1999 wird *Dr. Carlo Azeglio Ciampi* zum neuen italienischen Staatspräsidenten gewählt.

Ende November kommen Meldungen aus Assisi, die besagen, dass die bei dem Erdbeben im September 1997 beschädigten Fresken wieder besichtigt werden können.

2000 – Im Herbst 2000 wird die Toskana von schweren Unwettern mit Überschwemmungen heimgesucht.

2001 – Bei den Parlamentswahlen am 13. Mai 2001 erringt der als rechtsorientierter Medienmogul bekannte Silvio Berlusconi, Chef der Forza-Italia-Partei, eine stattliche Mehrheit, die es ihm ermöglicht, erneut das Amt des Ministerpräsidenten zu übernehmen. Er löst damit Giuliano Amato ab, der seit April 2000 die 58. Nachkriegsregierung Italiens führte.

2005 – Am 10. Januar tritt das allgemeine Rauchverbot in allen öffentlichen Gebäuden und Restaurants in Kraft.

Papst Johannes Paul II. stirbt. Zu seiner Beerdigung am 8. April 2005 kommen Millionen von Gläubigen nach Rom.

Nachfolger auf dem Stuhl Petris wird am 18. April 2005 Papst Benedikt XVI.

2008 – Silvio Berlusconi gewinnt die Parlamentswahlen und wird am 8. Mai 2008 zum dritten mal in 14 Jahren als Ministerpräsident von Italien in seinem vierten Kabinett vereidigt.

2010 – Ministerpräsident Silvio Berlusconi übersteht zwar ein Misstrauensvotum am 1. Oktober 2010, dennoch wird über Neuwahlen spekuliert.

2011 - 2013 – Amtszeit des früheren EU-Kommissars *Mario Monti* als Ministerpräsident. Er gilt als Gründer der Partei Scelta Civica (Bürgerliche Wahl).

2013 - 2014 – Amtszeit von *Enrico Letta* als Ministerpräsident.

2013 - Der 76-jährige Argentinier Jorge Mario Bergoglio (SJ), Erzbischoff von Buenos Aires, wird am 13. März als Papst Franziskus zum Nachfolger von Papst Benedikt XVI. gewählt, der aus gesundheitlichen Gründen auf sein Pontifikat verzichtet.

Im Oktober besucht Papst Franziskus die Grabstätte des hl. Franziskus in Assisi (Umbrien).

2014 – Ministerpräsident und Regierungschef ist seit Februar 2014 der 39jährige *Matteo Renzi*. Renzi gehört der Partei Partito Democratico (PD) an und war von 2009 bis 2014 Bürgermeister von Florenz. Anfang August muss Renzi aufgrund des Rückgangs der italienischen Wirtschaftsleistung einen Dämpfer seiner bis dahin recht glanzvollen Regierungszeit hinnehmen. Das Land fällt zurück in eine Rezession.

2016 – In der Nach zum 24. August erschütterte ein schweres Erdbeben der

Stärke 6,2 auf der Richterskala die Gegend südöstlich von Perugia (Umbrien) in Mittelitalien. Besonders schwer betroffen ist der Ort Amatrice (Latium) am Westrand des Nationalparks Gran Sasso. Beinahe die halbe Stadt wurde zerstört, es gab fast 300 Tote.

Am 26. Oktober neuerliches Erdbeben in Marken und Umbrien. Das Erdbebenzentrum lag nur ca. 25 km entfernt von Amatrice.

Ende Oktober neuerliches Erdbeben der Stärke 6,5. In Amatrice stürzt der ehrwürdige Turm „Torre civica", der das Beben vom August leidlich überstanden hatte, nun endgültig ein. Ob Amatrice je wieder aufgebaut werden kann, ist ungewiss!

Ein von Ministerpräsident Matteo Renzi initiiertes Referendum zur Verfassungsänderung wird von den Wählern am 4. Dezember 2016 mehrheitlich abgelehnt. Renzi muss zurücktreten. Neuer Ministerpräsident wird Paolo Gentiloni, neuer Staatspräsident wird Sergio Mattarella.

2017 – Am 25. März 2017 treffen sich in Rom Vertreter der 27 EU-Mitgliedsstaaten, ohne Großbritannien, um das 60 Jahre währende Bestehen der „Römischen Verträge" zu würdigen. Die „Römischen Verträge" wurden am 25. März 1957 von Belgien, der Bundesrepublik Deutschland, Frankreich, Italien, Luxemburg und den Niederlanden unterzeichnet. Die „Römischen Verträge" zur Europäischen Wirtschaftsgemeinschaft EWG und zur Europäischen Atomgemeinschaft EAG oder Euratom sind die Basis für die Europäische Union EU (1992 „Vetrag von Maastricht").

GROSSE NAMEN ITALIENS

Vincenzo Bellini (1801 – 1835), Siziliens großer Tondichter, erblickte am 3. November 1801 in Catania das Licht der Welt.

Bellini, der schon mit drei Jahren Klavier spielte, entstammt einer Familie von Kirchenmusikern. Ersten Musikunterricht bekommt er von seinem Großvater. Um 1815 schreibt der 14jährige Bellini seine ersten Kompositionen, meist Lieder, die in den Salons des gehobenen Bürgertums vorgetragen werden.

Im Februar 1825 schließlich kann Bellini in Catania seine erste Oper „Adelson e Salvini" aufführen. Diese Komposition öffnet Bellini den Weg an die Opernhäuser in Neapel und Mailand. An der Mailänder Scala schaffte er mit der Oper „Il Pirata" 1827 seinen endgültigen Durchbruch. Es folgen Erfolge in Mailand und Venedig, aber auch Niederlagen, wie die missglückte Uraufführung der Oper „Norma" im Dezember 1831 an der Scala. Angeblich sollen von einem neidischen Kollegen Claqueure gekauft worden sein, die die Premiere auspfiffen. Spätere Aufführungen der Oper „Norma" wurden dagegen Erfolge.

Es folgen Gastspiele in London und Paris, wo Bellini 1835 seine letzte Oper „I Puritani" erfolgreich uraufführt, wofür er mit dem Orden der Ehrenlegion ausgezeichnet wird.

Am 23. September 1835 stirbt Bellini im Alter von 34 Jahren auf seinem Landsitz bei Paris. Am 2. Oktober findet im Pariser Invalidendom eine große Trauerfeierlichkeit statt, von der berichtet wird, dass sie einem Staatsbegräbnis würdig gewesen wäre. 1876 schließlich werden Bellinis sterbliche Überreste nach Catania überführt. Bellinis Grabmal findet man in der Kathedrale von Catania.

Giovanni Boccaccio (1313 – 1375), bedeutender Dichter und Humanist stammt wahrscheinlich aus Florenz. Sein genauer Geburtsort ist nicht überliefert. Bekannt wurde der Dichter für die damals in Italien unbekannte Form der dichterischen Erzählung in Versform. Das große Interesse Boccaccios, der mit Petrarca befreundet ist und eng mit ihm zusammenarbeitet, galt den antiken Dichtern, die er übersetzte.

Ein anderer Schwerpunkt seiner Arbeit ist das Werk „Vita di Dante" eine Biographie über Dante, den er sehr verehrte. Über die Grenzen Italiens hinaus bekannt aber wurde Boccaccio mit seiner Sammlung sinnenfroher Geschichten, dem „Decamerone".

Donato Bramante (1444 – 1514). Ein großer Name in der Architekturszene des Cinquecento (das Cinquecento ist die Zeit der Hochrenaissance in Italien, 16. Jh.). Bramante schuf einen ganz neuen, an Stilelementen der Antike orientierten Fassadenstil mit einer genauen Ordnung von Fenstern, mit Dreiecksgiebeln, Gesimsen, Nischen und Säulen.

Bramante arbeitete anfangs in Mailand, dann in Urbino und später in Rom, wo er den mittleren Teil der Peterskirche zeichnete und konzipierte.

Giacomo Girolamo Casanova stammte aus Venedig und lebte von 1725 bis 1798. Er selbst nannte sich auch Chevalier de Seingalt. Casanova, eigentlich ein Schriftsteller, wurde durch sein recht bewegtes und abenteuerliches Leben zum Inbegriff des Lebemannes und galanten Herzensbrechers. Seine zahlreichen Frauen- und Spielaffären brachten ihm ständig Ehrenhändel ein, denen Casanova gewöhnlich durch eilige Flucht zu entgehen trachtete. 1756 allerdings brachten ihn seine Affären in die berüchtigten Bleikammern von Venedig, aus denen er aber entfliehen konnte. Erst als alternder Playboy findet Casanova auf dem Gut eines böhmischen Grafen die Zeit, seine turbulente Lebensgeschichte niederzuschreiben.

Dante Alighieri (1265 – 1321), *Durante* oder *Dante,* wird als Sohn des Rechtsgelehrten Alighieri auf dessen Gut vor Florenz am 30. Mai 1265 geboren.

Als achtzehnjähriger schreibt Dante eines seiner ersten Werke „Vita nova" „Vom neuen Leben". Dieser fast autobiographische Roman ist geprägt von den tiefen Gefühlen, die der junge Dante seiner angebeteten Jugendliebe Beatrice Portinari entgegenbringt. Beatrice heiratet allerdings den Adligen Simone dei Bardi und stirbt schon vier Jahre später während einer in der Stadt grassierenden Epidemie.

Mit 27 Jahren heiratet Dante Gemma Donati. Die Dame entstammt einer vornehmen guelfischen Familie. Die Heirat bindet Dante noch enger an die „Schwarzen" und ihren Führer und Freund des Hauses Alighieri, Corso Donati.

Dante Alighieri, der große Florentiner Dichter des 13. und 14. Jh., befasst sich in seinen Werken auch mit den politischen und gesellschaftlichen Veränderungen seiner Zeit. Dieses Engagement und seine Stellungnahmen in Werken wie „De monarchia" (über das Kaisertum) bringen ihn in das Räderwerk der Politik und zwischen die rivalisierenden Gruppierungen der kaisertreuen Ghibellinen und den papsttreuen Guelfen.

Zwar tritt Dante aus Familientradition zunächst der Partei der Guelfen bei, wendet sich dann aber, vor allem wegen zunehmender ungerechtfertigter und gewalttätiger Ausschreitungen der „Schwarzen" Guelfen (Neri) den Weißen Ghibellinen (Bianchi) zu. Mit dieser Partei wird Dante Mitglied des Rates von Florenz und ist fürderhin bei seinen früheren Bundesgenossen als Kaisertreuer verhasst.

1302 führen diese Differenzen sogar dazu, dass Dante zusammen mit anderen „weißen" Prioren in Abwesenheit zum Feuertode verurteilt wird. Dante kann nicht mehr nach Florenz zurückkehren. Er flieht zunächst nach Bologna und geht später nach Padua und Verona und schließlich nach Ravenna.

Neben seinen philosophischen Schriften und lyrischen Dichtungen ist es vor allem die 1319 im Exil in Ravenna vollendete „Divina Commedia", die „Göttliche Komödie", die Dante als „Vater der italienischen Dichtung" in die Literaturgeschichte eingehen lässt.

In 100 Gesängen schildert Dante seine visionäre Wanderung durch das Fegefeuer, die Hölle und durch das Paradies. Sein Führer durch die Unterwelt ist Vergil, der Dichter des römischen Kaisers Augustus. Da Vergil Heide ist, muss er an der Pforte zum Paradies umkehren. Und niemand anderer als Beatrice begleitet Dante nun auf dem Wege durch das Land der Seligen.

Dante stirbt im Alter von 56 Jahren am 14. September 1321 in Ravenna. Sein Grab blieb lange verschollen und wurde erst 1865 zu seinem 600sten Geburtstag im Kreuzgang der Franziskanerkirche zu Ravenna wieder entdeckt. Seine Heimatstadt Florenz schaffte es erst 1829 nach mehreren vergeblichen Anläufen, ihrem berühmten Sohn ein Denkmal in der Kirche Santa Croce zu setzen.

Galileo Galilei, Italiens großer Mathematiker, Astronom und Philosoph des 16. und 17 Jh. wurde 1564 in Pisa geboren.

Galilei studierte den Fall von Gegenständen im freien Raum und bediente sich dabei oft des schiefen Turms in Pisa als Versuchsstätte. Angeblich durch die Bewegung des Großleuchters im Dom zu Pisa kam er auf die Idee, die Pendelgesetze zu erforschen und machte mit einem von ihm konstruierten Fernrohr astronomische Forschungen. Mit der Verfechtung der These des Kopernikus, dass nicht die Erde, sondern die Sonne Mittelpunkt des damals bekannten Weltalls sei (heliozentrisches Weltbild), widersprach er der von der Kirche dogmatisierten Weltanschauung, die die Erde als starren Mittelpunkt sah. Durch Inquisitionsprozesse und Folterdrohungen erzwang die katholische Kirche schließlich den öffentlichen Widerruf seiner Thesen. Galilei wird die allerdings historisch nicht verbürgte Äußerung zugeschrieben: „Und sie (die Erde) bewegt sich doch". Im Januar 1642 starb Galileo Galilei in seinem Haus bei Pisa, das er seit den Inquisitionsprozessen hatte nicht mehr verlassen dürfen.

Luigi Galvani (1737 – 1798), Arzt in Bologna und Entdecker der Galvanischen Elektrizität. Das Prinzip beruht auf der Umwandlung chemischer Energie unter Verwendung von Säure, Zink, Kohle o. ä. in elektrischen Strom.

Giuseppe Garibaldi, Freiheitskämpfer, 1807 in Nizza geboren und 1882 auf der Insel Caprera bei Sardinien gestorben, kämpfte nach seinem 14jährigen Aufenthalt in Südamerika 1848/49 in Oberitalien gegen die Österreicher, stürzte 1860 die Bourbonenherrschaft auf Sizilien und versuchte das Königreich Italien zu einen.

Leonardo da Vinci gilt als das große Universalgenie schlechthin. Er gehörte nicht nur zu den herausragenden Bildhauern, Baumeistern und Malern der Hochrenaissance, sondern ging auch als bahnbrechender Erfinder, Vordenker und geistiger Vater vieler physikalischer Phänomene und Konstrukteur neuartiger technischer Gerätschaften in die Geschichte ein.

Leonardo da Vinci
1452 – 1519
mit frdl. Gen. OT Amboise

Leonardo wird im April 1452 auf einem schlichten bäuerlichen Anwesen in der Nähe von Vinci in der Toskana geboren. Sein Vater Piero entstammt einer alten Advokatenfamilie, die den Namen ihrer Vaterstadt Vinci im Namen führen darf, also *da Vinci*. Da allerdings Leonardos Mutter Caterina aus einfachen Verhältnissen kommt, trennt sich Pierro auf Drängen der Familie da Vinci von seiner nicht standesgemäßen Frau und Leonardo wächst bei seiner Großmutter auf.

Mit sechzehn Jahren erreicht es Leonardo gegen den anfänglichen Widerstand seines Vaters, in die Florentiner Werkstatt des Bildhauers und Malers Andrea del Verrocchio, dem „geschätzten Lehrer in der Unterweisung aller Künste", einzutreten. Erstes Aufsehen erregt er im einflussreichen Künstlerzirkel von Florenz mit einer Engelsgestalt, die er in das Gemälde „Taufe Christi" seines Meisters Verrocchio einfügen darf.

Aber Leonardo begnügt sich nicht mit der Malerei. Er studiert physikalische Probleme, seziert Leichen, um in der Anatomie des Menschen kundig zu werden. Seine Skizzenbücher sind voll mit Zeichnungen von Armen, Beinen, Muskelstrukturen, aber auch von rollenden Festungen, Kriegswerkzeug, Fallschirmen, Ideen zu Flugmaschinen, Messgeräten, Maschinen etc.

1482 kommt Leonardo nach Mailand. Die vom Herzog Lodovica Sforza erhofften Aufträge aber bleiben anfangs aus. Er malt Cecilia Gallerani, eine Freundin des Herzogs. Das Bild wird unter dem Titel „Dame mit Hermelin" berühmt. Später erhält Leonardo den Auftrag zu einem monumentalen Reiterstandbild und 1495 wird ihm die Aufgabe übertragen, das Refektorium des Klosters Santa Maria delle Grazie auszumalen. Dort entsteht eines der Meisterwerke Leonardos, das „Letzte Abendmahl", das heute leider weitgehend zerstört ist.

Nach dem Sturz des Mailänder Herzogs kehrt Leonardo über Venedig nach Florenz zurück. Hier beginnt er 1500 mit dem Altarbild „Heilige Anna Selbdritt", das aber erst zehn Jahre später vollendet werden sollte.

1503 erhält Leonardo von der Signoria in Florenz einen großen Auftrag. Er soll im Palazzo Vecchio ein monumentales Schlachtengemälde erstellen. Vorschuss wird gezahlt. Leonardo beginnt mit der Arbeit, begeht aber (schwer zu glauben) erneut den verhängnisvollen Fehler, auf den Mauerkalk nicht wie üblich in bewährter Freskomanier, sondern wie schon beim unbefriedigenden Versuch beim „Abendmahl" in Mailand mit Öl auf den Putz zu malen. Der Versuch misslingt. Leonardo verlässt die Arbeit, was ihm als Veruntreuung von Staatsgeldern angekreidet wird. Dieser Vorfall ist auch der ausschlaggebende Anlass zu einer langen Feindschaft und tiefen Abneigung zwischen Leonardo da Vinci und Michelangelo.

In jener Zeit arbeitet Leonardo an einem Portrait von Lisa di Antonio Maria di Noldo Gherardini, der Frau des wohlhabenden Florentiners Bartolomo del Giocondo. Es entsteht Leonardos berühmte „Mona Lisa", über deren geheimnisvolles Lächeln ganze Abhandlungen geschrieben wurden. Sicher ist, dass Leonardo rund vier Jahre an dem Gemälde arbeitete und versucht haben soll, sein Modell, Frau Giocondo, Madonna Lisa, Kurzform Mona Lisa, möglichst immer bei gleicher Stimmung zu malen.

Leonardo hat das Bild nie seinem Auftraggeber abgeliefert, es erschien ihm offenbar noch nicht vollkommen. Selbst nach Frankreich nimmt er das Gemälde später mit. Auf diese Weise wohl kam es nach seinem Tode in französischen Kunstbesitz und dann irgendwann in die Staatssammlung des Louvre.

Leonardo wird in Rom, dem neuen Kunstzentrum des Landes, nie zu großen Aufgaben berufen. Der ihm feindselig gestimmte Michelangelo und der Baumeister Bramante, den Leonardo aus armen Tagen in Mailand her kennt, haben die Verbindungen zu den auftragvergebenden Päpsten und sie beherrschen die Kunstszene in Rom.

1516 schließlich nimmt Leonardo da Vinci die Einladung des französischen Königs Franz I. an und geht nach Amboise an der Loire, einer der bevorzugten Residenzen des Königs. U. a. zeichnet Leonardo dort Pläne für die Schlösser Blois und Chambord.

Am 2. Mai 1519 stirbt Leonardo da Vinci 67jährig auf seinem Schlösschen Manoir de Clos-Lucé bei Amboise, in dem er während seiner Zeit in Frankreich gelebt hat. Er wird in der Schlosskirche von Amboise beigesetzt.

Das Universalgenie Leonardo da Vinci hatte Zeit seines Lebens wohl kein besonders inniges Verhältnis zu irdischen

Gütern. Jedenfalls machte ihn sein begnadetes Kunstschaffen alles andere als zu einem wohlhabenden Mann. Und hätte er im Alter nicht die gut dotierte Einladung nach Frankreich erhalten, wäre der große Meister der Hochrenaissance vielleicht mittellos in einem namenlosen Armengrab beigesetzt worden.

Vor diesem Hintergrund klingt die Nachricht, die im Juli 2001 durch die Presse geisterte, noch bizarrer, aus der man erfuhr, dass eine einzige und gerade mal 12 mal 7,8 Zentimeter große Silberstiftskizze mit dem Titel „Pferd und Reiter" von Leonardo da Vinci bei einer Versteigerung des Auktionshauses Christie's die verrückte Summe von 26 Millionen (damals) Mark erbrachte. Angeblich soll das die größte Summe gewesen sein, die je für eine Zeichnung eines Meisters der Renaissance bezahlt wurde.

Michelangelo Buonarroti (1475 – 1564), geboren in Caprese (Provinz Arezzo), stammt aus einer Florentiner Familie. Michelangelo war Architekt, Bildhauer, sogar Dichter und Maler in einer Person. Viele Jahre seines Arbeitslebens verbrachte er in Rom, wo er einige seiner schönsten Werke hinterließ.

Für nicht weniger als sieben Päpste erledigte er Auftragsarbeiten und schuf dabei so Grandioses wie die Marmorplastik „Pieta" im Petersdom oder die Fresken in der Sixtinischen Kapelle, die zu den größten Kunstwerken überhaupt zählen. Michelangelo zeichnete aber auch verantwortlich für die Kuppel des Petersdoms oder für die harmonische Piazza del Campidoglio in Rom mit ihren Renaissancepalais. Später ging Michelangelo wieder zurück in seine Vaterstadt Florenz. Dort schuf er mit dem „David" (Akademie Museum in Florenz) und den Grabstätten der Medici in San Lorenzo den Glanzpunkt seines Schaffens als Bildhauer. Michelangelo, zweifellos das größte Kunstgenie der italienischen Renaissance, starb im hohen Alter von 89 Jahren in Rom.

Niccolò Machiavelli (1469 – 1527), Florentiner Politiker und Schriftsteller, der das Mittel der Macht als wichtigsten Faktor zur Durchsetzung staatspolitischer Vorhaben ansah. Zwischen 1494 und 1512, einer Epoche, in der die Medici aus Florenz vertrieben waren, diente Machiavelli als Sekretär der Signoria in Florenz. Danach und nach der Rückkehr der Medici an die Macht wurde er aus Florenz verbannt. Im Exil schrieb er u. a. sein berühmt gewordenes Werke „Il Principe" (Der Fürst), in dem er seine Vorstellungen über eine erfolgreiche Staatsführung, die alle Mittel erlaubt, die der Machterhaltung dienen, darlegt.

Guglielmo Marconi (1874 – 1937), stammte aus Bologna und war einer der Pioniere der drahtlosen Nachrichtenübermittlung. Für seine zahlreichen Erfindungen auf diesem Gebiet erhielt er 1909 den Nobelpreis.

Niccolò Paganini, der große Violinvirtuose, wurde am 27. Oktober 1782 in Genua geboren. Er stammte aus einem einfachen, aber sehr strengen Elternhaus und Niccolòs ehrgeiziger Vater Antonio zwang den Jungen schon im kindlichen Alter zu endlos langen Übungen mit der Geige. Sehr früh erkannte der Vater das außergewöhnliche Talent seines Sohnes, der das Violinspiel anfangs autodidaktisch erlernte, es aber bald zu einem überraschenden technischen Können brachte.

Schon in jungen Jahren feiert er erste Triumphe in Lucca, wo er von der Fürstin Maria Anna Elise bald zum Hofkapellmeister an der Oper ernannt wird. Paganini wird in Lucca erstmals auch als Komponist tätig. Er schreibt ein Konzert für Violine, Englischhorn und Orchester. Im Laufe der Jahre perfektioniert Paganini aber auch die Techniken der Bogenführung in einem solchen Maße, dass er bald die Beinamen „Teufelsgeiger" und „Hexenmeister" bekam. Es wird berichtet, dass es Paganini aufgrund seiner fantastischen Technik und Fingerfertigkeit möglich gewesen sein soll, selbst Musikstücke großen Tonumfangs auf nur einer Saite virtuos vorzutragen. Um 1809 kommt Paganini mit dem ganzen Hofstaat der Fürstin Maria Elisa, einer Schwester Napoleons, die nun auch Herzogin von Toskana geworden war, nach Florenz.

Etwa ab 1813 beginnen Konzertreisen durch Italien und Sizilien, die das Publikum zu ekstatischen Beifallsstürmen hinreißen. Auch außerhalb Italiens beginnt man über Paganini zu schreiben und zu sprechen.

1828 bestreitet Paganini seine ersten Konzerte außerhalb Italiens. Insgesamt sechs Jahre dauert Paganinis Europatournee. Aber nach grandiosen Triumphen in Paris und London beginnt der Stern Paganinis zu sinken. Maßgeblich an seinem Niedergang ist die Presse beteiligt. Neider missgönnen ihm seine hohen Gagen. Die Sparsamkeit Paganinis wird als Geiz ausgeschlachtet und sein hageres, ungelenkes, fahles Erscheinungsbild mit Hexerei in Verbindung gebracht. Zunehmend zeigen sich Krankheitszeichen. Viele der Konzertreisen waren ein Raubbau an der Gesundheit des Künstler. In Paris gab Paganini in zwei Monaten elf, in England in neun Monaten über 130 Konzerte.

Am 27. Mai 1840 stirbt Paganini nach langer Krankheit in Nizza. Nach vielen Querelen finden die sterblichen Überreste des großen Violinvirtuosen 1896 – 56 Jahre nach seinem Tode – eine letzte würdige Ruhestätte auf dem neuen Friedhof von Parma.

Francesco Petrarca (1304 - 1374) aus Arezzo war einer der großen Dichter, Philosophen und Humanisten Italiens im 14. Jh.

Petrarca studierte Rechtswissenschaften und war danach lange am päpstlichen Hof in Avignon tätig. Er schreibt Lyrik und Gedichte in besonders wohlgesetzten Worten. Oft besingt er in seinen Kanzonen und Sonetten seine große Liebe Laura. Petrarca entdeckt die antiken Schriftsteller neu und wird mit seinen lateinischen Schriften und Dichtungen ein Wegbereiter des Humanismus.

Niccolò Pisano (1225 – 1278). Einer der bedeutendsten Künstler der oberitalienischen Romanik schuf einige der prächtigsten Bildhauerarbeiten in Italien. Dazu zählen vor allem die wunderbaren Marmorkanzeln im Baptisterium des Doms von Pisa und im Dom von Siena, sowie der Brunnen Fontana Maggiore auf dem Domplatz von Perugia.

Marco Polo (1254 – 1324), der namhafte Reisende des Mittelalters, stammt aus einem venezianischen Kaufmannsgeschlecht und kam schon in jungen Jahren mit seinem Vater Niccolò und seinem Bruder Matteo auf Handelsreisen über Persien und durch die Wüste Gobi nach Zentralasien und China. In China war er rund 20 Jahre lang (1274 – 1292) ein geschätzter Ratgeber und hoher Beamter am Hofe Kublai Khans.

Nach seiner Rückkehr – die Heimreise über Südchina, Indien, Persien und Kleinasien dauerte über drei Jahre – wird er in Genua zunächst inhaftiert und diktiert im Gefängnis seine Reiseerlebnisse unter dem Titel „Il Milione" (deutsch erstmals 1477 „Von Venedig nach China"). In ihnen schildert er für die damalige Zeit frappierende Neuigkeiten über das weithin unbekannte Reich der Mitte und erwähnt erstmals die legendäre Seidenstraße. Marco Polo stirbt im Januar 1324 in seiner Heimatstadt Venedig.

Raffael (1483 – 1520), eigentlich Raffaelo Santi, wird in Urbino als Sohn des Malers Santi geboren. Raffael, damals noch Mitglied der Schule Peruginos, kommt 1504 von Perugia nach Florenz. 1508 geht er nach Rom. Seine künstlerische Entwicklung ist beeinflusst von Leonardo da Vinci und Michelangelo. Raffael ist ab 1515 bis zu seinem Tod Bauleiter von St. Peter in Rom.

U. a. wird Raffael berühmt für seine Madonnenbilder („Madonna mit dem Stieglitz", „Madonna della Sedia", beide in Florenz) und seine Bildnisse großer Persönlichkeiten seiner Zeit wie Donna Velata, Papst Leo X. u. a.

Gioachino Rossini (1792 – 1868) erblickte das Licht der Welt in Pesaro in der Region Marken. Die ersten acht Jahre seines Lebens verbrachte der später weltberühmte Komponist („Il barbiere di Siviglia" - „Der Barbier von Sevilla", Opera buffa, 1816) hier in seiner Heimatstadt.

Gioachino Rossini ist allerdings nicht nur als genialer Tonkünstler bekannt, sondern er galt auch als großer leidenschaftlicher Gourmet und Genussmensch. Sein Name ist in der guten Küche bis auf den heutigen Tag geläufig und taucht als **„Tournedos à la Rossini"** auf den Speisekarten gepflegter Restaurants auf. Rossini starb 1868 in Paris.

Renata Tebaldi (1922 – 2004). Die Opernsängerin Renata Tebaldi, „die Engelsstimme", wurde am 1. Februar 1922 in Pesaro (Marche) geboren. Die nach dem Zweiten Weltkrieg von dem Dirigenten Arturo Toscanini entdeckte, bald weltberühmte Sopranistin – Rivalin von Maria Callas an der Mailänder Scala – gehörte bis 1973 zum Ensemble der Metropolitan Opera in New York. „Die Tebaldi" starb am 19. Dezember 2004 in San Marino.

Arturo Toscanini (25. 3. 1897 – 16. 1. 1957) aus Parma gilt als einer der herausragenden italienischen Dirigenten. Toscanini war lange leitender Dirigent an der Mailänder Scala, dann, vor dem zweiten Weltkrieg, Generalmusikdirektor des New York Philharmonic Orchestra. Er dirigierte in Salzburg und Bayreuth und ging in der Zeit des Nationalsozialismus zurück nach Amerika. Dort arbeitet er an der Metropolitan Opera und leitete das NBC-Symphonieorchester in New York.

Giuseppe Verdi, Italiens meisterlicher Opernkomponist des 19. Jh., wurde am 10. Oktober 1813 in Le Roncole bei Busseto in der Provinz Parma geboren. Als Zehnjähriger kam der Bauernsohn in die Musikschule von Busseto, die unter der Leitung des Domkapellmeisters Ferdinando Provesi stand.

Verdi entscheidet sich gegen den Eintritt in den geistlichen Stand, studiert Musiktheorie und beginnt bald zu komponieren und wird 1832 auf Fürsprache seines Förderers Barezzi nach Mailand zur Fortführung seiner Musikstudien geschickt. Dort wird Verdis Talent allerdings nicht erkannt. Er wird am Konservatorium abgewiesen und geht als Schüler zu Lavigna.

1836 wird Verdi Musikmeister in Busseto. Dort heiratet er Margherita, die Tochter seines Gönners und Förderers Barezzi und vollendet bald seine erste Oper „Oberto".

Trotz familiärer Schicksalsschläge vollendet er sein erstes Erfolgswerk „Nabucco" mit dem stürmisch gefeierten Gefangenenchor. Mit einem Mal ist Verdi über die Grenzen Mailands hinaus berühmt.

Verdi, nun ein gefragter Komponist, komponiert für die Opernhäuser von Mailand bis Neapel. Aber aufsehenerregende Erfolge lassen auf sich warten. Stücke wie „Alzira", „Attila" und „Macbeth" werden zwar beklatscht, geraten aber bald wieder in Vergessenheit. Giuseppe Verdi arbeitet in Rom, London und Paris und kehrt 1849 schließlich nach Italien zurück.

In den folgenden Jahren schafft Verdi Welterfolge wie „Rigoletto", „Troubadour" und die zunächst durchgefallene „La Traviata". 1855 folgt die anlässlich der Pariser Weltausstellung komponierte „Sizilianische Vesper" und wenig später die Oper „Simone Boccanegra", die in Venedig aber ein Misserfolg ist. Nach aufreibenden Jahren, Streitigkeiten um Urheberrechte und Differenzen mit seinem Musikverleger Ricordi zieht sich Verdi auf sein Landgut Sant' Agata zurück.

Zur Eröffnung des Suezkanals 1870 bestellt der ägyptische Vizekönig eine festliche Oper. Verdi wird mit deren Komposition betraut. Es entsteht die „Aida", eines der größten Opernereignisse, die Verdi je schuf. Die Uraufführung am 24. Dezember in Kairo ist ein gesellschaftliches Ereignis von Rang.

1887 wird Verdis Oper „Othello" uraufgeführt, die auf Shakespeares gleichnamigen Drama basiert. Und sechs Jahre später schreibt der nun schon 80 Jahre alte Komponist wieder einen Welterfolg. Diesmal ist es ein Werk das unter die Rubrik „komische Oper" einzureihen ist, nämlich „Falstaff". Im hohen Alter gründet der Komponist in Mailand die Stiftung „Casa di riposo", ein Altersheim für notleidende Musiker und stattet sie mit umfangreichen Mitteln aus.

Giuseppe Verdi stirbt am 27. Januar 1901. An seinem Leichenbegängnis, das dem eines Nationalhelden würdig ist, sollen Hunderttausende von Menschen teilgenommen haben. Italiens großer Meister der Oper ist in der „Casa di riposo“ zu Mailand beigesetzt.

Giovanni Verga (1840 – 1922), Spross einer wohlhabenden Sizilianer Familie, der sich Zeit seines Lebens in und um Catania aufhielt, zählt zu den namhaften Schriftstellern Italiens.

Verga, der ursprünglich Rechtswissenschaften in Catania studiert hatte, wandte sich aber bald der Literatur zu. Sein Debutroman trägt den Titel „Amore e patria“. Schon darin gibt Verga seine Sympathie mit den Revolutionären des Risorgimente (Widerstandsbewegung Mitte des 19. Jh., die einen geeinten Nationalstaat Italien anstrebte) und mit den Carbonari (Geheimbund, der die Absichten des Risorgimento unterstützte) zu erkennen. 1920 wird Verga zum Senator Italiens ernannt. Am 27. Januar 1922 stirbt Giovanni Verga in Catania.

Antonio Vivaldi (1678 – 1741), Geistlicher, Komponist und Geiger aus Venedig. Als Meister der Barockmusik schrieb er zahlreiche Violinkonzerte, Opern, Symphonien und geistliche Musik.

Graf Alessandro Volta (1745 – 1827), Physiker, machte zahlreiche Entdeckungen und Erfindungen auf dem Gebiete der Elektrophysik. Nach ihm ist die Maßeinheiten der elektrischen Spannung (Volt) benannt.

WIE KOMMT MAN HIN?

Fast alle Regionen Italiens und natürlich auch Florenz, Ausgangspunkt der geschilderten Rundreise durch die Regionen Mittelitaliens Toskana, Marken und Umbrien, sind auf Autobahnen zu erreichen.

Der schnellste und direkteste Weg führt über die Autobahn nach München (A8 oder A9) und weiter über Kufstein (A93), Innsbruck, Brenner (A13/A22), Bolzano, Verona, Modena (A1/E45) und Bologna nach Florenz (A1/E35).

Für Reisende aus dem südwestdeutschen Raum bietet sich die Alternativroute über Ulm, Kempten, Pfronten, Reutte/Tirol, Fernpass und Telfs nach Innsbruck und weiter über die Brenner-Autobahn an.

Die Brenner-Autobahn und die Autobahnstrecken in Österreich und in Italien (mit Ausnahme der Autobahnabschnitte in Süditalien südlich von Mercato, sowie mit Ausnahme der meisten Autobahnabschnitte auf Sizilien) sind **mautpflichtig**. Die **Jahresvignette für Österreichs Autobahnen** kostete zuletzt 86,40 Euro, die Zwei-Monats-Vignette 25,90 Euro und die 10-Tages-Vignette 8,90 Euro; www.asfinag.at/maut/vignette.

Für Motorradfahrer werden 34,40 Euro, bzw. 13,00 Euro, bzw. 5,10 Euro verlangt.

Die Vignette muss bereits bei Auffahrt auf eine Autobahn oder Schnellstraße ordnungsgemäß angebracht sein.

Fahrzeuge (auch Wohnmobile) über 3,5 Tonnen zulässigem Gesamtgewicht müssen eine streckenbezogene Maut entrichten, die weit über den Vignetten-Gebühren liegt.

Die **GO-Maut** wird je nach gefahrenen Kilometern, je nach Anzahl der Achsen des Zugfahrzeugs und je nach Emissionsklasse automatisch elektronisch berechnet. Voraussetzung dafür ist die sog. **GO-Box**, die Sie an ausgeschilderten Verkaufsstellen auf dem Weg nach Österreich und in Österreich kaufen können; https://www.go-maut.at/portal/portal. Sie sind selbst dafür verantwortlich, dass Sie genügend Mautgebühren für die GO-Box erwerben. Die GO-Box selbst müssen Sie im Fahrzeug innen an der Windschutzscheibe anbringen. Man sollte sich bei den Automobilclubs vorher ggf. nach den neuesten technischen Notwendigkeiten erkundigen!

Zu den Mautgebühren kommen in Österreich noch Gebühren für besondere Strecken, z. B. 9,00 Euro für die Brenner-Autobahn.

Die Entfernung von Frankfurt/M über den Brenner nach Florenz beträgt rund 1.000 km.

Wählt man den etwas umständlicheren **Weg durch die Schweiz**, muss für die Benutzung der dortigen Autobahnen und Nationalstraßen eine **Gebüh-**

renvignette (am Grenzübergang oder schon zu Hause bei den Automobilclubs erhältlich) gekauft werden. Es wird ausschließlich eine Jahresvignette angeboten, die für Kfz (Pkw, Wohnmobile) bis 3,5 t zul. Gesamtgewicht, sowie für Motorräder 38,50 Euro kostet. Für Anhänger (Caravan) ist eine separate Vignette zu erwerben. Schwerere Fahrzeuge über 3,5 t zul. Gesamtgewicht müssen eine leistungsabhängige Schwerverkehrsabgabe entrichten; https://www.tolltickets.com/country/swiss/vignette.aspx.

Die Streckenführung durch die Schweiz könnte so aussehen: Autobahn Stuttgart – Singen (A81), Stein am Rhein, Eschenz, St. Gallen, Chur, Splügen, San Bernardino (Tunnel oder Passstraße, 2.065 m, Wintersperre November bis Mai/Juni), Bellinzona, Lugano, Autobahn-Tangentiale um Mailand, Piacenza, Bologna, Florenz.

Der Weg über Schaffhausen, Zürich, Luzern, St. Gotthard (Tunnel oder Passstraße, 2.109 m, Wintersperre November bis Juni), Bellinzona, Mailand etc. bietet zwar mehr Autobahnanteile, ist aber in der Ferienzeit noch stärker verkehrsbelastet.

Campings an den Anfahrtsrouten

Einige **Camping- und Wohnmobil-Stellplätze**, die sich in erster Linie wegen ihrer verkehrsgünstigen Lage an der Anfahrtsroute ggf. als Etappenplätze eignen:

– **München**, ***Camping München-Obermenzing*** **[N48° 10′ 29.87″ E11° 26′ 47.77″]**, Lochhausener Straße 59, 15. März – 31. Okt., nahe Autobahn A8 Stuttgart – München, Ausfahrt München-Lochhausen.

– **Großseeham/Weyarn**, ***Camping Seehamer See*** **[N47° 51′ 5.33″ E11° 51′ 41.23″]**, Hauptstraße 32, ganzjährig, A8 ca. 35 km südöstlich München, über die Autobahnparkplätze „Seehamer See-Ost" oder „Seehamer See-West" zu erreichen, zwischen Autobahn und See gelegen.

– **Bad Feilnbach**, ***Kaiser Camping*** **[N47° 47′ 23.35″ E12° 0′ 35.88″]**, Reithof 2, ganzjährig, A8 Ausfahrt 100 Bad Aibling und noch 3,5 km südwärts.

– **Oberaudorf**, ***Reisemobilstellplatz beim Ochsenwirt*** **[N47° 38′ 52.75″ E12° 10′ 9.06″]**, Carl-Hagen-Str. 14, nahe der Talstation der Hocheck Bergbahn, Schotterfläche für etwa 5 Reisemobile direkt neben dem Gasthof Ochsenwirt (Fremdenzimmer) mit gutem Restaurant. Bei Verzehr im Gasthof kostenloser Stellplatz, sonst Gebühr. Frischwasser, WC, Strom.

Österreich

– **Wiesing, *Camping Inntal* [N47° 24′ 21.41″ E11° 48′ 21.59″]**, Rofansiedlung 100, ganzjährig, A12 Ausfahrt 39 Wiesing.

– **Kramsach, *Camping Seehof* [N47° 27′ 42.94″ E11° 54′ 25.09″]**, Moosen 42, ganzjährig, Restaurant, A12 Ausfahrt Kramsach und „Zu den Seen"-Beschilderung folgen.

– **Hall in Tirol, *Schwimmbad Camping Hall*** **[N47° 17′ 3.26″ E11° 29′ 47.02″]**, Scheidensteinstr. 24, Mai – Sept.; A12 Ausfahrt 68 Hall Mitte, 10 Reisemobilstellplätze auch außerhalb des Campingplatzes, auch während Schließungszeit zu nutzen, allerdings nur mit Frischwasser, Abwasserentsorgung und Strom.

Schweiz

– **Winterthur, *Camping Schützenweiher*** **[N47° 31′ 10.44″ E8° 42′ 59.95″]**, Eichliwaldstraße 4, ganzjährig, A1 (Zürich – St.Gallen) Ausfahrt Winterthur-Ohringen.

Italien

– **Chiusa/Klausen**, ***Camping Gamp*** **[N46° 38′ 28.22″ E11° 34′ 24.24″]**, Griesbruck 10, ganzjährig, A22 Autobahnausfahrt Chiusa. Restaurant. Separater Wohnmobilstellplatz.

Bozen/Bolzano, *Camping Moosbauer* **[N46° 30′ 12.0″ E11° 17′ 57.5″]**, Moritzinger Weg 83, A22 (Klausen – Bozen) Ausfahrt Bozen-Süd, weiter Richtung Meran Ausfahrt Eppan, dann weiter Richtung Bozen/Krankenhaus; ganzjährig geöffnet; Restaurant, Laden, teils schattiges Wiesen- und Kiesgelände. WLAN.

Die schönsten Auto-, Van-Camper- und Wohnmobil-Touren in Umbrien, San Marino und Marken

Mobile Touring Highlights

UMBRIEN
8 Touren – ca. 14 Tage
Seite 27

SAN MARINO
1 Tour – ca. 1 Tag
Seite 128

MARKEN
6 Touren – ca. 10 Tage
Seite 109

UMBRIEN

8 Touren – Ca. 14 Tage

Die Fontana Maggiore auf der Piazza IV Novembre in Perugia

TOUR 1: CITTÀ DI CASTELLO – PERUGIA

Länge der Tour: Rund 135 km.

Die Route: Von Città di Castello über die SP105 über **Trestina** bis **Niccone** – SS416 bis **Tuoro sul Trasimeno** – SS326 und SS71 bis **Castiglione del Lago** – SS599 bis **San Savino** – Uferstraße über **Monte del Lago** zur Schnellstraße S75bis – SS75bis bis **Passignano sul Trasimeno** – SS75bis bis **Perugia.**

Reisedauer: Mindestens ein Tag.

Höhepunkte: Ein Spaziergang durch **Città di Castello** * – der Blick auf den **Lago Trasimeno** auf der Anfahrt von Norden her – **Castiglione del Lago** – **Passignano sul Trasimeno**.

Città di Castello [Parkplatz Piazzale Ferri, WP 001 / N43° 27′ 28.61″ E12° 14′ 9.35″] am linken Tiberufer, liegt im äußersten nördlichen Teil der Provinz Umbrien. Der Ursprung der Kleinstadt, die noch große Teile ihrer mittelalterlichen Stadtmauer erhalten hat und in der heute rund 38.000 Einwohner leben, geht zurück auf die römische Gründung Tifernum. Bis ins 17. Jh. war Città di Castello Sitz der Grafen von Vitelli, denen es zu verdanken ist, dass vor allem in der Zeit der Renaissance namhafte Künstler mit Arbeiten an den Kirchen und Palazzi betraut wurden. Unter den Meistern waren Vasari, Ghirlandaio, Luca Signorelli, der hier die berühmte Plastik „Martyrium des Hl. Sebastian" schuf (jetzt im Kunstmuseum des Vitelli Palastes) und die della Robbias, die mit Arbeiten an den Kirchen und Palais betraut worden waren.

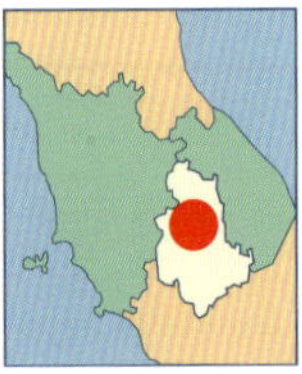

Die wichtigsten Sehenswürdigkeiten liegen im Zentrum der Stadt zwischen der Piazza Matteotti und der Piazza Gabriotti, den beiden lebhaften Mittelpunkten von Città di Castello.

Es bietet sich an, auf dem großen öffentlichen **Parkplatz Piazzale Ferri [WP 001 / N43° 27′ 28.61″ E12° 14′ 9.35″]** (mit Tankstelle und Busparkplatz) am westlich Stadtrand zu parken und von dort über die Via Antimo Marchesani und Via Scatorbia hinein in die Altstadt zu gehen. Am Theater sollte man sich rechts halten. Über die Via Plinio il Giovane kommt man dann zur Piazza Gabriotti. Eines der bedeutendsten Baudenkmäler von Città di Castello ist der Dom **Cattedrale di San Florido (5) [N43° 27′ 24.27″ E12° 14′ 15.36″]** an der Piazza Gabriotti. Der Bau stammt ursprünglich aus dem 11. Jh. Die Kirche ist dem Heiligen Florido geweiht, dem Schutzpatron von Città di Castello. Im 15. Jh.

CITTÀ DI CASTELLO

1 *Stadttor*
2 *Palazzo Vitelli*
3 *Palazzo del Podestà*
4 *Palazzo del Comune*
5 *Dom und Museum*
6 *Torre Comunale*
7 *Campanile rotondo*
8 *Laboratorio Tela Umbra (Weberei)*
9 *Palazzo Albizzini – Sammlung Burri*
10 *Palazzo Vitelli a S. Egidio*
11 *San Francesco*
12 *Palazzo Vitelli alla Cannoniera – Städtische Pinakothek*
13 *San Domenico*
14 *Santa Maria Maggiore*
15 *Palazzo Vitelli a S. Giacomo – Piazza Merchese Paolo*
16 *Santa Maria delle Grazie*
17 *Stadtbibliothek*
18 *Palazzina Vitelli*

wurde der Dom im Stil der Renaissance umgestaltet. Eines der Kleinodien im Inneren ist das Gemälde „Anbetung des glorreichen Christus durch die Heiligen". Es stammt aus dem frühen 16. Jh. und gilt als ein Meisterwerk von Rosso Fiorentino (1494 – 1540), einem der großen Maler der Renaissance. Die Chorapsis und die Wände über dem schön gearbeiteten Chorgestühl (15. Jh.) sind mit Fresken von Marco Menefial ausgemalt. Sie entstanden in den Jahren zwischen 1747 und 1749 und zeigen vor allem Szenen aus dem Leben des hl. Florido.

In der ehemaligen Sakristei ist das besuchenswerte **Museo Capitolare**, das Dommuseum untergebracht. Es beherbergt den kostbaren Kirchenschatz. Gezeigt wird u. a. silberner Altarschmuck aus dem 12. Jh. *(geöffnet Apr. - Sept. Di - So 10 - 13 + 15.30 - 18 Uhr; Okt. - März Di - So 10 - 12.30 + 15 - 17 Uhr; www.museoduomocdc.it).*

Unmittelbar an den Dom ist zur Platzseite hin der **Palazzo del Comune (4)**, ein strenger Bau aus dem 16. Jh., angefügt. Der Torre Comunale gegenüber überragt seit dem 13. Jh. den Platz.

Geht man links am Palazzo Comunale und am Campanile Rotondo, dem mittelalterlichen Rundturm des Doms aus dem 12. Jh., vorbei und über die Piazza Garigliano und die Via Batisti bis ans Südende der Altstadt, kommt man zum linkerhand gelegenen **Palazzo Vitelli alla Cannoniera (12)**. Der prächtige Renaissancebau mit reich dekorierter Fassade stammt aus dem frühen 16. Jh. und entstand damals unter der Federführung von Antonio da Sangallo il Givane. Heute ist hier die **Pinacoteca Comunale**, die städtische Kunstgalerie, untergebracht *(geöffnet tgl. 10 - 13, 14.30 - 18.30 Uhr).* Zu den kostbarsten Stücken der sehenswerten Gemäldesammlung zählen Frühwerke von Raffael (u. a. „Erschaffung der Eva und zwei Engel"), ein Marienbildnis von Ghirlandaio, eine Arbeit von Luca Signorelli mit dem Titel „Martyrium des Hl. Sebastian", sowie glasierte Terrakot-

Città di Castello

taplastiken von della Robbia und viele andere.

Von der Piazza Gabriotti am Dom kann man über den Corso Cavour und vorbei am **Palazzo Podestà (3)** aus dem 15. Jh., der dann rechterhand liegt, zur großen **Piazza Matteotti**, dem Marktplatz der Stadt, gehen. Der mächtige Bau an der Nordseite des Platzes ist der **Palazzo Vitelli (2)**. Die Vitellis waren in der Zeit der Medici große Heerführer.

Rechts des Gebäudes findet man den Zugang zum Touristenbüro.

Weiter rechts, an der Ostseite des Platzes, führt die Via Mazzini zum **Palazzo Albizzini (9)**. Hier ist heute die Collezione Burri eingerichtet, eine Sammlung moderner Kunstobjekte.

Von der Piazza Matteotti oder vom Palazzo Albizzini geht man, vorbei an der **Kirche San Francesco (11)** mit der von Vasari gestalteten **Vitelli-Kapelle**, über die Via M. Angeloni stadtauswärts (nordwestwärts) bis zur Querstraße Via dei Fucci, die nach links, westwärts, abzweigt. Ihr folgen wir und gehen, wieder vorbei am Theater, zurück zum Parkplatz.

Città di Castello ist aber auch ein freundliches Zentrum des Weinanbaugebiets „Colli Altotibernini", das sich von Perugia im Tibertal flussaufwärts erstreckt. Von hier stammt u. a. der Weißwein „Panicale".

In den Hügeln gut 10 km westlich von Cittá di Castello liegt hoch auf einem Bergkegel **Monte Santa Maria Tibernia**. Das pittoreske, sehenswerte Dorf aus dem 11. Jh. wartet – neben einem Campingplatz – mit der Festung **Palazzo Bourbon del Monte** auf, einst Familiensitz des del Monte Clans. In der Kirche Santa Maria findet sich das Familiengrab der del Monte.

PRAKTISCHE HINWEISE – CITTÀ DI CASTELLO

Touristeninformation: A.P.T. dell'Umbria & dell'Alta Valle del Tevere [N43° 27' 26.98" E12° 14' 24.63"], Piazza Matteotti, Corso Cavour 5, 06012 Città di Castello, Tel. +39 07 58 55 49 22; www.cittadicastelloturismo.it. *Geöffnet Mo - Fr 8.30 - 13.30 + 15.30 - 18.30 Uhr, Sa + So 9.30 - 12.30 Uhr.*

Feste, Folklore, Märkte: Kammermusikfestival der Nationen, jedes Jahr Ende August.

Mostra Nazionale del Cavallo – Große Pferdeausstellung, Pferdeschau, Auktion, nationales Reitturnier, Hindernisrennen, Westernreiten etc., je-

des Jahr am zweiten Septemberwochenende freitags bis sonntags; www.mostradelcavallo.com.
Il Tartufo Bianco – Ausstellung der Trüffel und Waldfrüchte, jedes Jahr am letzten Oktoberwochenende freitags bis sonntags; www.iltartufobianco.it.

HOTELS

Tiferno ****, 47 Zi., Piazza Raffaelo Sanzio, 13, Tel. +39 075 85 50 331; www.hoteltiferno.it. Alteingesessenes, gutes Mittelklassehotel in elegantem Stil, eingerichtet in ehemaligem Kloster aus dem 17. Jh.. Wellnesseinrichtungen, gutes Restaurant. WLAN. Öffentliche Parkmöglichkeit.
Garden ****, 59 Zi., Viale Aldo Bologni, 96, Tel. +39 075 85 50 593; www.hotelgarden.com; gutes Mittelklassehotel etwas außerhalb des Ortszentrums gelegen, Restaurant, Bar, Wellnesseinrichtungen, Hotelgarten mit Schwimmbad, WLAN. Parkmöglichkeit.
Park Hotel Ge.Al. ***, 56 Zi., Via Piero della Francesca, 24, Tel. +39 075 852 1313; www.hotelparkgeal.it; Mittelklassehotel am nordwestlichen Ortsrand nahe der SS221 gelegen, schöner Hotelgarten mit Schwimmbad, Restaurant, Bar, WLAN. Parkplatz.

CAMPING

Monte Santa Maria Tiberina bei Città di Castello

Camping Luna del Monte [WP 002 / N43° 26′ 15.83″ E12° 9′ 33.97], Via San Pietro 8, Tel. +39 366 89 06 331; www.campingluna-delmonte.nl; 15. Apr. – 15. Sept.; von Città di Castello auf der SS73/E45 Richtung Perugia bis Abzweig Richtung San Secondo und Giobello und weiter Richtung Monte Santa Maria Tiberina. Fast ebenes, erhöht gelegenes Gelände mit Baumbestand, im bewaldeten Hügelland. Von hohen Hecken begrenzte Stellplätze. Von den Platzrändern teils schöne Ausblicke. Für Fahrzeuge über 7 m Länge etwas beengte Platzverhältnisse; ca. 2 ha – 35 Stpl.; sehr einfache Standard-Sanitärausstattung. Schwimmbad, **V & E für Wohnmobile**. Miethütten. Neben Ristorante „Il Poggio".

ROUTE: Auf der Autobahn E45 oder auf der Landstraße SP105 über ***Trestina*** *südwärts durch das Tibertal bis* ***Niccone****. Weiterfahrt auf der SS416 nach Südwesten über* ***Mercatale*** *zum* ***Lago Trasimeno****.*

In **Umbertide**, einem Zentrum der Keramikindustrie, zählt die **Kirche Santa Croce** aus dem 17. Jh. mit Gemälden von Signorelli zu den Sehenswürdigkeiten. Im Osten der Stadt liegt die Burg **Civitella Ranieri**, die zu den schönsten Burgen im oberen Tibertal gezählt wird.

Man durchquert **Mercatale** in einem ausgedehnten Anbaugebiet für Tabak. Auf den Hügelkuppen liegen malerisch vereinzelte Gehöfte.

Unweit nördlich des Trasimenischen Sees, beim heutigen Weiler **Sanguineto**, besiegte Hannibal während des Zweiten Punischen Kriegs in der legendären **Schlacht am Trasimenischen See** von 217 v. Chr. die Römer.

Etwas weiter östlich liegt **Tuoro sul Trasimeno**. Wer sich für die historischen Fakten und Umtriebe Hannibals während der Punischen Kriege interessiert, sollte sich die Dokumentationen der 1996 ins Leben gerufenen **Dauerausstellung über Hannibal** und über die diversen Theorien der Schlacht am Trasimenischen See anschauen.

Zu den Attraktionen aus jüngerer Zeit zählt das sog. **„Sonnenfeld", Campo del Sole [Parkplatz, WP 003 / N43° 11′ 35.38″ E12° 4′ 39.48″]**, am Punta Navaccia am Strandbad von Tuoro. Es handelt sich um 27 spiralenförmig angeordnete Gruppierungen diverser Skulpturen, in deren Zentrum sich ein Sonnensymbol befindet. Die Kunstwerke stammen aus der Zeit zwischen 1985 und 1989 und wurden von regionalen Künstlern gestaltet.

An der Straße SS71 bei Tuoro weisen Schilder an der Straße den aufmerksamen Touristen auf eine Rundstrecke mit dem Namen **„Percorso Storico Della Battaglia"** hin. Der Weg, der wegen der sporadischen Beschilderung nicht ganz leicht nachzuvollziehen ist, führt zu einigen historischen Plätzen in der Gegend um Tuoro.

Es gibt einen „Percorso Interno", der auf den Wegtafeln gelb markiert ist und einen grün markierten „Percorso Esterno".

Der Innere Ring (gelb) hat neun markierte Stationen (Sosta). Start ist in La Dogana an der Sosta No. 1 „Premesse alla battaglia", weiter über Sanguineto, Sosta No. 5 „Commemorazione del Console Caio Flamini Nepote" und Tuoro, Sosta No. 8 „Colonna Romana" zurück nach La Dogana. Leider war nirgends zu erfahren, was es mit den einzelnen Stationen nun im Detail wirklich auf sich hat. Wir müssen Sie also leider mit diesen spärlichen Informationen alleine lassen. Es liegt aber nahe, dass es sich um historische Stätten handelt, die im Zusammenhang mit der Hannibalschlacht und mit der römischen Vergangenheit der Gegend stehen.

Mit einer Fläche von rund 128 qkm ist der **Lago Trasimeno** Umbriens größtes und Italiens viertgrößtes Binnengewässer. Der See, der von mehreren, allerdings recht kleinen, Wasserläufen gespeist wird, weist ein Ufer von immerhin 45 km Länge auf. Es gibt aber nur einen Abfluss, der Ende des 19. Jh. künstlich angelegt wurde, um endlich die regelmäßig wiederkehrenden Überschwemmungen zu bändigen.

Die Region um das kaum mehr als 6 m tiefe Gewässer, dessen meist flache Ufer großenteils verschilft sind und das leider mehr und mehr von Umwelteinflüssen geschädigt wird, ist ein stark frequentiertes Feriengebiet. Die wichtigsten Gemeinden am See sind Tuoro sul Trasimeno, Passignano sul Trasimeno, Magione und Castiglione del Lago.

Seit 1995 wird durch gesetzliche Regelungen und der Schaffung des „Naturparks Trasimeno" zumindest der Versuch unternommen, eine dichte Bebauung und größere Gewerbeansiedlungen vom See fernzuhalten. Und in den jüngsten Informationen über die Region ist zu lesen, das zwischen April und September die Gewässer der 18 Badegebiete regelmäßig nach EU-Norm auf ihre Qualität überprüft werden. Ob die Maßnahmen allerdings greifen und sich Besserungen in der Wasserqualität wirklich einstellen, darf angesichts des stellenweisen dichten Algenwuchses zumindest bezweifelt werden.

Im Trasimenersee liegen drei Inseln, **Isola Maggiore** und **Isola Minore** in der Nähe des nördlichen Ufers und die **Insel Polvese** im südwestlichen Teil des Sees.

Die kleinste Insel ist, nicht schwer zu erraten, die **Isola Minore**, früher auch als „isoletta", das Inselchen, bekannt. Sie gehört verwaltungstechnisch zur Gemeinde Passignano, ist unbewohnt, aber in Privatbesitz.

Isola Maggiore ist die einzige bewohnte Insel im Trasimenersee. Sie ge-

CAMPING – TUORO SUL TRASIMENO

Camping Village Punta Navaccia [WP 004 / N43° 11' 34.13" E12° 4' 36.00"], Via Navaccia, 4, Tel. +39 07 58 26 357; www.puntanavaccia.it; 1. April – 30. Sept.; ca. 1 km südlich von Tuoro neben dem Campo del Sole/Sonnenfeld, beschildert, Brückenunterfahrung mit max. 3,5 m Höhe. Ebenes, durch Bäume gut schattiges Gelände am Lago Trasimeno beim Bootshafen, mit Liegewiese am See; ca. 6 ha – 170 Stpl.; gute Standardausstattung, Laden, Restaurant, Waschmaschine, Trockner, Schwimmbad, Segelschule, Bootsslipanlage, Bootskran. **V & E für Wohnmobile.** Mietcaravans.

hört zur Gemeinde Tuoro und wird von den Seeschiffen angelaufen. Die 40 Familien des kleinen Inseldorfes lebten lange Zeit fast ausschließlich von der Seefischerei, bis der Tourismus zusätzlich die Kassen füllte. Tausende von Urlaubern kommen jedes Jahr auf die Isola Maggiore. Unterkunft der einfacheren Art findet man im *Hotel Ristorante „Da Sauro"* ***, 10 Zi., Tel. +39 07 58 26 168; www.dasauro.it.

Wahrscheinlich auch von der Abgeschiedenheit und Ruhe der Insel angezogen, war im Jahre 1213 Franz von Assisi auf der Insel auf der Suche nach einer geeigneten Einsiedelei, in der er ungestört die Fastenzeit verbringen konnte. Heute erinnert eine Kapelle an die Einsiedelei des Heiligen.

Ein hübsches Souvenir von der Isola Maggiore sind sog. „Irische Spitzen", kunstvolle Handarbeiten, die auf der Insel hergestellt werden. Wie es heißt soll eine irische Lehrerin 1904 dieses Kunsthandwerk auf die Insel gebracht haben.

Fast 70 ha groß und damit die größte der drei Inseln im Lago Trasimeno ist die **Isola Polvese.** Sie gehört zur Gemeinde Castiglione del Lago und wird von den Seeschiffen angefahren. Die heute unbewohnte Insel wurde von der Provinz Perugia zum „wissenschaftlich-didaktischen Naturpark" erklärt. Ein aus diesem Anlass errichtetes Studienzentrum befasst sich u. a. mit der Erforschung und dem Schutz der vielfältigen Flora der Insel. Aus der Zeit, als die Insel noch ständig bewohnt war, stammen das Kloster San Secondo, die Kirche San Julio und ein Schloss aus dem 17. Jh.

Touristische Einrichtungen am Lago Trasimeno findet man vor allem um **Passignano** am Nordufer und in **Castiglione** am Westufer. Zwischen den beiden Orten verkehren im Sommer Ausflugsschiffe.

Castiglione del Lago [Parkplatz, WP 005 / N43° 7' 40.13" E12° 3' 12.00"] erstreckt sich auf einem in den Lago Trasimeno vorspringenden Bergrücken am Wesufer des Sees.

Das Städtchen, die „Löwenburg am See" (Castiglione del Lago), hat einen sehenswerten alten Ortskern, der von einer mächtigen **Festung** bewacht und überragt wird.

Die fünfeckige Festungsanlage mit ihren wehrhaften vier Ecktürmen stammt aus der Zeit um 1250 und wurde damals vermutlich nach Plänen von Elia Coppi auf einem Kalksteinfelsen errichtet. Die Löwenburg zählt zu einem der schönsten Beispiele in der Militärarchitektur Umbriens.

Die Via Lungolago führt im Uhrzeigersinn am Seeufer entlang um den Stadtfelsen.

Oben in der Stadt steht am Mauerring in unmittelbarer Nähe zur Festung der **Palazzo della Corgna** *(geöffnet Apr. - Sept. tgl. 9.30 - 19 Uhr, Okt. tgl. 9.30 - 18.30 Uhr, Nov. - Feb. tgl. 10 - 17 Uhr, März 10 - 18 Uhr; www.palazzodellacorgna.it)* Der imposante Feudalbau aus dem 16. Jh., ehemalige Residenz der Familie Baglioni, ist durch einen Laufgang mit der Festung verbunden. Diese direkte Verbindung zwischen Palast und Burg wird von Historikern als Zeichen für den Einfluss, den die Baglioni auf die Geschicke der Stadt und die Region ausübten, gewertet.

Sehenswert im Inneren sind in erster Linie die **Fresken** in den repräsentativen

PRAKTISCHE HINWEISE – CASTIGLIONE DEL LAGO/LAGO TRASIMENO

Servizio Turistico Territoriale del Trasimeno [N43° 7' 39.28" E12° 3' 12.63"], Piazza Gramsci, 1, Palazzo del Comune, 06061 Castiglione del Lago, Tel. +39 075 96 52 484; www.lagotrasimeno.net.

RESTAURANTS

Ristorante La Cantina Aurora, Via Vittorio Emanuele, Tel. +39 07 59 65 24 62; www.ristorantecantina.it; man sitzt hübsch im rustikalen Lokal mit Rundbögen als auch im lauschigen Restaurantgarten.

HOTELS

Ducca della Corgna *,** 25 Zi., Via Bruno Buozzi, 143, Tel. +39 07 59 53 238; www.hotelcorgna.com; Hübsches Mittelklassehotel mit Hotelgarten und Schwimmbad, Restaurant, WLAN. Parkplatz.
Miralago *,** 19 Zi., Piazza Mazzini, 6, Tel. +39 07 59 51 157; www.hotelmiralago.it; Mittelklassehotel im Altstadtzentrum, Restaurant mit Terrasse., Hotelgarten mit Schwimmbad, Fahrradverleih, WLAN im öffentlichen Bereich. Parkplatz.

CAMPING

Castiglione del Lago
Camping Listro [WP 006 / N43° 8′ 3.68″ E12° 2′ 39.26″], Via Lungolago, Tel. +39 07 59 51 193; www.camping-listro.de; 1. Apr. – 30. Sept.; im nördlichen Ortsbereich am See, beim Sportstadion; schattiges Wiesengelände, Plätze am Trasimeno-See schattenlos bzw. mit Schattendächern; ca. 1 ha – 100 Stpl.; Standardsanitiärausstattung. Laden, Restaurant, Waschmaschine, Fahrradverleih. **V & E für Wohnmobile**.

Borghetto / Lago Trasimeno

Camping Badiaccia [WP 007 / N43° 10′ 48.75″ E12° 1′ 0.12″], Via Pratovecchio, 1, Badacchia, Tel. +39 07 59 65 90 97; www.badiaccia.com; 1. Apr. – 30. Sept.; ausgedehntes, fast ebenes Wiesengelände mit hohen, teils etwas eng stehenden Schattenbäumen, beschilderter Abzweig von der SS71 Richtung Castiglione del Lago, zwischen Straße und Trasimeno-See gelegen, zwischen Platz und flachem Seeufer Sport- u. Liegewiese, Sandstrand; 5 ha – 200 Stpl.; zeitgemäße Komfort-Sanitärausstattung. Laden, Restaurant, Imbiss, Waschmaschine, Trockner, Schwimmbad, Boots- und Fahrradverleih, Bootsslipanlage, Tennis, Internetecke. Mietcaravans. **V & E für Wohnmobile**.

WOHNMOBIL-STELLPLATZ

Castiglione del Lago
Wohnmobil-Stellplatz Parcheggio Camper Lungolago [WP 008 / N43° 8′ 0.77″ E12° 2′ 43.03″]. Zufahrt/Lage: Von der SR71 (Via Firenze) zum See abzweigen, Zufahrt wie Camping Listro. **Ausstattung:** Asphaltierter, ebener Parkplatz für 15 Wohnmobile, neben Camping Listro. Keinerlei Installationen wie Wasser, Abwasserausguss o. ä. **Geöffnet:** Jederzeit zugänglich. **Gebühr:** Gebührenpflichtig.

Räumen des Palastes. Zu den herausragenden Werken zählen die Darstellungen der Abenteuer des Ascanio von Corgna, mit denen Niccolò Circignani, der im Kreis seiner Künstlerkollegen besser bekannt war als „il Pomarancio", 1574 mit der Ausmalung der Palasträume begann.

ROUTE: *Weiterreise auf der Seeuferstraße N599 zunächst Richtung Perugia. In* **Savino** *weiter am Ostufer des Lago Trasimeno entlang und über* **S. Feliciano** *und* **Monte del Lago** *nach* **Passignano sul Trasimeno**.

Am Nordufer des Lago Trasimeno liegt **Passignano sul Trasimeno [Parkplatz, WP 009 / N43° 11′ 4.01″ E12° 8′ 22.67″]**, neben Castiglione einer der beiden großen Orte am See. Schöne lange **Seepromenade** mit Parkanlage. Zu den Sehenswürdigkeiten von Passignano, das ganz im Dienste des Fremdenverkehrs zu stehen scheint, zählt sicher die **Kirche des Heiligen Christopho-**

Passignano sul Trasimeno

rus. Der dreischiffige Bau stammt aus dem 11. Jh. und weist innen Fresken aus dem 15. Jh. auf.

*ROUTE: Über die Schnellstraße SS75bis erreicht man nach knapp 30 km **Perugia**.*

Unterwegs bietet sich Gelegenheit ins nahe **Magione** und nach **San Feliciano** am See abzuzweigen. Zu den Sehenswürdigkeiten in Magione zählt die **Burg der Malteserritter [N43° 8‘ 21.93“ E12° 12‘ 23.31“]** aus der Mitte

PRAKTISCHE HINWEISE – PASSIGNANO SUL TRASIMENO

Pro Loco Passignano sul Trasimeno, Piazza G. Garibald, 7, Tel. +39 07 58 25 220; www.passignano-sul-trasimeno.paginegialle.it/umbria/passignano_sul_trasimeno/proloco.html.

Feste, Folklore: Ruderbootrennen, jedes Jahr am 15. August. Erinnert wird mit dem historischen Wettstreit, in den jeder der vier Stadtteile ein Boot schickt, an ein Ereignis im Jahre 1495, als sich eine Gruppe von Flüchtlingen vor ihren Feinden im letzten Moment nur noch dadurch in Sicherheit bringen konnten, in dem sie auf den See hinaus ruderten.

HOTELS

Relais La Fattoria **,** 29 Zi., Via Rigone,1, Castel Rigone Tel. +39 07 58 45 322; www.relaislafattoria.com; komfortables, angenehmes Firstclasshotel. Restaurant, Schwimmbad, WLAN. Parkplatz.

Kursaal *,** 18 Zi., Via Europa, 24, Tel. +39 07 58 28 085; www.kursaalhotel.net/de/; gutes Mittelklassehotel in einer Villa aus den 1930iger Jahren am See, Restaurant mit Terrasse, Hotelgarten mit Schwimmbad und Liegewiese, Fahrradverleih, WLAN. Parkplatz.

La Vela *,** 29 Zi., Via Rinascita, 2, Tel. +39 07 58 27 221; www.hotellavela.it, in Passignano Nähe See und Altstadt gelegen, mittlere Preislage, Restaurant, Fahrradverleih, WLAN. Parkplatz.

Lido *,** 53 Zi., Via Roma, 1, Tel. +39 07 58 27 219; www.hotellidoperugia.com; gutes Mittelklassehotel direkt am See, Schwimmbad, Whirlpool, Restaurant, Terrasse, WLAN. Parkplatz. Zum Ortszentrum ca. 800 m.

Trasimeno ***, 30 Zi., Viale Roma, 16A, Tel. +39 07 58 29 355; www.hoteltrasimeno.it; Mittelklassehotel in der Nähe des Anlegesteges gelegen, Restaurant, WLAN. Parkplatz.

Torricella di Magione
Hotel La Casa sul Lago, in **Torricella** bei Magione, 80 Zi., Via del Popolo, 8, Tel. +39 07 58 40 042; www.lacasasullago.com; hübsches Landhotel mit Schwimmbad im Garten, Terrasse, WLAN. Parkplatz.

CAMPING

Camping La Spiaggia [WP 010 / N43° 11' 2.35" E12° 8' 54.71"], Via Europa, 22, Tel. +39 07 58 27 246; www.campinglaspiaggia.it; Anf. April – Ende Okt.; von Passignano ca. 1 km ostwärts auf der Strandstraße; baumbestandenes Wiesengelände zwischen Straße und See, kleiner Strand mit Liegewiese; ca. 1,5 ha – 50 Stpl.; Standard-Sanitärausstattung; Laden, Restaurant, Waschmaschine, Trockner, Schwimmbad, Fahrradverleih, Internetecke, **V & E für Wohnmobile**.

Camping Kursaal [WP 011 / N43° 11' 1.56" E12° 9' 1.43"], Via Europa, 24, Tel. +39 07 58 28 085; www.campingkursaal.it; Mitte. Apr. – Ende Okt.; über die SS75 Ausfahrt Passignano-Est, neben Camping La Spiaggia; Gras- und Sandgelände, teils schattig; zwischen Straße, Bahn und See, beim gleichnamigen Hotel; ca. 1,2 ha – 50 Stpl.; gute Standard-Sanitärausstattung; Laden, Restaurant, Waschmaschine, Trockner, Schwimmbad, teilweise Internet, Internetecke, Mietbungalows, Badebucht. **V & E für Wohnmobile.**

Zahlreiche weitere **Campingmöglichkeiten** westlich von Passignano in **Tuoro** (Camping Punta Navaccia) und an der Ostseite des Sees bei **Torricella** (Camping Eden Park), in **Monte del Lago** (Camping Cerquestra) und in **San Arcangelo** (Camping Villaggio Italgest und Camping Polvese).

WOHNMOBIL-STELLPLATZ

Wohnmobil-Stellplatz Area Sosta Camper Passignano sul Trasimeno [WP 012 / N43° 11' 5.31" E12° 8' 39.37"], Via Europa. **Zufahrt:** Von Passignano am östlichen Ortsrand der Beschilderung Jachthafen folgen. **Geöffnet:** Ganzjährig. **Gebühr:** Gebührenfrei. **Ausstattung:** Vier offiziell markierte Stellplätze auf dem öffentlichem Parkplatz am Jachthafen und der Anlegestelle der Inselfähren zwischen Bahnlinie, Straße und See. WC-Häuschen mit Stromanschluss. Ganzjährig benutzbar und frei zugänglich. Restaurant auf dem Parkplatz.

Wohnmobil-Stellplatz L'Airone [N43° 11' 4.09" E12° 8' 43.29"], Via Giappesi 3. **Zufahrt:** Zwischen Hauptstraße und Bootshafen. **Geöffnet:** Apr. - Okt. **Gebühr:** Pauschale inkl. V+E + Strom. **Ausstattung:** Durch Bäume schattiges, schräges, parzelliertes Grasgelände für 25 Wohnmobile. V+E, Strom, Dusche, WC, WLAN. Womos max. 7 m Länge. Laut durch Straße.

des 12. Jh. mit schönem Innenhof und zwei Fresken in der Burgkapelle.

Und in **San Feliciano** lohnt das **Fischereimuseum Museo della Pesca** einen Besuch. Das Museum befasst sich vor allem, aber nicht ausschließlich, mit der Seefischerei, von der lange Zeit Generationen von Seeanrainern lebten.

Eine genaue Beschreibung von **Perugia** mit seinen Sehenswürdigkeiten, Hotels und Campings finden Sie in der folgenden Etappe.

Der **Campingplatz Il Ricolo** (Näheres siehe am Ende des Perugia Infoblocks), der sich Campern als Übernachtungsplatz anbietet, liegt auf dem Wege, knapp 8 km westlich von Perugia, Zufahrt von der SS75 (nicht Schnellstraße!) bei KM 13/VIII bergwärts, beschildert.

TOUR 2: PERUGIA

Reisedauer: Mindestens ein halber Tag für die Stadtbesichtigung.

Höhepunkte: Die **Piazza 4 Novembre** mit dem Brunnen **Fontana Maggiore**, dem **Dom** und dem **Palazzo dei Priori** *** – die **Galleria Nazionale dell'Umbria** *** – Ausblick von den **Giardini Carducci** **.

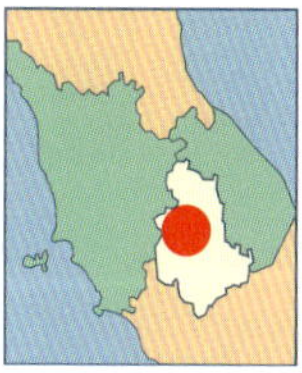

Die überaus sehenswerte Innenstadt von **Perugia** mit ihren engen und verwinkelten und oft steil ansteigenden Straßen und Gassen, ist für den allgemeinen Autoverkehr gesperrt.

Parken in Perugia, besonders in der Umgebung der historischen Innenstadt, stellt ein großes Problem dar, vor allem mit einem Wohnmobil!

Will man nicht vom Stellplatz aus mit öffentlichen Verkehrsmitteln zur Stadtbesichtigung aufbrechen, bleibt eigentlich nur noch der **Großparkplatz Parcheggio Pian di Massimo [WP 013 / N43° 6' 27.10" E12° 21' 44.67"]** (in der Hauptreisezeit bislang allerdings nur Pkw, Änderung möglich!). Zu erreichen z. B. über die SS75bis, Ausfahrt Perugia-Madonna Alto zum Großparkplatz am Westrand der Innenstadt.

Unmittelbar am Großparkplatz Parcheggio di Massimo liegt die **Endstation Pian di Massimo,** der vollautomatischen Kabinenbahn **Minimetro** (funktioniert nach dem System der Cable Car), die über fünf Stationen bis zur Endstation **Terminal Pincetto** direkt unterhalb des Innenstadtzentrums fährt. Frequenz ca. alle 3 Minuten, Fahrzeit knapp 15 Minuten, Preis zuletzt 1,50 Euro. Mit Rolltreppen gelangt man von der Endstation vollends hinauf in die historische Innenstadt, die man ganz in der Nähe des Büros der Touristeninformation an der Via Matteotti erreicht.

Die **Altstadt von Perugia** liegt, auch wenn das Gewirr der Stadterweiterungen, Straßen und Autobahnen den Besucher eher entmutigen, immer noch sehr schön und die Ebene beherrschend, auf einem Bergrücken hoch über dem Tibertal. Und ein Besuch des alten Zentrums mit seinen mittelalterlichen Gassen lohnt wirklich sehr.

„Man kann nie die Stadt erreichen, ohne hinaufzusteigen" hatte schon Papst Pius II Piccolomini 1462 notiert, der viel durch Umbrien reiste. Eine Erkenntnis, die vom Pontifex sicher im übertragenen Sinne gemeint war, aber wohl aus einer umbrischen Realität geboren wurde. Fast jede umbrische Stadt liegt, wie Perugia, auf einem Hügel, den es zu „erklimmen" gilt, bevor man durch ihre Straßen und Gassen spazieren kann.

Perugia ist eine alte Stadt. Schon lange bevor die Römer ihre Macht in Italien etablierten, war Perugia ein blühendes Zentrum etruskischer Kultur und der mächtigste unter den zwölf damals herrschenden etruskischen Stadtstaaten. Und obwohl man nur wenig präzise Kenntnis von dieser archaischen Völkergruppe der Etrusker hat – ihre überlieferten Schrifttafeln sind immer noch nicht vollkommen enträtselt – prägten sie mit ihren Bauten und Kunstwerken die nachfolgenden Epochen der Römerzeit ganz entscheidend.

Was Wunder, dass man in Perugia eines der umfangreichsten Museen etruskischer Kultur findet.

Sollten Sie mehrere Museen der Stadt besuchen wollen, bietet sich der Kauf der **Perugia Città Museo Card** an. Sie kostete zuletzt € 14,- pro Person, gilt für bis zu 5 Museen innerhalb 48 Stunden und gibt zusätzliche Ermäßigungen in Restaurants und anderen Ausstellungen. Genaue Auskunft erhält man im Touristenbüro; www.perugiacittamuseo.it/en/the-card-2/.

Die Piazza IV Novembre und der Brunnen Fontana Maggiore, dahinter der Dom mit Freitreppe

Zumindest noch teilweise erhalten ist aus der Etruskerzeit der **Arco Etrusco (6)**, das Etruskische Stadttor, am Nordrand der Altstadt. Die gewaltigen Steinfundamente sind etruskisch, während der obere Teil des monumentalen Torbogens aus der Römerzeit stammt. Im Jahre 40 v. Chr. nämlich, nur vier Jahre nach der spektakulären Ermordung seines Onkels Julius Cäsar, hatte Octavian Perugia eingenommen und stark zerstört. Damals wurde wohl auch dieses Stadttor wieder aufgebaut, denn es trägt den alten römischen Stadtnamen *„Augusta Perusia"*, der auch ein Hinweis auf den Eroberer Octavian ist, der später als Caesar Augustus erster römischer Kaiser wurde.

Im 11. Jh. konnte Perugia seine Eigenständigkeit als Stadtstaat wieder festigen und ergriff in den folgenden Kämpfen um Macht und Einfluss in Mittelitalien oft die Partei der papsttreuen Guelfen.

Die Zeit der Renaissance war in Perugia eine kulturelle und auch wirtschaftliche Blütezeit, obwohl andererseits das 14. und 15. Jh. für die Stadt politisch eine Zeit der Wirren und Zerwürfnisse zwischen den rivalisierenden Parteien, sprich regierenden Familien war. Lange und blutige Machtkämpfe spielten sich zwischen den Adelsgeschlechtern der Michelotti, Oddi und Baglioni ab, aus denen die Baglioni schließlich siegreich hervorgingen. Aber im August des Jahres 1500 fielen alle Familienmitglieder der Baglioni, die Einfluss auf die Stadtpolitik hatten, einer Verschwörung zum Opfer. Ihrer tyrannischen Herrschaft war ein Ende bereitet.

Truppen Papst Pauls III. eroberten die Stadt, die gegen die päpstliche Salzsteuer rebellierte und verleibten Perugia Mitte des 16. Jh. dem Kirchenstaat ein. Auf den Ruinen des Palazzo Baglioni ließ der Papst die Festung Rocca Paolina errichten. Aber auch sie stand kaum 200 Jahre lang. Denn mit der Auflösung des Kirchenstaates wurde auch die Festung zerstört. Heute findet man an der Stelle, am Ende des Corso Vennucci, die Carducci-Gärten.

Zu den großen Künstlern des 15. Jh., die aus Perugia kamen, zählt vor allem *Pietro Vannucci*, genannt *Perugino,* der zwischen 1445 und 1523 lebte und aus dessen Schule *Raffael* hervorging.

Vasari hat Perugino als geldgierigen „Lohnmaler" charakterisiert. Mag sein, dass Perugino in der Annahme von Aufträgen nicht wählerisch war, schließlich

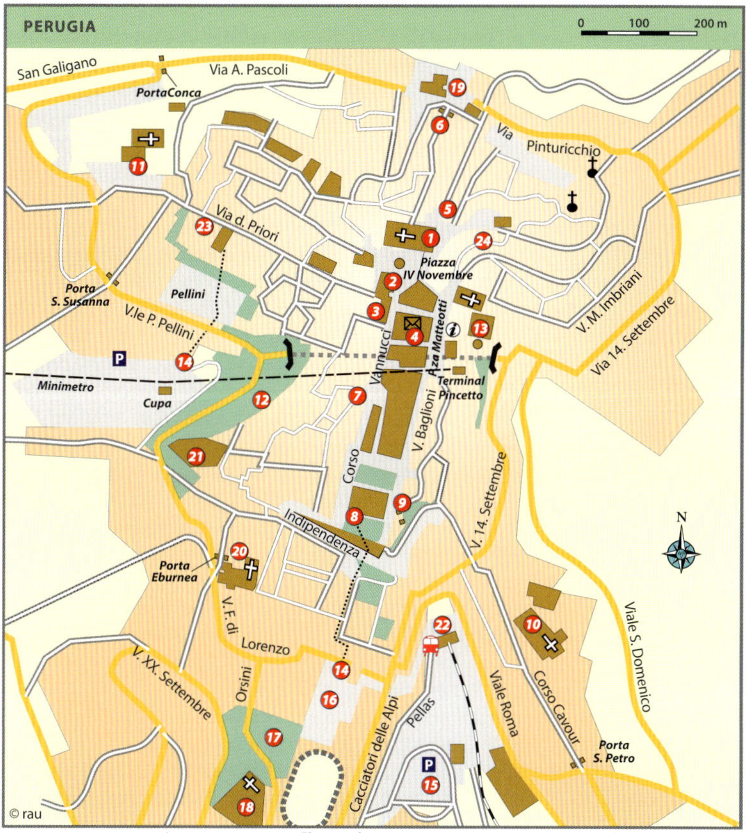

*PERUGIA – **1** Dom – **2** Priorenpalast, Stadtpalast, Umbrische Nationalgalerie – **3** Alte Börse – **4** Postamt – **5** Theater Tureno – **6** Arco Etrusco – **7** Piazza Repubblica – **8** Giardini Carducci u. Rocca Paolina – **9** Porta Marzia – **10** Basilika S. Domenico – Archäologisches Museum – **11** Oratorio S. Bernardino – **12** Giardini del Capaccio – **13** Markthalle und Aufzug in die Oberstadt – **14** Rolltreppen zur Oberstadt – **15** Piazza Europa – **16** Piazza Partigiani – **17** Giardini di S. Giuliana – **18** Monestario S. Giuliana – **19** Piazza Braccio Fortebraccio, Palazzo Gallenga – **20** San Spirito – **21** Conservatorio Musicale – **22** Stazione S. Anna – **23** Geschlechterturm der Sciri – **24** Via Volte della Pace*

entstammte er einer bettelarmen Familie und fürchtete wahrscheinlich und verständlicherweise nichts mehr, als erneut in Armut zu versinken. Wie dem auch sei, sicher ist, dass Perugino Madonnenbildnisse malte, die weit über Italien hinaus Berühmtheit erlangten.

Stadtbesichtigung

Eine **Stadtbesichtigung** beginnt man am besten am Nordende des Corso Vannucci, an der **Piazza 4 Novembre [N43° 6′ 42.93″ E12° 23′ 19.99″]** zwischen Dom San Lorenzo (1) und Priorenpalast (2), einem historischen Platz und eine der schönsten Piazzas zumindest in ganz Umbrien. Dem Platz mit den ehrwürdigen Gebäuden rundum und dem herrlichen Brunnen Fontana Maggiore in der Mitte eine heitere, dennoch würdevolle Ausstrahlung zu bescheinigen, ist bestimmt keine Fehlinterpretation.

Der gotische Brunnen **Fontana Maggiore** wurde in der zweiten Hälfte des 13. Jh. errichtet. Im wesentlichen besteht er aus zwei riesigen, vieleckigen Brunnenbecken aus mehrfarbigem Gestein. Das innere Becken steht erhöht auf Säulen. Darüber schließlich entströmt einer Schale auf einer Mittelsäule das Wasser. Von kunstgeschichtlicher Bedeutung sind die Reliefs an den Brunnenwänden. Sie stammen von Niccolò und Giovanni Pisano. Unten sieht man Motive der Monate, der Schöpfungsgeschichte, der Tierkreiszeichen u. a. und oben sind Szenen aus der Stadtgeschichte und verschiedene Heilige dargestellt.

An der Nordseite des Platzes führt eine breite Freitreppe hinauf zum **Dom Cattedrale di San Lorenzo (1)** *(geöffnet Mo - Sa 7.30 - 12.30 + 15.30 - 19 Uhr, So 8 - 12.45 + 16 - 19 Uhr; www.cattedrale.perugia.it).* Die im gotischen Stil errichtete Kirche ist dem Heiligen Franziskus geweiht und stammt aus dem 15. Jh. Ihre Fassade allerdings blieb unvollendet.

Im Inneren des recht düsteren Kirchenraumes verdient im rechten Seitenschiff die erste Kapelle **„Capella di San Bernardino"** Beachtung. Man kann die schönen schmiedeeisernen Gitter und vor allem das Gemälde *„Kreuzabnahme"* von Baroccio aus dem 16. Jh. über dem Altar der Kapelle bewundern.

Gegenüber im linken Seitenschiff sieht man die **„Capella del Santo Anello".** Dort wird als besonderer Kirchenschatz in einem vergoldeten Reliquiar ein Ring aufbewahrt, der als Trauring der Mutter Maria gilt. Einmal im Jahr, am 30. Juli, wird der Ring in einer feierlichen Zeremonie der Kirchengemeinde gezeigt.

Rechts vom Chor – das schöne Chorgestühl aus dem 15. Jh. ist mit Einlegearbeiten von Maiano und del Tasso ausgestattet – liegt der Zugang zur Sakristei (Fresken) und zum **Museo del Capitolo Cattedale S. Lorenzo.** Neben sakralen Kunstwerken, Reliquiaren und liturgischen Geräten ist vor allem die *„Madonna mit Heiligen"* von Lucca Signorelli aus dem Jahre 1484 sehenswert.

In einem Querschiff sind die sterblichen Reste von Papst Urban IV. und Papst Martin IV. beigesetzt. Urban war vergiftet worden, wahrscheinlich mit dem in der damaligen Zeit gefürchteten „Aquetta", einem mit Arsen versetzten, farblosen Fleischsaft. Martin dagegen soll übermäßiger Völlerei, der überaus opulente Aalgerichte die Krone aufsetzten, erlegen sein. Überhaupt scheint Perugia ein gefährliches Pflaster für Päpste gewesen zu sein, denn auch Papst Benedikt XI. fand hier bei einem Banquett durch vergiftetes Obst den Tod. Sein Grab findet sich in der Dominikanerkirche.

Im **Museo e Percorso Archeologico del Duomo** *(geöffnet Apr. - Sept. Di - So tgl. 10 - 17 Uhr, Okt. - März Di - Fr 9 - 14 Uhr, Sa + So 10 - 17 Uhr, letzter Einlass 30 Min. vor Schließung; www.cattedrale.perugia.it/museo-e-percorso-archeologico/ oder www.museiecclesiastici.it)* sind auf Führungen Ausgrabungen aus etruskischer Zeit zu sehen, darunter Fragmente einer etruskisch/römischen Straße und einer etruskischen Akropolis aus dem 2. Jh. v. Chr. sowie Fundamentsreste aus dem 13. Jh. Angeschlossen ist das **Museo del Capitolo** in dem kostbare Exponate aus der Kirchengeschichte, Gemälden und Skulpturen ausgestellt sind.

Von den Treppen des Doms, einem immer bevölkerten, beliebten Treffpunkt in Perugia, hat man einen schönen Blick auf den gegenüberliegenden **Priorenpalast Palazzo dei Priori (2)** mit seiner würdevollen, die ehemalige Bedeutung des repräsentativen Baus angemessen unterstreichende Fassade. Im 13. Jh. war mit dem Bau des Palasts der Stadtprioren begonnen worden. In den folgenden Jahrhunderten musste er aber mehrfach erweitert werden.

An der Seite zum Platz hin führt eine stattliche Freitreppe hinauf zu einer auf drei Bögen ruhenden Empore. Von dort wurden Gesetze und Dekrete verkündet. Man sieht noch die Redekanzel rechts. Über dem Portal ein Greif und ein Löwe. Sie halten ein Stück einer Kette, die Perugia einst von Siena erbeutete. Die Wappentiere symbolisieren die Stadt Perugia (Greif) und die Partei der Guelfen (Löwe).

Ein weiteres Prunkportal mit den Schutzheiligen der Stadt sieht man an der Seite zum Corso Vannucci. Auf dieser Seite befindet sich auch der Eingang in den **Palazzo Comunale (Stadtpalast) (2)**, der prächtige Säle aufweist, wie den

Sala del Collegio della Mercanzia, den Saal der Kaufmannsgilden, mit schöner Wandvertäfelung, dann im ersten Stock den Saal **Della Consulta** und den Saal **Dei Notari** mit Fresken aus dem 14. Jh. und im Stockwerk darüber die **Biblioteca Augusta.**

Im dritten Obergeschoss des Palazzo Comunale ist die **Galleria Nazionale dell'Umbria (2),** die Umbrische Nationalgalerie, untergebracht *(geöffnet Di - So 8.30 - 19.30 Uhr; 1. Apr. - 1. Okt. auch Mo 12 - 19.30 Uhr; letzter Einlass 1 Stunde vor Schließung; www.gallerianazionaleumbria.it)*. Ihr Besuch sei jedem Kunstliebhaber ans Herz gelegt.

Zu sehen sind in dreißig Ausstellungsräumen vor allem Meister der Umbrischen und Toskanischen Schulen. Man sieht im großen Saal des Rates z. B., Fresken aus dem 14. Jh., die meist aus den Kirchen Perugias hierher gebracht worden sind.

Zu den herausragenden Werken in den Nachbarsälen zählen u. a. Marmorplastiken von Niccolò und Giovanni Pisano und von Arnolfo di Cambio. Aus der Sammlung toskanischer Meisterwerke seien stellvertretend Altartafeln aus dem 15. Jh. von Fra Angelico *(„Madonna und Heilige")* oder von Piero della Francesca genannt.

Eine weitere Abteilung (Räume 14 und 15) widmet sich den Arbeiten Peruginos.

Das südlich angrenzende Nachbargebäude, Zugang ebenfalls vom Corso Vannucci aus, ist das **Nobile Collegio del Cambio (3)** *(geöffnet Mo - Sa 9 - 12.30 + 14.30 - 17.30 Uhr, So 9 - 13 Uhr; www.collegiodelcambio.it)*. Es ist die alte Börse von Perugia, die im 15. Jh. für die Geldwechsler der Stadt erbaut wurde. Dem Besucher werden die schön getäfelte Vorhalle und der anschließende große Audienzsaal **Sala dell'Udienza** gezeigt. Neben dem mit kunstvollen Intarsien und wunderbarem Schnitzwerk versehene Gestühl beeindrucken vor allem die herrlichen Fresken, mit denen Perugino und seine Schüler, darunter auch Raffael, den Saal um die Wende vom 15. zum 16. Jh. ausgemalt haben.

Perugias Altstadtgassen

Die wichtigsten Bildmotive an der linken Wand sind die Tugenden Klugheit, Gerechtigkeit, Tapferkeit und Enthaltsamkeit, dargestellt mit klassischen Helden darunter. An der Mittelsäule links ein Selbstportrait Peruginos. An der Rückwand *„Verklärung und Geburt Christi"*. Und an der rechten Wand schließlich Gottvater, Propheten und Sibyllen. Ob die Arbeiten an der rechten Wand wirklich Raffael zugeschrieben werden können, wie es von manchen Kennern getan wird, ist allerdings umstritten.

Ein Bummel durch die engen, verwinkelten, romantischen **Altstadtgassen Perugias** ist nicht nur für den, der gerne fotografiert ein Erlebnis. Eine dieser Gassen, die für ihr uriges, mittelalterliches Gepräge stadtbekannt ist, liegt unweit östlich vom Platz des 4. November. Am einfachsten geht man gegenüber vom Nobile Collegio del Cambio links am Postamt (4) vorbei zur Piazza Matteotti, geht dort links und nach der Kirche (die rechterhand liegt) abermals links die Treppengasse hinauf und ist in der verwinkelten, fast etwas unheimlichen **Via delle Volte della Pace (24) [N43° 6' 43.48" E12° 23' 23.86"].**

An manchen der vornehmen, alten Stadthäuser sieht man – nicht nur in Perugia, auch in anderen umbrischen Städten – neben dem Hauptportal noch eine kleine Pforte, die *„Puerta del Mortuccio"*. Dieses Türchen war nur dazu da, die Toten aus dem Haus zu tragen. Ein alter Aberglaube besagt, dass die Verstorbenen nicht durch die Haupttür aus dem Haus getragen werden dürfen, da sonst der Tod ins Haus zurückkehrt.

Wenn man auf die wieder etwas breitere Via Bontempi stößt geht man links und kommt kurz darauf zur **Piazza Danti** an der Nordseite des Doms. Der **Pozzo Etrusco** auf dem Platz ist der älteste erhaltene historische Brunnenschacht in der Stadt.

Nördlich von der Piazza Danti, wenn man am **Theater (5)** links vorbei durch die Via Bartolo und an deren Ende nach links geht, liegt das eingangs erwähnte etruskische Stadttor **Arco Etrusco (6) [N43° 6' 52.01" E12° 23' 22.66"]**. Daneben sieht man den stattlichen **Palazzo Gallenga (19)**.

Anschließend kann man vom Dom bzw. vom Nobile Collegio del Cambio die **Corso Vannucci**, die von Geschäften und Lokalen gesäumte Hauptstraße des alten, historischen Stadtteils, nach Süden gehen. Auf halbem Wege passiert man die **Piazza della Repubblica (7)** mit dem Telegrafenamt und erreicht schließlich die schön angelegte **Piazza Italia** mit einer kleinen Grünanlage und der Präfektur an der Südseite.

Hinter der Präfektur, wo sich früher die Papstburg **Rocca Paolina (8)** erhob, liegen die **Giardini Carducci (8) [N43° 6' 29.58" E12° 23' 15.13"]**. Man hat von hier eine prächtige Aussicht nach Süden. Die Piazza Italia und die angrenzenden Carducci Gärten sind gewöhnlich an Samstagen der Standort eines bunten Anitquitäten- und Flohmarktes.

Seit einigen Jahren führen **Rolltreppen (14)** von der Piazza Italia hinab zum Busbahnhof an der **Piazza dei Partigiani (16)**. Man sollte sich aber der Mühe unterziehen und östlich von der Piazza Italia über die Via Marzia bis zum alten etruskischen Stadttor **Porta Marzia (9)** gehen. Durch das Tor gelangt man in die unterirdische, recht ungewöhnliche **Via Bagliona Sotterranea.** Früher war die Passage der Zugang zur Stadtfeste Rocca Paolina, die sich ehemals darüber erhob.

Weitere Sehenswürdigkeiten

Schon etwas außerhalb der Altstadt liegen südostwärts noch zwei weitere Sehenswürdigkeiten, die über die lange Corso Cavour, die Ausfallstraße nach Assisi und Todi, zu erreichen sind.

Die **Kirche San Domenico (10) [N43° 6' 24.93" E12° 23' 28.96"]** liegt linkerhand an der Piazza G. Bruno. Der gotische Bau aus dem 15. Jh. musste nach einem Einsturz im 17. Jh. umfassend renoviert werden. Sehenswert sind neben schönen Bleiglasfenstern im Chor und Fresken aus der Entstehungszeit der Kirche das Grabmal des Papstes Benedikt XI., der hier 1324 im linken Querschiff beigesetzt wurde.

Im angrenzenden Gebäude ist das **M.A.N.U. Museo Archeologico Nazionale dell'Umbria (10)**, das Archäologische Nationalmuseum von Umbrien untergebracht *(geöffnet Di - So 8.30 - 19.30 Uhr, Mo 10 - 19.30 Uhr; www.perugiacittamuseo.it/it/projects/museo-archeologico-nazionale-dellumbria/)*. Das Museum hat zwei große Abteilungen, eine prähistorische und eine etruskisch-römische. Vor allem letztere hat besonders reichhaltige und seltene Sammlungen etruskischer Urnen, Schrifttafeln und römischer Skulpturen.

Einen knappen Kilometer weiter südöstlich (etwa auf halbem Wege passiert man die **Porta San Pietro** aus dem 15. Jh.) liegt linkerhand die **Kirche San Pietro [N43° 6' 4.34" E12° 23' 42.44"].** Die Kirche wurde schon im 11. Jh. gegründet, aber in der Zeit der Renaissance in der heutigen Form und Größe umgebaut. Sehenswert im Inneren sind vor allem das reich verzierte Chorgestühl aus dem 16. Jh. und im Mittelschiff die Werke des Malers Vassilacchi, einem Zeitgenossen Tintorettos.

Fast genau am anderen Ende der Stadt, am Nordwestrand der Altstadt, liegt die **Kirche San Bernardino (11) [N43° 6' 49.19" E12° 22' 59.99"]**. Man erreicht sie über die Via dei Priori, die zwischen Palazzo dei Priori und Collegio del Cambio geradewegs nach Westen führt. Alleine der Weg dorthin durch die malerische Via dei Priori lohnt schon. Die kleine Kapelle mit Reliefs von Agostino di Duccio gilt als eines der harmonischsten Beispiele der Renaissancearchitektur in Umbrien. Auf dem Weg zur Kirche San Bernardino kommt man am **Geschlechterturm der Sciri (23) [N43° 6' 45.55" E12° 23' 5.14"]** in der Via dei Priori vorbei. Der restaurierte historische Wohnturm ist der letzte seiner Art in Perugia. In ganz Mittelitalien waren solche Geschlechtertürme früher sehr zahlreich. Sie waren ein markantes Standessymbol wohlhabender Familien, je höher desto besser, sprich reicher.

Wer sich sehr für die frühe Kirchenarchitektur Italiens interessiert, wird sicher den Weg ans äußerste Nordende der Stadt auf sich nehmen. Dort liegt die außergewöhnliche Rundkirche **Tempio di Sant' Angelo [N43° 7' 11.81" E12° 23' 7.23"]**. Sie ist fast unverändert aus dem 6. Jh. erhalten. Im Inneren wurden beim Bau antike Säulen verwendet.

Zu den traditionellen **kulinarischen Spezialitäten** aus Perugia zählen u. a. **„Tagliatelle al Tartufo“,** also Bandnudeln mit Trüffel, dann **„Polenta con Salsicce“,** das ist Polenta (Maisbrei) mit Würsten oder deftige Linsensuppen.

PRAKTISCHE HINWEISE – PERUGIA

IAT - Ufficio di Informazioni e di Accoglienza Turistica, [N43° 6' 40.79" E12° 23' 22.99"], Via Matteotti 18, Loggia dei Lanari, 06100 Perugia, Tel. +39 075 573 64 58; http://turismo.comune.perugia.it/. *Geöffnet tgl. 9 - 18 Uhr.*
IAT, Porta Nuova (Pian di Massiano), Tel. +39 075 505 85 40.

Feste, Märkte: Umbria Jazz, Festival mit internationaler Beteiligung, zehn Tage lang Live Jazz in der Altstadt von Perugia, jährlich in der 2. Woche im Juli; www.umbriajazz.com.
Festival Sagra Musicale Umbra/Umbrisches Sakralmusikfestival, oft unter der Leitung der großen Dirigenten unserer Zeit, jedes Jahr in der 2. Septemberwoche; www.perugiamusicaclassica.com/sagra-musicale-umbra/,
Eurochocolate, das große Fest der Naschkatzen, 10 Tage um die 3. Woche im Oktober; www.eurochocolate.com/perugia2016/eng/.

RESTAURANTS

Al Tartufo, Via Ulisse Rocchi, 4, Tel. +39 07 57 34 809; www.altartufo.it; nördlich bzw. hinter dem Dom, Spezialität: Trüffelgerichte, oder im
del Sole, in der Via della Rupe, 1, Tel. +39 07 57 35 031; www.ristorantesole.com, Terrassenrestaurant- und Café nahe Piazza Matteotti am Ostrand der Alstadt mit schöner Aussicht, oder im
La Taverna, Via delle Streghe, 8, Tel. +39 07 55 72 41 28; www.ristorantelataverna.com, nahe der Piazza della Repubblica.

HOTELS

Casa del Sacro Cuore **, 62 Zi., Strada del Brozzo, 12, Tel. +39 07 53 31 41; www.hotelsacrocuore.com; Mittelklassehotel in ländlicher Umgebung ca. 3 km süd-

lich des Stadtzentrums gelegen. Restaurant, Bar, Garten, WLAN. Parkplatz.
Fortuna ***, 51 Zi., Via Luigi Bonazzi, 19, Tel. +39 07 55 72 28 45; www.hotelfortunaperugia.com; zentral, in der Altstadt. Bar, Dachterrasse, WLAN. Öffentliche Parkmöglichkeiten.
Grifone ***, 50 Zi., Via Silvio Pellico, 1, Tel. +39 07 55 83 76 16; www.grifonehotel.com; gutbürgerliches Mittelklassehotel, südlich des Stadtzentrums. Restaurant, Bar, Terrasse, WLAN. Parkmöglichkeit. Keine Haustiere.
La Rosetta ****, 90 Zi., Piazza Italia, Tel. +39 07 55 72 08 41; www.larosetta.eu; angenehmes Mittelklassehotel in zentraler Lage an Perugias Flanier- und Einkaufsmeile Corso Vanucci, gehobene Preislage, Restaurant. Kein Parkplatz.
Sangallo Palace ****, 93 Zi., Via Luigi Masi, 9, Tel. +39 07 55 73 02 02; www.sangallo.it; nahe der Rocca Paolina gelegen, Restaurant, Bar, Terrasse, Fitnesscenter, Schwimmbad, WLAN. Öffentliche Parkmöglichkeiten.

CAMPING

Fontana/Olmo bei Perugia
Camping Il Rocolo [WP 014 / N43° 6′ 36.95″ E12° 19′ 38.58″], Stada Fontana la Trinità, Tel. +39 07 59 28 80 29; www.ilrocolo.it; 6. Apr. - 25. Sept.; in Olmo, gut 6 km westlich von Perugia, Zufahrt von der SS75bis (nicht Schnellstraße!) bei KM 13/VIII beschildert, beim Supermarkt „Superal" bergwärts und noch gut 500 m ansteigend; gestuftes Wiesengelände am Hang in einem Olivenhain, wenige ganz ebene Stellflächen, aber ansprechend gelegen; ca. 2,5 ha – 80 Stpl.; Standard-Sanitärausstattung. Laden, Restaurant, Bar, Schwimmbad, WLAN auf Teilen des Platzes. **V & E für Wohnmobile.**

Colle della Trinità
Camping Paradis D'Eté [WP 015 / N43° 7′ 12.03″ E12° 18′ 47.00″], Strada Fontana, 29/h, Tel. +39 07 55 17 31 21; Jan. – Dez.; von Perugia auf der alten SS75bis etwa 8 km westwärts, Richtung Ferro di Cavallo und vorbei am Stadion am westl. Stadtrand, schließlich bergwärts und noch 3,5 km steil bergauf; Gelände auf dem **Colle della Trinità** an waldreichem Steilhang mit schmalen Terrassen, guter Schatten, sehr steile Platzstraße, für großes Gerät beschwerlich; ca. 2,5 ha – 50 Stpl.; einfache Standard-Sanitärausstattung; Laden, Imbiss, Schwimmbad. Mietbungalows.

WOHNMOBIL-STELLPLÄTZE

Perugia-Prepo
Wohnmobil-Stellplatz Area attrezzata Il Bove [WP 016 / N43° 5′ 51.44″ E12° 23′ 2.30″], Via Campo di Marte/Piazzale del Bove. **Zufahrt:** Von der SS75 (Foligno – Perugia) Ausfahrt Perugia-Prepo und ca. 400 m weiter auf der SS-75bis (Via Mentana) zum Platz am südlichen Ortsrand. **Geöffnet:** Ganzjährig. **Gebühr:** Pauschale für Wohnmobil inkl. Personen, Zusatzgebühr für Ver- und Entsorgung, Gebührenautomat mit Kreditkarte. **Ausstattung:** Asphaltierter Parkplatz mit Platz für ca. 50 Wohnmobile. Frischwasser, Grauwasser- und Chemikaltoilettenentsorgung, Sanitärhäuschen mit Dusche, Waschbecken, WC, WLAN, videoüberwacht. Zwei befahrbare Abwasserentsorgungsstellen.

Torgiano
Wohnmobil-Stellplatz Area Sosta Camper Torgiano [WP 017 / N43° 1′ 43.40″ E12° 26′ 14.73″], Via Perugia. **Zufahrt:** Von der Autobahn SS3bis/A45 (Perugia – Todi) Ausfahrt Torgiano und weiter ostwärts SP403 nach Torgiano, hier nordwärts auf der SP403 nach Torgiano, im Ort nordwärts Richtung Sportgelände, ca. 15 km südlich von Perugia gelegen. **Geöffnet:** Ganzjährig. **Gebühr:** Kostenlos. **Ausstattung:** Parkplatz am Centro Sportivo mit Platz für 10 Wohnmobile. Frischwasser, Grauwasser- und Chemikaltoilettenausguss, beleuchtet, etwas Schatten.

TOUR 3: PERUGIA – GUBBIO

Länge der Tour: Rund 40 km.
Die Route: Über die SS298 bis **Gubbio.**
Reisedauer: Mindestens ein halber Tag.
Höhepunkte: Der **Stadtblick** auf Gubbio vom römischen Theater aus – ein Bummel durch die **Gassen der Altstadt** von Gubbio – der **Palazzo dei Consoli** ** in Gubbio.

*ROUTE: Weiterreise ab Perugia zunächst in östlicher Richtung und später auf der SS298 nordwärts ins 40 km entfernte **Gubbio**.*

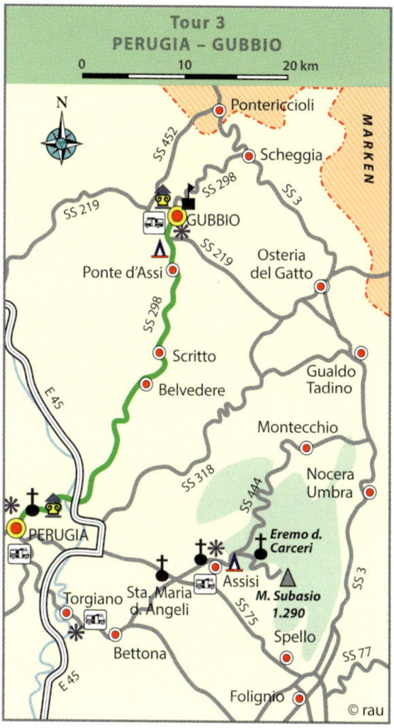

Die Fahrt über die teilweise recht kurvenreiche, aber gut ausgebaut SS298 nach Gubbio ist lohnend und landschaftlich recht reizvoll. Immer wieder kann man von der erhöht verlaufenden Straße herrliche Ausblicke auf die Hügellandschaft ringsum genießen.

In **Gubbio** findet man günstig gelgene **Parkmöglichkeiten** an der südwestlichen Umgehungsstraße vor dem römischen Amphitheater **[WP 018 / N43° 21' 11.49" E12° 34' 25.44"]**. Der stadtnähere Parkplatz liegt an der **Piazza 40 Martiri [N43° 21' 6.08" E12° 34' 39.48"].**

Gubbio, dessen Stadtbild beherrscht wird vom weithin sichtbaren Palast der Konsuln, erstreckt sich an einem Westhang der Umbrischen Apenninen und bietet mit seinen graubraunen Steinbauten, Türmen und Dächern einen stattlichen Anblick. Die gesamte **Città Vecchia,** die Altstadt oberhalb des aus den Bergen kommenden Flüsschens Camignano, ist noch von einer Stadtmauer umgeben. Gubbio vermittelt noch heute ein eindrucksvolles, so gut wie unverändertes Bild einer mittelalterlichen Stadt. Ein Rundgang lohnt sehr.

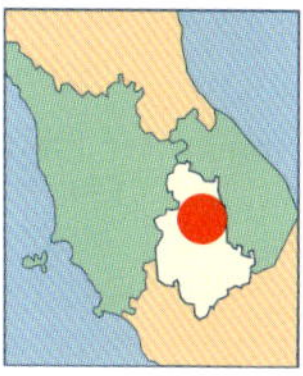

Wie so viele Städte in dieser Region ist auch Gubbio etruskischen Ursprungs. Bis zum Einfall der „Barbaren" bleibt die Ansiedlung eine starke römische Niederlassung. Nach verschiedenen byzantinischen und langobardischen Herren fällt Gubbio durch eine Schenkung Karls des Großen an den römischen Kirchenstaat. Später bekommt das städtische Bürgertum maßgeblichen Einfluss auf die Stadtregierung und macht Gubbio zu einem mächtigen Rivalen Perugias.

1163 verleiht der Stauferkaiser Friedrich I. Barbarossa der Stadt die volle Gerichtsbarkeit und stärkt damit die Position des ghibellinischen Gubbio, die aber von Perugia immer wieder angefochten wird. Mitte des 13. Jh. aber wird Gubbio vom Papst genötigt, zur papsttreuen Partei der Guelfen überzutreten.

*GUBBIO – **1** Amphitheater – **2** Piazza S. Martino – **3** Palazzo d. Bargello – **4** Palazzo d. Consoli (Museum) – **5** Rathaus, Palazzo del Podestà – **6** Herzogenpalast, Museum – **7** Dom – **8** San Francesco – **9** Piazza 40 Martiri – **10** Touristeninformationsbüro – **11** Hauptpost – **12** Seilbahn Talstation – **13** San Domenico – **14** Santa Maria Nuova – **15** San Giov. Battista – **16** zum Wohnmobil-Stellplatz*

Im 14. Jh. verordnet sich die Stadt eine fast demokratische Verfassung, die so gut wie allen Bürgern den Weg zu hohen Ämtern offen hält, letztendlich aber in Anarchie und der Tyrannei einzelner Fürsten endet. Schließlich reißt der Graf von Urbino, Antonio de Montefaltro, die Macht an sich. Bis ins frühe 17. Jh. bleibt Gubbio unter der Vorherrschaft des Herzogtums Urbino und wird 1626 zusammen mit dem Herzogtum dem Kirchenstaat einverleibt.

Zu Zeiten Napoleons wird Gubbio 1797 von französischen Truppen besetzt, dann im gleichen Jahr mit der römischen Republik, 1808 mit dem Königreich Italien und 1860 endlich mit dem geeinten Italien vereint.

Gute Parkmöglichkeiten findet man, wie eingangs schon erwähnt, an der südwestlichen Umgehungsstraße vor dem römischen Amphitheater. Von dort startet unser Stadtspaziergang.

Kleiner Tipp: Wie in vielen anderen umbrischen Städtchen auch, sind auf einem Stadtrundgang bequeme Schuhe mit griffigen Sohlen nützlich. Die Gassen sind mitunter steil und die Steinpflasterung kann recht glatt sein!

Stadtspaziergang

Fast genau gegenüber vom antiken **römischen Theater (1) [Parkplatz, WP 018 / N43° 21' 11.49" E12° 34' 25.44"]** führt eine kleine Pforte durch die Stadtmauer in die Altstadt.

Zunächst kommt man auf die Piazza Bosone und geht über die Via Cavour geradeaus (nordwärts) weiter bis zur **Kirche San Domenico** aus dem 14. Jh. an der alten **Piazza San Martino (2) [N43° 21' 16.42" E12° 34' 31.41"]**. Von dort führt die Via dei Consoli, eine der Hauptstraßen, über das Flüsschen Camignano und rechts hinauf in die Altstadt. Schon nach kaum 100 m sieht man rechts einen kleinen Platz mit einem Steinbrunnen und dem **Palazzo del Bargello (3)**, dem ehemaligen Palast des Polizeipräfekten, dahinter.

Rund 200 m weiter oben tut sich rechts die **Piazza della Signoria (Piazza**

Grande) auf, der Hauptplatz der Stadt, flankiert vom mächtigen **Palazzo dei Consoli (4) [N43° 21′ 12.05″ E12° 34′ 42.50″]** rechts und vom **Palazzo Pretorio** (Rathaus - 5 -) links.

Der gotische Bau des viereckigen **Palazzo dei Consoli (4)** wirkt durch die hohen, starken Bögen, die den Palast wegen der Hanglage unterfangen, noch mächtiger. Im Obergeschoss öffnet sich zur Talseite hin eine **Loggia.** Ansonsten sind die Fassaden bis auf die abschließenden Zinnen recht schmucklos. Errichtet wurde der Palast in der ersten Hälfte des 14. Jh. unter Leitung des Baumeisters Gattapone, der mit vollem Namen Matteo di Giovannello hieß.

Besichtigen kann man das Museo Civico di Palazzo dei Consoli, die **Pinakothek** und das **Museo Civico** mit archäologischer Abteilung, die beide hier untergebracht sind *(geöffnet Juni - Aug. tgl. 10 -13.30 + 14.30 - 18 Uhr, Apr., Mai, Sept., Okt. tgl. 10 - 13 + 15 - 18 Uhr, Nov. - März tgl. 10 - 13 + 14.30 - 17.30 Uhr; www.comune-gubbio.pg.it/turismo/museo-civico-di-palazzo-dei-consoli)*. Von besonderer Bedeutung sind die ausgestellten **„Eugebinischen Tafeln (Tavole iguvine)“**. Die mit antiken Schriftzeichen beschriebenen Bronzeplatten gelten als einmalige Urkunden umbrischer und etruskischer Überlieferungen.

Wenn der Turm zugänglich ist, sollte man ihn besteigen. Herrlicher Rundblick.

Wir gehen weiter, bis die Via Ducale im scharfen Winkel nach links abknickt. Ihr folgen wir aufwärts und kommen schließlich zum **Palazzo Ducale (6) [N43° 21′ 13.50″ E12° 34′ 46.75″]** *(geöffnet Di - So 8.30 - 19.30 Uhr, Mo 13 - 19 Uhr, letzter Einlass 30 Minuten vor Schließung; www.comune.gubbio.pg.it/turismo/museo-di-palazzo-ducale-000)*. Der Herzog von Urbino, Federico da Montefaltro, der Herr mit der markanten Nase (siehe Urbino), ließ ihn sich um 1470 in Anlehnung an Pläne des herzoglichen Palasts in Urbino erbauen. An verschiedenen Stellen der Mauern kann man die Initialen des Herzogs, „FD“ für Fredericus Dux sehen. Als Architekt des Palazzo Ducale wird der herzogliche Baumeister Francesco di Giorgio Martini vermutet. Der Gebäudekomplex hat einen schönen **Innenhof.**

Gegenüber des Palazzo Ducale erhebt sich der **Dom (7)**. Er stammt aus dem 13. Jh. An der Fassade sieht man neben dem kreisrunden Fenster die Symbole der Evangelisten – der Adler für den Heiligen Johannes, der Ochse

Der Palazzo dei Consoli und die Piazza della Signoria (Piazza Grande) in Gubbio

für den Heiligen Lukas, der Löwe für den Heiligen Markus und der Engel für den Heiligen Matheus.

Auf dem Weg zurück in die Unterstadt sollte man durch die Via Galiotti, eine Parallelstraße oberhalb zur Via dei Consoli, gehen. Sie ist eine alte mittelalterliche Gasse, von Bögen überspannt, mit romantischen Winkeln. Etwa in Höhe des Palazzo dei Consoli nimmt man einen der Durchgänge zur Via dei Consoli und geht unterhalb des Palazzo dei Consoli durch die Via Gattapone zur Via Baldassini unterhalb des Palasts und durch die schnurgerade romantische Via Piccardi weiter abwärts. Die Straße endet unten an der **Piazza Quarenta Martiri (9)** mit einem kleinen Park. Der interessante Bau links wird Logge dei Tiratori genannt, stammt aus dem 14. Jh. und diente ehemals als Kirche und Hospital einer Marien-Bruderschaft.

An der Südseite des Platzes erhebt sich die sehenswerte Kirche des **Klosters San Francesco (8) [N43° 21' 5.90" E12° 34' 37.01"].** Die Kirche stammt aus dem 13. Jh. und ist angeblich an der Stelle errichtet, an der früher ein Haus der Familie Spadalonga stand. Der heilige Franz von Assisi war mit der Familie befreundet und wurde von ihr, nachdem er aus seinem Vaterhaus verstoßen worden war, der Legende zufolge hier freundlich aufgenommen. Im Inneren der dreischiffigen Kirche mit ihrem schlanken sechseckigen Turm sind in der linken Kapelle Fresken aus dem 15. Jh. (Madonna mit Kind u. a.) zu sehen.

Durch die **Porta degli Ortacci** westlich der Kirche gelangt man wieder vor die Stadtmauer unweit des römischen Theaters. Man sollte bis zu den Theaterruinen gehen. Von dort hat man einen sehr schönen Blick zurück auf die Stadt.

Beim Gang durch die Stadt fallen die vielfältigen Keramikwaren auf, die allenthalben angeboten werden. Gubbio ist eine Hochburg des Keramikhandwerks, das seit dem Mittelalter hier gepflegt wird. Besonders stolz ist man auf den sog. *„Rotglanz"* in bestimmten Tonwaren, dessen Herstellung lange ein Geheimnis der Töpfer von Gubbio war.

Jedes Jahr am 15. Mai ist Gubbio Schauplatz des berühmten und weit über die Stadtgrenzen hinaus bekannten **„Festa dei Ceri".** Dieses uralte Fest, das in Gubbio schon seit Menschengedenken gefeiert wird, soll auf antike Riten in Erwartung des Frühlingsanfangs zurückgehen. Die „Ceri", die dem Fest den Namen geben, waren früher riesige Wachskerzen. Heute sind es hohe, zylindrische, an den Enden konisch zulaufende, schlanke Hohltürme, auf denen die Figuren der Heiligen Ubaldo, Georg und Anton zu sehen sind. Diese drei Heiligen sind die Schutzpatrone der großen mittelalterlichen Zünfte Gubbios, der Maurer (Ubaldo, gelbe Farbe), Kaufleute (Georg, blaue Farbe) und Landwirte (Anton, schwarze Farbe).

Auf den Schultern starker Männer, den „ceraioli", die in den Farben der alten Zünfte gekleidet sind, werden diese Ceri – unterwegs immer wieder in spektakulären Szenen kunstvoll ausbalanciert – durch die steilen Straßen der Stadt in raschem Lauf zur hoch über der Stadt gelegenen Basilika des Heiligen Ubaldo, dem Schutzpatron der Stadt, getragen, www.ceri.it/ceri_eng/index.htm.

Ein anderes folkloristisches Schauspiel ist der **Palio della Balestra,** der Wettkampf der Armbrustschützen. Das Armbrustschießen, bei dem die Schützen mittelalterliche Kostüme tragen, findet am letzten Sonntag im Mai statt.

Ein großes religiöses Ereignis ist in Gubbio immer die **Karfreitagsprozession,** bei der Chöre und in Kapuzenmäntel gehüllte Büßer feierlich durch die mit Fackeln und Feuer erhellten Gassen ziehen.

Übrigens: Gubbio rühmt sich, den größten Weihnachtsbaum der Welt zu haben, der der Stadt gar einen Eintrag im Guinness Buch der Rekorde einbrachte. Tatsächlich wird in der Adventszeit der ganze riesige Berg oberhalb Gubbios mit einer Lichterkette in der Form eines gigantischen Weihnachtsbaumes illuminiert, der oben auf der Bergspitze durch einen weithin sichtbaren leuchtenden Stern gekrönt wird.

Blick auf Gubbio vom antiken Amphitheater aus

Eine Spezialität der Gegend sind z. B. **„Ciriole con Aglio Olio e Peperoncino"**, ein herzhaftes Gericht aus Nudeln mit Knoblauch, Öl und scharfen Paprikas oder Pfefferonis. Zur Saison findet man **Wildgerichte** auf der Karte, z. B. mit Trüffeln oder am Spieß zubereitet. Außerdem kommen aus der Umgebung von Gubbio, wie aus vielen Teilen Umbriens, feine Schafskäse.

Ausflüge ab Gubbio

Ausflug zum **Kloster Santo Ubaldo**. Die Klosterkirche liegt nördlich oberhalb der Stadt, etwa 900 Meter hoch auf dem Monte Ingio. Zufahrt über die SS298 Richtung Scheggia, dann beschildert.

In die Nähe des Klosters kommt man auch mit einer **Seilschwebebahn** mit offenen Förderkörben. **Talstation (12)** östlich der Stadt. Die Bahn verkehrt zwischen 10 und 13 Uhr und zwischen 14.30 und 18.30 Uhr. Fahrzeit rund 7 Minuten und dann noch kurzer Fußweg von etwa 5 Minuten.

In der Kirche findet sich das Grabmal des Heiligen Ubaldo, Schutzpatron von Gubbio. Ubaldo wurde in Gubbio wahrscheinlich ausgangs des 11. Jh. geboren und 1128 zum Bischof der Stadt geweiht. Der Legende nach rettete er durch wundersame Fügung Gubbio vor dem Angriff der restlichen elf verbündeten umbrischen Städte. Ubaldo starb im Jahre 1160. Seine Reliquien werden in der Kirche aufbewahrt. Zu seinen Ehren wird das oben erwähnte **„Fest der Ceri"** gefeiert.

Von der Anhöhe der Klosterkirche genießt man eine sehr schöne Aussicht.

PRAKTISCHE HINWEISE – GUBBIO

Servizio Turistico Associato [Parkplatz nahebei N43° 21′ 6.29″ E12° 34′ 39.56″], Via della Repubblica, 15, 06024 Gubbio, Tel. +39 07 59 22 06 93; www.comune.gubbio.pg.it. *Geöffnet März - Okt. Mo - Fr 8.30 - 13.45 + 15 - 18.30 Uhr, sonst bis 18 Uhr, Sa März - Okt. 15 - 18.30 Uhr, sonst bis 18 Uhr, So 9.30 - 13 + 15 - 18 Uhr.*

Feste, Folklore: Corso dei Ceri, oder Fest der Ceri. Dieses uralte Fest, das in Gubbio schon seit Menschengedenken gefeiert wird, soll auf antike Gunstriten für den Frühlingsanfang zurückgehen, jedes Jahr am 15. Mai; www.ceri.it/ceri_eng/index.htm.

Palio della Balestra, Wettkampf der Armbrustschützen, jedes Jahr am letzten Sonntag im Mai; www.balestrierigubbio.com.

HOTELS

Relais Ducale ****, 30 Zi., Piazza Grande, 5, Tel. +39 07 59 22 01 57; www.relaisducale.com; Mittelklassehotel in Nebengebäude des Palazzo dei Consoli und in Nähe des Doms, Terrasse, Bar, WLAN. Öffentliche Parkmöglichkeit.

Park Hotel Ai Cappuccini **,** 92 Zi., Via Tifernate, Tel. +39 07 59 22 06 88, www.parkhotelaicappuccini.it; gehobenes Mittelklassehotel westlich vor den Toren der Altstadt, Restaurant, Bar, Garten, Terrasse, Wellnesscenter, WLAN. Fahrradverleih. Öffentliche Parkmöglichkeit.

Bosone Palace **,** 30 Zi., Via 20 Settembre, 22, Tel. +39 07 59 22 06 88; www.bosonepalacehotelgubbio.com; stilvolles Firstclasshotel in der Altstadt nahe des Doms, Bar, Frühstückssaal mit schöner Stuckdecke, Fahrradverleih, WLAN. Öffentliche Parkmöglichkeit.

San Marco ***, 63 Zi., Via Campo di Marte, 2, Tel. +39 07 59 22 02 34; www.hotelsanmarcogubbio.com; elegantes Mittelklassehotel mit Gewölberestaurant, Garten, WLAN, verkehrsgünstig am südwestlichen Stadtrand nahe der Piazza Martiri gelegen. Öffentliche Parkmöglichkeit.

CAMPING

Camping Città di Gubbio [WP 019 / N43° 19' 17.64" E12° 34' 6.48"], Loc. Ortoguidone, Tel. +39 07 59 27 20 37, www.gubbiocamping.com; 13. Apr. – 31. Aug.; im Ortsteil Ortoguidone; ca. 3 km südlich Gubbio, Zufahrt über die Via Perugia von der SS298 (Gubbio – Perugia) beschildert; ebenes, eingezäuntes Wiesengelände mit Birkenreihen, die die Stellplätze markieren, von Feldern, Wiesen und Sportanlagen umgeben, reichlich Wasserzapfstellen und Stromanschlüsse auf dem Gelände, freundliche Platzführung; ca. 2,5 ha – 100 Stpl.; einfache, unzeitgemäße Sanitärausstattung. Imbiss, Waschmaschine, Tennis, Internetecke. **V & E für Wohnmobile**. Warmwasserbereitung für die Sanitäranlagen geschieht überwiegend durch Sonnenkollektoren. Das Schwimmbad im benachbarten, kleineren Campingplatz Villa Ortoguidone kann gegen Gebühr benutzt werden.

WOHNMOBIL-STELLPLATZ

Wohnmobil-Stellplatz Parcheggio Area Camper Gubbio [WP 020 / N43° 21' 3.14" E12° 33' 54.86"], Via del Bottagnone, www.camperclubgubbio.it. **Zufahrt:** Von Gubbio südwestwärts auf der Via Bottagnone Richtung SP219 (Gubbio – Umbertide). Bei den Sportanlagen. Zum Amphitheater und Altstadt ca. 800/500 m Fußweg. **Geöffnet:** Ganzjährig. **Gebühr:** Pauschale inkl. aller Personen und V & E-Station, Extragebühr für Strom. **Ausstattung:** Ebener, fast schattenloser Schotterplatz bei den Sportanlagen mit Platz für 80 Wohnmobile, Strom für 20 Fahrzeuge. Frischwasser, Grauwasser- und Chemikaltoilettenausguss, Strom, Mülltonnen, viedeoüberwacht.

TOUR 4: GUBBIO – ASSISI

Länge der Tour: Rund 70 km.

Die Route: Über die SS219 bis **Gualdo Tadino** – SS3 bis **Nocera Umbra** – Landstraße und SS444 bis **Assisi.**

Reisedauer: Mindestens ein halber Tag.

Höhepunkte: Die **Fresken von Giotto** *** in der Franziskus Basilika in Assisi – ein Spaziergang durch die **Gassen von Assisi** ** – **die Westfassade am Dom von San Rufino** ** – Ausflug zur **Einsiedelei Eremo de Carceri** *.

*ROUTE: Weiterreise von Gubbio auf der SS219 in südöstlicher Richtung und der SS3 zunächst bis **Gualdo Tadino**, das nach 24 km erreicht wird.*

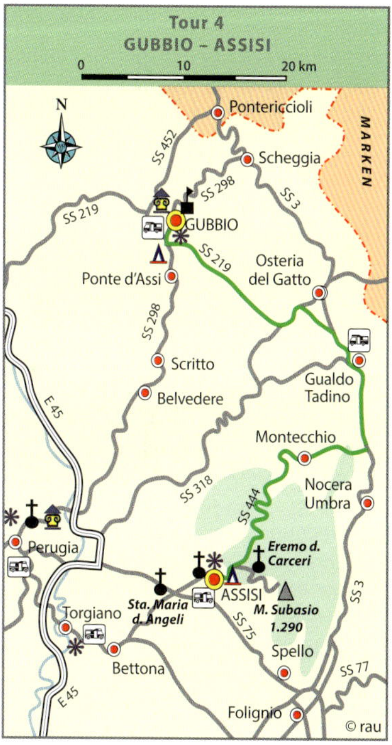

Alter Mittelpunkt des ruhigen Städtchens **Gualdo Tadino**, einem Zentrum der Majolikaproduktion, ist die **Piazza Martiri della Libertà.**

Vom **Parkplatz Piazza Beato Angelo [WP 021 / N43° 13′ 54.68″ E12° 46′ 58.86″]** führen Treppen hinauf in die Altstadt zur Piazza Martiri della Libertà. Dominiert wird die Piazza von der **Basilika di San Benedetto** mit schöner Westfassade. Davor sieht man den Brunnen Fontana del Cardinal del Monte. Außerdem umgeben den Platz, neben dem obligatorischen Palazzo Municipale (Rathaus), einige Geschäfte und Kneipen.

In einem Gebäude an der Via del Soprammuro an der Nordwestseite des Platzes ist das Auswanderermuseum **Museo Regionale dell'Emigrazione „Pietro Conti"** eingerichtet. Ausgestellt sind eindrucksvolle Dokumente und Fotos zur langen Auswanderergeschichte Italiens *(geöffnet Di - Fr 10 - 13 Uhr, 16 - 18.30 Uhr, Sa + So 10 - 13 Uhr; 15 - 18 Uhr; www.emigrazione.it)*

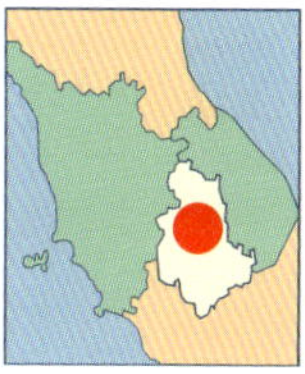

Wer unmittelbar im Zentrum des etwas verschlafen wirkenden Städtchens wohnen will, findet etwas versteckt gleich hinter der Basilika das Restaurant & Hotel Gigiotto GG8 *** (11 Zi., Tel. +39 07 59 12 283; www.gg8.it/it/, Via Morone, 5, Restaurant, Parken auf dem Stadtparkplatz nebenan), das neben dem Hotel Verde Soggiorno zu den besser eingerichteten Hotels in Gualdo Tadino gezählt werden kann. Das Verde Soggiorno ** (85 Zi., Tel. +39 07 59 16 263; www.verdesoggiorno.it, Restaurant) allerdings liegt etwas außerhalb am nördlichen Ortsrand und bietet dafür einen eigenen Parkplatz.

Der Parkplatz auf der **Piazza Beato Angelo [WP 021 / N43° 13′ 54.68″**

E12° 46‘ 58.86“] an der Via Giuseppe Lucantoni wird auch als **Wohnmobil-Stellplatz** genutzt, ausgestattet mit Entsorgungsstation, Frischwasser und Bodenauslass für Abwässer. Der Platz kann kostenlos benutzt werden und ist jederzeit zugänglich, bis auf Montag, dem Markttag. Recht zentral, am Nordrand der Altstadt gelegen.

*ROUTE: Von Gualdo Tadino bis **Colle di Nocera Umbra.** Dort Abzweig nach Westen Richtung Montecchio auf eine Landstraße, die nach knapp 10 km auf die SS444 stößt. Ihr folgen wir südwärts ins 18 km entfernte **Assisi.** Die Einfahrt nach Assisi aus dieser Richtung (Einfahrtshöhe des Stadttors 3,4 m!) ist für Besucher nicht möglich. Weiter auf der Umgehungsstraße bis zum Parkplatz Porta Nuova (s. u.).*

Die Fahrt nach Assisi über die SS444, die zeitweise entlang eines Bergrückens in rund 800 m Höhe verläuft (Valico di Montezzo Pass 820 m), ist landschaftlich sehr reizvoll.

Auf halber Höhe des Berges Subásio erstreckt sich **Assisi**, einer der bedeutendsten Wallfahrtsorte der katholischen Glaubensgemeinschaft. Entsprechend stark ist der Zustrom der Besucher aus aller Welt, der denn auch sehr professionell irdisch und keineswegs demütig und sanft in seine Bahnen gelenkt wird. Seit 2000 gehört Assisi zum Unesco Weltkulturerbe.

Die Stadt ist für den allgemeinen Autoverkehr gesperrt. Parkplätze an der südlichen Umgehungsstraße sind ausgeschildert, z. B. **Parcheggio Porta Nuova [WP 022 / N43° 3‘ 57.10“ E12° 37‘ 8.59“]**, es ist der erste Parkplatz mit Busparkplatz, den man passiert. Von ihm führt eine Rolltreppe hinauf in die Stadt, allerdings liegt er am weitesten entfernt von der Basilika San Francesco. Der nächste Parkplatz südlich, unterhalb der Altstadt ist der **Parcheggio San Pietro [N43°4‘12.68“ E12°36‘30.60“].** Ein anderer Parkplatz, der **Parcheggio Giacomo Matteoti [N43° 4‘ 13.13“ E12° 37‘ 9.74“]** liegt im westlichen Ortsbereich an der SR444 Richtung Parco del Monte Subasio. Nicht alle Parkplätze sind für Wohnmobile zugänglich!

Assisi ist die Stadt des **Heiligen Franziskus,** der hier im Jahre 1182 geboren wurde und der **Heiligen Klara**, die 1194 das Licht der Welt erblickte.

Unter der Schirmherrschaft Papst Gregors IX. wird 1228 mit dem Bau einer würdigen **Grabkirche für den Heiligen Franziskus** begonnen. Es entstehen ein Kloster und eine gewaltige Basilika im romanisch-gotischen Stil, in die im Jahre 1230 der Leichnam des Heiligen feierlich überführt wird und in der Krypta unter der Chiesa Inferiore seine letzte Ruhe findet. 1253 endlich ist auch die Basilika darüber fertiggestellt und wird von Papst Innocenzo IV. eingeweiht *(geöffnet Obere Kirche während der Sommerzeit tgl. 8.30 - 18.50 Uhr, Untere Kirche 6 - 18.50 Uhr, Do - Di bis 20 Uhr für Gebete; während der Winterzeit Obere Kirche tgl. 8.30 - 18 Uhr, Untere Kirche tgl. 6 - 18 Uhr, Do - Di bis 19.30 Uhr für Gebete; www.sanfrancescoassisi.org/en/).*

Der Hügelrücken, an dessen westlichem Ende der Gebäudekomplex wie ein Schiffsbug über die umbrische Landschaft ragt, ist der sog. „Paradieshügel“, ein Ort, den der Heilige oft aufgesucht haben soll. Goethe schreibt darüber in seiner „Italienischen Reise“: „Die ungeheuren Substruktionen der babylonisch übereinander getürmten Kirchen, wo der heilige Franziskus ruht, ließ ich links mit Abneigung, ...“.

In den folgenden Jahren wurde die Basilica Papale e Sacro Convento di San Franceso, kurz **Basilika San Francesco (6) [N43° 4‘ 28.89“ E12° 36‘ 22.73“]**, reich mit Fresken ausgeschmückt, die heute zu den wertvollsten Kirchenmalereien in Italien gezählt werden.

Über der in mystische Düsternis getauchten Unterkirche **Chiesa Inferiore**, die nach Plänen des Paters Elia, Nachfolger des hl. Franz, ausgeführt wurde und die ebenfalls mit wunderbaren Fresken ausgemalt ist, sowie die Krypta mit dem Grab des Heiligen Franziskus, erhebt sich die sog. Oberkirche **Chiesa Supe-**

Die Basilika San Francesco, die Grabkirche des heiligen Franz von Assisi

riore. Hier findet man den kostbaren, weltberühmten **Freskenzyklus**. Mit der Ausschmückung der Oberkirche wurde Giotto beauftragt, der zusammen mit Duccio, Cimabue und Toriti die Arbeiten ausführte. Die Kirchenwände sind im wesentlichen in zwei Ebenen aufgeteilt. Die Freskenmotive in der oberen Ebene zeigen Szenen aus dem Alten Testament.

Von Giotto stammt der gesamte untere Freskenzyklus mit 32 Szenen (16 an jeder Wand) aus dem Leben des hl. Franziskus. Giotto schuf hier ein Meisterwerk von größtem künstlerischen Wert. Aber selbst ein Giotto hatte sich den Wünschen der auftraggebenden Kurie zu beugen. Sie wünschte die Gestalt des Heiligen nicht als armen, demütigen, einfachen Einsiedler dargestellt, was der Heilige nach seiner hehren Lehre eigentlich gewesen sein müsste, sondern man wollte einen begnadeten, strahlenden Heiligen sehen. Giotto schöpfte aus den Notizen „Legenda Major“ von Bonaventura, die das Leben des Heiligen erzählen.

Kaum ein anderer Heiliger ist heute so aktuell wie Franz von Assisi. Seine tiefe Verbundenheit mit der Natur – er sprach von „Bruder Sonne“, und „Bruder Wind“, von den „Schwestern Mond und Sterne“ – und sein Respekt vor jeder Kreatur empfehlen ihn als Schutzpatron der Ökologie, zu dem er auch auserkoren wurde.

In der Nacht zum 26. September 1997 erschütterte ein heftiges Erdbeben der Stärke 5,5 die Provinz Umbrien. In der Franziskus-Basilika von Assisi stürzten Teile des Deckengewölbes ein. Einige der kostbaren Fresken von Giotto wurden stark in Mitleidenschaft gezogen, Teile davon gar irreparabel beschädigt. Und heute erzählt man sich, dass am Abend vor dem Beben alle Fledermäuse die Kirche und die Türme verlassen hätten, wohl in Vorahnung des Unglücks. Schon nach nur zweijähriger Rekordrenovierung waren die Erdbebenschäden fast vollständig beseitigt und viele der wertvollen Fresken restauriert. Und am 28. November 1999 konnte die Franziskus-Basilika, eine der großen Sehenswürdigkeiten in Italien, in Anwesenheit des Ministerpräsidenten wieder eröffnet werden.

Wir setzen unseren **Stadtspaziergang** fort und folgen der Via San Francesco stadteinwärts nach Osten. Assisis Hauptstraße führt von der Franziskus-Basilika bis zur Piazza del Comune,

Der Heilige Franz von Assisi

Der hl. Franziskus, seine Eltern Pietro und Pica di Bernardone aus Assisi hatten ihren Sohn allerdings Giovanni genannt, entstammte einer wohlhabenden Familie. Im Jahre 1202 nahm der junge Mann an der Schlacht um Perugia teil, kam in Gefangenschaft und erkrankte. In jener Zeit, so die Heiligenlegende, suchte er Trost im Gebet und in der Meditation. Nach seiner Genesung widmete der Junge aus Assisi, der sich nun Franziskus nannte, sein Leben ganz der Armut und der Buße. In einer aufsehenerregenden öffentlichen Aktion entledigte er sich in Gegenwart seines Vaters seiner reichen Kleider und zog eine ärmliche Mönchskutte an.

Von seinem Vorbild und seiner Ausstrahlung angezogen, versammelten sich bald Anhänger um ihn, zu denen auch die heilige Klara zählte.

Franziskus zog mit seinen Anhängern in eine Hütte bei Rivotorto (heute Marienkirche) und formulierte dort die Grundsätze, nach denen sie zukünftig leben wollten – Armut, Keuschheit und Gehorsam. Noch heute symbolisieren drei Knoten im Franziskanergürtel diese Grundsätze.

Im Jahre 1209 wurden diese Grundsätze von Papst Innocenzo III. offiziell gutgeheißen. Der Weg zu einem neuen christlichen Orden war frei. Der Orden, der sich damals „Frati Minori" nannte, ließ sich in einer kleinen Kirche in der Ebene, über der sich heute die Kirche Santa Maria degli Angeli wölbt, nieder.

Vor allem wollte sich der junge **Franziskanerorden** deutlich von einer im 13. Jh. immer stärker werdenden Bewegung absetzen, den „Flagellanti". Sie sahen das Erreichen des Seelenheils in der Buße durch körperliche Züchtigung und Härte gegen sich selbst. Die Regeln des heiligen Franziskus dagegen stellen bei der Verwirklichung des Evangeliums Menschlichkeit und Nächstenliebe in den Mittelpunkt und verbinden mit der Buße ein Gefühl der Heiterkeit.

Die hl. Klara ließ sich in der Kirche San Damiano nieder und gründete dort 1212 den Franziskanerorden der Klarissinen.

Später hatte der hl. Franz von Assisi in der Portiunkulakapelle (Santa Maria degli Angeli) eine Vision, in der ihm Gott die Macht des Ablasses übertrug. Papst Honorius III. bestätigt diese Konzession für die katholische Kirche, woraus sich in späteren Jahrhunderten durch den vielzitierten Ablasshandel ein profitables Geschäft entwickelte.

Zu den wundersamen Taten des hl. Franz zählt u. a. seine Predigt an die Vögel oder die Zähmung des reißenden Wolfs von Gubbio, den er durch seine Milde besänftigte. 1224 schließlich erhielt der Heilige nach einem asketischen Lebenswandel in La Verna seine Stigmatisierung. Am 3. Oktober 1226 starb der hl. Franz von Assisi im Alter von 44 Jahren.

wobei sich der Straßenname mehrfach ändert (Via San Francesco, Via del Seminario, Via A. Fortini, Via Portica). Die Straße ist gesäumt von Geschäften, Lokalen und Souvenirläden. Von Interesse ist das Haus Nr. 11, in dem sich Reste eines Pilger-Bethauses aus dem 15. Jh. befinden.

Etwa auf halbem Wege passiert man die zentrale **Piazza del Comune (2)**. Ganz links erkennt man eingezwängt die sehenswerte korinthische Säulenfassade eines römischen **Minervatempels (5) [N43° 4' 16.74" E12° 36' 52.91"]** (1. Jh. v. Chr.), der längst als Kirche dient. Im

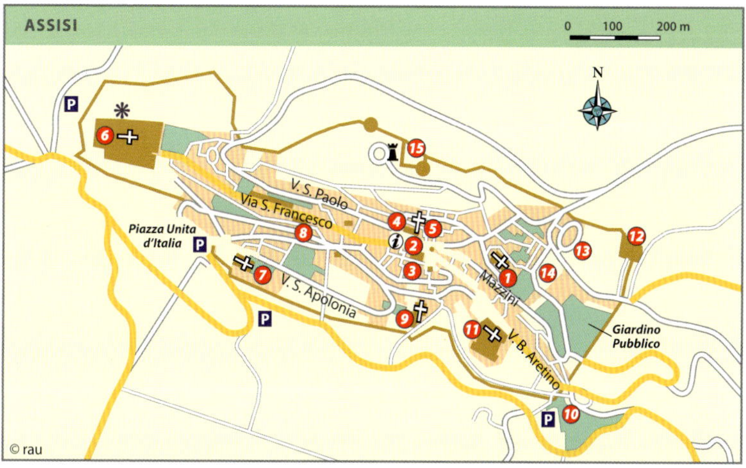

*ASSISI – **1** Dom San Rufino – **2** Piazza d. Comune – **3** Palazzo dei Priori (Pinakothek) – **4** Palazzo d. Capitano del Popolo – **5** Tempio di Minerva – **6** Basilika San Francesco – **7** San Pietro – **8** Fonte Marcella, Fonte Olivera – **9** Santa Maria Maggiore, Palazzo Vescovile – **10** Parcheggio Porta Nuova, Rolltreppe in die Stadt – **11** Basilika di Santa Chiara – **12** Rocca Minore – **13** Anfiteatro Romano – **14** Piazza G. Matteotti – **15** Rocca Maggiore*

Inneren, in einer Seitenkapelle, herrliche Fresken.

Und noch etwas weiter links findet man das **Touristen-Informationsbüro [N43° 4' 16.45" E12° 36' 52.11"]**. Auf der rechten Seite des Platzes liegen der **Palazzo del Priori (3)**, das Rathaus also und die städtische Gemäldegalerie **Pinacoteca Comunale**.

Über die Lage und die Fassade des Minervatempels war Goethe auf seiner „Italienischen Reise" ganz angetan. In seinen Reisenotizen vermerkte er: „Ein bescheidener Tempel, wie er sich für eine so kleine Stadt schickte, und doch so vollkommen, so schön gedacht, dass er überall glänzen würde."

Wir gehen am Brunnen an der Ostseite des Platzes rechts vorbei und durch die Straße Corso Mazzini zur **Kirche Santa Chiara (11) [N43° 4' 8.09" E12° 37' 2.43"]**. Die Kirche der Hl. Klara, übrigens die Schutzheilige des Fernsehens, zu der sie 1958 mit Billigung Papst Pius' XII. erkoren wurde, stammt aus der Mitte des 13. Jh. und ist im gotischen Stil erbaut. Beachtenswert ist das Portal und die Fensterrosette darüber. Im Inneren sieht man im Chorgewölbe über dem Altar die Heiligen Klara, Agnes, Katharina und Luzia. In der rechten Seitenkapelle San Giorgio werden Reliquien der hl. Klara (Haare, Kutte) und das wundertätige Kreuz aus der Kirche San Damiano aufbewahrt, das einst zum Hl. Franziskus gesprochen haben soll. In der Krypta findet sich das Grab der hl. Klara.

Man kann nun vom Platz vor der Kirche über eine Treppengasse bergwärts gehen, kommt in die Via Galeazzo Alessi und geht dort links hinauf zum **Dom von San Rufino (1) [N43° 4' 12.99" E12° 37' 2.62"]**. Das Gotteshaus stammt aus dem 12. Jh. und ist für seinen Turm und vor allem für seine schöne **Westfassade** berühmt. Im Inneren rechts ein historisches Taufbecken. Keine geringeren als der hl. Franziskus und die hl. Klara, aber auch Kaiser Friedrich II. sollen hier getauft worden sein.

Schließlich kann man durch die Gassen hinaufsteigen zur Stauferfestung **Rocca Maggiore (15) [N43° 4' 22.54" E12° 36' 54.73"]** *(geöffnet Juni - Aug. tgl. 10 - 19.30 Uhr, Apr., Mai, Sept., Okt. tgl. 10 - 19 Uhr, Nov. - Feb. tgl. 10 - 15.45 Uhr).*

Assisi und die Kirche Santa Chiara

Von dort hat man einen wunderschönen Ausblick nach Südwesten.

Abstecher zur Einsiedelei des heiligen Franziskus

Lohnend ist der Abstecher über die gut ausgebaute Bergstraße knapp 5 km nach Osten zur Einsiedelei **Eremo delle Carceri di San Francesco [N43° 3' 47.17" E12° 38' 57.66"]**, in wunderschöner, erholsamer Einsamkeit an einem dicht bewaldeten Berghang gelegen. An diesen Ort zog sich der heilige Franz von Assisi oft zur Meditation zurück. Der Heilige, Schutzpatron Italiens, ein inniger Bewunderer der Natur, der Tiere und der Landschaften, soll u. a. auch hier zu seiner Kantate „Der Gesang der Kreaturen" inspiriert worden sein. Erst im 15. Jh. wurde durch Mönche aus Siena um die Einsiedlergrotte des hl. Franziskus das kleine, idyllische Kloster errichtet *(geöffnet Mo - Sa 6.30 - 19 Uhr, So 7.30 - 19 Uhr, letzter Einlass eine Stunde vor Schließung; www.eremodellecarceri.it)*.

Durch den dichten Eichenwald an den Hängen der Einsiedelei führen lange, schattige Spazierwege.

Man kann an der Einsiedelei vorbei der Straße noch weiter bergwärts folgen und erreicht dann nach wenigen Kilometern schließlich die Anhöhe des knapp über 800 m hohen **Monte Subásio.** Die luftigen Höhen sind besonders an Sonn- und Feiertagen ein sehr beliebtes Ausflugsziel. Vor allem nachmittags kann es dann auf der durch parkende Autos verengten Straße zu chaotischen Verkehrsverhältnissen kommen. Nehmen Sie also etwas mehr Zeit mit, wenn Sie an einem schönen Sonntag Nachmittag einen Ausflug auf den Monte Subásio machen wollen!

Ein schmaler Weg führt von der Umgehungsstraße südlich von Assisi zum etwa 1,5 km entfernten **Kloster S. Damiano**. In diesem stillen Kloster, seit dem 13. Jh. kaum verändert, lebte die hl. Klara. Eine Monstranz wird hier aufbewahrt, mit deren Hilfe die Heilige angreifende Sarazenenhorden in die Flucht geschlagen haben soll. Der Legende nach schrieb der hl. Franz von Assisi in den Klostergärten von S. Damiano den schon weiter oben erwähnten *Caticum Creaturarum*, Gesang der Kreaturen *(geöffnet tgl. 10 - 12 + 14 - 18 Uhr, letzter Einlass eineinhalb Stunden vor Schließung)*

Eines der großen Feste in Assisi, außer den vielen Festen zu Ehren der Heiligen Franziskus, ist das **Fest „Calendimaggio"** das gewöhnlich von Mittwoch bis Samstag in der ersten Maiwoche begangen wird. Gefeiert wird einerseits das Ende des Winters und die Ankunft des Frühlings, andererseits wird an eine alte Teilung Assisis in eine „Parte de Sopra", in eine Partei der Oberstadt also und in eine „Parte de Sotto", eine Partei der Unterstadt, erinnert. Die mittelalterlich und farbenfroh gekleideten Bewohner ziehen, von Fahnenschwingern flankiert, in zwei Gruppen durch Ober- und Unterstadt. Beim Zusammentreffen der Gruppen werden Choräle, Serenaden und heitere Lieder gesungen. Zum Fest gehören Vorführungen von Bogen- und Armbrustschützen, Blumenwettbewerbe, Volkstanz- und Theateraufführungen u. ä.; www.calendimaggiodiassisi.com/la-festa/.

Zu den größten religiösen Festen in Assisi zählen die **Feierlichkeiten zu Ehren des Heiligen Franz von Assisi (Festa di San Francesco)**. Sie finden jedes Jahr Anfang Oktober statt und sind ein Ereignis von nationaler Bedeutung. Der hl. Franziskus ist ja Italiens Nationalheiliger. Höhepunkte sind die hl. Messen in der Basilika San Francesco und Santa Maria degli Angeli, an denen Vertreter aus Rom, der regionalen, provinzialen und kommunalen Behörden teilnehmen. Eine besondere Ehre wird jeweils der Region Italiens zu Teil, die das alljährliche Öl für die Gedächtnislampe vor dem Grabmal des Schutzheiligen spendet.

PRAKTISCHE HINWEISE – ASSISI

Ufficio Turismo Assisi, [N43° 4' 16.45" E12° 36' 52.11"], Palazzo dei Priori, Piazza del Comune, 12, 06081 Assisi, Tel. +39 07 58 13 86 80; www.visit-assisi.it/en/. *Geöffnet tgl. 8 - 18.30 Uhr.*

Feste, Folklore: Fest „Calendimaggio", jedes Jahr mittwochs bis samstags in der 1. Maiwoche.

Feierlichkeiten zu Ehren des Heiligen Franziskus, jedes Jahr Anfang Oktober.

RESTAURANT

Antichi Sapori, Via San Francesco, 3, Tel. +39 07 58 12 589; www.ristoranteantichisaporiassisi.it; bodenständige Küche mit moderaten Preisen, im Zentrum der Stadt.

HOTELS

Fontebella Palace **,** 43 Zi., Via Fontebella, 25, Tel. +39 07 58 12 883; www.fontabella.com; zentral gelegenes gehobenes Mittelklassehotel, Restaurant, Terrasse, Fahrradverleih, WLAN. Öffentliche Parkmöglichkeit.

Giotto Hotel & Spa **,** 62 Zi., Via Fontebella, 41, Tel. +39 07 58 12 209; www.hotelgiottoassisi.it; gutes Mittelklassehotel mit elegantem Ambiente, nahe der Basilika San Francesco, Restaurant, Terrasse, Wellnesscenter, Fahrradverleih, WLAN. Parkplatz..

San Francesco ***, 38 Zi., Via San Francesco, 48, Tel. +39 07 58 12 281; www.hotelsanfrancescoassisi.it; Mittelklassehotel in schöner Lage bei der Basilika di San Francesco, Restaurant, Dachterrasse, WLAN. Öffentliche Parkmöglichkeit.

San Pietro *,** 35 Zi., Piazza San Pietro, 5, Tel. +39 07 58 12 452; www.hotel-sanpietro.it; einfacheres Mittelklassehotel, Restaurant, WLAN. Parkplatz.

Santa Maria d. Angeli

Frate Sole *,** 44 Zi., Via S. Bernardino da Siena, Tel. +39 07 58 04 848; www.hotelfratesole.com; freundliches Mittelklassehotel, Restaurant, Terrasse, Garten, WLAN. Parkplatz. Keine Haustiere.

Le Grazie *,** 40 Zi., Via Madonna delle Grazie, Tel. +39 07 58 04 38 50; www.legraziehotel.com; Restaurant, WLAN. Parkplatz.

CAMPING

Camping Village Assisi [WP 023 / N43° 4‘ 33.56“ E12° 34‘ 24.90“], Via Campiglione, Tel. +39 07 58 13 710; www.campingassisi.it; 19. März – 31. Okt.; an der SS147 Richtung Bastia/Perugia, ca. 3,5 km westlich von Assisi; ebenes, teils von hohen Hecken begrenztes Grasgelände mit Baumbestand, beengte Platzverhältnisse; hinter dem Hotel Green; ca. 2,5 ha – 90 Stpl.; Standard-Sanitärausstattung. Restaurant, Imbiss, Laden, Waschmaschine, Trockner, Schwimmbad, Fahrradverleih, Tennis, WLAN, Internetecke. **V & E für Wohnmobile**. Mietbungalows.

Camping Fontemaggio [WP 024 / N43° 3‘ 57.92“ E12° 37‘ 50.15“], Via Eremo delle Carcerli, 24, Tel. +39 07 58 12 317; www.fontemaggio.it/de/; Jan. - Dez.; am nördlichen Ortsrand von Assisi von der SR444 Richtung Eremo delle Carceri abzweigen und noch ca. 1 km zum Platz, etwas steile Zufahrt; hoch gelegener, unübersichtlicher, terrassierter Platz an einem bewaldeten, stark abfallenden Hang, von einigen Stellplätzen Blick in die Ebene von Assisi, ansprechende, ruhige Lage; ca. 5 ha – 100 Stpl.; Standard-Sanitärausstattung; Restaurant „La Stalla“, Kiosk, Imbiss, Laden im Sommer, Waschmaschine, Trockner, **V & E für Wohnmobile**. Mietbungalows**,** Jugendherberge, Hotel. Assisi ist vom Platz aus zu Fuß zu erreichen, was angesichts der etwas schwierigen Parkplatzsituation in Assisi von Vorteil ist.

WOHNMOBIL-STELLPLATZ

Wohnmobil-Stellplatz Area di Sosta Camper Assisi [WP 025 / N43° 3‘ 52.50“ E12° 37‘ 28.23“], Via Madonna dell'Olivo. **Zufahrt/Lage:** An der Straße SR147 (San Vitale – Assisi) ca. 400 östlich des Zentrums gelegen. **Geöffnet:** Ganzjährig. **Gebühr:** Pauschale inkl. 2 Personen und Ver- und Entsorgung. **Ausstattung:** Ebener, asphaltierter, schattenloser Parkplatz mit 20 Stellflächen für Wohnmobile. Frischwasser, Grauwasser- und Chemikaltoilettenausguss, Strom, beleuchtet, videoüberwacht. Zur Basilika di Santa Chiara ca. 400 m.

Fensterrosette am Dom zu Assisi

TOUR 5: ASSISI – SPOLETO

Länge der Tour: Rund 65 km.

Die Route: Über Landstraßen bis **Santa Maria degli Angeli** – SS75 über **Spello** bis **Foligno** – Landstraße bis **Bevagna** – Landstraßen über **Montefalco** und **Bruna** bis **Spoleto.**

Reisedauer: Mindestens ein Tag.

Höhepunkte: Die **Basilika Santa Maria degli Angeli** ** – die **Fresken von Pinturicchio** *** in der Kirche Santa Maria Maggiore in Spello – die **Stadtplätze** von **Bevagna** und **Montefalco** ** – der **Dom von Spoleto** **.

*ROUTE: Von Assisi talwärts und südlich des Ortes Abzweig nach Südwesten zur Schnellstraße SS75 Richtung **Foligno**, **Spoleto**. Schon von weitem erkennt man die mächtige Kuppel von **Santa Maria degli Angeli** im gleichnamigen Ort, den man schon nach 5 km erreicht.*

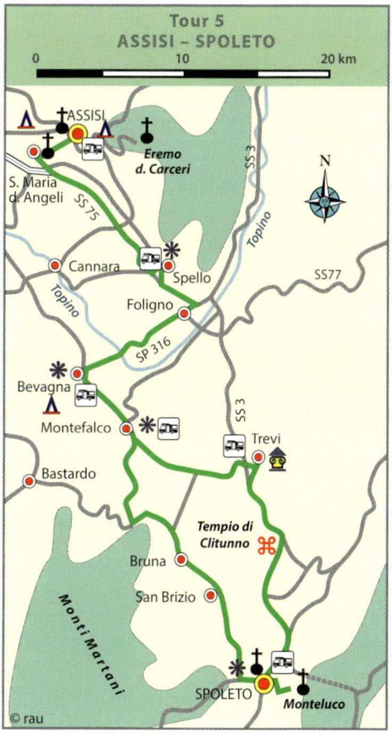

Unübersehbar erhebt sich im Ort die gewaltige Marien-Basilika **Santa Maria degli Angeli**, die aus dem Jahre 1569 stammt. Der Kirchenbau wird überragt von einer hohen Kuppel, die dem Baumeister Alessi zugeschrieben wird.

Im Inneren findet man direkt unter der Kuppel die **Capelle della Porziuncola** (**Capella Portiuncula**). Sie ist Teil des allerersten je errichteten Franziskanerklosters. Der Heilige Franziskus weihte hier die hl. Klara zur Nonne.

In der **Capella del Transito**, der Todeskapelle im Chor rechts, starb der hl. Franz von Assisi am 3. Oktober 1226. Die Kapelle ist mit Fresken von Spagna ausgemalt.

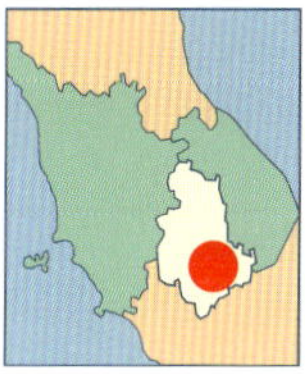

Beachtenswert ist außerdem die **Capella del Roseto**, die Kapelle des Rosengartens, mit Fresken von Tiberio d'Assisi. Den Blättern des Rosenstrauches wird eine wundertätige, heilsame Wirkung zugeschrieben. Die Legende über die dornenlosen, rotgefleckten Rosen berichtet: „Der heilige Franz von Assisi wurde des nachts vom Teufel versucht. Daraufhin warf sich der Heilige in den Rosenstrauch, um das Fleisch zu strafen und der Versuchung zu widerstehen. Die Rosen wurden von seinem Blut befleckt. Von der Zeit an wachsen die Rosen ohne Dornen und die Blüten tragen Spuren seines Blutes."

Im angeschlossenen **Museum Porziuncola Santa Maria degli Angeli** sind Reliquiare, Messgewänder, Gemälde von Cimabue, eine Altarskulptur in Terracotta des Meisters Andrea della Robbia aus dem 15. Jh. sowie ein Kreuz von Pisano und Werke anderer Meister zu sehen *(geöffnet Di - So 9.30 - 12.30 + 15 - 18.30 Uhr; www.porziuncola.org/museo-della-porziuncola-20-1.html).*

*ROUTE: Beabsichtigt man einen Besuch des hübschen Städtchens **Spello** folgt man der SS75 rund 11 km nach Südosten und zweigt zum unweit nördlich der Schnellstraße gelegenen Ort ab.*

Spello ist ein malerisches Städtchen mit engen verwinkelten, oft überwölbten Gassen. Ein Teil der alten **Stadtmauer** ist noch vorhanden, ebenso wie einige der Stadttore.

Einen großen öffentlichen **Parkplatz [WP 026 / N42° 59' 26.38" E12° 40' 25.84"]** findet man am Ostrand der Altstadt an der Via della Liberazione.

Ihren Spaziergang durch Spello über die engen, steilen Gassen und Treppenwege lohnt.

Die Kirche **Santa Maria Maggiore [N42° 59' 23.70" E12° 40' 18.65"]** an der Piazza Giacomo Matteotti im südlichen Bereich der Altstadt weist in der **Capella Baglioni**, links im Kirchenraum, schöne Fresken von Pinturicchio aus dem frühen 16. Jh. auf (Münzautomat für Beleuchtung).

Gleich neben der Kirche liegt **La Pinacotca**, die Kunstausstellung Spellos.

In Spello ist es Brauch, zu Pfingsten und Fronleichnam die Straßen mit kunstvollen **Blumenteppichen**, den sog. *„Infiorate"*, zu schmücken.

Einen Besuch lohnen die römischen Bodenmosaiken **Mosaici Domus Romana Santa Anna [N42° 59' 17.01" E12° 40' 28.66"],** die in den von einem modernen Kuppeldach überdeckten Resten einer römischen Villa zu sehen sind. Die Mosaiken – insgesamt sind hier 360 qm polychrome Mosaiken freigelegt – wurden erst 2005 bei Bauarbeiten wieder entdeckt *(geöffnet Apr., Mai + Sept. tgl. a. Mo 10.30 - 17 Uhr, Juni - Aug. tgl. a. Mo 10.30 - 18 Uhr, Via Paolina Schicchi Fagotti, 9).*

*ROUTE: Am Westrand von **Foligno**, einer geschäftigen Stadt ohne nennenswerte Sehenswürdigkeiten, zweigen wir nach Südwesten ab und erreichen nach rund 9 km den hübschen Ort **Bevagna**.*

Bevagna ist noch von seiner mittelalterlichen Stadtmauer umgeben. Auch Reste der römischen Stadtgründung sind noch vorhanden. Zu erkennen sind Fragmente eines Theaters aus dem 1. Jh. n. Chr. und an der Piazza Garibaldi die eines römischen Tempels.

Einen großen öffentlichen **Parkplatz [WP 028 / N42° 56' 2.94" E12° 36' 22.36"]** findet man am Westrand des Ortes an der Via Ponte delle Tavole,

PRAKTISCHE HINWEISE – SPELLO

Ufficio Informazioni Turistiche [N42° 59' 26.55" E12° 40' 17.79"], Piazza Giacomo Matteotti, 3; Tel. +39 0742 30 10 09; www.prospello.it. *Geöffnet Do - So 9.30 - 12.30 Uhr, Sa auch 15.30 - 17.30 Uhr.*

HOTEL

Hotel Palazzo Bocci ****, 20 Zi., Via Cavour, 17, Tel. +39 0742 30 10 21; www.palazzobocci.com; zentral, in dem Städtchen erwartet man nicht, ein so komfortables Hotel zu finden, Restaurant, Parkmöglichkeit, gehobene Preislage.

WOHNMOBIL-STELLPLATZ

Wohnmobil-Stellplatz Area Sosta Camper Spello [WP 027 / N42° 59' 38.17" E12° 40' 2.51"]. Zufahrt/Lage: Zwischen Schnellstraße SS75 und Westrand der Altstadt vor dem Stadion Campo Sportivo an der Via Centrale Umbra. **Geöffnet:** Ganzjährig. **Gebühr:** Gebührenpflichtig. **Ausstattung:** Ebenes, asphaltiertes, weitgehend schattenloses Stellplatzareal für etwa 50 Wohnmobile, in der Platzmitte eine Baumreihe. Frischwasser, Toiletten, Entsorgungsstelle für Abwässer.

Bevagna, Piazza Filippo Silvestri

Ecke Via Raggiolo. Der hintere Teil des Parkplatzes wird als Wohnmobil-Stellplatz genutzt.

Ein etwas streng wirkender, dennoch schöner alter Platz in Bevagna ist die **Piazza Filippo Silvestri** mit weißem Brunnen, dem gotischen **Palazzo dei Consoli** aus dem Jahre 1270 und den romanischen **Kirchen San Silvestro** und **San Michele Arcangelo**. Im Palazzo Comunale ist eine kleine Pinakothek eingerichtet.

Ganz in der Nähe der Piazza Silvestri, in der Straße Corso Matteotti, können Sie sich im ehemaligen, schön restaurierten Dominikanerkonvent **Chiostro del Convento dei Domenicani** mit hübschem Innenhof und Kreuzgang eines von 14 Fremdenzimmern mieten. Zentraler als hier können Sie in Bevagna kaum wohnen. Der Kreuzgang mit seiner doppelten Bogenreihe wurde im frühen 17. Jh. errichtet. An den Wänden der unteren Arkaden sieht man Fresken mit Szenen aus dem Leben des hl. Giacomo Bianconi und die Wappen der alten Handwerksgilden Bevagnas (Schneider, Schuster, Seiler, Sattler, Maurer u. a.).

Weiter nördlich der Piazza Silvestri (im Ort mit „Mosaico Romano" beschildert), sind in der Via della Terme Romane, 2/1 die gut erhaltenen Bodenmosaiken **Mosaico delle Terme Romane [N42° 56' 5.05" E12° 36' 33.54"]** in einem antiken römischen Badehaus zu bewundern. Die Motive zeigen Meeresgötter, Fische, Krebs, Oktopus, etc. *(geöffnet Juni - Aug. Di - So 10.30 - 13 + 15.30 - 19 Uhr, Apr., Mai, Sept. Di - So 10.30 - 13 + 14.30 - 18 Uhr, Okt. - März Fr, Sa, So 10.30 - 13 + 14.30 - 17 Uhr; www.umbriaccessibile.com/citta-umbre/bevagna/i-mosaici-delle-terme-romane/).*

Jedes Jahr um die 3. Juniwoche wandelt sich das mittelalterliche Stadtbild Bevagnas anlässlich des **„Mercato delle Gaite"**, des Marktes der Stadtteile. Die vier Stadtteile versuchen durch die Einrichtung alter Tavernen, Handwerksstätten und Marktständen an alte Traditionen und vergessene Kunsthandwerke zu erinnern.

PRAKTISCHE HINWEISE – BEVAGNA

Touristeninformation/ProLoco Bevagna [N42° 55' 58.22" E12° 36' 29.67"], Piazza Filippo Silvestri, 1, Tel. +39 07 42 36 16 67; www.prolocobevagna.it. *Geöffnet Fr 15.30 - 18 Uhr, Sa 10 - 13 + 15.30 - 18 Uhr, So 10 - 13 Uhr.*

HOTELS

Albergo Il Chiostro di Bevagna **, 14 Zi., Corso G. Matteotti, Tel. +39 07 42 36 19 87; www.ilchiostrodibevagna.com; im ehemaligen Dominikanerkonvent, Terrasse.

Palazzo Brunamonti, 15 Zi., Corso G. Matteotti, 79, Tel. +39 07 42 36 19 32; www.brunamonti.com/de/; in ehemaligem Adelspalast, Bar.

CAMPING

Camping Pian di Boccio Belsito [WP 029 / N42° 54' 43.79" E12° 35' 9.44"], Via Pian di Boccio, 10, Tel. +39 07 42 36 01 64; www.piandiboccio.com; Apr. – Sept.; von Bevagna auf der SP443 südwestwärts ca. 5 km Richtung Gaglioni, teils steiler Straßenanstieg; Zufahrt für Caravans separat beschildert. Weitläufges Hanggelände unter hochstämmigen Pinien; eingeebnete Terrassen unterschiedlicher Größe. Im oberen Platzteil Schwimmbad, Mietbungalows, teils sehr steile Platzstraße; ca. 8 ha – 70 Stpl.; Laden, Restaurant, Imbiss, Tennis, Schwimmbad, Waschmaschine, WLAN. **V & E für Wohnmobile**. Mietbungalows. Hofladenangebot Olivenöl und eingemachtes Obst und Gemüse.

WOHNMOBIL-STELLPLATZ

Wohnmobil-Stellplatz Area Sosta per Camper Bevagna [WP 030 / N42° 56' 3.09" E12° 36' 22.34"], Via Ponte della Tavole. **Zufahrt/Lage:** Von Bevagna ca. 500 m westwärts Richtung Torre del Colle, am westlichen Ortsrand gelegen. **Geöffnet:** Ganzjährig. **Gebühr:** Kostenlos. **Ausstattung:** Ebenes Schottergelände für 50 Wohnmobile, durch Baumreihen und Grasstreifen aufgeteilt. Frischwasser und Grauwasser- und Chemikaltoilettenausguss, Mülltonnen, beleuchtet, unbewacht.

*ROUTE: Von Bevagna über Landstraßen nach Südosten ins nur knapp 7 km entfernte **Montefalco**.*

Montefalco liegt hoch auf einem Hügel an den Nordostausläufern der Monti Martani und bietet eine prächtige Aussicht in die umliegende umbrische Landschaft mit Wein- und Olivengärten. Die schöne Höhenlage hat dem Ort den Beinamen **„Balkon Umbriens"** eingebracht. Ein Spaziergang durch das Dorf hinauf zum fast runden Stadtplatz mit Rathaus lohnt. Der Rathausturm kann bestiegen werden (8 – 13, 15 – 19 Uhr). Der Rundblick von oben ist grandios.

Sehenswert sind die Fresken in der **Museumskirche San Francesco** etwas unterhalb des Platzes in der Via Ringhiera Umbra. Beachtung verdient u. a. in der Apsis der **Freskenzyklus** mit Szenen aus dem Leben des hl. Franz von Assisi von Benozzo Gozzoli.

Etwa 1 km außerhalb östlich von Montefalco liegt etwas abseits der Straße nach Trevi die **Kirche San Fortunato**, die ebenfalls Fresken des toskanischen Meisters Gozzoli aufweist.

*ROUTE: Für die Weiterreise von Montefalco nach Spoleto kann man zwischen zwei Wegen wählen, entweder man folgt der Landstraße über **Bruna** und **San Brizio** nach **Spoleto** (ca. 25 km) oder man nimmt die Landstraße ostwärts nach **Trevi** und bedient*

WOHNMOBIL-STELLPLATZ – MONTEFALCO

Wohnmobil-Stellplatz Area di Sosta Camper Montefalco [WP 031 / N42° 53' 32.58" E12° 38' 54.32"], Via Giovanni Pascoli, 3. **Zufahrt/Lage:** Unterhalb des großen Stadtparkplatzes, am westlichen Ortsrand beschildert. **Geöffnet:** Ganzjährig. **Gebühr:** Pauschale inkl. 2 Personen und Ver- und Entsorgung. **Ausstattung:** Ebener, durch Gittersteine befestigter Platz für ca. 40 Wohnmobile, von den vorderen Stellplätzen schöner Blick ins Land; in bequemer Gehnähe zum Städtchen. Frischwasser, Grauwasser-und Chemikaltoilettenausguss, Stromanschlüsse, Toiletten. Toiletten auch auf dem oberhalb liegenden Großparkplatz (Busparkplatz). Beleuchtet, Mülltonnen.

sich ab dort der stark befahrenen, aber schnellen Fernstraße SS3.

Das stattlich auf einem Hügel thronende **Trevi** ist die umbrische Stadt des Olivenöls. Großartige, augenfällige Sehenswürdigkeiten drängen sich dem Besucher nicht auf. Aber ein Bummel durch die alte Oberstadt lohnt vor allem wegen des mittelalterlichen Stadtbildes mit den vielen romantischen, ja oft fast geheimnisvoll wirkenden, schmalen, natursteingepflasterten Gassen zwischen den eng stehenden Häusern mit ihren dunklen Bögen und Durchgängen.

Sehenwert ist der **Complesso Museale di San Francesco die Trevi**, ein ehemaliger Klosterkomplex aus dem 13. Jh. Er beherbert gleich 4 Museen, nämlich das **Museo della Città e del Territorio**, die **Pinacotecca**, die **Kirche San Francesco** und **Museo della Cività dell'Ullivo**. Letzteres ist ein interessantes Museum, das sich der Gewinnung

Trevi

des Nativen Olivenöls Extra DOP widmet *(geöffnet Apr. - Juli + Sept. Di - So 10.30 - 13 + 14.30 - 18 Uhr, Aug. tgl. 10.30 - 13 + 15 - 19 Uhr, Okt. - März Fr - So 10.30 - 13 + 14.30 - 17 Uhr; www.umbriaterremusei.it/ita/3/musei/15/raccolta-arte-di-san-francesco-e-museo-della-civilt-dellulivo/).*

Eines der großen Stadtfeste ist der **Palio dei Terzieri**. Ein junges Fest, das erst 1980 ins Leben gerufen wurde. Junge Leute aus den drei Stadtvierteln von Trevi ziehen und schieben einen 430 kg schweren Karren von der Porta Nuova bis zur Piazza del Comune (Piazza Mazzini). Am Tag vor dem Wagenrennen gibt es einen bunten Umzug mit historischen Kostümen und danach wird in den Gassen, Plätzen und Innenhöfen bis in die Nacht gefeiert. Das Fest, das gewöhnlich donnerstags, freitags und samstags Ende September/Anfang Oktober stattfindet, soll daran erinnern, mit welcher Leidenschaft die Leute von Trevi ihre Stadt nach der Zerstörung im Jahre 1214 wieder aufgebaut haben.

Auskünfte erhält man in der **Touristeninformation Pro Trevi**, Piazza Mazzini, 5. Tel. +39 34 54 00 48 73; www.protrevi.com; www.terzieri.it.

Auf dem Weg von Trevi nach Spoleto passiert man den **Tempietto del Clitunno,** der unscheinbar und etwas unterhalb unmittelbar an der Westseite der alten Straße SS3ex liegt **(Parkplatz, WP 032 / N42° 50' 31.90" E12° 45' 25.58")**. Der kleine römische Tempel gehört zum UNESCO Weltkulturerbe *(geöffnet im Sommer Di - So 14.15 - 19.45 Uhr, im Winter Di - So 12.15 - 17.45 Uhr; www.tempiettodelclitunno.com).*

Die Landschaft in dieser Gegend Umbriens ist abwechslungsreich und überaus einladend. Auf sanften Hügeln und in weiten Tälern findet man zwischen Weinkulturen und Olivenhainen, Tabak-, Mais-, oder Sonnenblumenfeldern, zwischen Flüsschen und kleinen Seen immer wieder ausgedehnte Kastanien- und Eichenwälder, die im Herbst herrliche Farbtupfer abgeben.

Die ländlichen Gegenden Umbriens sind noch reich an Heiligenlegenden und Bräuchen, die nicht selten heidnischen Ursprungs sind. Alte Tradition hat in Umbrien z. B. der immer noch lebendige und erlaubte Exorzismus. Weniger spektakulär ist der auf dem Lande noch weit verbreitete Brauch des Gesundbetens oder das Aufstellen von mit Palmen- und Olivenzweigen geschmückten Holzkreuzen auf den Feldern, was man vor allem am 3. Mai, zum Fest des Heiligen Kreuzes tut. Man will mit diesem alten Brauch die Ernte vor Dürre, Hagel und sonstiger Unbill schützen. In Torgiano z. B. zündet man in den Weinbergen ein Strohfeuer an, um Unwetter fernzuhalten.

Spoleto – Für einen Spoletobesuch – besonders dann, wenn das Interesse vor allem auf den Hauptsehenswürdigkeiten der Stadt, dem Dom und der Stadtfestung liegen – sollte man versuchen, von Norden kommend auf der SS3 zur Via Flaminia vecchia (SR418) Richtung Stadtzentrum abzuzweigen, dann bis zum Abzweig zur Via Cacciatori delle Alpi und weiter zur Via del Tiro a Segno und zum **Parkplatz Parcheggio Ponzianina P2 [WP 034 / N42° 44' 15.86" E12° 44' 31.32"]** zu fahren. Einige Plätze sind speziell für Wohnmobile vorgesehen. Es ist der nächstgelegene Parkplatz zum Dom und zur Stadtfestung Rocca Albornoziana. Vom Parkplatz sind es nur wenige Meter zu den **Rolltreppen**

WOHNMOBIL-STELLPLATZ – TREVI

Wohnmobil-Stellplatz Area Camper Service Trevi [WP 033 / N42° 52' 43.98" E12° 45' 7.54"], Via Coste San Paolo. **Zufahrt/Lage**: Vom Ortszentrum von Trevi ca. 500 m ostwärts auf der Via Coste San Paolo zum Sportgelände und Schwimmbad. **Geöffnet:** Ganzjährig. **Gebühr:** Kostenlos. **Ausstattung:** Ebener, durch Bäume in Parzellen aufgeteilter Platz für ca. 30 Wohnmobile, falls nicht mit Pkws belegt. Mit Grasgittersteine befestigt. Frischwasser, Grauwasser- und Chemikaltoilettenausguss, beleuchtet, Mülltonnen, unbewacht.

[N42° 44' 14.89" E12° 44' 23.84"] (scale mobili, zwei mal vier Rolltreppen), die bequem hinauf bis zum Fußgängerweg in die Altstadt und zum Dom von Spoleto führen, den man vom Fußgängerweg aus etwas unterhalb liegen sieht.

Die Rolltreppen sind kostenlos zu benutzen. Sie sind von 7.30 Uhr (sonntags ab 8.30 Uhr) bis 20 Uhr in Betrieb. Oben, am Ende der Rolltreppen, führt ein Aufzug (ascensori) tgl. von 8.30 Uhr bis 19.30 Uhr hinauf zur Rocca, zur Burg.

Eine weitere Parkmöglichkeit findet man am Südrand der Stadt und südlich des Parkhauses **Parcheggio Spoletosfera** mit dem **Außenparkplatz Piazza Gianni Rodari [N42° 43' 39.25" E12° 43' 58.97"]** für Wohnmobile und größere Fahrzeuge, Zufahrt von der SS3 (Trevi – Terni) westwärts über die Via G. Matteotti und weiter südwärts in die Via dei Cappuccini.

Die alte umbrische Stadt **Spoleto** liegt an einem ansteigenden Berghang, der im Osten steil zu den bewaldeten Ufern des Flüsschens Tessino abfällt. Auf dem höchsten Punkt thront die mittelalterliche Rocca Albornoziana, die Burg der Päpste. Spoleto hatte durch seine beherrschende Lage an der antiken Via Flaminia schon in der Römerzeit große strategische Bedeutung. Im Laufe ihrer stürmischen Geschichte war die Stadt oft umkämpft. Lange gehörte sie den langobardischen Herzögen, dann dem Kaiser. Spoleto widersetzte sich den Truppen Hannibals und wurde von den Barbaren überrannt bis es schließlich im 13. Jh. vom Papst dem Kirchenstaat einverleibt wurde.

Ein Spaziergang durch die Altstadt zum Dom und hinauf zur Festung lohnt sehr, auch wenn die engen Gassen mit ihren schmalen Durchgängen und Bogenüberbauten an manchen Ecken etwas ernst und düster wirken. Und immerhin wandelt man auf den Spuren Goethes, der Spoleto auf seiner „Italienischen Reise" besuchte. Heute ist Spoleto längst auf der UNESCO-Liste für Weltkulturerbe zu finden.

Wer bei seinem Spoletobesuch den Schwerpunkt auf Museumsbesuche legt, sollte in einem der folgenden Museen nach der **Spoleto Card** fragen – Rocca Albornoziana, Nationalmuseum der Region Spoleto, Archäologisches Museum, Diözesanmuseum, Römisches Haus, Palazzo Collicola, Museum für Textilien und Kostüme. Die Karte ist für

Spoletos „Papstburg" Rocca Albornoziana, rechts der Römeraquädukt Ponte delle Torri

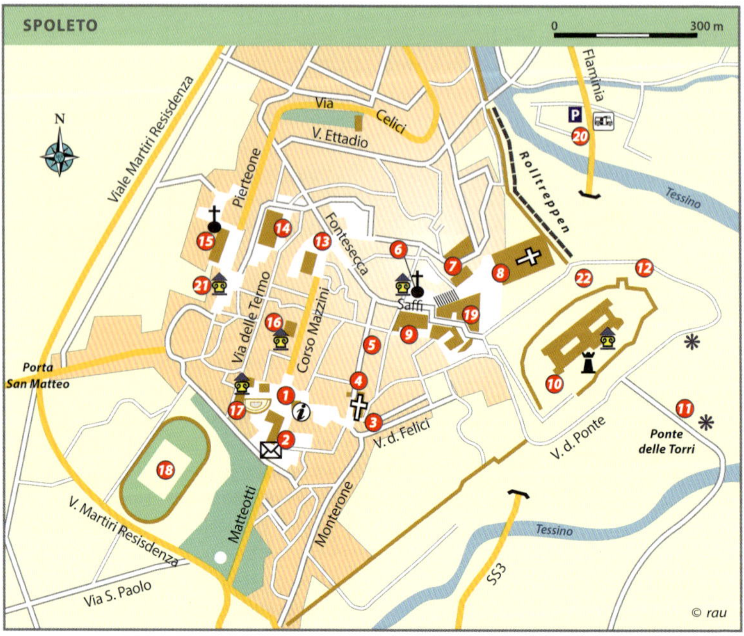

*SPOLETO – **1** Information, Piazza Libertà – **2** Post, Palazzo Ancaiani – **3** Sant'Asano – **4** Arco di Druso – **5** Piazza Mercato – **6** Diözesanmuseum, Sant' Eufemia – **7** Palazzo Signoria – **8** Dom Santa Maria Assunto – **9** Palazzo Comunale e Pinacoteca – **10** Rocca Albornoziana und Nationalmuseum – **11** Ponte delle Torri – **12** Via della Rocca – **13** Piazza Mentana – **14** Teatro Nuovo – **15** San Domenico – **16** Palazzo Rosari Spada, Textil- und Kostümemuseum – **17** Archäologisches Nationalmuseum (ehem. Convento di Santa Agata) und Teatro Romano – **18** Stadion – **19** Palazzo Rasani – **20** Parkplatz Ponzianina, Wohnmobil-Stellplatz – **21** Palazzo Collicola – **22** Aufzug, Ascensore Rocca.*

knapp 10 Euro zu haben, gilt 7 Tage und gewährt freien Eintritt in die sieben erwähnten Museen und gestattet die Nutzung der öffentlichen städtischen Transportmittel (Busse).

Stadtspaziergang

Beschränkt man die Stadtbesichtigung auf Dom, Domplatz und Umgebung, startet man am besten an den erwähnten Rolltreppen [N42° 44' 14.89" E12° 44' 23.84"] beim Parkplatz Parcheggio Ponzianina.

Einen ausgedehnteren Rundgang kann man an der **Piazza della Libertà (1)** beginnen. An der Westseite des Platzes ist im Palazzo Corvi vor dem restaurierten **römischen Theater (17)** das besuchenswerte **Archäologische Nationalmuseum (17) [N42° 44' 0.84" E12° 44' 6.13"]** eingerichtet, Via Sant' Agata, 18/A, *(geöffnet tgl. 8.30 - 19.30 Uhr; www. comunespoleto.gov.it/turismoecultura/en/musei/museo-archeologico-nazionale/)*. Zu sehen sind bei Ausgrabungen gemachte Funde aus der Etrusker- und Römerzeit. Bemerkenswert ist die sehr ansprechende Art der Präsentation, in der das Museum seine Exponate darbietet. Besonders stolz ist man auf Porträts der Kaiser Augustus und Cäsar sowie auf den uralten in Stein gemeißelten Text „Lex spoletina", der in einer seltenen alten Lateinversion abgefasst ist.

Nördlich des Archäologischen Nationalmuseum liegen zwei weiter interessante Museen, das Museo del Tessile e del Costume und der Palazzo Collicole .

Das **Museo del Tessile e del Costume**, das **Museum für Textilien und**

Der Dom in Spoleto

Kostüme (16) ist im Palazzo Rosari Spada aus dem 17. Jh. eingerichtet, Piazza Sordini, 1 *(geöffnet Ende März - Ende Nov. Fr, Sa, So 15.30 - 19 Uhr)*. Hier lässt sich die Entstehungs- und Entwicklungsgeschichte der Textilproduktion vom 14. bis ins 20. Jh. verfolgen. Eine umfangreiche Sammlung von kostbaren Stoffen, Bekleidungen und Accessoirs vervollständigen die fünf Abteilungen der Ausstellungen.

Zwei Straßen weiter westlich sind im **Palazzo Collicola (21) [N42° 44' 5.50" E12° 44' 3.37"]** eine Ausstellung Moderner Kunst (Carandente Museum) sowie in den im Stil des 18. Jh. möblierten Nobelsalons des Palazzo eine Gemäldegalerie mit Werken vom 15. bis ins 20. Jh. zu sehen.

Von der Piazza della Libertà gehen wir am Postamt gleich rechts (ostwärts), vorbei an einem Brunnenhof auf der linken Seite, bis zur **Kirche Sant'Ansano (3) [N42° 43' 59.08" E12° 44' 13.26"]** und wenden uns dort, vor der Kirche, nach links. Am Ende der Kirche passiert man den **Arco di Druso (4)**, den Drususbogen, der 29 n. Chr., nach dem Sieg Drusus' über die germanischen Barbaren, errichtet wurde.

Bald darauf öffnet sich vor uns der Marktplatz **Piazza del Mercato (5)**, der am frühen Vormittag von Gemüse- und Blumenhändlern bevölkert wird. An der nördlichen Häuserfront ein schöner Brunnen, der den Platz etwas freundlicher macht und ein Denkmal für Papst Urban VII.

Wir gehen durch eine der Gassen entweder rechts oder links vom Brunnen und stoßen kurz darauf auf die Via Fontesecca. Hier wenden wir uns rechts und kommen gleich darauf zum **Palazzo Comunale (9)** rechts. Hier kann man die **Pinakothek** besichtigen, Via del Municipio, 1 *(geöffnet Mi - Mo 11 - 17 Uhr)*. Die Gemäldesammlung enthält u. a. Arbeiten von Giovanni di Pietro, der Ende des 15. Jh. in Spoleto geboren worden war und in der Kunstgeschichte auch als Lo Spagna bekannt ist.

Hinter dem Palazzo Comunale verläuft die Via Aurelio Saffi. In der Nordseite der schmalen Straße dominiert die Fassade der ehemaligen Residenz des Erzbischofs. Heute ist hier das **Diözesanmuseum (6) [N42° 44' 4.64" E12° 44' 18.26"]** eingerichtet. Zu sehen ist eine Porträtsammlung von Persönlichkeiten des 13. bis ins 18. Jh., gearbeitet von namhaften Künstlern wie dem Renaissancemaler Filippino Lippi und eine Skulpturenausstellung mit Werken aus dem 14. und 15. Jh., darunter eine Büste von Papat Urban VIII., gefertigt von Bernini.

Unweit östlich führt die breite Treppenstraße Via dell'Arringo hinab auf den **Domplatz** (Restaurants). Von den Treppen hat man einen schönen Blick auf die eindrucksvolle Westfassade des Doms.

Der **Dom von Spoleto Cattedrale di Santa Maria Assunta (8) [N42° 44' 6.34" E12° 44' 23.67"]** stammt aus dem 12. Jh. Sein Inneres wurde aber unter Papst Urban VIII. im 17. Jh. verändert. Die Westfassade ist mit acht Rosettenfenstern geschmückt. Über der zentralen Rosette ein Mosaik von Solsterno. Die Bogenhalle vor den Portalen stammt aus der Renaissance *(geöffnet Apr. - Okt. tgl. 8.30 - 12.30 + 15.30 - 19 Uhr, Nov. - März tgl. 8.30 - 12.30 + 15.30 - 17 Uhr).*

Die Altarapsis ist mit Fresken von Filippo Lippi ausgemalt. Dargestellt sind Szenen aus dem Leben der Mutter Maria. Lippi starb während der Arbeiten an den Fresken. Im Auftrage von Lorenzo il Magnifico de' Medici wurde für den Künstler im Dom ein Grabmal errichtet. Man findet es im rechten Querschiff.

Beachtung verdient auch die mit Fresken geschmückte Sakristei.

Die **Rocca Albornoziana (10) [N42° 44' 1.83" E12° 44' 29.48"]**, die ehemalige „Papstburg", deren Mauern und Türme die Silhouette Spoletos deutlich dominieren, erreicht man am einfachsten mit dem Aufzug Ascensore Rocca (22) am oberen Ende der Rolltreppenflucht. *Geöffnet ist die Festung täglich von 9.30 bis 19.30 Uhr.*

Kardinal Gil Albornoz, päpstlicher Legat in Diensten Innocents VI., gab 1359 Auftrag, im Zuge der Reorganisierung des Kirchenstaates auf der Anhöhe über Spoleto diese mächtige Burg zu errichten. Als Baumeister wurde Matteo Gattaponi verpflichtet, der nach nur dreijähriger Bauzeit die Festung im Wesentlichen vollendet hatte. Zwei rechteckige Innenhöfe, der martialische Waffenhof und der etwas einladendere Ehrenhof, werden von gewaltigen Mauern umgeben und an den Enden von über 35 m hohen Türmen überragt. Einer der ersten Päpste, die sich auf die Festung zurückzogen, war 1392 Bonifaz IX. Auch Lucrecia Borgia taucht in den Analen als „Festungsgouverneur" auf. Später dann, Mitte des 18. Jh., verlor die Rocca von Spoleto ihre strategische Bedeutung. Aus der Festung Kardinal Albornoz' wurde eine Kaserne und 1817 ein Gefängnis. Bis zur Eröffnung eines neuen Hochsicherheitsgefängnisses in Maiano außerhalb von Spoleto, das in der Zeit der Brigate Rosse in den 80er Jahren von sich reden machte, blieb die Festung Haftanstalt.

Heute ist in der Festung das **Nationalmuseum der Region Spoleto** eingerichtet, ein Regionalmuseum, dessen Ausstellungen sich über 15 Räumlichkeiten erstrecken

Um die gesamte Burganlage führt etwas unterhalb der Festung ein schöner Fußweg (ca. 20 Min.). Gelegentlich schöne Ausblicke. Auf dem Wege kommt man an der Ostseite des Burgberges an der riesigen **Ponte delle Torri (11) [N42° 44' 1.02" E12° 44' 34.06"]** vorbei, die in einer Höhe von 80 m mit zehn Bögen das Tal des Torrente Tessino überspannt. Die Brücke entstand auf einem römischen Aquädukt, ist 230 m lang und dient heute nur noch als Fußgängerbrücke.

Diesseits der Brücke steht eine Gedenktafel, die an Goethes Aufenthalt in Spoleto während seiner „Italienischen Reise" im Jahre 1786 erinnert. Es wird die Stelle aus seinem Tagebucheintrag vom 27. Oktober zitiert: „Spoleto hab' ich bestiegen und war auf der Wasserleitung, die zugleich Brücke von einem Berg zum andern ist. Die zehn Bogen, welche das Tal füllen, stehen von Backsteinen ihre Jahrhunderte so ruhig da, und das Wasser quillt noch immer in Spoleto an allen Orten und Enden."

PRAKTISCHE HINWEISE – SPOLETO

Ufficio Informazioni di Spoleto [N42° 43′ 59.58″ E12° 44′ 8.57″], Piazza della Libertà, 7, 06049 Spoleto, Tel. +39 0743 21 86 20/1; www.comunespoleto.gov.it/turismoecultura/. *Geöffnet Apr.– Sept. Mo - Sa 9 - 13.30 - 15 - 19 Uhr, So 10 - 13 + 15 - 17.30 Uhr, Okt. - März Mo - Sa 9 - 13.30 + 14.30 - 18.15 Uhr, So 9.30 - 13 + 15 - 17 Uhr.*

Feste, Folklore: Erst 1958 wurde das **Spoleto Festival** von Gian Carlo Menotti ins Leben gerufen. Menotti wollte damals ein Kulturforum schaffen, das als Treffpunkt für Künstler aus Italien, Amerika und Europa dienen sollte. Das Festival, das jedes Jahr von Ende Juni bis Mitte Juli stattfindet und neben Tanz, Oper, Konzerten und Kunstausstellungen auch Filme und Prosalesungen bietet, hat sich längst einen internationalen Ruf erworben.

RESTAURANTS

Einladende Lokale auf unserem Rundgang durch die Stadt sind u. a. die **Trattoria La Lanterna**, Via della Trattoria, Tel. +39 0743 49 815, nahe des Teatro Romano, und die **Trattoria La Barcaccia**, Piazza Fratelli Bandiera, 5, gehobene Preislage, nahe der Piazza del Mercato.

HOTELS

San Luca **,** 35 Zi., Via Interna delle Mura, 21, Tel. +39 0743 22 33 99; www.hotelsanluca.com; in ehemaligem Kloster, komfortables Mittelklassehotel an der Westseite der Stadt, Terrasse, Garten, Fahrradverleih, WLAN, Parkplatz.

Albornoz Palace **,** 90 Zi., Viale G. Matteotti, 16, Tel. +39 07 43 22 12 21; www.albornozpalace.com; am südlichen Ortsrand, Restaurant, Bar, Garten, Schwimmbad, Fitnesscenter, WLAN. Parkplatz.

Gattapone **,** 13 Zi., Via del Ponte, 6, Tel. +39 0743 22 34 47; www.hotelgattapone.it/en/; unterhalb der Rocca gelegenes Mittelklassehotel mit Blick auf die Ponte delle Torri, Bar, Terrasse, WLAN im Rezeptionsbereich. Öffentliche Parkmöglichkeit.

Dei Duchi **,** 20 Zi., Viale G. Matteoetti, 4, Tel. +39 0743 44 541; www.hoteldeiduchi.com; zentral gelegenes Mittelklassehotel hinter dem Teatro Romano, Restaurant, Bar, Gerrasse, Garten, Fahrradverleih, WLAN. Parkplatz.

CAMPING

San Pietro bei Spoleto

Camping Monteluco, Loc. San Pietro, Tel. +39 0743 22 03 58; www.campeggiomonteluco.com; Mai – Sept.; kleiner, einfacher Platz mit 30 Stellplätzen, im Stadtteil San Pietro di Spoleto 3 km südöstlich der Stadt. Mehrere recht kleine Terrassen an einem bewaldeten Hang. Eigentlich hübsch gelegen, aber laut durch nahe Schnellstraße. Einfache Sanitärausstattung. Machte bei unserem letzten Besuch ein nicht sonderlich gepflegten Eindruck. **Der Platz eignet sich nach unserem Eindruck nur für Zelte und Campingfahrzeuge bis etwa VW-Bus-Größe. Größere Fahrzeuge oder gar Caravans haben schon mit der schlechten, engen Zufahrt und dann mit den beengten Platzverhältnissen ihre Schwierigkeiten.** Der Platz liegt übrigens oberhalb der Kirche San Pietro, die für ihre schöne Westfassade bekannt ist.

Castelvecchio bei Preci

Als bessere **Campingalternative** bietet sich der **Campingplatz Il Collaccio** in Castelvecchio bei Preci an, der allerdings rund 44 km nordöstlich von Spoleto liegt. Details siehe nächste Etappe.

WOHNMOBIL-STELLPLÄTZE

Wohnmobil-Stellplatz Parcheggio Ponzianina P2 [WP 034 / N42° 44′ 15.86″ E12° 44′ 31.32″]. Zufahrt/Lage: Via del Tiro a Segno, am Ostrand der Stadt. **Geöffnet:** Ganzjährig. **Gebühr:** Gebührenautomat. **Ausstattung:** Parkplatz für Pkw und Wohnmobile, schattenloser Schotterplatz unterhalb der Schnellstraße SS3 (Strada Statale 3 Flaminia). Es ist der nächstgelegene Parkplatz zum Dom und zur Rocca Albornoziana. Vom Parkplatz sind es nur wenige hundert Meter zu den Rolltreppen (scale mobili) [N42° 44′ 14.89″ E12° 44′ 23.84″], die hinauf in die Alstadt (Dom) und zur Festung führen.

Wohnmobil-Stellplatz Area Sosta per Camper Parcheggio Campo Boario [WP 035 / N42° 44′ 47.39″ E12° 43′ 56.09″], Via dei Filosofi. **Zufahrt/Lage:** Vom Ortszentrum knapp 1 km nordwärts auf der SR418 (Spoleto – Acquasparta). Platz liegt an der Ausfallstraße SR418. **Geöffnet:** Ganzjährig. **Gebühr:** Kostenlos. **Ausstattung:** Fast ebener, geschotterter, fast schattenloser Parkplatz mit Platz für ca. 20 Wohnmobile, wenn nicht mit Pkws belegt. Frischwasser, Grauwasser- und Chemikaltoilettenausguss, unbewacht.

Giebelfassade am Dom von Spoleto

TOUR 6: MONTI SIBILLINI RUNDFAHRT

Länge der Tour: Rund 170 km ab und bis Spoleto.

Die Route: Über die SS395 bis **San Anatólia di Narco** – SS209 bis **Pontechiusita** – seit dem Erdbeben vom Herbst 2016 ist der Weg unserer Monti Sibillini Rundfahrt über Vissio und über Castelluccio bis auf weiteres nicht mehr möglich! Deshalb ab Preci auf der SP476 bis **Norcia** – SS685 bis **Serravalle** – SS471 über **Cascia** bis **Monteleone di Spoleto** – Landstraße bis **San Anatólia di Narco** – SS395 bis **Spoleto.**

Reisedauer: Mindestens ein Tag.

Höhepunkte: Das Bergdorf **Vallo di Nera** * – das **Tal der Nera** * – die Fahrt über die **Monti Sibillini** *** – die Landschaft rund um die **Hochebene Piano Grande** **.

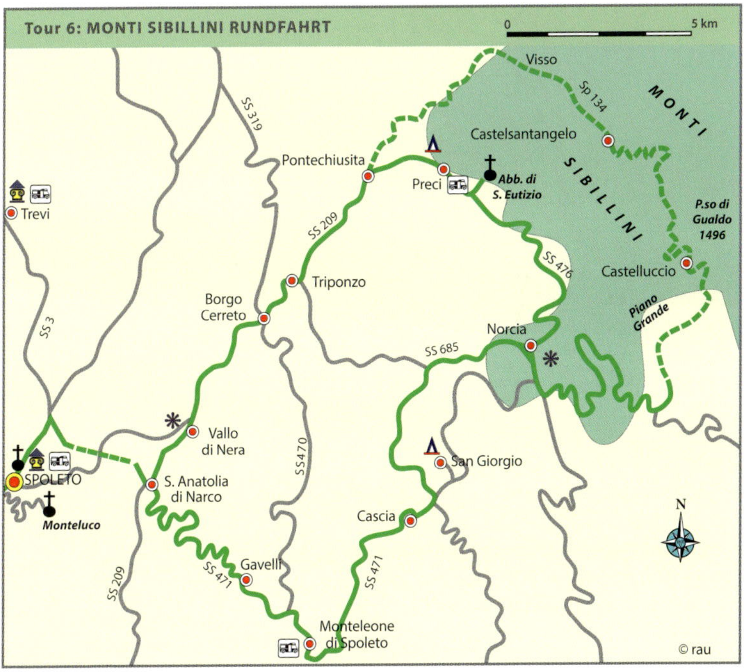

ROUTE: *Man verlässt Spoleto zunächst nordwärts in Richtung Foligno, wählt aber schon nach rund 4 km den Abzweig südostwärts nach* ***Norcia/Cascia****. Kurz darauf passiert man ein 4 km langes Tunnel, das die früher zeitraubende Überquerung des 743 m hohen Bergübergangs erspart und rasch und bequem in das Valnerina Tal bei* ***San Anatólia di Narco*** *führt. Dort wenden wir uns nordwärts auf die SS209 nach* ***Pontechiusita****.*

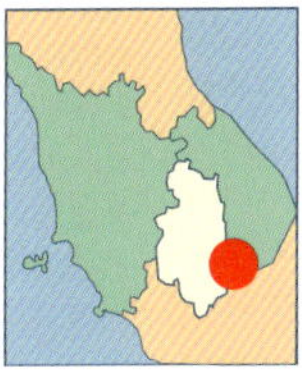

Schon nach wenigen Kilometern im Valnerina-Tal kann man einen kurzen Abstecher hinauf in das Dorf **Val-**

Romantische Winkel in den Gassen von Vallo di Nera

lo di Nera [Parkplatz, WP 036 / N42° 45' 18.57" E12° 51' 49.68"] unternehmen. Der kleine Flecken liegt überaus malerisch wie ein Adlerhorst auf einem Hügel über dem Tal der Nera. Man lässt das Auto auf dem Platz vor dem Stadttor stehen und schlendert durch die engen Gassen, die wirklich nur zu Fuß zu bewältigen sind, hinauf zur Kirche.

Lange Zeit drohte Vallo di Nera buchstäblich auszusterben. Zu viele der jungen Bevölkerung zogen fort, gezwungener Maßen wohl. Und die ältere Generation wurde immer weniger. Doch heute scheint sich das Blatt gewendet zu haben. Das Dörfchen macht zwar immer noch einen mehr als verschlafenen Eindruck, aber die Häuser sind proper renoviert. Die abgewanderte Generation investiert offenbar wieder in ihr Heimatdorf. Dem Besucher jedenfalls bietet Vallo di Nera wunderschöne Ausblicke ins Tal und auf die westlichen Ausläufer der Monti Sibillini.

Weiter nach Norden nimmt die Landschaft an der Nera fast dramatische Züge an. Das **Tal der Nera**, das anfangs noch genügend Raum für die Bassins von Forellenzuchten bietet, wird enger, die steilen Felsen treten immer näher an die Straße heran und formen sich zur romantischen Schlucht.

21 km nördlich von San Anatólia di Nera passiert man **Pontechiusita**.

Hier kann man ins knapp 5 km östlich gelegene Dorf **Preci** an den Westausläufern der Monti Sibillini abzweigen (SP476).

*ROUTE: Seit den **verheerenden Erbeben** im August und Oktober 2016 in der Region ist die Straße durch das Nera-Tal hinter Vissio wegen eines massiven Erdrutsches bis auf weiteres nicht mehr passierbar! Und der kleine Ort Castelluccio mitten in den Sibillinischen Bergen wurde vom Erbeben so stark zerstört, dass er nicht mehr passierbar ist. Der Weg unserer Monti Sibillini Rundfahrt führt deshalb von **Preci** auf der SP476 südostwärts nach **Norcia**.*

Nur 3 km östlich von Preci, Abzweig von der SP476 im Ort Piedivalle, liegt die abgeschieden und sehr reizvoll gelegene **Abbazia di San Eutizio [WP 039 / N42° 52' 14.19" E13° 3' 56.10"]** aus dem 12. Jh. mit sehenswerter Klosterkirche. Der Turm der Abteikirche steht auf einem etwas abseits stehenden Felssporn.

Die Höhen der **Monti Sibillini,** erstrecken sich im Grenzgebiet der Regionen Umbrien und Marken in Nord-Süd-

CAMPING

Castelvecchio bei Preci

Camping Il Collaccio [Abzweig zum Campingplatz: N42° 52′ 57.86″ E13° 2′ 6.87″; Camping-Rezeption: WP 037 / N42° 53′ 18.20″ E13° 0′ 52.82″], Tel. +39 07 43 66 51 08; www.ilcollaccio.com; 1. Apr. – 30. Sept.; ca. 44 km nordöstlich von Spoleto von der SP476 am westlichen Ortsrand von Preci bei den Fischzuchtanlagen beschilderter Abzweig und noch 2,3 km teils steile Auffahrt bis zum Bergdorf Castelvecchio, zum Schluss steile und enge Zufahrt zum Platz, für große Wohnmobile und Caravangespanne beschwerlich. Die Platzeinfahrt mit Rezeption liegt oben, die Platzausfahrt führt über Serpentinen hinab ins Tal zur Hauptstraße SP476. Zahlreiche Wiesenterrassen am Steilhang mit Laubbäumen und schöner Aussicht ins Tal bis Preci und Blick ins umliegende bewaldete Hügelland. In wunderschöner, ansprechender Lage. Ca. 10 ha – 100 Stpl.; gute Sanitärausstattung. Laden, Restaurant, Schwimmbäder, Tennis, WLAN auf Teilen des Platzes. Internetecke. **V & E für Wohnmobile**: Befahrbare Plattform mit Camper Service an einer der unteren Serpentinen, mit Frischwasser und breitem Grauwasser- und Chemikaltoilettenausguss. Mietbungalows, Miethütten und Mietcaravans. Pension Locanda del Porcellino mit 11 Fremdenzimmer und 8 Gästeapartments.

WOHNMOBIL-STELLPLATZ – PRECI

Wohnmobil-Stellplatz Area di Sosta Camper Preci [WP 038 / N42° 52′ 47.09″ E13° 2′ 28.53″], Via Norcia (SP476). **Zufahrt/Lage:** Am östlichen Ortsrand von Preci direkt unterhalb der SP476 Richtung Norcia einfahren. **Geöffnet:** Ganzjährig: **Gebühr:** Kostenlos. **Ausstattung:** Gepflegter, ebener Platz mit 20 markierten Stellplätzen (falls nicht von abgestellten Fahrzeugen belegt) auf Rasengitter mit natursteingepflastertem Platzweg unterhalb der Oberstadt Preci. Befahrbare V + E-Station mit Frischwasser und Grauwasserausguss, Strom, Mülltonne, beleuchtet, videoüberwacht.

Richtung. Der Weg hierher lohnt vor allem der herrlichen, einsamen, ruhigen und außerhalb der Skigebiete um den 2.169 m hohen Monte Bove noch ziemlich unberührt wirkenden Berglandschaft wegen.

Vor allem im 15. und 16. Jh., einer Zeit, in der in Florenz und Siena die düstere Strenge der Gotik durch die leichtere, offenere Kunstepoche der Renaissance abgelöst wurde, galt diese abgeschiedene Bergregion als Refugium geheimnisvoller Feen, Geister und dunkler Mächte. Es war das Königreich der *Sibilla Cumana* der Mythologie, die bekannt war dafür, dass sie niemals ihre Zauberkünste enthüllen würde. Die Geheimnisumwitterte galt als gütige, aber verwunschene Frau, die im Bunde mit dem Teufel stand und so in der Lage war, z. B. abenteuerlustige Reisende und Ritter in ihrem Netz zu fangen.

Bis weit ins Mittelalter waren in ganz Europa weissagende Frauen als Sibyllen bekannt. Und die 83 v. Chr. in Rom öffentlich verbrannten „Sibyllinischen Bücher“ waren voller Kultvorschriften und Weissagungen. An sie knüpften die mittelalterlichen „Sibyllenbücher“ an. Schriftsteller nahmen sibyllinische Legenden als Aufhänger für Romane und Erzählungen.

Die weite Hochebene Piano Grande in den Monti Sibillini

Im Lichte unserer aufgeklärten Welt betrachtet stellen sich die Sibyllinischen Berge als eine bis über 2.000 m hoch aufragende Gebirgskette dar. Die höchsten Erhebungen sind der **Monte Vettore**, der 2.476 m hohe „Königsgipfel" und der **Monte Priora**, der 2.332 m hohe „Königinnengipfel". Unweit westlich vom Monte Vettore liegt der **Lago di Pilato**, über den die Legende berichtet, dass in seinen Fluten weiland der römische Prokurator Pilatus versank, nachdem er von einer Herde wilder Büffel niedergetrampelt worden war.

Etwa auf halbem Wege zwischen den beiden höchsten Gipfeln erhebt sich der 2.137 m hohe **Monte Sibilla**. An seinen Hängen findet man die Höhle der mystischen Fee Sibylle.

Während die Ostflanke der Bergkette von engen Tälern charakterisiert wird, fallen auf der Westseite drei weite Hochebenen auf, Piano Grande, Piano Perduto und Piano Piccolo.

Ein Gebiet von annähernd 70.000 Hektar, zu dem 18 Gemeinden zählen, ist heute als **Parco Nazionale dei Monti Sibillini** ausgewiesen. Die Parkverwaltung [N42° 55′ 48.66″ E13° 5′ 15.70″] ist in 62039 Visso (MC), Piazza del Forno, 1, Tel. +39 07 37 97 27 11; www. sibillini.net.

Ein Mittelpunkt in den Sibellinischen Bergen Umbriens war das kleine, über 1.450 m hoch gelegene Dorf **Castelluccio**, eines der am höchsten gelegenen Apeninnendörfer, das auf einem Bergkegel malerisch über der weiten, topfebenen Hochfläche **Piano Grande** lag, die sich tief unterhalb nach Süden hin ausdehnt. Leider wurde der kleine Ort bei den Erdbeben 2016 vollständig zerstört und ist nicht mehr zugänglich. Ob der Ort je wieder aufgebaut werden kann, ist keineswegs sicher. Viele der obdachlos gewordenen Bewohner zogen in rasch installierte Containerdörfer, oder in Hotels oder Bunglowdörfer an der Küste. Andere wieder, die seit Generationen hier Landwirtschaft betreiben, wollten ihr zerstörtes Dorf aber nicht verlassen. Dennoch besteht die Befürchtung, dass manches der vom Erdbeben zerstörten Dörfer in den Monti Sibillini ganz aussterben wird.

Die überaus fruchtbare, schachbrettartig mit Wiesen und ordentlich angelegten Feldern bedeckte Hochebene Piano Grande ist traditionsgemäß Anbaugebiet von Linsen. Diese Landschaft mit ihren baumlosen Höhen, welche die Hochebene umrahmen, ist vor allem im Frühsommer mit den gelb, blau, weiß blühenden Wiesen eine Augenweide! Ganz anders und ganz und gar nicht mehr so einladend präsentiert sich diese noch heute recht abgeschiedene und irgendwie ziemlich vergessen wirkende Berggegend im Winterhalbjahr.

Wenn die Höhen mit Schnee bedeckt und die Straßen nach Schneestürmen gar nicht oder nur schwer passierbar sind, brechen für die Bewohner harte Zeiten an. Der Winter in den Apeninnen ist lang und dauert von November oft bis weit in den März hinein. Vor diesem Hintergrund ist die Nachricht verständlich, wenn man erfährt, dass die Bevölkerung in den Monti Sibillini in den letzten dreißig Jahren um sage und schreibe 50 Prozent zurückgegangen ist. Heute leben in dem Gebiet wenig mehr als 16.000 Menschen.

Norcia [Parkplatz, WP 040 / N42° 47' 28.01" E13° 5' 30.95"] liegt im äußersten Ostzipfel der Provinz Umbrien. Leider wurde auch Norcia vom Erdbeben 2016, dessen Zentrum in Umbrien lag, stark in Mitleidenschaft gezogen. Bei den Beben, die Teile der Regionen Marken, Umbrien und Lazio heimsuchten, wurden 70 Gemeinden zerstört und über 25.000 Menschen obdachlos. Der ganz Stadtkern von Norcia musste geräumt werden. Viele Häuser waren eingestürzt oder drohten einzustürzen. Historische Kirchen und Gebäude wurden zerstört oder mussten wegen Einsturzgefahr geschlossen werden.

Die einst hübsche, kleine Stadt, in der knapp 5.000 Menschen lebten, ist noch von ihrer mittelalterlichen Stadtmauer umgeben. Und anders als viele andere umbrischen Städte liegt Norcia, das übrigens umbrischer Hauptmarkt des schwarzen Trüffels ist, nicht auf den luftigen Höhen eines Berges, sondern in einer von Bergen umgebenen Ebene.

Umbrien, das ja gelegentlich auch „Heimat der Heiligen" genannt wird, ist eine Wiege des Mönchtums. Starke Impulse erhielten die ersten christlichen Bruderschaften durch die Werke und Regeln des **heiligen Benedikt**, der um 480 (zusammen mit seiner Zwillingsschwester, der hl. Scholastica) in Norcia geboren worden war. Die Lehre des Heiligen, der zum Schutzpatron Europas erkoren wurde, ist in dem Wahlspruch „ora et labora", bete und arbeite, zusammengefasst.

Die Piazza San Benedetto in Norcia vor dem verheerenden Erdbeben von 2016

PRAKTISCHE HINWEISE – NORCIA

Ufficio Informazioni Turistico, Casa del Parco, Tel. +39 07 43 81 70 90.

Feste, Märkte: Trüffelmarkt, Verkaufsausstellung des kostbaren schwarzen Trüffels, der berühmten Wurstwaren von Norcia, der Linsen von Castelluccio und anderer Produkte aus dem Valnerina-Tal, jedes Jahr Ende Februar/ Anfang März.
Fest des hl. Benedikt, das wichtigste Stadtfest in Norcia, zu Ehren des Schutzpatrons der Stadt und Europas, großer Fackelzug am Abend des 20. März. Am 21. März Messen, farbenprächtiger Umzug, Armbrustturnier.

HOTELS

Die Schäden des Erdbebens vom 30. Oktober 2016 mit einer Stärke von mindestens 6,6 auf der Richterskala hat die empfehlenswerten Hotels der Stadt bis auf weiteres unbewohnbar gemacht.

War das Credo der Eremiten bis dahin aufgrund östlicher Vorbilder, Meditation und Einkehr abseits aller weltlichen Anfechtungen, bezog der hl. Benedikt das Irdische, Menschliche, Diesseitige in seine Regeln bewusst mit ein. Meditation und Arbeit sollten in Einklang gebracht werden und zu einem erfüllten, gottgefälligen Leben führen.

Bald waren die Benediktinerklöster nicht nur in Italien, sondern in ganz Europa wichtige Zentren des Handwerks, der Landwirtschaft und des Schrifttums.

Die neuen Aufgaben brachten auch Änderungen in der Klosterarchitektur mit sich. Zu den Betsälen, Kirchen und Refektorien kamen nun auch Werkstätten, Schreibsäle, Gärten, Bibliotheken und landwirtschaftliche Einrichtungen.

Norcia steht aber auch in Verbindung mit anderen klangvollen Namen. Aus Norcia stammte Vespasia Polla, die Mutter Kaiser Vespasians und der republikanische Held Q. Sertorius.

In grauer Vorzeit von Sabinern gegründet und später natürlich von den Römern unter Beschlag genommen, stand Norcia bis ins 13. Jh. unter der Vorherrschaft von Spoleto. Danach erhielt man Stadtrechte und begab sich dafür unter das „angenehme Joch" der Kirche.

Die **Piazza San Benedetto** mit einem Denkmal des Heiligen Benedikt in der Mitte, ist der größte Platz und das Zentrum der Stadt. Den sehr harmonischen Platz umgeben der **Palazzo Comunale** mit schönen Bögengängen, die **Basilika San Benedetto** (vom Erdbeben verwüstet) einst mit gotischer Fassade aus dem 14. Jh. und einem Laubengang mit Maßwerk sowie die **Castellina**, die Residenz des Stadtpräfekten aus dem 16 Jh. Hier ist auch das Stadtmuseum **Museo della Castellina Civico e Diocesano** untergebracht. Dahinter erhebt sich die **Kathedrale Santa Maria** (vom Erdbeben verwüstet).

Norcia ist aber auch Italiens Hochburg deftiger Würste, herrlicher Schinken und feiner Salami. Die Kunst des Würstemachens ist alte Tradition in Norcia und die Qualität der Produkte ist schon legendär. Nicht umsonst werden Wurstmetzgereien in ganz Italien „Norcinneria" genannt.

*ROUTE: Weiterreise von Norcia auf der SS396 nach Westen. Nach 7 km stößt man in **Serravalle** auf die SS320, der wir südwärts ins gut 13 km entfernte **Cascia** folgen.*

Cascia ist heute ein viel besuchter Wallfahrtsort, der außer einer Basilika und einem Kloster allerdings keine historischen Sehenswürdigkeiten bietet. Im 14. Jh. lebte in Cascia die **hl. Rita**, die „Heilige der unmöglichen Gnaden".

Die Feierlichkeiten zu Ehren des **Todestages der heiligen Rita** werden jedes Jahr am 21. Mai hier in Cascia mit einem großen Fackelzug eingeleitet. Pilger und Bewohner der Stadt entzünden bei Sonnenuntergang auf den Gebäuden, in den Straßen und auf den Wiesen

CAMPING – SAN GIORGIO DI CASCIA BEI CASCIA

Camping Il Drago [WP 041 / N42° 45' 7.75" E13° 0' 55.95"], Tel. +39 07 43 75 10 70; www.campeggiodildrago.it; 7. Apr. – 31. Okt.; von der Straße SR471 Richtung Terni beim Grand Hotel Elite bergwärts abzweigen, der Campingbeschilderung folgen und Richtung Agriano abzweigen, weiter Richtung San Giorgio. Zurück über Sant'Anatolia über Serpentinen hinab nach Cascia; der erhöht gelegene Platz liegt am nordwestlichen Dorfrand von St. Giorgio sehr ansprechend in 915 m Höhe. Einfache Sanitärausstattung. Laden, Restaurant, Schwimmbad, Mietbungalows.

entlang des Cornotales ein Meer von Wachslichtern.

Am nächsten Tag dann, dem 22. Mai also, beginnt frühmorgens in Roccoporena, wo die Heilige einst das Licht der Welt erblickte, eine feierliche Prozession, die dann in Cascia in einem historischen Umzug aufgeht.

13 km weiter südlich liegt **Monteleone di Spoleto [Parkplatz, WP 042 / N42° 39' 8.17" E12° 57' 5.14"]**, ein entzückender, rund 1.100 m hoch gelegener Ort mit geradezu majestätischer **Piazza Santa Margherita** und einer bemerkenswert schönen Westfassade an der **Kirche San Francisco**, deren Portal von zwei uralten, verwitterten Löwen bewacht wird. Unterhalb der Kirche wird in einem kleinen **Museum** die Nachbildung einer **Biga**, eines etruskischen Streitwagens aufbewahrt. Mit dem Original des Ausstellungsstücks hat es folgende Bewandtnis: 1902 fand ein Monteleoner den antiken Streitwagen, wusste aber nichts mit dem „Gerümpel" anzufangen und gab ihn mit Handkuss an einen Florentiner Kunsthändler weiter. Von dort „wanderte" das gute Stück, wahrscheinlich gegen ein stattliches Honorar, in kein geringeres als ins New Yorker Metropolitan Museum.

Auf der Weiterfahrt von Monteleone di Spoleto Richtung Spoleto über ein kurvenreiches und wie so oft ziemlich ausgefahrenes Bergsträßchen (SP470), hat man nach wenigen Kilometern ei-

Im Wallfahrtsort Cascia wird die Heilige Rita verehrt

WOHNMOBIL-STELLPLATZ – MONTELEONE DI SPOLETO

Wohnmobil-Stellplatz Area di Sosta Camper Monteleone di Spoleto [WP 042 / N42° 39' 8.17" E12° 57' 5.14"], Viale dei Fossi. Zufahrt/Lage: Im Ort zum großen Parkplatz am westlichen Ortsrand von der Straße SP470 Richtung Spoleto. Die Stellfläche für Wohnmobile liegt unterhalb dieses Parkplatzes. Geöffnet: Ganzjährig. Gebühr: Kostenlos. Ausstattung: Ebener, betonierter Teil des öffentlichen, beschilderten Parkplatzes, meist schattenlos. Schöner Blick ins Umland. Frischwasser, Grauwasserausguss an einer Tannenreihe. Beleuchtet. Zum hübschen Ortszentrum ca. 3 Minuten zu Fuß.

nen herrlichen Blick zurück nach Monteleone und ins umliegende Bergland.

Die gesamte hier beschriebene Rundfahrt durch die Sibillinischen Berge ist besonders schön, wenn Ende Mai, Anfang Juni die Bergwiesen wie ein buntes Blumenmeer erscheinen, die Apenninengipfel aber stellenweise noch schneebedeckt sind.

Man kommt vorbei an **Gavelli [Parkmöglichkeit, WP 043 / N42° 41' 34.23" E12° 53' 48.48"]**, das abenteuerlich an einem Steilhang klebt, ähnlich wie **Caso**, das man ein paar Kilometer weiter passiert.

In **San Anatólia di Narco** erreicht man unten im Neratal wieder die SS209 und nimmt von dort den nun schon bekannten Weg durch das vier Kilometer lange Tunnel zurück nach Spoleto oder man folgt der SS209 südwärts nach Terni, siehe nächste Etappe.

Monteleone di Spoleto

TOUR 7: SPOLETO – ORVIETO – BOLSENA (LATIUM)

Länge der Tour: Rund 120 km, ohne Abstecher.

Die Route: Über die SS3 (Via Flaminia) bis **Terni** – SS229 bis **Marmore** und zurück nach Terni – SS3 bis **Narni** – SS205 über **Amélia, Lugnano in Teverina** und **Tenaglie** bis **Baschi** – SS205 bis **Orvieto** – SS71 bis **Bolsena.**

Abstecher: Nach **Carsulae**, **Acquasparta** und nach **Civita di Bagnoregio.**

Reisedauer: Mindestens ein Tag, besser zwei Tage.

Höhepunkte: Die Kaskaden der **Marmore Wasserfälle** * – die antike **Ruinenstadt Carsulae** * – der **Dom zu Orvieto** *** – der **Bolsena See** * – **Civita di Bagnoregio** **.

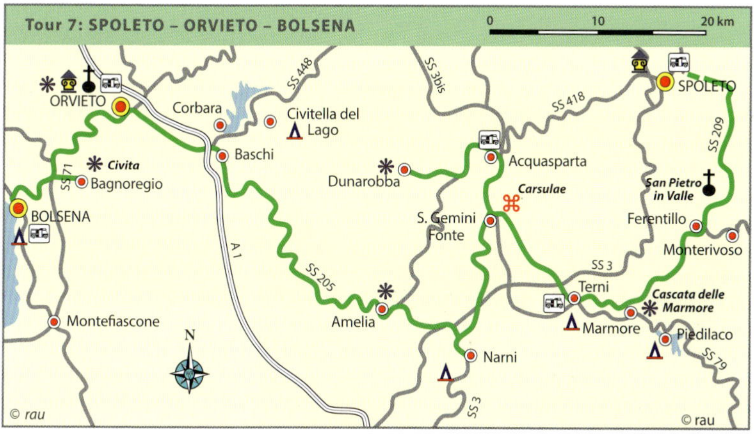

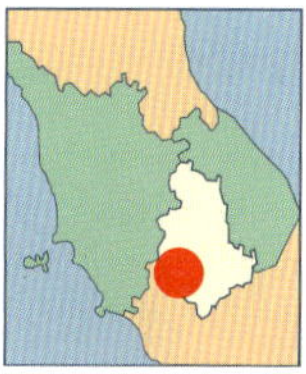

ROUTE: Von Spoleto zunächst 4 km nordwärts in Richtung Foligno bis zum Abzweig Richtung ***Norcia****. Hier südostwärts abzweigen, kurz darauf passiert man ein 4 km langes Tunnel und kommt rasch nach* ***San Anatólia di Narco*** *im Valnerina Tal. Dort über die SS209 südwärts Richtung* ***Marmore*** *und* ***Terni****.*

Man passiert **Scheggino**, das von einer Stadtmauern umgeben ist und von einer Burgruine überragt wird.

Kurz nach dem Ort Macenano zweigt die Zufahrtsstraße hinauf nach **San Pietro in Valle,** einem ehemaligen Kloster, ab. Es wurde in ein genauso teures wie einladendes Agriturismo Hotel verwandelt. Eine sehr enge Bergstraße führt hinauf zum Kloster. *Abbazia San Pietro in Valle, 18 Zi., Tel. +39 07 44 78 01 29; www.sanpietroinvalle.com/de/.*

Die Benediktinerabtei wurde schon um 720 auf Veranlassung von Faroaldo II, Herzog von Spoleto, gegründet. Der Kreuzgang stammt aus dem 12. Jh. Ein kostbares Zeugnis langobardischer Kunst ist der Hochaltar in der alten Klosterkirche. Und die Fresken im Kirchenschiff werden von Kunsthistorikern zu den ältesten und bedeutendsten Werken der italienischen Romanik gezählt.

Etwa 3 km weiter kommt man durch **Ferentillo** im Neratal. Die gegenüberliegenden Anhöhen beiderseits des Tales werden von imposanten **Burgen** bewacht.

In Ferentillo kann man ostwärts nach **Monterivoso** und zur Castillone-Schlucht (Kletterrevier) abzweigen.

Auf dem Wege dahin passiert man das Museo delle Mummie und gleich danach eine senkrechte Felswand, die gerne als Kletterfelsen genutzt wird.

Auf Führungen durch das **Museo delle Mummie [Parkplatz, WP 044 / N42° 37′ 5.74″ E12° 47′ 45.30″]** in der Krypta der Kirche San Stefano werden mumifizierte Leichname gezeigt, die angeblich wegen der besonderen klimatischen Verhältnisse hier nicht der vollständigen Verwesung anheim fielen. Eine makabre „Attraktion" *(geöffnet tgl. 9.30 - 12.30 Uhr, 14.30 - 19.30 Uhr; www.mummiediferentillo.it)*.

Ferentillo

Auf der Weiterfahrt Richtung Terni bietet sich Gelegenheit bei **Arrone** einen Abstecher nach **Piediluco** am gleichnamigen See zu machen. Campingmöglichkeit auf dem nicht sonderlich gepflegt wirkenden, aber in Seenähe gelegenen Platz **Lago di Piediluco** (siehe Infos bei Terni).

Man kann von Piediluco weiter nach Terni fahren und passiert auf diesem Wege den Ort **Marmore** (Camping siehe Infos bei Terni) mit dem großen Naturpark an den **Wasserfällen Cascata delle Marmore**.

Die Straße SS209 „Valnerina" führt direkt am links der Straße gelegenen, großen **Besucherzentrum der Wasserfälle Cascata delle Marmore [Parkplatz Piazza Vasi, WP 045 / N42° 33′ 23.49″ E12° 43′ 9.22″]** vorbei *(geöffnet Feb. - März + Okt. - Dez. Mo - Fr 11 - 17 Uhr, Sa + So 10 - 18 Uhr; Apr. - Sept. Mo - Fr 10 - 19 Uhr, Sa + So 9 - 22 Uhr; www.marmorefalls.it).* Im Besucherzentrum gibt es Eintrittskarten zum Wasserfallgebiet (zuletzt 10 Euro pro Person), Souvenirs, Toiletten, Cafeteria, Parkplatz, Hotel, Restaurant, Pendelbus).

Durch den weitläufigen bewaldeten Naturpark rund um die Wasserfälle führen sechs deutlich markierte **Wanderpfade** unterschiedlicher Länge und Schwierigkeitsgrade.

Vom Besucherzentrum verkehren Pendelbusse zu Aussichtspunkten und zu den Startpunkten der Wanderwege.

Im Besucherzentrum werden auch geführte Wanderungen angeboten.

Ein **weiteres Besucherzentrum, „Campaccio Marmore"**, liegt oberhalb an der Nordseite des Naturparks. Dort findet man, neben dem Informationsbüro mit Ticketverkauf, Parkplatz, Picknickplatz, Restaurant, Hotel, Souvenirshop und WCs in der Nähe auch einen Campinplatz.

Zwischen beiden Besucherzentren verkehren gebührenpflichtige Pendelbusse.

Vom oberen Besucherzentrum startet der **Wanderweg Nr. 5 „La Rupe e l'Uomo"** (Mensch und Fels). Der so gut wie ebene, 1.000 m lange Weg ist lt. Parkverwaltung auch für Rollstuhlfahrer geeignet.

Die Wanderwege im Naturpark Cascata delle Marmore:

Nr. 3 „L'Incontro delle Acque" (Treffen der Wasser), nahe unterem Besucherzentrum, Länge 150 m, einfach, Gehzeit ca. 20 Min., Höhenunterschied 15 m.

Nr. 4 „La Maestosità" (Der Prächtige) oder auch „Pennarossa", nahe unterem Besucherzentrum, Start auf der anderen Straßenseite am Byron/Pennarossa-Eingang, Länge 500 m, mittelschwer, Gehzeit 20 Min. aufwärts, Höhenunterschied 75 m.

Dieser Weg wird von vielen Besuchern am meisten geschätzt, weil ganzjährig geöffnet und relativ leicht erreichbar und begehbar, teils Treppenweg,

Die Wasserfälle „Cascata delle Marmore"

Nr. 1 „Antico Passagio" (Der alte Pfad), zugänglich vom Oberen und vom unteren Besucherzentrum, 900 m lang, gilt als schwierig/anstrengend, Höhenunterschied 150 m, Gehzeit aufwärts 40 Min., abwärts 25 Min.

Nr. 2 „Anello della Ninfa" (Nymphenring), in der Nähe des unteren Besucherzentrum, Länge 300 m, einfach, Gehzeit ca. 20 Min., Höhenunterschied 40 m.

weiter oben unbefestigt, prächtige Sicht auf die Wasserfälle von den Aussichtspunkten aus.

Nr. 5 „La Rupe e l'Uomo" (Mensch und Fels). Oberes Besucherzentrum. Länge 1.000 m, eben, einfach, für Rollstuhlfahrer geeignet, Dauer ca. 30 Min.

Nr. 6 „I Lecci Sapienti" (Die klugen Eichenstämme) zugänglich vom oberen oder vom unteren Besucherzentrum, Länge 1.000 m., schwierig/anstrengend,

1 Stunde bergwärts, 45 Min. abwärts, Höhenunterschied 160 m.

Mein Tipp! Bei aktivem Wasserfall entstehen naturgemäß recht heftige Gischtwolken, die dann, je nach Windlage, über die Wanderwege hinwegziehen. Der Wassernebel nässt natürlich nicht nur die Wege (gutes Schuhwerk ist also kein Fehler), sondern auch die Spaziergänger. Es empfiehlt sich also, ggf. eine Regenhaut und/oder eine Kopfbedeckung mit auf den Weg zu nehmen.

Über drei gewaltige, vor über 2.000 Jahren von Menschenhand geschaffene Stufen stürzen (normalerweise) die Wasser des Velino über die Marmore Wasserfälle insgesamt 165 m tief zu Tal, um dann in die Nera zu münden. 271 v. Chr. sollte durch den Bau dieses Abflusses eine Regulierung des Velino und eine Eindämmung der verheerenden Überschwemmungen in der Ebene von Rieti erreicht werden.

Das Schauspiel der donnernden Kaskaden, von denen schon der englische Dichter Lord Byron im vierten Gesang seines „Young Aroldo's pilgrimage" schwärmte „an unequalled sight, horrifyingly beautiful" (etwa: „eine unvergleichliche Sehenswürdigkeit von furchterregender Schönheit") schwärmte, auch Goethe hat die Wasserfälle im Tagebuch seiner Italienreise kurz erwähnt, ist heute allerdings nur noch für einige Stunden tagsüber zu bewundern. Das knapper werdende Flusswasser wird zum Betreiben von Elektrizitätsturbinen (die Stahlindustrie in Terni ist der größte Stromabnehmer) dringender benötigt als zur Touristenanimierung.

Wann sind die Marmore Wasserfälle aktiv?

Zwischen April und Ende Oktober donnern die Marmore Wasserfälle von montags bis freitags zwischen 11 Uhr und 13 Uhr und dann wieder von 15 Uhr bis 17 Uhr. Am Samstag und Sonntag werden die Schleusen zwischen 10 und 13 Uhr, 15 und 18 Uhr und noch einmal zwischen 20/21 Uhr bis 22 Uhr geöffnet; zwischen Oktober und Ende März sind die Wasserfälle gewöhnlich nur Sa + So zwischen 12 und 13 Uhr und zwischen 15 und 16 Uhr oder 18 Uhr aktiv; www.marmorefalls.it. Es können Änderungen der Betriebszeiten eintreten.

Terni, Verwaltungshauptort der gleichnamigen Region, liegt rund 8 km westlich der Marmore Wasserfälle und etwa 25 km südlich von Spoleto. Terni ist eines der großen Stahl-Industrie-Zentren Italiens und hat annähernd 114.000 Einwohner. Obwohl die Altstadt mit der **Piazza della Repubblica** (Kirche S. Pietro aus dem 13. Jh.; Palazzo Manassei aus dem 16. Jh. mit einer Gemäldesammlung, u. a. mit Werken von Benozzo Gozzoli) und der anschließenden **Piazza Europa** (Kirche S. Salvatore, Palazzo Spada aus dem 16. Jh., Dom aus dem 17. Jh.) einige hübsche Winkel hat, ist Terni im großen und ganzen eine nicht gerade anziehende Stadt und bietet touristisch wenig Interessantes.

PRAKTISCHE HINWEISE – TERNI

Ufficio Informazioni Turistiche Terni [Parkplatz N42° 33' 58.16" E12° 38' 53.24"], Via Cassian Bon, 4, 05100 Terni, Tel. +39 0744 42 30 47.

HOTELS

Garden ****, 93 Zi., Via Bramante, 4, Tel. +39 0744 30 00 41; www.gardenhotelterni.it; gutes Mittelklassehotel, am westlichen Ortsrand nahe der SS675 gelegen, Restaurant, Schwimmbad, Garten, Terrasse, WLAN. Parkplatz.

Valentino **,** 54 Zi., Via Plinio il Giovane, 3, Tel. +39 0744 40 25 50; www.hotelvalentinoterni.it; Mittelklassehotel in zentraler Lage, Restaurant, Terrasse, Fahrradverleih, WLAN. Parkplatz.

Piediluco

Del Lago *,** 46 Zi., Loc. Mazzalvetta 4, Strada del Porto, 71, Tel. +39 0744 36 84 50; www.hoteldellago.com; in schöner, erhöhter Lage am Lago di Piediluco, Restaurant, Terrasse, Garten, Fahrradverleih, WLAN. Parkplatz. Von Oktober bis März geschlossen. Zu den Wasserfällen ca. 4 km.

CAMPING

Marmore

Camping Cascata delle Marmore [N42° 33' 2.58" E12° 43' 6.67"], Via Cascata, 34, Tel. +39 0744 67 198; www.campinglemarmore.com; 1. Apr. – 30. Sept.; rund 8 km östl. Terni; kleiner, einfacher Platz nahe der Straße SS79 Richtung Rieti, oberhalb des Flüsschens Velino und der Wasserfälle. 2 ha – 50 Stpl.; einfache Sanitärausstattung. Beengte Platzverhältnisse. Überwiegend Dauercamper.

Piediluco

Camping Lago di Piediluco [WP 046 / N42° 32' 5.06" E12° 46' 19.66"], Via dell'Ara Marina, 2, Tel. +39 32 81 09 93 96; www.campinglagodipiediluco.com; 1. Apr. – 30. Sept.; ca. 13 km östlich von Terni, am östlichen Ortsrand von Piediluco am gleichnamigen See gelegen, mit „Camping Cuore Verde" ausgeschildert; ebene, leicht wellige, umzäunte Wiese mit einigen Laubbäumen, hinter einer Dauercamperkolonie. 3 ha – 100 Stpl. Sehr einfache, unzeitgemäße Sanitäranlagen. Zum nahen See durch Drahtzaun getrennt, von Wiesen und bewaldeten Hügeln umgeben. CamperService bzw. Versorgungsstation im Eingangsbereich.

WOHNMOBIL-STELLPLATZ

Terni

Wohnmobil-Stellplatz Area Attrezzata di Terni [WP 047 / N42° 33' 58.22" E12° 38' 10.60"], Via Guiseppe Lombardo Radice. **Zufahrt/Lage:** Von der SS675 (Spoleto – Terni) Ausfahrt Terni Ovest und weiter Richtung Centro, nach ca. 1 km links zum Platz, gegenüber dem Friedhof. **Geöffnet:** Ganzjährig. **Gebühr:** Pauschale für Wohnmobil inkl. 2 Personen. Für Strom, Wasser und Entsorgung Extragebühr. **Ausstattung:** Asphaltierter, ebener Platz an der SS79 Richtung Rieti, von Bäumen umgeben, mit Platz für 20 Wohnmobile. Frischwasser, Grauwasser- und Chemikaltoilettenausguss, beleuchtet. Max. Aufenthalt 48 Stunden.

*ROUTE: Der weitere Verlauf unserer Route führt von Terni auf der Schnellstraße SS204 nach Südwesten Richtung **Narni**.*

Abstecher nach Carsulae und Acquasparta

*ABSTECHER: Alternativ zum direkten Weg nach Narni bietet sich ein Umweg nordwestwärts Richtung Todi über **San Gémini Fonte** und **Carsulae** bis nach **Acquasparta** an.*

Wenige Kilometer nördlich von San Gémini findet man die Thermen von **San Gémini Fonte.**

Rund 3 km nördlich von San Gémini liegt die mit „Rovine di Carsulae" beschilderte römische Ruinenstadt **Carsulae** mit Besucherzentrum *(geöffnet Apr. - Sept. tgl. 8.30 - 19.30 Uhr, Okt. - März tgl. 8.30 - 17.30 Uhr; www.carsulae.it)* und **Parkplatz [WP 048 / N42° 38' 14.11" E12° 33' 29.00"].**

Carsulae verdankte seine Existenz einzig und alleine der Via Flaminia, einer der großen Verkehrsadern, die einst das Römische Imperium durchmaßen. Benannt ist die antike Straße nach einem römischen Konsul. Carsulae entwickelte sich aus einer der „Stationes", die zahlreich an den Fernstraßen angelegt waren.

Der Arco di Damiano und die Via Flaminia im antiken Carsulae

Im weitläufigen **Carsulae Parco Archeologico** sind Fundamentsreste und Mauerfragmente des Amphitheaters, des Theaters, des Forums oder einer Basilika ebenso erhalten wie die Ruinen der Chiesa di San Damiano oder ein Rundbau, der Teil der Nekropole war.

Über die natursteingepflasterte, von Tausenden von Wagenrädern zerfurchte Via Flaminia können Sie zum **Arco di Damiano** spazieren, durch den die historische Römerstraße einst in die antike Stadt führte.

Carsulae erlebte seine Glanzzeit während der langen Epoche der römischen Kaiser. Im 9. Jh. n. Chr. wurde die Stadt von den Barbaren zerstört. Sie war damals schon vom Niedergang gezeichnet, da die Handelswege nach Rom nun etwas weiter östlich verliefen.

Wer sich sehr für geologische Phänomene interessiert, wird gerne den Weg über die Landstraßen ins abgelegene **Dunarobba** gut 13 km westlich von Acquasparta unternehmen. Östlich außerhalb des eigentlichen Ortes findet man links (südlich) der Straße das Informationszentrum des **Foresta Fossile (Centro di Paleontologia Vegetale della Foresta Fossile di Dunarobba) [Parkplatz, WP 049 / N42° 40' 21.63" E12° 27' 7.15"].** Auf Führungen und in Begleitung eines Bediensteten kann man vom Besucherzentrum aus hinuntergehen zu den Erosionserscheinungen des „versteinerten Waldes“ *(Besucherzentrum geöffnet Apr, Mai, Juni + Sept., Okt. Di + Mi 10 - 13 Uhr, Do - So 10 - 13 Uhr, 15 - 18 Uhr; Juli + Aug. Di - So 10 - 13 Uhr , 16 - 19 Uhr, übrige Zeit Di - Fr 10 - 13 Uhr, Sa + So 10 - 13 Uhr, 14 - 17 Uhr; Führungen obligatorisch; www.forestafossile.it).*

Von Carsulae kehrt man über San Gémini Fonte zurück nach Narni.

WOHNMOBIL-STELLPLATZ – ACQUASPARTA

Wohnmobil-Stellplatz Area di Sosta Camper Acquasparta [N42° 41' 32.28" E12° 32' 31.66"], Area Comunale Fonti Amrino, Strada Nuova di Configni. **Zufahrt/Lage:** Vom Ortszentrum westwärts zur Strada Nuova di Configni. **Geöffnet:** Ganzjährig. **Gebühr:** Kostenlos. **Ausstattung:** Asphaltierter, ebener Parkplatz Fonti Amerino mit ca. 20 Stellflächen für Wohnmobile, von Bäumen eingerahmt. Frischwasser, Grauwasser- und Chemikaltoilettenausguss, beleuchtet.

HAUPTROUTE

Narni liegt rund 13 km südwestlich von Terni. Die alte Stadt an der Nera wird von einer mittelalterlichen **Burg** überragt.

Einen großen **Parkplatz** findet man am Südostrand der Stadt, **Parcheggio del Suffragio [WP 051 / N42° 31' 5.15" E12° 31' 8.13"]**.

Mittelpunkt der Altstadt ist die schöne **Piazza dei Priori**. Sie wird eingerahmt von der **Loggia dei Priori** aus dem 13. Jh. und dem **Palazzo Comunale**, dem Bürgermeisterpalast, dessen Frontseite mit Reliefs geschmückt ist.

Sehenswert ist der romanische **Dom San Giovanale** mit einem seltenen Mosaik aus dem 9. Jh. und einer Renaissancevorhalle.

Ganz in der Nähe des Doms kann man in der Via Aurelio Saffi, 1 das **Museo della Città die Narni - Museo Eroli** besichtigen. Das Stadt- und Regionalmuseum präsentiert neben archäologischen Funden auch eine Gemäldesammlung und andere Kunstwerke *(geöffnet tgl. a. Mo 10.30 - 13 Uhr, 15.30 - 18.30 Uhr)*.

Am nördlichen Stadtrand wird die Nera, von der Narni seinen Namen ableitet, von der mehrbogigen römischen **Augustusbrücke [N42° 31' 29.29" E12° 30' 52.52"]** überspannt, die aus der Zeit um 27 v. Chr. stammt.

Ganz stolz ist Narni darauf, sich als **„Centro Geografico d'Italia"**, als Zentrum Italiens, rühmen zu dürfen. Bei Vermessungen ausgangs des 19. Jahrhunderts wurde nämlich festgestellt, dass Narni die Stadt ist, die geographisch tatsächlich in der Mitte des italienischen Stiefels liegt. Der Vermessungspunkt ist beschildert mit **Ponte Cardona - Centro Geografico d'Italia [N42° 30' 34.18" E12° 32' 0.96"]** und liegt in einem Waldgebiet südöstlich des Orts.

Narnis großes Stadtfest ist der sog. **Corso all'anello di Narni**, der Wettkampf der Ringreiter, der jedes Jahr ab der letzten Aprilwoche bis Mitte Mai auf der Piazza dei Priori ausgetragen wird.

Schon seit dem 14. Jh. veranstaltet man in Narni Festlichkeiten zu Ehren des Heiligen Juvenal, dem Schutzpatron der Stadt. Und seit alters her sind die Reiterspiele dabei ein fester Bestandteil.

Höhepunkt des Festes, dem am Vorabend ein bunter Trachtenumzug durch die fahnengeschmückten und von Fackeln beleuchteten Straßen vorausgeht, ist das Ringestechen. Reiter aus den mittelalterlichen drei Stadtteilen Fraporta, Mezule und Santa Maria haben die Auf-

PRAKTISCHE HINWEISE - NARNI

Ufficio Informazioni Turistico [N42° 31' 9.03" E12° 30' 55.84"], Piazza dei Priori, 1, Tel. +39 07 44 74 71; www.turismonarni.it.

Feste, Folklore: Corso all'anello - Ringreiter Wettkampf, jedes Jahr von letzter Aprilwoche bis Mitte Mai.

HOTELS

Dei Priori ***, 14 Zi., Vicolo del Comune, Tel. +39 07 44 72 68 43; www.loggiadeipriori.it. Zentral an der Piazza dei Priori gelegen, Restaurant La Loggia.
La Rocca ***, 14 Zi., Via Flaminia Ternana, 508, Tel. +39 07 44 74 44 23; www.laroccahotel.it. Gutes Mittelklassehotel am östlichen Ortsrand von Narni. Restaurant, Garten, Terrasse, Fahrradverleih, WLAN. Öffentliche Parkmöglichkeit.

CAMPING

Borgherio bei Narni
Camping Monti del Sole [WP 052 / N42° 29' 3.50" E12° 30' 54.52"], Strada di Borgaria, 22, Tel. +39 07 44 79 63 36; www.campingmontidelsole.it; Mitte Apr. – Anf. Sept.; rund 4 km südlich von Narni beim Ort Borgherio, gut schattiges Gelände. ca. 6 ha – 70 Stpl.; einfache Sanitärausstattung.

gabe, einen Ring vom galoppierenden Pferd aus mit einer Lanze aufzuspießen. Der Ring hängt an Schnüren, die zwischen den Häusern der Via Maggiore gespannt sind.

*ROUTE: Ab Narni über die SS205 westwärts. Nach rund 12 km passiert man **Amélia**.*

Das reizvolle Städtchen **Amelia**, eine etruskische Gründung aus dem zweiten vorchristlichen Jahrtausend, eine fürwahr alte Stadt also, liegt auf einer Anhöhe zwischen den Tälern der Flüsse Nera und Tévere.

Zu den Sehenswürdigkeiten zählen die mittelalterliche **Stadtmauer**, die gotische **Kirche San Filippo e Giacomo** (13. Jh.) und der **Dom** aus dem 17. Jh.

Im 14. Jh., genauer im Jahre 1346, wurde in Amelia eine Gesetzessammlung erarbeitet, die neben dem gesellschaftlichen und politischen Engagement der Stadtoberen auch das bürgerliche Alltagsleben in Amelia regelte. Wie weit die Regelungen damals gingen, sieht man vielleicht daran, dass die Jagd auf Tauben, ein in jenen Tagen offenbar weitverbreiteter Zeitvertreib, strikt verboten war.

Heute wird jedes Jahr in der letzten Juliwoche und ersten Augustwoche mit dem **Palio dei Colombi**, der Palio der Tauben, an die mittelalterliche Freizeitbeschäftigung der Taubenjagd erinnert. Unter Armbrustschützen und „Rittern" der fünf Stadtteile wird ein Wettkampf ausgetragen, der zum Ziel hat, die in einem Taubenschlag eingeschlossenen Tauben durch Armbrust-Schüsse auf den Öffnungsmechanismus der Käfige zu befreien, ohne dabei natürlich die Tauben zu verletzen.

*ROUTE: Weiterreise auf der SS205 nach Nordwesten und über Amelia, **Lugnano in Teverina, Guardea** und **Baschi** nach **Orvieto,** das man nach rund 45 km erreicht.*

Orvieto liegt am äußersten Südwestrand der Provinz Umbrien. **Die Lage der**

Stadt, die hoch auf einem Felsplateau thront, ist prächtig!

Die Altstadt ist für den allgemeinen Autoverkehr gesperrt. Man muss sich der angebotenen Parkmöglichkeiten am Stadtrand bedienen. Eine gute Möglichkeit ist der große Parkplatz **Parcheggio Funicolare [WP 053 / N42° 43' 30.96" E12° 7' 39.00"]** nordöstlich der Altstadt vor dem Bahnhof an der Piazza Matteotti in der Unterstadt. Neben dem Pkw-Parkplatz findet man den **Wohnmobil-Stellplatz/Parkplatz** (siehe auch weiter hinten).

Hinter dem Bahnhof liegt die Talstation der **Funicolare,** der Standseilbahn, die regelmäßig in kurzen Abständen hinauf zur Piazza Cahen in der Oberstadt mit der historischen Altstadt fährt. Von der Piazza Cahen kann man mit Minibus-

Orvietos prächtige Lage

sen (gleiches Ticket innerhalb von 90 Minuten) weiter bis zum Dom fahren.

Die gebührenpflichtige **Standseilbahn** verkehrt zwischen Stazione FS/Piazza Matteotti und Piazza Cahen Montag bis Samstag von 7.20 Uhr bis 20.30 Uhr alle 10 Minuten und an Sonn- und Feiertagen von 8 Uhr bis 20.30 Uhr alle 15 Minuten.

Auch oben am Ostrand der Altstadt findet man auf der Piazza Cahen einige gebührenpflichtige Parkplätze, die aber meist spätestens zu Beginn der Geschäftszeit belegt sind.

Orvieto, das antike *Velsina*, liegt auf einem hohen Plateau vulkanischen Ursprungs, dessen Wände nahezu senkrecht abfallen.

Lange war Orvieto eine starke Bastion im Bund der zwölf etruskischen Städte. Im 3. vorchristlichen Jahrhundert aber gelang es römischen Truppen, die etruskischen Einwohner zu vertreiben, die sich gezwungenermaßen weiter südwestlich am Lago di Bolsena ansiedelten und von ihrer alten Heimat als *„Urs Vetus"*, der alten Stadt, sprachen. Daraus entwickelte sich im Laufe der Zeit der heutige Stadtname.

Ihre Lage machte die Stadt lange Zeit nur sehr schwer einnehmbar. Diesen strategischen Vorteil erkannten auch die Päpste sehr früh. Orvieto wurde dem Kirchenstaat einverleibt und zu einer päpstlichen Fluchtburg ausgebaut. Diesem Umstand verdankt Orvie-

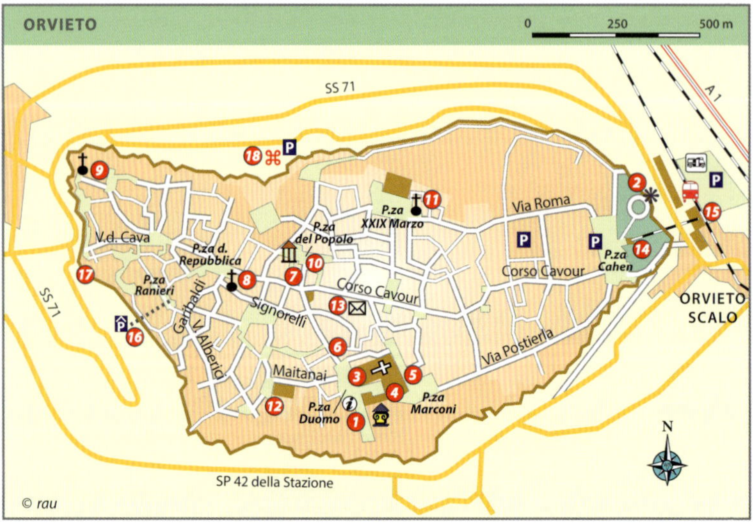

*ORVIETO – **1** Information – **2** San Patrizio Brunnen – **3** Dom – **4** Papstpalast-Museum – **5** Archäologisches Museum Claudio Faina– **6** Torre di Maurizio – **7** Palazzo dei Signori Sette e Torre del Moro – **8** San Andrea – **9** San Giovenale – **10** Palazzo del Popolo – **11** San Domenico – **12** San Francesco – **13** Postamt – **14** Funicolare (Standseilbahn) – **15** Bahnhof – **16** Rolltreppe und Aufzug in die Oberstadt „Quartiere Vecchio" – **17** Porta Maggiore – **18** Etruskische Nekropole*

to seine Entwicklung zu einer ansehnlichen Stadt.

Seit einigen Jahren hat Orvieto (ca. 21.000 Einw.) mit einem ernsten Problem zu kämpfen. Der poröse Tuffsteinkegel, auf dem die Stadt liegt, beginnt an den Rändern brüchig zu werden, was schon zu Erdrutschen geführt hat. Nun wird mit großem finanziellen und technischen Aufwand versucht, diesen Erosionserscheinungen entgegenzuwirken.

Orvieto ist das Zentrum eines Weinanbaugebiets, das den Namen der Stadt trägt und hervorragende Weiß- und Rotweine hervorbringt.

Spaziergang durch Orvieto

Wir beginnen unseren Stadtrundgang an der oben schon erwähnten **Piazza Cahen** am äußersten östlichen Stadtrand. Neben gebührenpflichtigen Parkplätzen befindet sich hier auch die **Haltestelle der Pendelbusse** und die Bergstation der **Funicolare,** der Standseilbahn.

Ursprünglich verkehrte hier bis 1970 die „Funicolare Bracci". Benannt war die Bahn nach dem Financier der Bahn, Giuseppe Bracci, der ihren Bau im 19. Jh. möglich machte. Die Bahn damals wurde übrigens durch Wassertanks bewegt, die unter den Waggons angebracht waren und die Wagen, die sich immer auf halbem Wege begegneten, gegenläufig bergwärts bzw. talwärts zogen. Seit der Generalüberholung in den 70ern funktioniert nun alles natürlich mit moderner Technik.

An der Ostseite der Piazza Cahen liegen die Reste der im 14. Jh. von Kardinal Egidio Albornoz zum Schutze der dem Kirchenstaat einverleibten Stadt erbaute Burg **Fortezza Albornoz** und die **Porta Rocca**. Das Gelände der ehemaligen Festung ist heute Grünanlage. Von hier herrliche Ausblicke ins Tal.

Unweit nördlich der Festung liegt am Ende der Via Sangallo der sehenswerte **Pozzo di San Patrizio (2) [N42° 43' 21.16" E12° 7' 13.34"]** *(geöffnet März, Apr., Sept., Okt. tgl. 9 -18.45 Uhr, Mai - Aug. tgl. 9 - 19.45 Uhr, Nov. - Feb. 10 - 16.45 Uhr)*. Der über 60 m tiefe Brunnenschacht wurde im Auftrag des Medici-Papstes Klemens VII. im Jahre 1527 nach Plänen von Sangallo il Giovane angelegt. Gegenläufige Treppengänge, die sich durch zahlreiche große Fenster in den Brunnenschacht öffnen, führen in die Tiefe.

Als geflügeltes Wort bedeutet in Italien der Begriff „so tief wie der Pozzo di San Patrizio" das gleiche, was wir als „Fass ohne Boden" bezeichnen.

An der Westseite der Piazza Cahen führt der **Corso Cavour**, Orvietos Hauptstraße, quer durch die Altstadt bis zur Piazza della Repubblica, dem Mittelpunkt der Stadt.

Wir folgen der leicht ansteigenden Cavour ein gutes Stück und nehmen dann, etwa in Höhe des kleinen Kirchplatzes, links eine der engen Gassen aufwärts und suchen den Weg durch die Via San Angelo und über die Via Nebbia hinter dem Hauptpostamt zum Dom. Über Treppen gelangt man schließlich hinauf zur Nordseite des Doms.

Der **Dom Cattedrale di Santa Maria Assunta (3) [N42° 43' 0.67" E12° 6' 46.80"]** von Orvieto ist das architektonische Prunkstück der Stadt, ein Kunstjuwel, das weit über die Grenzen Umbriens hinaus bewundert wird *(geöffnet Apr. - Okt. Mo - Do + Sa - So 9.30 - 19.30 Uhr, Fr 13 - 18.30 Uhr; übrige Zeit 9.30 - 13 Uhr, 14.30 - 17 Uhr, Fr 14.30 - 17.30 Uhr)*.

Mit dem Bau des Doms war im Jahre 1290 in Anwesenheit von Papst Nikolaus IV. begonnen worden. Die Pläne des im romanischen Stil begonnenen und im gotischen Stil schließlich vollendeten Doms lieferte – vor allem für die Westfassade – der Sieneser Architekt Maitani. Eine Ähnlichkeit der Domfassade mit der des Doms von Siena ist nicht zu verkennen.

Mit dem Dom von Orvieto sollte dem „Wunder von Bolsena" ein Denkmal gesetzt und ein würdiger Schrein für das Bluttuch von Bolsena geschaffen werden.

Im Jahre 1263 hatte sich nämlich folgendes Mirakel ereignet: Einem zweifelnden Priester geschah es, dass während der Messe, die er in Bolsena hielt, aus der geweihten Hostie Blut auf das Altartuch tropfte. Durch dieses Wunder war der Glaube des Priesters in das katholische Dogma, dass sich beim Messopfer die Hostie in den Leib Christi wandelt, wieder gefestigt.

Verschiedenfarbiges Streifenmuster ist ein typisches Architekturmerkmal der italienischen Romanik, Südseite des Doms von Orvieto

In einem eigenartigen Kontrast stehen die gestreiften Wände zu der über-

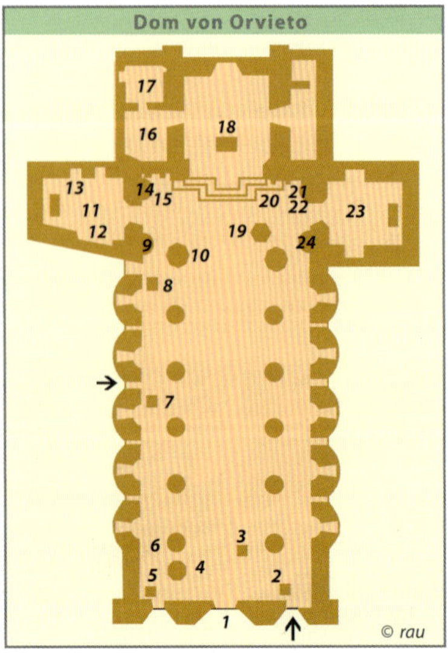

DOM VON ORVIETO
***1** Westfassade – **2** Weihwasserbecken, von Cardinali – **3** Weihwasserbecken, von Antonio Federighi – **4** Taufbrunnen – **5** Weihwasserbecken, verm. von Scalza – **6** Madonna mit Kind, von Gentile da Fabriano – **7** Weihwasserbecken (Scalza) – **8** Weihwasserbecken (Scalza) – **9** „Der Auferstandene" von Raffaello da Montelupo – **10** Pietà, von Ippolito Scalza – **11** Kapelle des Korporale – **12** Grab Bischof Vanzis, von Ippolito Scalza – **13** Madonna der Schutzbefohlenen, von L. Memmi – **14** Marienstandbild, von Raffaello da Montelupo – **15** Kapelle Mariä Heimsuchung – **16** Sakristei – **17** Kapitelsaal – **18** Presbyterium und Apsis – **19** Kanzel – **20** Ecce Homo, von Ippolito Scalza – **21** Kapelle der Weisen aus dem Morgenland – **22** Adam Standbild, von Fabiano Toti – **23** Kapelle des Hl. Britius oder Cappella Nuova – **24** Eva Standbild, von Fabiano Toti*

aus prächtigen gotischen **Domfassade,** die zu einer der kostbarsten ihrer Art in Italien gezählt wird. Vor allem am späteren Nachmittag, wenn die Ornamente, Skulpturen, Reliefs und Goldmosaiken durch das weiche Licht der sinkenden Sonne an Plastizität noch gewinnen, ist das Betrachten ein beeindruckendes Erlebnis.

An der Gestaltung der Fassade, die erst in den letzten Jahren des 16. Jh. vollendet werden konnte, wirkten die namhaftesten Künstler ihrer Zeit mit. Im Lauf der rund 300 Jahre dauernden Entstehung das Baus waren nicht weniger als 30 Baumeister und über 150 Bildhauer beschäftigt gewesen.

Einer der ersten war Lorenzo Maitani, der Dombaumeister, der zwischen 1310 und 1330 u. a. auch an der Fassade arbeitete. Sein Sohn Vitale, später Andrea Pisano (bis 1345), dann Andrea Orcagna (um 1359) und Sanmicheli im 16. Jh. setzten die Arbeiten fort.

Ein Treppensockel führt zu den drei reichverzierten **Portalen** hinauf. Sie werden flankiert von einmalig schönen Marmorreliefs, die Lorenzo Maitani schuf. Von links nach rechts stellen sie im wesentlichen Motive aus dem Alten und Neuen Testament dar, vom Stammbaum Abrahams, über die Schöpfungsgeschichte und das Leben Christi bis zum Jüngsten Gericht ganz rechts.

Die bronzenen Türflügel der Portale sind neueren Datums. Sie wurden von Emilio Greco geschaffen und 1970 angebracht. Wie kaum anders zu erwarten wurde recht kontrovers darüber diskutiert, ob die neuen Türen nun mit den alten Portalen harmonieren oder nicht.

Über den Portalen sieht man die Bronzeskulpturen der Symbole der vier Evangelisten. Auch sie stammen von Maitani. Die Lünette (Bogenfeld) über dem Mittelportal schmückte ehedem eine Marienfigur mit Baldachin und Heiligen von Maitani. Diese Bronzeskulptur ist schon länger abgenommen. Darüber sieht man wunderbare Goldmosaiken, die aber erst im 17. Jh. entstanden.

Die prächtige **Fensterrose** in quadratischem Rahmen stammt von Orcagna. Rechts und links wird sie eingerahmt von den zwölf Aposteln und darüber reihen sich zwölf Propheten.

Im hoch aufstrebenden Inneren, das durch runde Säulen in drei leicht ansteigende lange Schiffe geteilt wird, wiederholt sich das durch Verwendung von verschiedenfarbigem Gestein entstandene Streifenmuster. Oben läuft um das Mittelschiff ein schöner Fries.

Gedämpftes Licht, das durch teils ganz mit Alabaster versehene Fenster tritt, erhellt das Innere angenehm und verleiht ihm, unterstrichen durch die Streifen, ein sehr elegantes Aussehen, wenn dieser Ausdruck für einen Kirchenraum zutreffend ist.

Im Inneren steht links vom Eingang am Beginn des linken Seitenschiffs ein herrliches gotisches Taufbecken aus dem 15. Jh. Gleich dahinter an der Seitenwand sieht man ein kleines Wandgemälde. Es zeigt die *„Jungfrau mit Kind"*, ein Meisterwerk des 15. Jh., das von Gentile da Fabriano stammt.

Man geht durch den hohen Kirchenraum nach vorne Richtung Hochaltar.

Im linken Querschiff findet man die **Capella del Corporale** (Kapelle des Messtuches). Hier wird in einem kostbar gearbeiteten Reliquienschrein (in einer Glasvitrine links) das Altartuch aufbewahrt, das in Zusammenhang mit dem weiter oben erwähnten „Wunder von Bolsena" gebracht wird. Der prächtig gearbeitete Reliquienschrein wird als wertvollstes Stück des Kirchenschatzes des Doms angesehen.

Dieses wahre Meisterwerk der Goldschmiedekunst wurde 1337 vom Bischof von Orvieto bei Ugolino di Vieri in Auftrag gegeben. Das 1,39 m hohe und 63 cm breite Kunstwerk zeigt u. a. 12 rechteckige Felder aus blauem Emaille und Silbermotiven mit Szenen des Wunders von Bolsena und aus dem Leiden Christi. An hohen kirchlichen Festtagen (z. B. Pfingsten), wird das verehrte Messtuch den Gläubigen im Altar der Kapelle gezeigt. Die sonst geschlossenen Altarflügel sind dann geöffnet.

In einer Spitzbogenwölbung rechts in der Kapelle sieht man das Fresko

Die prächtige Fassade des Doms von Orvieto

„Muttergottes der Schutzbefohlenen". Das eindrucksvolle Werk ist eine Arbeit von Lippo Memmi.

Vor der Capella del Corporale links steht eine eindrucksvolle **Pieta** des Orvieter Bildhauers **Ippolito Scalza**, die der Meister zwischen 1570 und 1579 schuf. Bemerkenswert an der Arbeit, die als Meisterwerk Scalzas gilt, ist, dass die Plastik aus einem einzigen Marmorblock gehauen wurde.

Im rechten Querschiff liegt die **Capella della Madonna di San Brizio** oder kurz **Capella Nuova** oder **„Signorelli Kapelle"** *(geöffnet wie Dom, s. o.)*.

Details an der Westfassade des Doms von Orvieto

Der Zutritt zur Kapelle ist nur gegen Eintritt möglich. Eintrittskarten sind vorher im Informationsbüro oder in den Souvenirgeschäften gegenüber vom Dom zu kaufen!

Die Kapelle hinter einem großen schmiedeeisernen Chorgitter ist mit berühmten Fresken ausgemalt, an denen Mitte des 15. Jh. Fra Beato Angelico und Benozzo Gozzoli (Deckengemälde im Gewölbe, u. a. *Christus der Erlöser* umgeben von Propheten und Engeln) arbeiteten und die in den ersten Jahren des 16. Jh. von dem begnadeten Luca Signorelli, der hier wohl sein Meisterwerk schuf, schließlich vollendet wurden.

Signorellis Freskenzyklus an den Wänden der Capella Nuova, der zu den kostbarsten aus der Renaissance gehört, ist überaus eindrucksvoll. Links sieht man die *„Predigt des Antichristen"* mit Selbstporträts von Fra Angelico und Luca Signorelli, rechts die *„Auferstehung des Fleisches"*, weiter Motive des Weltendes und des Jüngsten Gerichts. Es heißt, Michelangelo habe diese Arbeiten Signorellis studiert, bevor er mit seinem Auftrag begann, die Sixtinische Kapelle auszumalen.

Ziemlich genau gegenüber der Domfassade findet man übrigens das **Touristen-Informationsbüro (1)**.

Rechts vom Dom sind im **Palazzo dei Papali (4)**, dem ehemaligen, vollständig restaurierten Papstpalast, das **Museo Archeologico Nazionale** *(geöffnet tgl. 8.30 - 19 Uhr; https://www.umbriatourism.it/de_DE/-/museo-archeologico-nazionale-orvieto)* untergebracht.

Das **Dombaumuseum (Museo dell'Opera del Duomo),** auch MODO genannt *(geöffnet Apr. - Sept. tgl. 9.30 - 19 Uhr, Nov. - Feb. Mi - Mo 10.30 - 13 + 14 - 17 Uhr, März + Okt. Mi - Mo 10 - 17 Uhr; http://www.museomodo.it/)*, zeigt Skulpturen und Gemälde, sowie Pläne und Skizzen aus der Zeit des Dombaus, die von Baumeistern und Künstlern stammen, die am Dom gearbeitet haben. Ein Teil beherbert das **Emilio Greco Modern Art Museum.**

Mit dem Bau des aus drei Flügeln bestehenden Papstpalastes war 1262 unter Urban IV. begonnen worden, der zunächst den Nordflügel errichten ließ. Papst Martin IV. vergab 1281 Aufträge für Erweiterungsbauten und Bonifatius VIII. schließlich ließ 1297 den Westflügel anfügen. Im Laufe der Jahrhunderte hatten nicht weniger als 33 Päpste und hohe kirchliche Würdenträger den Palast als Fluchtburg benutzt.

Ein weiteres sehenswertes Museum ist das **Palazzo e Museo Etrusco „Clau-**

dio Faina" (5) *(geöffnet Apr. - Sept. tgl. 9.30 - 18 Uhr, Okt. - März Di - So 10 - 17 Uhr 10 - 17 Uhr; www.museofaina.it).* Das archäologische Museum liegt an der Westseite des Domplatzes, Ecke Via Maitani. Hier sind vor allem interessante etruskische Funde, die in den Nekropolen bei Orvieto gemacht wurden, ausgestellt. Die umfangreichen Sammlungen der Familie Faina enthalten u. a. Terrakotten, Reliefs, Vasen, Bronzeskulpturen u. a.

Der Tuffsteinkegel, auf dem die Stadt Orvieto thront, ist unterirdisch durchlöchert wie ein Schweizer Käse. Vor etwa dreitausend Jahren begann, was dann von Generationen seit der etruskischen Zeit bis in Mittelalter in mühevoller Handarbeit weitergeführt wurde, nämlich in den weichen Tuffstein unter Orvieto Höhlungen, Gänge, Galerien etc. zu graben.

Im Laufe der Zeit entstand so eine **„Città sotterranea"**, ein weitverzweigtes unterirdisches, sich kreuzendes und überlagerndes Netz aus Tunnels, Treppen, Räumen mit Nischen und Durchgängen, die teils so dicht am Rand des Felsens verlaufen, dass sie durch Lichthöhlen geheimnisvoll erhellt werden.

Vom Touristenbüro auf dem Domplatz starten Führungen durch die **„Unterwelt" von Orvieto.** Zu sehen gibt es einen Teil von insgesamt weit über tausend Höhlen, Tunnels, Zisternen, Brunnenschächten, Taubennisthöhlen u. v. a. Außerdem wird eine noch komplette mittelalterliche Mühle gezeigt. Anmelden kann man sich im Touristenbüro. In der Sommersaison finden die Führungen auch in deutscher Sprache statt.

Vom Domplatz gehen wir die Via del Duomo nach Norden stadteinwärts. Man passiert den gleich rechterhand gelegenen Turm **Torre di Maurizio (6)**, einen Uhrturm aus dem 14. Jh., neben dem Hotel Virgilio.

Etwas weiter, ebenfalls rechts, erhebt sich der **Palazzo Netti** und an der Ecke zur Straße Corso Cavour, wieder rechterhand, sieht man den **Palazzo Gualterio**. Ihm schräg gegenüber, Ecke Corso Cavour und Via Costituente, erhebt sich der **Palazzo dei Signori Sette (7)** mit dem 42 m hohen viereckigen **Torre del Moro [N42° 43' 6.36" E12° 6' 38.21"].**

Man kann nun die Cavour links hinaufgehen und kommt dann kurz darauf zum eigentlichen Stadtzentrum an der **Piazza della Repubblica**, die den Platz des früheren antiken römischen Forums einnimmt. Gleich links erhebt sich die **Kirche S. Andrea (8) [N42° 43' 5.65" E12° 6' 30.85"]**. Bemerkenswert an dem historischen Gotteshaus, in dem 1216 Papst Innozenz III. zum vierten Kreuzzug aufrief, ist der romanische, zwölfseitige **Kirchturm**. Gegenüber sieht man den **Palazzo Comunale** (das Rathaus). Er stammt aus dem 16. Jh.

Geht man von der Piazza della Repubblica noch weiter nach Westen, über die Via Filippeschi und die Via Malabranca, gelangt man in den verwinkelten, mittelalterlichen Stadtteil **„Quartiere Vecchio"**.

Am äußersten Westende erreicht man schließlich die gotische **Kirche San Giovenale (9) [N42° 43' 11.04" E12° 6' 14.65"]**, die in der Apsis Fresken aus dem 14. Jh. aufweist. Vom Kirchplatz über den Stadtmauern hat man einen recht schönen Blick nach Westen.

Zurück bis zum Torre del Moro an der Cavour und hier links zur nahen **Piazza del Popolo**, die vom **Palazzo del Popolo (10) [N42° 43' 9.24" E12° 6' 39.21"]** mit sehr schöner Fassade beherrscht wird. Auf dem Platz findet donnerstags und samstags der Wochenmarkt der Töpfer statt.

Zu den sehenswerten Kirchen von Orvieto zählt vor allem auch die am nördlichen Stadtrand gelegene **Kirche San Domenico (11) [N42° 43' 15.18" E12° 6' 48.31"]** aus dem 13. Jh., mit dem **Grabmal des Kardinals De Braye** von Arnolfo di Cambio, mit der **Petrucci-Kapelle** und dem wundertätigen **Kreuz**, das 1263 zu Thomas von Aquin gesprochen haben soll.

Beachtung verdient auch die **Kirche San Francesco (12) [N42° 42' 58.03" E12° 6' 38.61"]** an der Via Maitani westlich vom Dom. In der Kirche aus dem 13. Jh. fanden historische Begebenheiten statt, so die Heiligsprechung des französischen Königs Ludwig IX. durch Papst Bonifatius VIII.

An der Straße, die an der Nordwestseite hinauf zur Oberstadt führt, liegt bei einem sehr kleinen Parkplatz die **Necropoli Etrusca del Crocifisso del Tufo (18) [Parkplatz, N42° 43' 16.79" E12° 6' 24.40"]**, eine der größten und am besten erhaltenen Totenstädte aus der Etruskerzeit *(geöffnet Sommer tgl. 8.30 - 19 Uhr, Winter tgl. 8.30 - 17 Uhr)*.

Die kirchlichen Feste Pfingsten und Fronleichnam werden in Orvieto mit Umzügen und Prozessionen sehr feierlich begangen. Große Anziehung hat am Pfingstsonntag das **„Fest der Taube"**, die **„Palombella"**. Eine den Heiligen Geist symbolisierende Taubenfigur schwebt dann genau um 12 Uhr unter dem staunenden Geraune der Menge, die den Domplatz füllt, an einem dünnen Drahtseil aus einer eigens am nahen Turm der Kirche San Francesco angebrachten Nische, die das Paradies symbolisiert, herab in einen Tabernakel auf den Domtreppen. Wie es heißt, sollen die alteingesessenen Bauern der Gegend aus dem Verlauf des Spektakels Vorzeichen für die Ernte erkennen können.

PRAKTISCHE HINWEISE – ORVIETO (UMBRIEN)

Orvieto District Territorial Tourist Service, Piazzo Duomo, 24, 05018 Orvieto, Tel. +39 07 63 34 17 72; www.inorvieto.it/en/. *Geöffnet Mo - Fr 8.15 - 13.50 + 16 - 19 Uhr, Sa + So 10 - 13 Uhr, 15 - 18 Uhr.*
Informazioni Turistiche, Piazza Cahen, Tel. +39 07 63 34 01 68 (nur saisonal).

Feste, Märkte: „Fest der Taube", jedes Jahr am Pfingstsonntag.
Il Mercato di Piazza del Popolo, Wochenmarkt jeden Donnerstag- und Samstagvormittag auf der Piazza del Popolo.

RESTAURANTS

Zu den namhaften **Restaurants** der Stadt zählt das **Duca di Orvieto** in der Via della Pace, 5, serviert wird Bestes aus Küche und Keller.
Gute Häuser der mittleren Preisklasse sind u. a. **Dell'Ancora**, Via di Piazza del Popolo, 5, Donnerstag Ruhetag; **Del Cocco**, Via Garibaldi 4/6; **Maurizio,** Via del Duomo, 78, Dienstag Ruhetag.

HOTELS

Palazzo Piccolomini ****, 31 Zi., Piazza Ranieri, 36, Tel. +39 07 63 34 17 43; www.palazzopiccolomini.it/; in mittelalterlichem Gebäude in rustikalem Ambiente, Hotel Garni, WLAN. Parkmöglichkeit.
Grand Hotel Italia ***, 46 Zi., Via di Piazza del Popolo, 13, Tel. +39 07 63 34 20 65; www.grandhotelitalia.it; zentral gelegenes, gut geführtes Stadthotel, eingerichtet in einem Palais des 19. Jh., von vielen der Zimmer schöner Blick, mittlere Preislage. Bar. Hotel Garni. WLAN. Kein Parkplatz.
Virgilio ***, 13 Zi., Piazza Duomo, 5, Tel. +39 07 63 39 49 37; www.orvietohotelvirgilio.com. In prachtvoller Lage neben dem Dom. Hotel Garni, Bar. WLAN. Öffentliche Parkmöglichkeit.

Hotels in Orvieto Scalo (Unterstadt):
Orvieto ***, 41 Zi., Via Angelo Constanzi, 63, Tel. +39 07 63 30 27 51; www.hotelorvieto.it, Restaurant, Bar, WLAN. Parkplatz und Garage.

CAMPING

Bislang gibt es **keine Campingmöglichkeit** in unmittelbarer Nähe von Orvieto. Die nächstgelegenen Campingplätze findet man am Lago di Bolsena (siehe weiter hinten) oder am Lago di Corbara (Camping Scacco Matto) und bei Civitella di Lago (Camping Il Falcone) (siehe rechts).

Keramik aus Orvieto

Civitella del Lago

Camping Il Falcone [WP 054 / N42° 42' 26.24" E12° 17' 31.38"], Vallonganino, 2/a, Tel. +39 07 44 95 02 49; www.campingilfalcone.com; 1. Apr. – 30. Sept.; ca. 18 km östlich von Orvieto; Abzweig von der SS448 (Orvieto – Todi) bei KM 5 zum Ort, und noch 8 km der Beschilderung folgen; Wiesenterrassen im Olivenhain, schöner Blick zum Lago di Corbara; 1 ha – 30 Stpl.; einfache Standardsanitärausstattung. Imbiss, Waschmaschine, Schwimmbad, Internetecke, **V & E für Wohnmobile**. Mietbungalows.

Baschi

Camping Restaurant Hotel Scacco Matto [N42° 41' 58.32" E12° 14' 50.08"], Tel. +39 07 44 95 03 73; www.scaccomatto.net; März – Sept.; ca. 15 km östlich Orvieto, Zufahrt über die SS448 (Orvieto – Todi), Abzweig bei KM 3,8; gut schattiger Wiesenplatz am Corbara-See; einfache Standardsanitärausstattung. Restaurant. Beim Hotel Lamincia.

WOHNMOBIL-STELLPLÄTZE

Orvieto-Scalo

Wohnmobil-Stellplatz Area di Sosta Camper Renzo Battistelli [WP 055 / N42° 43' 29.97" E12° 7' 35.58"], Strada della Direttissima, Tel. +39 07 63 30 01 61. **Zufahrt/Lage:** In Orvieto Scalo, beim Bahnhof (parcheggio Stazzione FFSS) und der Seilbahn-Talstation (Funiculare). Neben dem öffentlichen Pkw-Großparkplatz. **Ausstattung:** 55 markierte, nummerierte, relativ breite Stellplätze (auch für größere Wohnmobile) auf asphaltierter, schattenloser Fläche. Teils Grünflächen zwischen den Stellplätzen. Beleuchtet. Videoüberwacht. **Gebühr:** Pro Fahrzeug für 24 Stunden inkl. Dusche, WC und V & E-Station. Strom extra. Nur Parken zuletzt 2,- pro Stunde. **Geöffnet:** Ganzjährig.

Bolsena

*ROUTE: Ab Orvieto über die SS71 südwestwärts ins 22 km entfernte **Bolsena** am gleichnamigen See **Lago di Bolsena**. Bolsena liegt im äußersten Nordwestzipfel der Provinz Latium/Lazio.*

Von den oberen Serpentinen der SS71 südlich von Orvieto bieten sich **herrliche Ausblicke** zurück auf die Stadt. Die außergewöhnliche Lage Orvietos über den steil abfallenden Tuffsteinwänden und die von Türmen gekrönte Silhouette lassen sich von hier aus besonders gut betrachten.

Bolsena, eine etruskische Stadtgründung, hat einen **schönen Altstadtkern**, der sich an einem Terrassenhang um eine mittelalterliche Burg (archäologisches Museum) gruppiert. In der Nähe etruskische Ausgrabungen.

Bolsena ging in die Kirchengeschichte als Ort des **Blutwunders von Bolsena** ein, das sich 1263 in der sehenswerten **Kirche Santa Cristina [N42° 38' 36.57" E11° 59' 21.06"]** zutrug. Näheres darüber ist beim Dom von Orvieto beschrieben. Bolsena mit annähernd 4.500 Einwohnern ist heute ein beliebter Ferienort am gleichnamigen See mit Uferpromenade, Restaurants, Hotels und Campingplätzen.

Eine kulinarische Spezialität der Gegend sind Aale aus dem Bolsena See. Der Lago di Bolsena verdankt seine Existenz übrigens einer regen vulkanischen Tätigkeit in der Region in grauer Vorzeit. Der See ist in der Mitte über 145 m tief.

Abstecher nach Montefiascone

Landschaftlich überaus reizvoll ist die Fahrt auf der SS2 von Bolsena entlang

PRAKTISCHE HINWEISE – BOLSENA (LAZIO)

Ufficio Turistico [N42° 38' 39.13" E11° 59' 12.61"], Piazzale Matteotti, 8/10, 01023 Bolsena, Tel. +39 07 61 79 99 23; www.visitbolsena.it.

HOTELS

Hotel Royal ****, 37 Zi., Piazzale Dante Alighieri, 8/10, 01023 Bolsena, Tel. +39 07 61 79 70 48; www.hotelroyalbolsena.it; Komforthotel in zentraler Lage am See, Garten, Schwimmbad, Restaurant, WLAN. Parkplatz.

Le Naiadi Park Hotel ***, 59 Zi., Viale Luigi Cadorna, 95, 01023 Bolsena, Tel. +39 07 61 79 90 17; www.hotelbolsena.it/de/. Komfortables Mittelklassehotel, am See im südöstlichen Stadtbereich gelegen, Restaurant, Schwimmbad, Parkplatz.

CAMPING

Camping Lido Village [WP 056 / N42° 37' 38.13" E11° 59' 38.95"], Via Cassia, KM 111, Tel. +39 07 61 79 92 58; www.lidocampingvillage.it; Ende Apr. – 30. Sept.; etwa 3 km südlich des Ortes, beschilderte Zufahrt von der SS2 (Bolsena – Montefiascone), weitläufiges, ebenes, schattiges Wiesengelände, das bis an den Bolsena-See reicht, durch Wege und Platzstraßen vielfach unterteilt, ansprechendes Seegestade; ca. 10 ha – 450 Stpl; Standardsanitärausstattung. Restaurant, Imbiss, Laden, Waschmaschine, Trockner, Schwimmbad, Tennis, Windsurfschule, WLAN; zahlreiche Mietbungalows. **V & E für Wohnmobile.**

Camping Blu International [WP 057 / N42° 37' 52.42" E11° 59' 41.15"], Via Cassia, KM 111,650, Tel. +39 07 61 79 88 55; www.blucamping.it; Ende Apr. – 30. Sept.; liegt vergleichbar wie Village Camping Lido; einfache Standardsanitärausstattung. Restaurant, Imbiss, Laden, Waschmaschine, WLAN, Schwimmbad. **V & E für Wohnmobile.** Mietbungalows.

Camping Massimo [WP 058 / N42° 39' 10.89" E11° 56' 41.16"], Via Cassia, KM 116,7, Tel. +39 03 35 76 89 45; www.massimo.info; 1. Mai – Mitte Sept.; Wiesengelände mit Bäumen, gut schattig, zwischen Straße und See; Standardsanitärausstattung. Restaurant, Imbiss, Waschmaschine, Trockner, WLAN, Bootsverleih, Bootsslippanlage. **V & E für Wohnmobile.** Mietbungalows.

WOHNMOBIL-STELLPLÄTZE

Wohnmobil-Stellplatz Campeggio Agrituristico Le Calle Ernesto Parrino [WP 059 / N42° 37' 44.80" E11° 59' 53.72"], Fornacella 11 D, Tel. +39 32 94 06 47 64; www.lecalle.eu; **Zufahrt/Lage:** Bei KM 111,2 der SR2 Via Cassia (Bolsena – Montefiascone). **Ausstattung:** Wiese mit Laubbäumen bei einem Ferienbauernhof mit Platz für 15 Wohnmobile. **Gebühr:** Pro Fahrzeug inkl. 2 Personen, Strom, Dusche, WC und V & E-Säule. Im Juli und August Reservierung empfohlen. **Geöffnet:** 1. April – 31. Okt.; nebenan Ristorante La Fornacella.

Wohnmobil-Stellplatz Area di Sosta Camper Guadetto [WP 060 / N42° 38' 8.49" E11° 59' 12.30"], Viale Luigi Cadorna. **Zufahrt/Lage:** Beschilderte Zufahrt von der Hauptstraße zum Lago di Bolsena, auf der Strandstraße südostwärts bis Ende der Straße. **Ausstattung:** Eingezäuntes, ebenes Wiesengelände in einem Olivenhain mit Platz für ca. 30 Wohnmobile, nur durch die Uferstraße vom See getrennt. Beleuchtet. In Gehnähe zum Ort. **Gebühr:** Pro Fahrzeug inkl. Strom, Wasser und V & E-Versorgung. **Geöffnet:** Ganzjährig.

des Sees südostwärts nach **Montefiascone.** Dieser kleine Abstecher lohnt durchaus, bieten sich doch von der erhöht gelegenen Straße immer wieder weite Ausblicke über den Lago di Bolsena.

An den Hängen um Montefiascone wird der legendäre Wein „**Est, Est, Est**“ angebaut.

Eine nette Geschichte rankt sich um die Entstehung des etwas ungewöhnlichen Namens des Weins:

Ein geistlicher Herr, ein Bischof aus dem Hause Fugger in Augsburg, so heißt es, sei in der Zeit der Renaissance viel auf Reisen gewesen. Und oft war Monsignore, der den weltlichen Genüssen aus Kü-

Am Lago di Bolsena

che und Keller sehr zugetan war, von den Angeboten der Tavernen und Osterias enttäuscht.

Also schickte Hochwürden künftig einen Quartiermacher voraus. Er sollte die Gasthäuser und ihre Speisen und Getränke prüfen. War er auf ein Haus mit ordentlichem Wein gestoßen, sollte er als Erkennungszeichen das Wort „est" (hier) an die Tür schreiben.

Eines Tages fand nun der Vorkoster einen Wein, der ihn so verzückte, dass er das Kennwort gleich dreimal an die Tür schrieb – „est est est". Und tatsächlich war Hochwürden dann von dem Wein, der in der Taverne ausgeschenkt wurde, so begeistert, dass er sich den Ort, es soll in Montefiascone gewesen sein, zu seinem Alterssitz wählte, und fortan nur noch dem *„Est Est Est"* frönte.

Das Grabmal des in der Geschichte um den Wein erwähnten Kirchenmannes, Bischof Johannes Fugger aus Augsburg, findet sich in der **Kirche San Flaviano**, rechts vom Hauptportal. Die romanisch-gotische Kirche aus dem 13. Jh. liegt an der Straße nach Orvieto, etwas außerhalb von Montefiascone.

Abstecher nach Civita di Bagnoregio

Bagnoregio liegt östlich des Lago di Bolsena und ca. 6 km östlich der SS71, bzw. rund 17 km südlich von Orvieto. Und das romantische Civita di Bagnoregio, kurz **Civita**, liegt östlich davon und ist nur zu Fuß zu erreichen (Eintritt). Ganz am Ostende der engen Ortsdurchfahrtsstraße von Bagnoregio findet man einen kleinen Pkw-Parkplatz (Zufahrt bis 2,5 t, Parkplatz für größere Fahrzeuge am Busparkplatz im Ortszentrum).

Vom Pkw-Parkplatz führt ein Fußweg zum nahen Aussichtspunkt **Belvedere** mit prächtigem Blick auf Civita. Etwas weiter unten liegen Restaurants. Dort beginnt auch die Fußgängerbrücke (Eintritt) hinüber nach Civita **[Beginn der Fußgängerbrücke, N42° 37′ 34.56″ E12° 6′ 35.74″]**.

Wie eine Insel in einem Meer aus Hügeln und schroffen, von Regen, Wind und Wetter geformten Taleinschnitten, den „calanchi", ragt er auf, der Tuffsteinhügel auf dem „La Città che muore", „Die sterbende Stadt" Civita di Bangnoregio liegt. Nur eine schmale Fußgängerbrücke, der einzige Zugang, führt hinauf zum Ort Civita (www.civitadibagnoregio.it).

Auf dem Weg hinauf zum Stadttor „Santa Maria" hat man irgendwie das Gefühl auf dem Weg in eine andere, vergangene Welt zu sein. Und tatsächlich taucht man ein in ein mittelalterliches Gassengewirr in dem die Zeit stehengeblieben zu sein scheint.

Gegründet wurde Civita von den Etruskern vor etwa 2.500 Jahren, was in den Tuffstein gehauene Grabanlagen beweisen. Später wurde der Ort mit dem hl. Bonaventure in Verbindung gebracht, der hier von Franz von Assisi auf wundersame Weise von einer schweren Krankheit geheilt worden sein soll.

Seit dem Ende des 8. Jh. wechselten die Herren über Civita – von den Langobarden zu den Franken, dann zum Kirchenstaat. Und etwa ab dem 12. Jh. stritten sich diverse Feudalherren um die Stadt. Im 15. Jh. rivalisierte man mit Orvieto und Viterbo.

Der Niedergang von Civita wurde 1695 mit einem Erdbeben eingeleitet, das schwere Schäden an den Gebäuden und an den Verkehrswegen anrichtete. Spätere Erdrutsche taten ein Übriges. Schließlich verließen viele Einwohner Civita für immer. Heute leben nur noch ganz wenige Menschen ständig in Civita.

Zu Zeiten, als Krieger eines langobardischen Königs ihre Wunden in den heilsamen Wassern hießiger Quellen kurierten, bürgerte sich der Name Balneum Regis, später Bagnoregio (Königsbad) ein.

Mittelpunkt des Ortes ist die kleine Piazza San Donato mit der Kirche San Donato und ihrem den ganzen Ort überragenden Turm.

Zweimal im Jahr, am ersten Montag im Juni und am zweiten Montag im September, wird **„La Tonna"**gefeiert. Dann dreht sich alles um den Esel (Eselrennen), einem im alten Civita hochgeschätzten Haustier und unentbehrlichen Transporthelfer.

In der zweiten Oktoberhälfte feiert man die **Festa della castagna**, eine Reminiszenz an ein früher bedeutendes Wirtschaftsgut, die Kastanie.

Und sollten Sie zufällig um die Weihnachtszeit in Civita sein, sollten Sie sich die von kostümierten Darstellern gespielten Szenen einer **„lebenden Krippe"** ansehen. Die Show am 26. Dez, 1. und 6. Januar beginnt jeweils um 17 Uhr und dauert zwei Stunden.

Civita di Muoro bei Bagnoregio

TOUR 8: ORVIETO – PERUGIA

Länge der Tour: Rund 80 km.
Die Route: Über die SS71 und SS448 bis **Todi** – SS3bis über **Torgiano** bis **Perugia.**
Reisedauer: Mindestens ein halber Tag.
Höhepunkte: Die Renaissancekirche **Santa Maria della Consolazione** ** vor Todi – die **Piazza** *** und der **Dom** ** in Todi – das **Weinmuseum** *** und das **Olivenölmuseum** *** in **Torgiano**

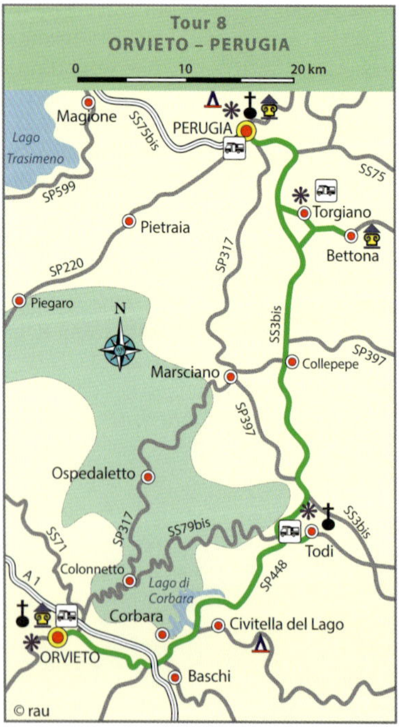

*ROUTE: Der schnellere und auch bessere Weg von Orvieto nach **Todi** führt über die Straße SS448. Todi erreicht man nach rund 35 km.*

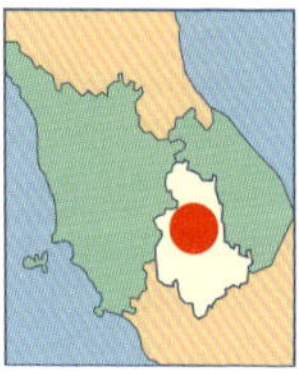

Es ist eine schöne Fahrt durch das streckenweise sehr malerische, tief eingeschnittene Tibertal. Die Trasse verläuft hoch oberhalb des Flusses, der zum **Lago di Corbara** gestaut wird.

Von der Hauptstraße SS448 am See zweigt eine Landstraße ab, die hinauf in die Berge nach **Civitella del Lago** und weiter über Melezzole und Dunarobba führt (siehe auch vorangehende Route 21). Unweit östlich von Civitella del Lago liegt in ruhiger, wunderschöner Halbhöhenlage an einem bewaldeten Hang **Camping Il Falcone**, eine gute und willkommene Alternative hinsichtlich der mehr als schlechten Campingplatzsituation im Dreieck Todi – Narni – Orvieto.

Von der Hauptstraße SS448 geht es in einigen Serpentinen aus dem Tibertal hinauf nach Todi. Auf dem Weg hinauf in die Stadt passiert man die Zufahrt zur Kuppelkirche **Santa Maria della Consolazione.** Sie stammt aus dem 16. Jh. und wurde nach Plänen des Baumeisters Bra-

CAMPING – CIVITELLA DEL LAGO

Camping Il Falcone [WP 054 / N42° 42‘ 26.24“ E12° 17‘ 31.38“], Loc. Vallonganino, Tel. +39 07 44 95 02 49; www.campingilfalcone.com; 1. Apr. – 30. Sept.; Zufahrt nördlich von Baschi von der SS205 ostwärts auf SS448 Richtung Perugia abzweigen, bei KM 5 bergwärts nach Civitella del Lago abzweigen und weitere 8 km auf kurvenreicher Bergstraße, beschildert; mehrere kleine Terrassen und eine Wiese im Olivenhain in einer Hangmulde in Halbhöhenlage, zur Talseite offen mit Ausblicken; ca. 2,5 ha – 30 Stpl.; Standard-Sanitärausstattung. Imbiss, Kiosk, Waschmaschine, Schwimmbad, WLAN auf Teilen des Platzes, Internetecke. **V & E für Wohnmobile**. Mietbungalows.

mante errichtet. Der Bau gilt als eine der schönsten Renaissancekirchen in Umbrien.

Todi, das antike *Tuder*, ein sehenswertes umbrisches Städtchen mit annähernd 17.500 Einwohnern, liegt schön auf einer Anhöhe über dem Tibertal.

Fast zwangsläufig führt die Straße zur Stadt zum neu angelegten gebührenpflichtigen **Parkplatz Porta Orvietana [WP 061 / N42° 46' 49.76" E12° 24' 3.00"]** an der Westseite unterhalb der Stadt an der Viale di Montesanto, den man nutzen sollte, denn er liegt recht günstig zum Altstadtkern, was auf den ersten Blick gar nicht so erscheint.

Der untere Teil des beiderseits der Zufahrtsstraße gelegenen Parkplatzareals Porta Orvietana ist als gebührenpflichtiger **Parkplatz für Wohnmobile [WP 062 / N42° 46' 52.19" E12° 24' 6.16"]** vorgesehen und kann auch als Übernachtungsstellplatz genutzt werden (Details siehe unter „Praktische Hinweise Todi - Wohnmobil-Stellplatz).

Vom Pkw-Parkplatz (Kasse, Toiletten) führt ein moderner, gläserner, kostenloser Schrägaufzug hinauf in die Stadt. Die „Bergstation" befindet sich auf einer kleinen, hübschen Parkanlage am Rande der Altstadt, von deren Terrasse aus (ehemals Teil der Stadtbefestigung) man einen wunderschönen Blick auf Teile der Stadt und ins Umland genießen kann.

Von dort folgt man der Hauptstraße in die Innenstadt. Schon wenig später passiert man die kleine Piazza Umberto I. Rechterhand liegt die **Chiesa Santo Fortunato**. Eine imposante Freitreppe führt hinauf zur **Westfassade** des Kirchenbaus aus dem 14. Jh. mit bemerkenswertem Marmorportal.

Im ansonsten eher schlichten gotischen Kirchenschiff ist vor allem die linkerhand gelegene **Seitenkapelle** mit **Fresken** von Masolino aus der Mitte des 15. Jh. sehenswert.

Todi, Domfassade

Die **Krypta** von Santo Fortunato beherbergt das Grab des Dichters Jacopone da Todi. Jacopone lebte von 1230 bis 1307, war Franziskanermönch und verfasste das „Stabat mater".

Nur ein paar Gehminuten weiter ist man auf dem zentralen Stadtplatz **Piazza del Popolo.** Trotz der ernsten Fassaden der gotischen Palais und des Doms, die den erstaunlich weiten Platz umgeben, bietet er ein überaus harmonisches Bild und ist eine eindrucksvolle Sehenswürdigkeit!

An der Nordseite des Platzes, der auch als Piazza Vittorio Emanuele II. bekannt ist, erhebt sich der **Dom**, die **Cattedrale di Santa Maria Annunziata a Todi [N42° 46' 57.89" E12° 24' 22.18"]** *(geöffnet Mo - Sa 8 - 13 + 15 - 18 Uhr, So 8.30 - 13 + 15 - 18 Uhr; www.todi.org/cattedrale_it.html)*. Eine imposante, die ganze Breite der Domfassade einnehmende **Freitreppe** führt hinauf. Das Gotteshaus stammt aus der Zeit des 11. Jh., wurde aber erst im 14. Jh. vollendet. Die Fassade aus verschiedenfarbigem Marmor ist romanisch-gotisch und hat ein monumentales, prächtiges **Portal** und eine schöne **Fensterrose**.

Todi, Piazza del Popolo

Innen sind die Kapitelle der Säulen, das Taufbecken aus der Renaissancezeit und das Chorgestühl sehenswert.

Die gesamte Innenseite der westlichen Giebelwand ist mit Fresken bemalt. Die Motive zeigen Szenen des Jüngsten Gerichts.

Gegenüber vom Dom nimmt der turmbewehrte **Palazzo dei Priori** die Südseite des Platzes ein. Links davon türmen sich auf mächtigen Gewölbebögen der **Palazzo del Capitano** und der **Palazzo del Popolo** daneben. Eine breite Treppe führt zu den gotischen Palais hinauf. Besichtigen kann man im Palazzo del Popolo das **Stadtmuseum** mit Gemäldesammlung, Lapidarium und Sammlungen aus etruskischer und römischer Zeit.

Hinter den Palazzi schließt sich die **Piazza Garibaldi** (mit Denkmal des Freiheitskämpfers) an. Von dort hat man einen weiten Blick ins Umland. Giuseppe Garibaldi, Italiens großer Freiheitskämpfer im 19. Jh., konnte sich in Todi einer großen Schar treuer Anhänger sicher sein.

*ROUTE: Von Todi wieder hinab zur SS3bis und nordwärts Richtung Perugia. Nach rund 28 km erreicht man den Abzweig nach **Torgiano**.*

Das kleine Städtchen **Torgiano** ist Hauptort des gleichnamigen, alten und sehr traditionsreichen Weinanbaugebiets, aus dem beliebte weiße und rote umbrische Qualitätsweine (D.O.C.) kommen. Der rote Torgiano ist rubinrot und trocken, der weiße Torgiano ist strohgelb in der Farbe und fruchtig.

Zu besichtigen ist in Torgiano das interessante **Museo del Vino [N43° 1' 32.82" E12° 26' 0.32"]**. Das Weinbaumuseum, 1974 auf Initiative der Kellerei *Cantine Lungarotti* entstanden, ist untergebracht im ehemaligen Palazzo Baglioni am Corso Vittorio Emanuele II, der Hauptstraße des Ortes. Neben einer riesigen Weinpres-

PRAKTISCHE HINWEISE - TODI

Ufficio Informazioni Turistica [N42° 46' 54.91" E12° 24' 24.93"], Piazza del Popolo, 29/30, 06059 Todi, Tel. +39 07 58 95 62 27; www.visitodi.eu.

RESTAURANT

Ristorante Antica Hosteria della Valle, Via Augusto Ciuffelli, 17/19Tel. +39 07 58 94 48 48; kleines, beliebtes Lokal am westlichen Ortsrand nahe des großen Parkplatzes, Spezialität: Nudelgerichte.

HOTELS

Bramante **,** 43 Zi., Via Orvietana, 48, Tel. +39 07 58 94 83 81; www.hotelbramante.it; edel ausgestattetes Firstclasshotel in ehemaligem Kloster aus dem 12. Jh. am westlichen Ortsrand; gutes Restaurant Monastero Santa Margherita, Schwimmbad, Garten, Terrasse, Wellnesscenter, Tennis, Fahrradverleih. WLAN. Parkplatz.

Tuder *,** 36 Zi., Via Maesta'dei Lombardi, 13, Tel. +39 07 58 94 21 84; www.hoteltuder.com/en/. Mittelklassehotel mit klassischem Ambiente; Restaurant mit schönem Ausblick, Terrasse, Fahrradverleih. WLAN. Parkplatz. Keine Haustiere.

WOHNMOBIL-STELLPLATZ

Wohnmobil-Stellplatz Area di Sosta Camper Todi [WP 062 / N42° 46' 52.19" E12° 24' 6.16"], Viale di Montesanto. **Zufahrt/Lage:** Von der SS448 ostwärts Richtung Todi abzweigen und nach ca. 3 km auf die Viale di Montesanto abzweigen und bis zum großen Parkplatzes Porta Orvietana. **Geöffnet:** Ganzjährig. **Gebühr:** Pauschale für Wohnmobil inkl. Frischwasser, Grauwasser- und Chemikaltoilettenausguss. **Ausstattung:** Ebener, asphaltierter Parkplatz mit markierten Parkplätzen für ca. 20 Wohnmobile, Frischwasserhahn, Abwasserausguss, Toiletten auf dem Pkw-Parkplatz. Vom Pkw-Parkplatz führt ein Schrägaufzug hinauf in die Stadt.

se aus dem 17. Jh. in der ausgedienten Kelter im Untergeschoss, wird in 14 Räumen anhand von Bildern, Dokumenten, Werkzeugen und Gerätschaften die Geschichte des Weinbaus und die uralte Weinkultur dieser Region dokumentiert. An den Wänden der Räume sind große Lesetafeln zum Blättern angebracht, auf denen man in italienischer und englischer Sprache detaillierte Beschreibungen der Exponate lesen kann *(geöffnet Apr. - Juni Di - So 10 - 13 + 15 - 18 Uhr, Juli - Sept. tgl. 10 - 18 Uhr, Okt. - März Di - So 10 - 13 + 15 - 17 Uhr; www.lungarotti.it/fondazione/muvit)*.

Gleich im Eingangsbereich werden etruskische Gegenstände präsentiert. In den folgenden Räumen sieht man Ausstellungen, die den Weinanbau dokumentieren, außerdem Gerätschaften, Gefäße, Fässchen, kostbare Gläser (teils aus der Römerzeit) und Kelche.

Andere Abteilungen befassen sich mit Handwerken, die dem Weinbau verbunden sind, wie Böttcher (Fässer) oder Töpfer (Weinkrüge). Eine sehenswerte, hervorragend bestückte Sammlung zeigt Keramiken von der Antike über das Mittelalter bis in die Moderne.

Umfangreich ist ebenfalls die Literatursammlung über Wein und Weinbau (teils originale Handschriften), sowie die Kollektion sehenswerter Kupferstiche. Eine sehr ausführliche Broschüre über das Museum und seine Exponate ist gegen Gebühr erhältlich, auch in deutscher Sprache. Ein wirklich sehenswertes Museum! Aus Perugia übrigens stammt folgendes geflügelte Wort: „Wer den Wein erfunden hat, ist vielleicht nicht in den Himmel gekommen, aber er ist sicherlich nahe dran."

Schmuckteller mit Bacchus Moiv.
Foto: Museo del Vino, Torgiano

Ganz in der Nähe, die Straße vom Weinmuseum noch ein paar Schritte stadteinwärts, am kleinen Platz mit dem modernen Brunnen rechts und die Via Garibaldi ein kurzes Stück nach links, liegt das erst vor einigen Jahren ebenfalls auf Initiative der Lungarotti Stiftung eingerichtete **Museo dell'Olivo e dell'Olio [N43° 1' 30.96" E12° 26' 3.53"].** In diversen Räumen sieht man Ausstellungen, Schaubilder und Dokumentationen zu Themen wie: Verbreitung des Ölbaums vom Nahen Osten ausgehend im Mittelmeerraum und in anderen Erdteilen, Anbau, Kultivierung und Pflege des Ölbaums, sowie Ölmühlen *(geöffnet Apr. - Juni Di - So 10 - 13 + 15 - 18 Uhr, Juli - Sept. tgl. 10 - 18 Uhr, Okt. - März Sa + So 10 - 13 + 15 - 17 Uhr; www.lungarotti.it/fondazione/muvit).*

Im ersten Stock dann Ausstellungen zum Thema Öltransport in der Antike mit Segelschiffen, dann eine wirklich sehenswerte Sammlung von Öllampen (Lucerne) seit der Antike, wobei die herrlichen Arbeiten aus Silber und Glas besondere Beachtung verdienen. Weiter sieht man Menagen, feines Essig- und Öl-Geschirr aus Glas und Silber.

Und im zweiten Stock schließlich befasst sich eine Abteilung mit dem Thema „Öl und Medizin". Dort sind an der Wand die Zeilen zu lesen, mit denen ein italienischer Vers beginnt: „Pane, olio, sale e vino è un buon diavolo vicino, ..." (etwa: Brot, Öl, Salz und Wein, können gegensätzliche Teufel sein, ...). Ein Besuch lohnt!

Benachbarte **Weinanbaugebiete** von Torgiano, die ebenfalls sehr geschätzte Qualitätsweine hervorbringen, sind **„Colli Altotiberini"** im oberen Tibertal, von Perugia bis über Città di Castello hinausreichend, dann **„Colli del Trasimeno"** rund um den Trasimeno See und schließlich **„Colli Perugini"** südlich von Perugia, zwischen Tiber und Straße SS220. Neben roten und weißen Weinen werden hier auch feine Rosé-Weine erzeugt.

Abstecher nach Bettona

Bettona liegt nur rund 6 km östlich von Torgiano.

In dem mittelalterlichen Städtchen, das für sein feines **Olivenöl** bekannt ist, sind noch Reste der Stadtmauer, die teilweise noch aus etruskischer Zeit stammt, zu sehen. Außerdem gibt es zwei Kirchen, *Santa Maria* und *San Crispolot*, beide aus dem 13. Jh.

Schließlich zählt zu den eher beschei-

Krönt jede Küche – Olivenöl

Längst sind die traurigen Zeiten vorbei, als in deutschen Küchen kaum irgendwo Olivenöl Verwendung fand. Heute weiß man, was man an einem feinen Olivenöl der Qualität „extra vergine" hat. Und kaum ein Fernsehkoch hält nicht irgendwann ein Ölfläschchen in die Kamera mit dem Hinweis, wieder einmal eine ganz besondere Qualität von „seinem" Bauern aus der Toskana mitgebracht zu haben.

Fest steht, feines Olivenöl bereichert jede Küche. Und Olivenöl ist nicht nur wegen seines aromatischen Geschmacks begehrt, es ist auch noch – durch seinen hohen Gehalt an Vitamin E und ungesättigten Fettsäuren – ein richtig gesundes Nahrungsmittel. In der Antike diente Olivenöl auch als Medizin und wurde als Kosmetikmittel verwendet.

Der Olivenbaum, „Quelle des Wohlstands"

Den Ölbaum findet man im ganzen Mittelmeerraum. Ölbäume zu besitzen galt schon früh als eine Quelle des Wohlstands.

Die Qualität des gewonnenen Olivenöls hängt aber stark von der Bodenqualität, von der Lage des Olivenhains, vom Klima und nicht zuletzt von der Behandlung der Oliven bei der Ernte und bei der Pressung ab. Einige Olivenarten eignen sich besser zur Ölgewinnung (hoher Ölanteil mit stark aromatischer Note), andere mehr zum Verzehr und zu Speisezwecken (geringerer Ölgehalt, dafür größer und fleischiger).

Übrigens, der Unterschied zwischen grünen und schwarzen Oliven liegt ausschließlich im Reifegrad der Frucht. Alle Oliven sind ursprünglich grün und wechseln mit zunehmender Reife ihre Farbe über violette Farbnuancen bis zu schwarz bzw. dunkelviolett.

Und natürlich hat sich auch Goethe in den Notizen seiner „Italienischen Reise" über dieses Thema geäußert. Im Eintrag „Den 25. Oktober [1786] abends" ist zu lesen: „Die Olivenbäume sind wunderliche Pflanzen, sie sehen fast wie

Weiden aus, ... Aber sie haben ein festeres Aussehen. Man sieht auch dem Holze an, dass es langsam wächst....".

Erste Qualität sollte es beim Olivenöl sein, „extra vergine", von der ersten Pressung also und natürlich kalt gepresst. Nur die erste Pressung hat den Vorzug, lediglich einen ganz geringen Säureanteil aufzuweisen. Man spricht von Höchstwerten von nur einem Prozent bei guten Qualitäten.

Eigentlich gibt es nur noch eine Qualitätsstufe, die „extra vergine" übertrifft, der „mosto d'olio extra vergine". Aber diese Qualität ist kaum erhältlich. Die Bauern verwenden sie meist selbst. Unter „mosto d'olio" versteht man das allererste Öl, das aus den Oliven schon durch den Druck ihres Eigengewichts noch vor dem Pressvorgang austritt.

Aber jedes Öl, auch wenn es der gleichen Qualitätsstufe angehört, hat sein eigenes Aroma. Es gibt feine, leichte Aromen, deftig herbe, andere haben den Hauch eines Nuss- oder Pfeffergeschmacks, wieder andere sind beinahe bitter. Und es ist fast wie bei den Weinen, es gibt Sorten, die behagen einem, andere nicht.

Kenner, wie die Ölproduzenten selbst, träufeln sich ein paar Tropfen Olivenöl auf die Handfläche, verreiben sie und atmen den Duft der durch die Reibungswärme entweichenden ätherischen Stoffe ein und erkennen so den Charakter des jeweiligen Öls. Eine Praxis, die viel Erfahrung voraussetzt und die im Laden natürlich nicht möglich ist. Aber wenn Sie direkt beim Erzeuger kaufen, können Sie es ja einmal versuchen.

Der November ist der Monat, in dem die Oliven geerntet werden. Unter dem Ölbaum wird rund um den Stamm großflächig ein Tuch oder ein engmaschiges Netz ausgelegt. Und mit Stöcken oder Holzrechen werden die Oliven von den Ästen gestreift.

Aber für die Gewinnung hochwertigen Olivenöls ist trotz aller technischen Errungenschaften, das Pflücken von Hand unerlässlich. Und man pflückt, zumindest in der Toskana, die Oliven in halbreifem Zustand. Nur bei dieser Methode ist gewährleistet, dass ausschließlich gesunde, unverletzte Früchte des richtigen Reifegrades geerntet werden. Voll ausgereifte Oliven am Baum laufen Gefahr, von Schädlingen wie der Olivenfliege (Dacus olae) befallen zu werden. Der hohe Aufwand der Ernte per Hand schlägt sich natürlich im Preis des Endprodukts nieder. Ganz ausgereifte Oliven haben eine tief dunkelgrüne Farbe.

In der Ölmühle dann werden die Oliven in großen Bottichen zunächst unter vertikal laufenden Mahlsteinen in einem Kollergang, dem „Frantoio" zerdrückt. Diese matschige, breiartige Masse nun wird schichtweise zwischen Stroh- oder Bastmatten gebracht und mit hohem Druck ganz langsam ausgepresst. Ein seit Jahrhunderten gebräuchliches Verfahren, dessen Ergebnisse aber heutigen Qualitäts- und Hygieneansprüchen nicht mehr ganz genügen.

Bei qualitätsbewussteren Verfahren kommt das Olivenmus in eine sehr schnell laufende Zentrifuge. Manche sagen, diese Methode würde ein noch bekömmlicheres Öl hervorbringen, weil das Öl den Oliven so „sanfter" entzogen würde und bereits fast vollständig von wässrigen Bestandteilen getrennt sei.

Aber wie dem auch sei, wie bei fast allen Naturprodukten ist die Sorgfalt bei der Herstellung von ganz wesentlicher Bedeutung für die Qualität des späteren Ergebnisses. Ganz frisch gepresstes Olivenöl soll sehr fruchtig schmecken. Und in vielen Gegenden schätzt man ein Gläschen ganz frisch gepresstes Olivenöl als Delikatesse.

Öllampe. Foto: Olivenmuseum, Fondazione Lungarotti, Torgiano

Aber das Papier, auf dem die Etiketten für die Ölflaschen gedruckt werden, ist geduldig. Soll heißen, es muss noch lange nicht stimmen, wenn Sie in Ihrem Lebensmittelgeschäft zu Hause z. B. „toskanisches" Olivenöl erwerben, auf dessen Flasche „Olio d'oliva extra vergine" steht, der Inhalt auch tatsächlich Olivenöl ist, das ausschließlich aus Früchten aus der Toskana stammt und nur Qualitäten aus erster Pressung enthält. Die Deklarierungsvorschriften lassen das zu und auch, dass die Farbe des Öls „korrigiert" wird.

Einen Liter echtes, fachgerecht aus Früchten einer Region erzeugtes „Extravergine" guter Qualität wird man beim Ölbauern vor Ort kaum unter 12 bis 18, 19 Euro bekommen. Rechnet man die Handelsspannen für den Export dazu, werden daraus im deutschen Feinkostladen leicht 25 oder 30 Euro für den Liter.

Seit einiger Zeit dürfen Olivenöle, deren Herkunft und Qualität in Italien amtlich geprüft sind – ähnlich wie beim Wein – das „DOC/DOP"-Prädikatssiegel tragen.

Frisches, unbehandeltes Olivenöl verändert im Laufe der Zeit langsam sein Aroma. Aus einem anfangs deftigen, fast scharf-würzigen Öl mit Geschmacksnuancen hin zu „Walnuss", „Apfel" u. ä., wird ein leichtes, feines, weniger kräftiges Öl. Und Olivenöl, das wesentlich älter als ein halbes Jahr ist, hat seine beste Zeit schon hinter sich.

Bei der Lagerung mag Olivenöl übermäßige Wärme genauso wenig wie Kälte. Feines Olivenöl wird im Kühlschrank immer flockig werden. Das sieht zwar nicht sehr appetitlich aus, mindert aber die Qualität nur unwesentlich. Auch helles Licht tut dem Öl nicht gut. Am besten lagert man es dunkel und wenn möglich so bei etwa 10, 12 Grad.

PRAKTISCHE HINWEISE – TORGIANO

Ufficio Informazioni Turistico Torgiano [N43° 1' 29.83" E12° 25' 59.07"], Corso Vittorio Emuele II., 25, 06089 Torgiano, Tel. +39 07 59 88 60 19; www.turismotorgiano.it. *Geöffnet: Mo - Sa 12 - 13 + 18 - 19 Uhr.*

RESTAURANT

Tempi Antichi, Corso Vittorio Emanuele II, 72, Tel. +39 07 54 65 71 41; alteingesessenes, beliebtes Lokal mit einfacher, aber guter Küche, im Zentrum von Torgiano nahe des Museo del Vino.

HOTEL

Le Tre Vaselle Resort & Spa ***,** 36 Zi., Via Garibaldi, 48, Tel. +39 07 59 88 04 47; www.3vaselle.it; teures First Class Hotel, das renommierte Haus ist in einem altem Landsitz eingerichtet, Schwimmbad, Wellnesscenter, Fitnesscenter, Fahrradverleih, Garten, Terrasse, Parkplatz, Hotelgarage. Von nicht minder gutem Ruf ist das ausgezeichnete Hotelrestaurant, Tischreservierung empfehlenswert.

WOHNMOBIL-STELLPLATZ

Wohnmobil-Stellplatz Area di Sosta Camper Torgiano [WP 063 / N43° 1' 45.08" E12° 26' 15.33"], Via Perugia. **Zufahrt/Lage:** Von der SS3bis Ausfahrt Torgiano-San Martino C. nehmen und auf der SP403 am Nordrand der Stadt bis Abzweig zur Via Perugia und zu den Sportanlagen. **Geöffnet:** Ganzjährig. **Gebühr:** Kostenlos. **Ausstattung:** Befestigter, ebener Parkplatz mit Platz für 10 Wohnmobile, falls nicht mit Pkws zugeparkt, mit wenig Schatten durch Pinien, Frischwasser, Grauwasser- und Chemikaltoilettenausguss, beleuchtet.

denen Sehenswürdigkeiten im Zentrum des erhöht gelegenen Städtchens der **Palazetto del Podestà [N43° 0' 47.92" E12° 29' 4.48"],** der Palast des Stadtvogts, Piazza Cavour, 3. Er wurde im 15. Jh. erbaut und beherbergt heute u. a. das **Museo Pinacoteca della Città**, zu deren Kunstschätzen z. B. das Tafelbild *„Maria breitet ihren Mantel aus"* von Perugino gezählt wird *(geöffnet Apr. - Sept. Di - So 10.30 - 13 + 15.30 - 18.30 Uhr; Okt. - März Fr - So 10.30 - 13 + 15.30 - 18 Uhr).*

*ROUTE: Weiterreise von Torgiano auf der SS3bis nach **Perugia**, das nach rund 15 km erreicht wird. Eine ausführliche Beschreibung von Perugia mit all seinen Sehenswürdigkeiten, Hotels, Restaurants, Campingplätzen etc. finden Sie in Tour 2.*

*Falls Sie die **Rundfahrt durch die Region Marken** anschließen wollen, fahren Sie auf der Autobahn SS3bis etwa 50 km weiter bis **Città di Castello** (Tour 1), Ausgangspunkt der anschließend beschriebenen Tour durch die Region Marche/Marken.*

MARKEN

6 Touren – Ca. 14 Tage

Fermo, Piazza del Popolo und Priorenpalast (rechts)

TOUR 9: CITTÀ DI CASTELLO – PESARO

Länge der Tour:	Rund 170 km ohne Abstecher
Die Route:	Straße SS257 über **Apecchio** und **Piobbico** bis **Acqualagna** – alte Via Flaminia bis **Furlo** – SS73bis bis **Fossombrone** – SS73bis/E78 über **Fermignano** bis **Urbania** – SS73bis nach **Urbino** – SS423 nach **Pesaro**.
Abstecher:	In die Schlucht **Gola del Furlo**. Nach **San Marino** (ca. 50 km) und nach **San Leo**.
Reisedauer:	Mindestens ein Tag. Separate Tage für Abstecher nach San Marino und nach San Leo.
Höhepunkte:	Die Schlucht **Gola del Furlo** * – die Piazza Duca Federico mit **Dom**, **Palazzo Ducale** und **Nationalgalerie** in **Urbino** *** – **San Marino** *** – die **Lage von San Leo** **.

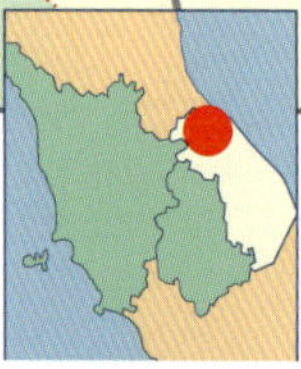

Eine detaillierte Beschreibung von **Città di Castello [Parkplatz Piazzale Ferri, WP 001 / N43° 27' 28.61" E 12° 14' 9.35"]** finden Sie in Tour 1 (Città diCastello – Perugia).

*ROUTE: Von **Città di Castello** auf der streckenweise kurvenreichen Straße 257 über den 730 m hohen Bergübergang Bocca Serriola, weiter über **Apecchio** durch die Schlucht des gewundenen Flüsschens Torrente Biscubio bis **Piobicco** und weiter nach **Acqualagna**, rund 50 km. Vor allem das Wegstück zwischen Apecchio und Piobicco ist angesichts hoher Berge rechts und links recht reizvoll.*

Acqualagna – In den Marken, vor allem um Acqualagna, gibt es ein reiches Vorkommen an **Trüffeln** (tartufo), schwarzen wie weißen. Kenner loben vor allem die weißen Trüffel (tuber magnatum pico) aus Acqualagna.

Angeblich wurde 1668 der erste Trüffel von einem Reisenden aus Bologna bei Acqualagna ausgegraben. Seitdem ist die Trüffelsuche bei Acqualagna Tradition.

Heute findet im Ort jeden Donnerstag und Sonntag ein viel besuchter Trüffelmarkt statt. Darüber hinaus finden in Acqualagna drei große Trüffelmessen statt: Die „Fiera Regionale der Tartufo Nero" in der ersten Februarhälfte, die „Fiera Regionale de Tartufo nero d'estate" (Schwarze Sommertrüffelmesse) Mitte August und die „Fiera Nazionale del Tartufo", die nationale Trüffelmesse, von Ende Oktober bis zum zweiten Sonntag im November.

Für ein Kilo edler, weißer Trüffel der besten Qualität sollen so um die 5.000 Euro fällig sein.

Trüffel waren schon in der Antike bekannt. Damals war man der Meinung, dass Trüffel „im Herbstregen wächst, wenn es donnert und blitzt".

Um die Suche des weißen Trüffel hat sich ein gewisser Mythos gebildet. Beste Qualität sei nur bei Nebel und noch vor Tagesanbruch, noch besser in Vollmondnächten zu finden, verraten etwas widerwillig passionierte Trüffelsucher. Und gut abgerichtete Trüffelhunde oder Trüffelschweine seien ein kleines Vermögen wert.

Köche in Nobelrestaurants sollen für das unvergleichliche Aroma der weißen Trüffel bereit sein, tief in die Tasche zu greifen, um dann mit einem kleinen Hobel feine Trüffelscheibchen über die Gerichte zu hobeln und ihnen damit den höchsten Grad eines kulinarischen Gaumenkitzel zu verleihen. Trüffelsaison ist das Winterhalbjahr mit einem Höhepunkt um den Monat Dezember.

Die Welt des Trüffels scheint eine Wissenschaft für sich zu sein. Nur soviel ist zu erfahren, dass wirklich erste Wahl nur unter alten Eichen zu finden sei, sie sind dort dunkler und größer.

Trüffelspezialitäten aus der Region sind z. B. Carpaccio aus weißen Trüffeln, Fondue aus Trüffelkäse, Käse-Trüffel-

WOHNMOBIL-STELLPLÄTZE

Apecchio

Wohnmobil-Stellplatz Area Sosta Camper Comunale Apecchio [WP 064 / N43° 33' 34.17" E12° 25' 11.25"], Via Isidoro Pazzagli. **Ausstattung:** Ebener, asphaltierter, ganzjährig zugänglicher Parkplatz der Gemeinde, sehr zentrumsnah nördlich der Durchgangsstraße SP257 gelegen, von hohen Pinien und Gebäuden umgeben. **Gebühr:** Keine Gebühr.

Acqualagna/Furlo

Wohnmobil-Stellplatz Parcheggio Camper Parco Le Querce [WP 065 / N43° 38' 12.36" E12° 42' 0.53"], Via Pianacce 1, Tel. +39 07 21 70 02 24; www.parcolequerce.it. **Zufahrt/Lage:** Via Pianacce 45 (Via Flaminia), Ausfahrt Furlo der SP3, an der Straße in die Gola di Furlo; in Furlo mit „Area archeologica" beschildert. **Geöffnet:** Im Sommer, Frühjahr und Herbst nur Fr - So. **Gebühr:** Gebührenpflichtig. **Ausstattung:** Parkplatz mit 30 Stellplätzen auf Schotter, dichter Baumbestand, fast bis an den Fiume Candigliano reichend. Strom, V & E Station. Duschen (Extragebühr). Gelegentlich auch von Caravanern und Zeltlern besucht. Platz liegt neben Abbazia San Vincenzo al Furlo. Albergo Bar Birra Al Pozzo auf der anderen Straßenseite.

creme, Oliven mit Sommertrüffel, oder ein Teller Maccheroncini (feine Nudelfäden, auch „Capelli d'angelo", „Engelshaar" genannt) mit weißen Trüffeln.

Abstecher in die Gola del Furlo

*ROUTE: In **Acqualagna** nordostwärts auf die kleine Straße (Via Flaminia) entlang des Fiume Candigliano zunächst bis zur **Abbazia San Vincenzo al Furlo** und weiter in die **Gola del Furlo**.*

Die romanische Kirche **Abbazia San Vincenzo al Furlo [N43° 38′ 8.15" E12° 41′ 50.20"]** aus dem 6. Jh. ist auch als „Petra Pertusa" (Stein mit Loch) bekannt, nach einem uralten Namen von Furlo, der sich sicher auf das antike Furlo Tunnel bezieht. Ungewöhnlich ist der erhöht gelegene Chor- und Altarraum in der Kirche, der über eine schmale Treppe zugänglich ist. Rechts und links führen Rundbögen in die Krypta in der die Reliquien des hl. Vincent, dem damaligen (um 970) Bischof von Bevagna (Umbrien), aufbewahrt werden.

Die von steilen Felswänden gesäumte Schlucht **Gola del Furlo [Parkplatz, WP 066 / N43° 38′ 23.12" E12° 42′ 53.42"]** und das sie umgebende Naturreservat Riserva Naturale Gola del Furlo gelten als Eldorado für Naturliebhaber. Die höchsten Erhebungen sind der 889 m hohe Monte Pietralata im Nordteil und der 976 m hohe Monte Paganuccio im südlichen Teil des Naturreservats.

Die Landstraße durch die vom Fluss Candigliano gebildete Schlucht, Teil der historischen Via Flaminia, wird schon seit Menschengedenken als bequemer Durchgang durch das Gebirge genutzt. Die ersten, die diese günstige Gebirgspassage erkannten waren Etrusker, die hier im 5. vorchristlichen Jahrhundert eine erste Straße anlegten, die engsten Passagen durch Tunnels (wahrscheinlich die ersten Tunnels in der Straßenbaugeschichte) umgingen und so einen durchgehenden Weg von Rom bis Rimini anlegten. Später bauten Römer unter dem Konsul Flaminius die Straße Via Flaminia aus, befestigten sie und machten sie mit dem Vespasian-Tunnel (76 n. Chr.) noch besser passierbar.

Wichtig war die Straße nicht nur für den Warenverkehr oder für Truppenbewegungen, sie ermöglichte auch einen schnelleren Transport von Nachrichten. Dank der Straße durch die Gola del Furlo erfuhr z. B. Rom rechtzeitig davon, dass Hasdrubal, ein Bruder Hannibals, die Alpen überqueren wollte.

Historisch, die Abbazia San Vincenzo al Furlo

In der Gola del Furlo

Furlo übrigens leitet sich angeblich vom lateinischen Furulus ab, was soviel wie „Loch" bedeutet.

Der strategisch überaus wichtig gewordene Durchgang durch die Furlo-Schlucht war oft heftig umkämpft. Der oströmische Kaiser Justinian z. B. schlug Mitte des 6. Jh. hier einen Angriff des ostgotischen Königs Totila zurück, der versucht hatte, die Herrschaft über Mittelitalien zu erlangen. Und im Mittelalter erhofften sich Horden von Räubern und Wegelagerern reiche Beute von den Reisenden, denen zwischen den steilen Felswänden wenig Möglichkeiten zur Flucht blieben.

Es lohnt, auf der wenig befahrenen Straße (abgegrenzter Gehweg) ein Stück in die Schlucht hinein zu wandern. Die Straße ist für Fahrzeuge bis 3,80 m Höhe und 3,0 m Breite befahrbar.

Ein häufiger Gast in Furlo soll Benito Mussolini gewesen sein. Immer wenn der Duce von Rom nach Predappio, seinem Geburtsort in der Romagna fuhr, ließ er in Furlo halten, nahm ein opulentes Mahl aus Pasta und Eiern mit Trüffeln zu sich und gönnte sich in einem legendär gewordenen Zimmer eine Ruhepause, bevor er die Fahrt fortsetzte. Zeitweise war sogar geplant, in die Felswände der Schlucht ein monumentales Porträt Mussolinis meißeln zu lassen, was dann aber nicht ausgeführt wurde..

Unterhalb des Cafés „Saccaria" liegt ein großer **Parkplatz [WP 066 / N43° 38' 23.12" E12° 42' 53.42"]** sowie eine Picknickwiese mit Klettergarten.

Im Haus des Nationalparks ist das kleine Museum **Museo del Territorio „Mannozzi-Torini"** *(geöffnet 1. Apr. - 15. Okt. Mo - Do 9 - 13 Uhr, Fr, Sa + So 9.30 - 13 Uhr, 14 - 18 Uhr; www.riservagoladelfurlo.it)* eingerichtet, das Interessantes über Fauna und Flora, sowie eine Fossiliensammlung aus der Gegend des Naturreservats „Gola del Furlo" zeigt. Die erwähnte Webseite bietet u. a. die Möglichkeit, die Broschüre über die Schlucht als PDF-Datei herunter zu laden.

Ziele der vielfältigen Wandermöglichkeiten – aktuelle Details dazu, wie Wetter- und Wegzustände erfährt man im Haus des Nationalparks – sind z. B. die 600 m hoch gelegenen Schutzhütte Refugio del Furlo, der Aussichtspunkt Terrazza sul furlo oder die Cava del Furlo im Nordteil oder die Casa Sant'Ubaldo im Südteil des Reservats.

ROUTE: Von Furlo zurück bis ***Acqualagna,*** *dort auf die Schnellstraße Richtung Fano. Am großen Verteiler nach dem fast 3,5 km langen Tunnel*

PRAKTISCHE HINWEISE – FOSSOMBRONE

Punto Informazione Accoglienza Turistica – I. A. T. Fossombrone, Corso Garibaldi 12, Fossombrone, Tel: + 39 721 72 32 63; www.turismo.marche.it.

WOHNMOBIL-STELLPLATZ

Wohnmobil-Stellplatz Area di Sosta „Le Mosse" [WP 067 / N43° 41' 35.52" E12° 49' 5.42"], Via Mauro Saraceni. **Geöffnet:** Ganzjährig zugänglich. **Gebühr:** Kostenlos. **Ausstattung:** Einfachststellplatz hinter einer Bushaltestelle. Asphaltierter, am Rand sehr welliger und ausgefahrener Parkplatz unter Kiefern für Pkw und Wohnmobile, ca. 8 Stellplätze (falls nicht von Pkw zugeparkt), bei einem kleinen Park mitten in der Stadt.

erreicht man die SS73bis/E78. Hier hat man die Wahl, entweder ostwärts ins nahe ***Fossombrone*** *zu fahren, oder westwärts nach* ***Urbino*** *abzuzweigen.*

Fossombrone an der historischen Römerstraße Via Flaminia, einer der bedeutendsten Straßenverbindungen des Römischen Imperiums, liegt nordöstlich der Gola del Furlo an der Straße 73bis Richtung Fano.

Die Altstadt stuft sich einen Hang nördlich des Fiume Metauro hinauf. Oben überragt der Herzogpalast **Corte Alta**, die Dächer der Stadt. Der Renaissancepalast entstand auf Veranlassung von Federico da Montefeltro, Herzog von Urbino. Unter Herzog da Montefeltro erlebte Fossombrone eine Zeit der Blüte und des Wohlstands. Im Palais sind heute die **Pinacoteca Comunale**, Gemäldesammlung der Stadt, und das **Museo Ciivico Archeologico „Augusto Vernarecci" [N43° 41' 24.83" E12° 48' 24.51"]**, Via del Verziere, eingerichtet *(geöffnet 15. Juni - 15. Sept. Do - So 16 - 19 Uhr; übrige Zeit nur Sa + So 16 - 19 Uhr)*. Im Archäologischen Museum am Nordrand der Altstadt sind u. a. Funde aus der Römerzeit um das 2. Jh. v. Chr. zu sehen, die bei Grabungen im antiken Forum Sempronii, der eigentlichen Keimzelle von Fossombrone an der Via Flaminia, entdeckt wurden. Die archäologische Stätte Sempronii liegt nordöstlich von Fossombrone im Stadtteil San Martino in der Nähe des Metauro.

Wenn Sie noch weiter nach oben gehen, kommen Sie zur Zitadelle und zu den Ruinenresten der Rocca Malatestiana (Restaurant).

Beachtung verdient die **Cattedrale SS. Aldebrando e Agostino [N43° 41' 21.90" E12° 48' 31.79"]** mit imposantem Portal und bemerkenswerten Fenstern aus dem 17. Jh. Die Kathedrale am Corso Giuseppe Garibaldi Nr. 27 mitten in der Altstadt beherbergt die Wappen des Herrschergeschlechts der Malatesta. Gegenüber der Kirche sieht man den Palazzo Corte Bassa, der den Herzögen von Urbino einst als Residenz diente.

Weiter westlich, an der Piazza Mazzini mit dem Brunnen Fontana Pubblica, erhebt sich die Kirche Dei Santi Maurenzio.

Einen größeren **Parkplatz [N43° 41' 22.71" E12° 48' 43.54"]** (Veränderungen möglich) findet man am östlichen Rand der Altstadt an der Viale della Repubblica. Der Parkplatz ist an Markttagen (montags) allerdings nicht zugänglich!

ROUTE: Auf dem Weg über die SS-73bis/E78 nach ***Urbino*** *passiert man knapp 9 westlich des großen Straßenverteilers den Abzweig westwärts über* ***Fermignano*** *und durch das Tal des Fiume Metauro nach* ***Urbania****, das nach ca. 13 km erreicht wird.*

Urbania, das vormalige Castel Durante, trägt den Namen von Papst Urban VIII., der von 1623 bis 1644 in Amt und Würden war. Ziel des Papstes war es, das

Der Palazzo Ducale in Urbania

Dorf in eine stattliche Renaissancestadt umzubauen. Die Stadt, früher in der Hand der Herzöge von Urbino, war damals an den Kirchenstaat gefallen.

Die Sehenswürdigkeit von Urbania ist der **Palazzo Ducale [N43° 40' 5.76" E12° 31' 20.67"]**, der in seinen Ursprüngen schon im 13. Jh. entstanden ist, später dann, im 15. und 16. Jh., von den Baumeistern Giorgio Martini und Gerolamo Genga für die Herzöge von Montefeltro quasi zu deren „Zweitwohnsitz" (neben Urbino) umgebaut wurde.

Heute beherbergt der Palast am Fluss Metauro das **Museo Civico**, eine kleine Gemäldegalerie und Teile der damals weithin berühmten Bibliothek von Herzog Federico Montefeltro.

Mancher Besucher wird von der **Chiesa dei Morti [N43° 40' 9.25" E12° 31' 24.03"]** in der Via Filippo Urgolini vor allem wegen der dort im Beinhaus aufbewahrten mumifizierten Leichname angezogen.

Ein hübsches Souvenir aus Urbania kann ein Majolika-Teller oder Krug sein. Die Tradition dieses Kunsthandwerks wird hier schon seit dem 16. Jh. gepflegt. Im Museo Civico im Herzogspalast wird eine sehenswerte Sammlung von Keramiken präsentiert.

Das **Museo Di Storia Dell'agricoltura e dell'Artigianato [N43° 40' 4.85" E12° 31' 23.01"]**, Corso Vittorio Emanuele II 23, ist ein interessantes Regionalmuseum, das sich u. a. mit der Ge-

WOHNMOBIL-STELLPLÄTZE – URBANIA

Wohnmobil-Stellplatz Area Camper-Service Parco Ducale [WP 068 / N43° 40' 45.99" E12° 30' 44.79"], Località Porta Parco. **Lage/Zufahrt:** Nördlich des Ortes Zufahrt von der SS73bis, Richtung Sant'Angelo in Vado, Abzweig zum Parco Ducale (hist. Gebäude am Platz). **Geöffnet:** Ganzjährig zugänglich. **Gebühr:** Keine Gebühr. **Ausstattung:** Drei geschotterte, erdige Geländeebenen, durch Buschreihen getrennt, in ländlicher Umgebung. Ca. 25 Stellplätze. V & E Station. Strom, Frischwasser, Bodenauslass für Abwässer. In der Nähe das städtische Hallenbad, der Park Parco Ducale und das Flüsschen Fiume Metauro.

schichte der bäuerlichen Kultur und des Handwerks befasst *(geöffnet Di - So 10 - 12.30 Uhr, 15 - 18 Uhr; www.museipartecipati.it).*

*ROUTE: Von Urbania fährt man entweder zurück nach **Fermignano** und weiter nach **Urbino**, oder man nimmt den direkteren Weg über die kurvenreiche Straße nordostwärts nach **Urbino**. Diese Landstraße soll übrigens von den Herzögen von Urbina angelegt worden sein, um bequem zwischen Urbania und Urbino hin und her reisen zu können. Maßgabe war, dass eine Kutschfahrt zwischen den Städten nicht länger als drei Stunden dauern durfte.*

Urbino wurde 1998 zum UNESCO Weltkulturerbe ernannt. Maßgeblich für das Prädikat waren die Schätze aus den Bereichen Architektur und Kunst über die die Stadt verfügt. Nicht umsonst lässt sich Urbino auch gerne den Beinamen „Wiege der Renaissance" gefallen.

Ein früher Reisender beschreibt seine Eindrücke bei seiner Ankunft in Urbino so, wie sie heutige Besucher durchaus auch nachempfinden können, wenn sie auf dem Parkplatz Borgo Mercatale aus dem Auto steigen und vor sich die Mauern der Stadt aufragen sehen: „Wer nichts ahnend nach Urbino kommt, ohne etwas von seiner Geschichte und Bedeutung zu wissen, steht plötzlich vor einer außergewöhnlichen Überraschung, ja vor einem Wunder. ... es erscheint ein verzauberter Palast, den der Lauf der Zeit weder verunstaltet noch angegriffen hat."

Den günstig gelegenen **Parkplatz Borgo Mercatale (2) [WP 069 / N43° 43' 26.82" E12° 38' 06.53"]** findet man an der Westseite unterhalb der Altstadt, nahe des Palazzo Ducale. Am Zugang vom Parkplatz hinauf zum Palazzo Ducale liegt eine Zweigstelle des **Touristeninformationsbüros.**

Picener, Römer, Gothen, Langobarden, Gallier, Byzantiner, Karolinger und Hohenstaufen herrschten in den Marken. Alle, besonders aber Römer und Langobarden, hinterließen ihre Spuren in den Bereichen Kunst und Kultur.

Aber erst unter Federico da Montefeltro, Herzog von Urbino, einem ebenso trutzigen Heerführer wie feinsinnigem Kunstliebhaber, erlebten die Marken im 15. Jh. eine Blütezeit. Auf jedem Gemälde erkennt man den Herzog übrigens leicht an seinem markanten Gesichtsprofil mit der kantigen Hakennase. Es heißt, der Herzog wünschte grundsätzlich von seiner linken Seite porträ-

Urbinos Dom Santa Maria Assunta

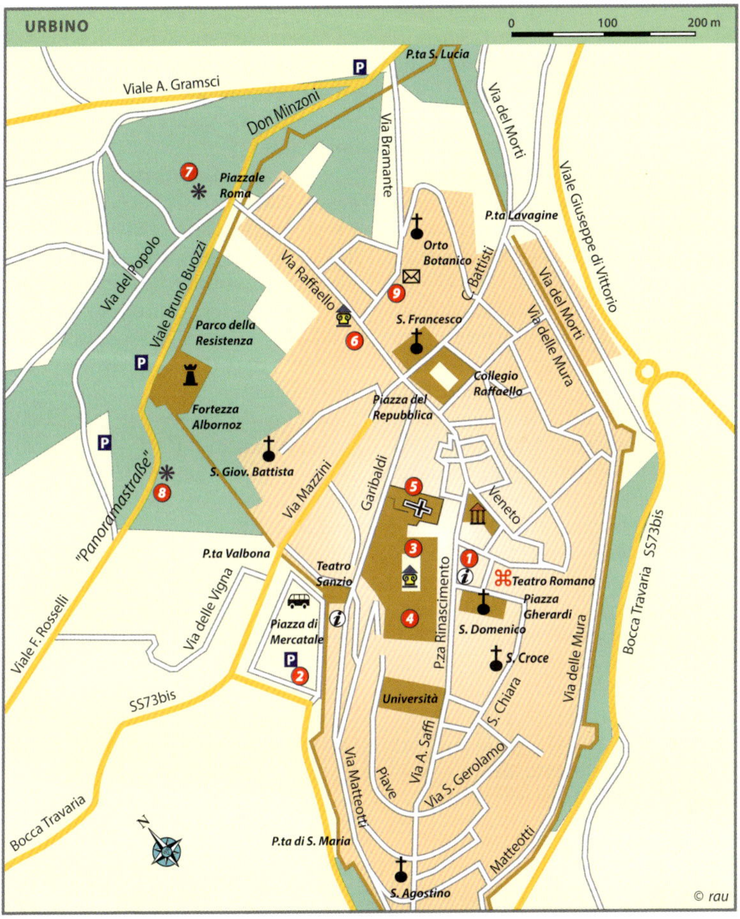

*URBINO – **1** Touristeninformationsbüro – **2** Parkplatz Borgo Mercatale – **3** Palazzo Ducale – **4** Galeria Nazionale delle Marche – **5** Dom Santa Maria Assunta, Museo Albani – **6** Casa Natale di Raffaello – **7** Raffaello-Denkmal – **8** Aussichtspunkt – **9** Postamt*

tiert zu werden. Seine rechte Gesichtsseite war nach einer Kriegsverletzung, bei der offenbar auch ein Stück der Nasenwurzel abhanden gekommen sein muss, etwas unansehnlich.

Mit seinem imposanten Palazzo Ducale, in dem der Herzog von Urbino glänzend Hof hielt, schaffte er nicht nur eine prächtige Residenz, sondern auch ein Zentrum der Kunst. Der Fürst holte viele namhafte Künstler an seinen Hof und ermöglichte so eine lebhafte Entwicklung der Malerei, der Architektur und der Bildhauerkunst. Der Herzog rief namhafte Kunstmaler wie Luciano Laurana oder Piero della Francesca (1416 – 1492, u. a. bedeutender Portrait- und Freskenmaler) nach Urbino. Und Meister der Renaissance wie Raffael und der große Baumeister Donato Bramante (1444 – 1514), der später maßgeblich am Bau des Petersdoms in Rom mitwirkte, konnten in Urbino, dank des Mäzenatentums des Herzogs, ihre ersten Meriten verdienen.

Heute hat der Besucher von Urbino, der Provinzhauptstadt, den Eindruck, dass sich in der Altstadt seit den Tagen des Herzogs von Montefeltro, zumindest architektonisch, kaum verändert haben dürfte.

Die bedeutendste Sehenswürdigkeit in Urbino ist der **Palazzo Ducale i Galleria Nazionale delle Marche (3, 4) [N43° 43′ 28.00″ E12° 38′ 11.55″]** der heute die Nationalgalerie der Marken beherbergt *(geöffnet Mo 8.30 - 14 Uhr, letzter Einlass 12.30 Uhr; Di - So 8.30 - 19.15 Uhr, letzter Einlass 18 Uhr; www.palazzoducaleurbino.it/)*. Der Herzogspalast, einer der schönsten Renaissancepaläste Italiens, beeindruckt alleine schon durch seine Größe. Dennoch fehlt dem Gebäudekomplex jeder Anflug von Wehrhaftigkeit, vielleicht ein Hinweis darauf, dass der Herzog politisch so fest im Sattel saß, dass ernsthafte Rivalen nicht zu befürchten waren. Die lange Fassade des Ostflügels zur Piazza Rinaschimento hin, Mitte des 15. Jh. von Maso di Barolomeo geplant, wirkt zwar eher schlicht, aber schon der viereckige Innenhof **Cortile d'Onore** mit seinen zierlichen Säulen der Arkaden ist schon eher von der Art eines herrschaftlicher Renaissancepalasts. Die Gestaltung des Innenhofs wird dem dalmatinischen Baumeister Luciano Laurana (15. Jh.) zugeschrieben.

Die Hofhaltung von Herzog Federico da Montefeltro muss prächtig, opulent und aufwendig gewesen sein, betrachtet man die riesigen Küchen, Vorratsräume und Stallungen im Kellergeschoss des Palastes.

Ganz im Gegensatz dazu nimmt sich das vergleichsweise kleine Studio im Palast, das der Herzog als Arbeits- oder Studierzimmer benutzte, in seinen Dimensionen geradezu bescheiden aus. Dafür ist dieses **„Studiolo“** überaus kunstvoll mit Holzeinlegearbeiten ausgestattet, deren Motive teils von Botticelli stammen.

Höhepunkt im Palazzo Ducale aber ist ein Rundgang durch die Gemäldesammlung der **Galleria Nazionale (4)**, der Nationalgalerie der Marken. Hier werden Kostbarkeiten der Malerei aus dem 14. bis ins 17. Jh., vor allem aus der Kunstepoche der Renaissance gezeigt.

Zu den berühmtesten Werken der Sammlung zählt u. a. Raffaellos „La Muta“, „Die Stumme“. Dargestellt ist das Porträt einer adeligen Dame, deren Name nicht bekannt ist. Kunsthistoriker vermuten, dass das Gemälde Maddalena Doni, eine Adelige aus Florenz, darstellt. Beim Betrachten des Bildes allerdings wird man den Eindruck nicht los,

Der Innenhof Cortile d'Onore im Palazzo Ducale in Urbino,

dass die Dame mit dem skeptischen Blick, dem schmalen Mund und den bloßen Schultern in Wirklichkeit keineswegs stumm war.

Ein anderes viel beachtetes Gemälde ist „Die Idealstadt", „La cittá ideale", von Luciano Laurana. Mitte des 15. Jh. versuchte der Maler eine Stadt im Renaissancestil mit idealen, harmonischen Proportionen darzustellen.

Ein weiteres bemerkenswertes Gemälde ist ein Werk von Piero della Francesca, ebenfalls aus dem 15. Jh., mit dem Titel „Geißelung Christi", „La Flagellazione". Kunstliebhabern gilt das Motiv wegen seines stark perspektivischen Hintergrunds als besonders gelungenes Meisterwerk. Ausgestellt sind auch Piero della Francescas „Madonna di Senigallia" oder Bramantinos „Segnender Christus". Weitere Kunstwerke stammen vom venzianischen Meister Tizian, von Federico Barocci oder von Luca Signorelli, um nur einige zu erwähnen.

Nicht versäumen sollte man die **Keramiksammlung** in den oberen Etagen und das **Archäologische Museum** im Palast. Dort sind antike Urnen und Grabgegenstände zu sehen.

Einem verheerenden Erdbeben im Jahre 1789 fiel der **Dom Santa Maria Assunta (5)** von Urbino zum Opfer. Erst Anfang des 19. Jh. konnte mit dem Wiederaufbau nach Plänen von Valdier im neoklassizistischen Stil begonnen werden. Damals erlebte ganze Urbino städtebauliche Umgestaltungen. Die Figuren auf dem Fassadengiebel des Doms stellen die theologischen Tugenden Glaube, Hoffnung und Liebe dar.

Das **Museo Albani [N43° 43' 30.27" E12° 38' 11.86"]**, das Diözesanmuseum neben dem Dom, stellt in erster Linie alte, mit Miniaturen illustrierte Handschriften, Gemälde, sakrale Kunstgegenstände und Goldschmiedearbeiten, Urnen und eine Porzellansammlung aus (*geöffnet Sa + So 9.30 - 13.30 Uhr, 14.30 - 18.30 Uhr; www.arcidiocesiurbino.it*). Benannt ist das Museum nach der aus Urbino stammenden Adelsfamilie Albani. Giovanni Francesco Albani hatte von 1700 bis 1721 als Clemens XI. die Papstwürde inne.

Geht man von der Piazza Duca Federico vor dem Herzogspalast, am Dom vorbei und über die Via Vittorio Veneto nordwärts, kommt man zur Piazza de Repubblica mit der Kirche San Francesco an der Nordseite. Die Via Raffaello führt an der Kirche vorbei aufwärts. Wenig später steht man vor der **Casa Natale di Raffaello (6) [N43° 43' 37.25" E12° 38' 7.84"]** auf der linken (westlichen) Seite, Via Raffaello 57 (*geöffnet 1. März - 14. Juni und 1. Sept. - 31. Okt. Mo - Sa 9 - 19 Uhr, So 10 - 13 Uhr, 15 - 18 Uhr; 1. Nov. - 28. Feb. Mo - Sa 9 - 14 Uhr, So 10 - 13 Uhr*). Das Geburtshaus Raffaellos liegt gleich neben der früheren Werkstatt von Raffaellos Vater, Giovanni Santi, der hier als Goldschmied und Maler tätig war.

Casa Natale di Raffaello

Einer der namhaften Söhne der Stadt ist **Raffaello Sanzio da Urbino** (1483 – 1520), der zu den größten Malern und Architekten der Hochrenaissance zählt.

Blick vom Parco della Resistenza zum Palazzo Ducale in Urbino

Raffaello-Denkmal am Parco della Resistenza an der Fortezza Albornoz

Raffaello (Raphael) wurde am 6. April (auch der 28. März wird als Geburtsdatum genannt) 1483 geboren. Mit etwa 17 Jahren ging er nach Perugia und vervollkommnete dort im Atelier von Pietro Vanucci (als *Perugino* bekannt) seine vom Vater beigebrachten ersten Malkünste.

1508 beruft ihn Papst Julius II. nach Rom. Zunächst porträtiert er namhafte Persönlichkeiten, darunter auch Papst Julius II., der ihm hohe Auszeichnungen zukommen lässt. Zwischen 1509 und 1517 ist Raffaello in der Vatikanstadt tätig und stattet die päpstlichen Gemächer mit Wandgemälden, den berühmten „Stanzen", aus. In jener Zeit entstand auch die „Sixtinische Madonna", Raffaellos berühmtestes Madonnenbild.

1514 wird Raffaello sogar als Nachfolger des verstorbenen Bramante als Baumeister der Peterskirche berufen.

Erst 37 Jahre alt stirbt Raffaello am 6. April 1520 in Rom. Todesursache soll angeblich ein Aderlass gewesen sein. Giorgio Vasari (1511 – 1574) aber, der große Chronist der Künstlerszene der Renaissance, beschreibt in seiner berühmten Künstlerbiografie „Le Vite" Raffaello als Schürzenjäger, der einen „unsittlichen Lebenswandel" zu führen pflegte und an den Folgen einer Geschlechtskrankheit (evtl. auch an der Pest) verstorben sei.

In der **Chiesa di San Bernardino degli Zoccolanti** (Mausoleo dei Duchi) **[N43° 43' 22.69" E12° 38' 56.60"]**, die in San Donato, ein gutes Stück östlich außerhalb der Stadt liegt, sind die Grabmäler der Herzöge von Urbino zu finden.

Eine weit über die Stadt Urbino hinaus bekannte und beliebte Käsespezialität ist die **Casciotta aus Urbino**, eine der edelsten Käsesorten der ganzen Region. Das ursprüngliche Rezept soll schon im 16. Jh. angewendet und bis heute so gut wie nicht abgeändert worden sein. Hergestellt wird der Käse aus Schafs- und Kuhmilch unter Zugabe von Edelhefe und Lab. Die Käselaiber werden in Holzkisten eingedampft, danach in eine Salzlösung gelegt, abgetrocknet und gut vier Wochen bei genau bestimmter Temperatur und Luftfeuchtigkeit gelagert. Das Resultat wird seit altersher hoch geschätzt und ist längst zu einer lokalen Berühmtheit, zu einem „aristokratischen" Käse geworden. Selbst an den päpstlichen Tafeln in Rom wurde Casciotta aufgetragen. Zeitweise soll der Wert dieser Käseart dem Tauschwert von Münzen gleichgestellt gewesen sein.

Vor der Weiterreise lohnt die kurze Fahrt hinauf zur Fortezza Albornoz am **Parco della Resistenza (8) [Parkplatz,**

PRAKTISCHE HINWEISE – URBINO

Centro Informazioni Accoglienza Turistica – I.A.T. Urbino, Piazza Duca Federico 35, Via Puccinotti 35, 61029 Urbino, Tel. +39 0722 26 13; www.turismo.pesarourbino.it. *Geöffnet Mo, Mi + Do 9 - 13 Uhr; Di 9 - 13 Uhr, 15 - 17.45 Uhr; Fr - So 9 - 13 Uhr, 15 - 18 Uhr.*

Feste: Festa del Duca, Fest des Herzogs, am dritten Sonntag im August, Umzüge mit historischen Kostümen des 15. Jh., mittelalterliche Wettkämpfe.

RESTAURANT

Antica Osteria da la Stella, Via Santa Margherita 1, Tel. +39 07 22 32 02 28; www.anticaosteriadalastella.com, kleines, rustikales Lokal im Zentrum, neben der Casa Natale di Raffaello gelegen, gute Küche, die auch Trüffelgerichte anbietet. Im Januar und montags im Juli geschlossen.

HOTELS

San Domenico, 31 Zi., Piazza Rinascimento 3, Tel. +39 07 22 26 26; www.viphotels.it; komfortables Mittelklassehotel, eingerichtet in einem ehemaligen Konvent neben der Kirche San Domenico, das durch seine absolut zentrale Lage direkt gegenüber dem Palazzo Ducale besticht, hauseigene Parkmöglichkeit, kein Restaurant.

Albergo Italia, 43 Zi., Corso Garibaldi 38, Tel. +39 07 22 27 01; www.albergo-italia-urbino.it; einfacheres, aber komfortables Haus in zentraler Lage, erschwingliche Zimmerpreise, kein Restaurant, keine Parkmöglichkeit.

CAMPING

Camping Pineta Urbino [WP 070, N43° 43′ 43.00″ E12° 39′ 24.32″], Via Ca' Mignone, Tel. +39 072 24 710; www.camping-pineta-urbino.it. Ganzjährig geöffnet. Abzweig von der SP423/SS73bis (Urbino – Perugia) am großen Kreisverkehr nach Noti delle Cesane ostwärts und noch ca. 2 km. Mehrere Wiesenterrassen am Hang, teils mit Pinienbestand, teils Stadtblick; ca. 4 ha – 45 Stpl.; gute Standard-Sanitärausstattung; Restaurant, Schwimmbad, WLAN, **V & E für Wohnmobile**.

WOHNMOBIL-STELLPLATZ

Wohnmobil-Stellplatz Area Sosta Camper Urbino [WP 071 / N43° 44′ 0.90″ E12° 37′ 39.59″]. Zufahrt/Lage: Via Pablo Neruda, ca. 3 km nordwestlich der Stadt, Zufahrt von der E78. **Geöffnet:** Ganzjährig: **Gebühr:** Kostenlos. **Ausstattung:** Großer, asphaltierter Parkplatz für Busse, Wohnmobile und Pkw bei den städtischen Sportplätzen Campo Sportivo, ca. 50 Stellplätze. Frischwasser, V & E Station. Busverbindung in die Stadt.

N43° 43′ 32.32″ E12° 37′ 55.63″]. Vom Park hat man einen **sehr schönen Blick** auf die Stadt und den dominierenden Herzogspalast!

*ROUTE: Am Kreisverkehr unterhalb von Urbino über die SP423 nach **Pesaro**, rund 35 km. Etwa auf halbem Wege kann man ostwärts Richtung Sant'Angelo in Lizzola und **Mombaroccio** abzweigen, um Camping Podere Sei Poorte zu erreichen (Näheres s. u. Camping – Pesaro).*

Pesaro, die alte Hafenstadt, war vor allem in der Zeit zwischen dem 13. und 16. Jh. eine einflussreiche und prosperierende Stadt und bis 1631 Sitz der Herzöge Della Rovere. Nicht zuletzt dank der kilometerlangen, spätestens im Sommer mit einem Wald aus Sonnenschirmen gespickten Sandstränden, ist Pesaro heute auch viel besuchtes Seebad an der Adria,

Parkplätze findet man auf dem **Parcheggio San Decenzi [WP 072 / [N43°**

*PESARO – **1** Touristeninformationsbüro – **2** Villa Ruggieri – **3** Palazzo Ducale – **4** Museo Civico, Palazzo Toschi Mosca – **5** Museo Archeologico Oliveriano – **6** Cattedrale di Santa Maria Assunta – **7** Casa di Rossini – **8** Postamt – **9** Bahnhof*

54' 10.20" E12° 54' 49.66"] in der Via Carlo Alberto Bondei oder auf dem **Parkplatz Piazza le Carducci [N43° 54' 21.49" E12° 54' 43.91"].**

Wie einige andere Städte in den Marken, wie Senigallia oder Porto San Elpidio, so bietet auch Pesaro seit einiger Zeit mit der Aktion „centro in bici" sog. **„City Bikes"** an, mit denen sich umweltschonend und ohne Parkplatz-Such-Stress die Stadt erkunden lässt. Allerdings sind die Standorte der Stadtfahrräder (in Pesaro bislang nur 5) noch etwas weit über die Innenstadt verteilt. Und auch die Miet- und Registrierungsprozedur (Kaution) scheint uns (abgesehen von evtl. Sprachproblemen) noch etwas umständlich zu sein. Gewöhnlich ist das Touristenbüro für die Registrierung zuständig. Nähere Informationen über City Bikes in Pesaro findet man bei www.pesaromobilita.it (in italienischer Sprache, allgemeine Infos zum öffentlichen Nahverkehr in Pesaro, unter „Biciclette" Infos zu City Bikes).

Einer der Mittelpunkte an der Seepromenade von Pesaro ist die **Piazza della Libertà [N43° 54' 52.63" E12° 55' 5.48"]** mit der auffallenden Skulptur „Palla di Pomodoro" oder „Sfera Grande" von Arnaldo Pomodoro, die einer gesprengten Kugel nicht unähnlich ist. Im Sommer startet an der Piazza della Libertà ein kostenpflichtiges Rundfahrtbähnchen durch die Altstadt.

An der Westseite des Platzes, fast erdrückt von den Hotelhochbauten in der Nachbarschaft, fällt die **Villa Ruggieri (2) [N43° 54' 50.89" E12° 55' 4.67"]** auf. Die Fassaden dieser ganz ungewöhnlichen Villa sind überschwänglich mit Dekor im Jugendstil geschmückt. Oreste Ruggeri, ein wohlhabender Pharmaindustrieller aus Urbino, hatte sich die Villa um 1905 erbauen lassen. Aber irgendwie wirkt das extravagante Gebäude heute in dieser Umgebung deplatziert. Das Anwesen ist in Privatbesitz und für die Öffentlichkeit nicht zugänglich!

Von der Seepromenade und der Hotelmeile Viale Trieste braucht man nur ein kurzes Stück landeinwärts zu gehen um ins Zentrum der historischen Altstadt zu gelangen, die sich hinter der Burg Rocca Constanza (nicht zugänglich) ausdehnt.

Lebhafter Mittelpunkt ist hier die **Piazza del Popolo** mit dem Brunnen Fontana di Tritoni. Der Platz wird an seiner Westseite vom weitläufigen Gebäudeensemble des Palazzo Ducale „Della Rovere" begrenzt, der zwischen dem 15. und 16. Jh. in der Blütezeit der Stadt, entstand. Leider ist der Palazzo mit seinem stattlichen Salone Mataurense nicht zu besichtigen.

Zwei Straßenzüge weiter nördlich, in der Via Mazzolari, findet man den **Palazzo Toschi Mosca (4) [N43° 54' 40.81" E12° 54' 47.62"]**. Die Moscas waren ein wohlhabendes Adels- und Kaufmannsgeschlecht aus Bergamo. Im 17. Jh. konnte man das Palais in Pesaro errichten, das bald ein beliebter Treffpunkt namhafter Vertreter der Aristokratie, der Politik und der Künste war. Selbst Napoleon Bonaparte soll hier ein- und ausgegangen sein in der Zeit, als Pesaro Teil der Cisalpinischen Republik (1797 – 1802) war und ein Mitglied des Hauses Mosca in Regierungsdiensten stand. Heute ist in dem Palais das **Museo Civici** untergebracht. Besonders stolz im Museum ist man auf Bellinis Bild „Krönung der Jungfrau". Nicht minder sehenswert sind die Ausstellungen in der Abteilung „Museo delle Ceramiche" in der wunderschöne Keramiken, Terrakotta- und Majolikagegenstände (Krüge, Apothekergefäße etc.) aus der Renaissance bis ins 18. Jh., sowie Glaskunst und Goldschmiedearbeiten aus der Perlini-Gabucci-Sammlung zu sehen sind *(geöffnet 1. Okt. - 31. Mai Di - Do 10 - 13 Uhr, Fr - So 10 - 13 Uhr, 15.30 - 18.30 Uhr; 1. Juni - 30. Sept. Di - So 10 - 13 Uhr, 16.30 - 19.30 Uhr; www.pesaromusei.it/en/index.asp)*.

Archäologische Gegenstände aus der langen Geschichte der Stadt präsentiert das **Museo Archeologico Oliveriano (5)**, Via Domenico Mazza *(geöffnet Mo - Fr 9 - 12 Uhr, 15.30 - 18.30 Uhr, Sa 9 - 12 Uhr)*. Benannt ist das Museum, das in einem Herrenhaus aus dem 17. Jh. untergebracht ist, nach Annibalo Olivieri

Die Jugendstilfassade der Villa Ruggieri in Pesaro

Giordani, einem Wissenschaftler und Archäologen aus dem 18. Jh. Zu sehen sind Exponate vor allem aus der Antike, darunter Funde aus der Nekropole von Novilara in der Umgebung, Stelen aus der Zeit der Romanisierung Pesaros u. ä. Ein besonders bedeutsames Ausstellungsstück ist – neben Sarkophagen, Skulpturen, Öllampen etc. – eine Stele mit etruskisch-lateinischer Inschrift.

Unweit östlich des **Museo Civici** bzw. drei Straßenzüge nördlich der Piazza del Popolo sieht man an der Via Rossini die **Cattedrale di Santa Maria Assunta (6) [N43° 54' 39.85" E12° 54' 52.00"]**. An der Nordseite der Kathedrale findet man das **Diözesanmuseum**.

Geht man von der Kathedrale über die Via Rossini nur ein kurzes Stück nach Südwesten zurück Richtung Piazza del Popolo kommt man zur **Casa di Rossini (7) [N43° 54' 38.64" E12° 54' 49.93"],** Via Rossini 34 *(geöffnet tgl. a. Mo 10 - 13 Uhr, 16.30 - 19.30 Uhr)*. Hier erblickte 1792 Gioachino Rossini das Licht der Welt. Die ersten acht Jahre seines Lebens verbrachte der später weltberühmte Komponist („Il barbiere di Siviglia" - „Der Barbier von Sevilla", Opera buffa, 1816) hier in Pesaro. Rossini starb 1868 in Paris.

Das Teatro Rossini in Pesaro führt jedes Jahr im August während eines weit über die Region hinaus bekannten Festivals Rossini-Opern auf.

Gioachino Rossini ist allerdings nicht nur als genialer Tonkünstler bekannt, sondern er galt auch als großer leidenschaftlicher Gourmet und Genussmensch. Berühmt waren seine Festbankette, die er in seiner Villa Passy bei Paris ausrichtete. Kenner seiner Vita sind der Ansicht, dass Gioachino Rossini drei große Leidenschaften hatte: Die Musik in erster Linie natürlich, gleich gefolgt von einer großen Liebe zu guter Küche und guten Weinen (Rossini soll einen bestens sortierten Weinkeller besessen haben) und schließlich seine Lebenslust und Hingezogenheit zum weiblichen Geschlecht.

Rossini war der Meinung: „Essen und lieben, singen und verdauen: Das sind in Wahrheit die Akte der Opera buffa, die Leben heißt. Wer sich diesen Genuss entgehen lässt, muss verrückt sein."

Sein Name ist in der guten Küche bis auf den heutigen Tag geläufig und taucht als **„Tournedos à la Rossini"** auf den Speisekarten gepflegter Restaurants auf. Tournedos à la Rossini sind dicke Filetscheiben vom Rind, belegt mit einer Scheibe Gänseleberpastete und ein paar Flocken Trüffel, serviert auf einer dicken Scheibe geröstetem Weißbrot, die vorher im Bratensaft gewendeten wurde, evtl. garniert mit ein paar Tropfen Madeirasauce.

Ein weiterer großer Name der Opernszene ist mit Pesaro verbunden. Die Opernsängerin Renata Tebaldi (1922 – 2004), „die Engelsstimme", stammte aus Pesaro. Die weltberühmte Sopranistin – Rivalin von Maria Callas an der Mailänder Scala – gehörte bis 1973 zum Ensemble der Metropolitan Opera in New York. „Die Tebaldi" starb am 19. Dezember 2004 in San Marino.

PRAKTISCHE HINWEISE – PESARO

Centro Informazione Accoglienza Turistica – I.A.T. Pesaro, Viale Trieste 164, an der Piazza della Libertà, 61121 Pesaro, Tel. +39 0721 693 41; www.turismo.marche.it; *geöffnet Mo - Fr 9 - 13 Uhr, Di + Do auch 14.30 - 17.30 Uhr.*

RESTAURANT

Commodoro, Viale Triste 269, Tel +39 072 13 26 80; www.ilcommodoro.com; Montag Ruhetag, alteingesessenes Lokal an der Uferpromenade, regionale Küche, mittlere bis gehobene Preislage, Terrasse.

HOTELS

Savoy, 61 Zi, Viale della Repubblica 22, Te. +39 072 13 31 33; www.hotelsavoyypesaro.it; komfortables Mittelklassehotel zentral zwischen Uferpro-

mendade und Altstadt gelegen, Hotelgarten, Schwimmbad, Wellness, Restaurant „Ariston Blue Dream“, Garage.
Spaggia, 76 Zi., geöffnet Mitte Mai - Mitte Sept., Viale Trieste 76, Tel. +39 072 13 25 16; www.hotelspaggia.com; an der Uferpromenade am Strand gelegen, einfacheres Haus mit moderaten Zimmerpreisen, Restaurant für Hausgäste, kleiner Hotelgarten, Parkplatz.

CAMPING

Camping Marinella [WP 073 / N43° 52′ 53.23″ E12° 57′ 43.86″], Tel +39 072 15 57 95; www.campingmarinella.it; Anf. Apr. – 30. Sept. Von Pesaro auf der SS16 ca. 3 km südostwärts, bei KM 243, durch eine Bahnunterführung (3,30 m Höhe) meerwärts zum Platz. Schmales Platzgelände mit einzelnen Laubbäumen, zwischen Straße, Bahnlinie und Meer; ca. 1,5 ha 80 Stpl. + 100 Dau., Standard-Sanitärausstattung, WLAN, Laden, Restaurant, **V & E für Wohnmobile**.

Monteciccardo
Camping Podere Sei Poorte [WP 074 / N43° 47′ 59.97″ E12° 49′ 18.89″], Via Petricci 14, Tel. +39 0721 91 02 86; www.podereseipoorte.it; Ende Apr. – 30. Sept.; SP26 über Sant' Angelo in Lizzola Richtung Mombariccio, in Villa Ugolini südwärts auf die Via Petricci, nach ca. 1,5 km mit „Camping P6P“ beschildert; weitläufiges, ansteigendes Wiesengelände durch Kieswege in große Felder unterteilt, in ländlicher, hügeliger Umgebung; ca. 6 ha – 110 Stpl., gute Standard-Sanitärausstattung, Waschmaschine, Trockner, Laden, Restaurant, Schwimmbad, **V & E für Wohnmobile**, Mietzelte.

Ausflug nach Gradara

Das Städtchen **Gradara** war ungewöhnlich stark befestigt. Die mächtige zinnengekrönte **Stadtmauer** mit ihren Türmen beeindrucken noch heute die Besucher. Aber selbst diese trutzige Befestigung war den Malatesta, den Herren von Gradara offenbar nicht sicher genug. Ihre Burg am Nordrand der Altstadt ist noch einmal durch eine Mauer vom Rest des Ortes geschützt. Letztendlich nützten aber alle Mauern nur wenig. Denn Mitte des 15. Jh. bemächtigten sich die mit den Malatesta rivalisierenden Sforza der Burg und beraubten sie aller Wertgegenstände.

Einen günstig gelegenen **Parkplatz [WP 075 / N43° 56′ 27.49″ E12° 46′ 24.94″]**, der auch als **Wohnmobil-Stellplatz** ge-

In Gradara. Foto: Fototeca ENIT

nutzt wird, findet man unmittelbar an der Südostseite der noch vollkommen von der Stadtmauer umgebenen Altstadt von Gradara.

An der Südseite gewährt nur ein einziges Tor in einem hohen Uhrturm Einlass in den alten, historischen Teil von Gradara. Von dort geht man durch die schmale, von Souvenirläden und Kneipen gesäumte Via Umberto I., die einzige Gasse von Bedeutung im Ort, hinauf zur historischen Burg von Gradara.

Gleich am Anfang passiert man an der kleinen Piazza V Novembre das rechterhand gelegene **Museo Storico,** ein eher bescheidenes Heimat- und Regionalmuseum *(geöffnet 15. März - 30. Sept. 10.30 - 13 Uhr, 14.30 - 18 Uhr, zwischen 15. Juni und 15. Sept. auch 20.30 - 23 Uhr; 1. Okt. - 14. März nur So 10.30 -13 Uhr, 14.30 - 18 Uhr; www.museostoricogradara. com).* Zu sehen sind – neben den unterirdischen Gewölben „Le Grotte" – u. a. landwirtschaftliche Gerätschaften, Folterwerkzeuge und mit historisch gewandeten Figuren nachgestellte Szenen zum Thema „Paolo und Francesca".

Nicht nur romantische Gemüter werden in Gradara die **Fortezza di Gradara [N43° 56' 33.11" E12° 46' 27.92"],** in der Lucrezia Borgia, Gemahlin von Giovanni Sforza, zeitweise residiert haben soll, sehen wollen *(geöffnet Mo 8.30 - 13 Uhr, Di - So 8.30 - 18.30 Uhr).* Die Burg ist nämlich mit der tragischen Liebesgeschichte von Paolo Malatesta und Francesca da Rimini verbunden.

Nachdem Giovanni Malatesta, der Gatte der Francesca, hinter das heimliche Techtelmechtel der hübschen Francesca mit seinem Bruder Paolo gekommen war, brachte er die beiden um. Die Geschichte muss landesweit so großes Aufsehen erregt haben, dass sie sogar Dante in seiner „Göttlichen Komödie" im fünften Gesang der Hölle, „Inferno", zum Gegenstand gemacht hat. Dort begegnet Dante der verstorbenen Francesca. Auch die Dichter und Humanisten Francesco Petrarca und Giovanni Boccaccio befassten sich mit der Geschichte.

Sehenswert sind die festlichen Säle der Fortezza. Der Altar der Schlosskapelle wird von einer Terrakottaplastik von Andrea della Robbia geschmückt. Ein Altarbild stammt von Giovanni Santi aus Urbino, dem Vater des Malers Raffaelo.

ABSTECHER NACH SAN MARINO

San Marino liegt unweit westlich der Adriaküste, etwa auf der Höhe von Rimini, an den Ostausläufern der Apenninen und zwischen den Regionen Emilia-Romagna und Marken.

Das Gebiet der knapp 61 qkm großen Republik wird geprägt vom Höhenzug des Monte Titano (756 m, UNESCO Weltkulturerbe), der mitten in San Marino von der Festung La Guaita dominiert wird.

Italienisch ist die Amtssprache in San Marino. Und obwohl der Zwergstaat nicht Mitglied in der Europäischen Union ist, gilt der Euro als Zahlungsmittel.

Telefon-Ländervorwahl: 378

Nationalfeiertag ist der 3. September. Am 3. September 301 soll der Heilige Marinus den Ort gegründet haben.

Mitunter wird San Marino als Stadtstaat bezeichnet, was allerdings nicht ganz korrekt ist. San Marino ist eine Republik, die älteste in Europa übrigens, die sich aus neun Gemeinden (castelli) zusammensetzt: Aus der Hauptstadt San Marino und aus Acquaviva, Borgo Maggiore, Chiesanuova, Domagnano, Faetano, Fiorentino, Montegiardino und Serravalle. An der breitesten Stelle misst das Staatsterritorium von San Marino gerade mal 12 km.

Die Geschichte der Republik San Marino reicht zurück bis ins frühe 4. Jahrhundert. Im Jahre 301 soll ein Steinmetz und Mönch namens Marinus aus Dalmatien auf der Flucht vor den Christen verfolgenden Häschern des römischen Kaisers Diokletian an den bewaldeten Hängen des Monte Titano Schutz gesucht haben. Zusammen mit dem später heilig gesprochenen Leo und anderen Mönchen gründete Marinus hier eine von Rom unabhängige klösterliche Gemeinschaft.

Leo zog sich später als Eremit nach San Leo zurück, das nur wenige Kilome-

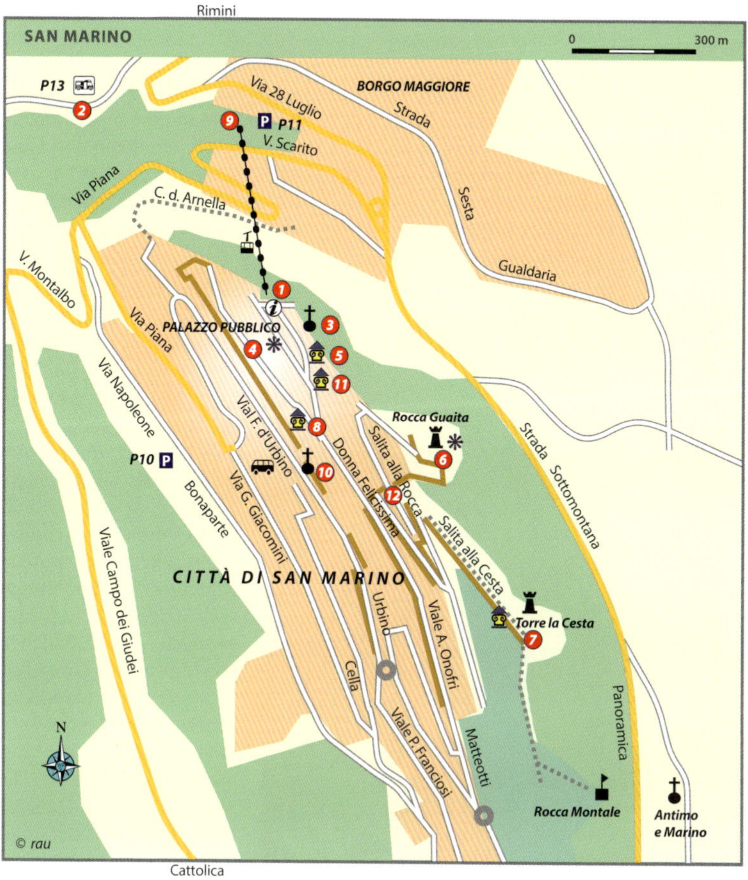

*SAN MARINO – **1** Touristeninformation – **2** Wohnmobil-Stellplatz, Parkplatz P13 – **3** Basilica di San Marino – **4** Palazzo Pubblico – **5** Museo Armi Moderne – **6** Castello Rocca della Guaita – **7** Museo delle Armi Antiche, Torre la Cesta, Rocca della Fratta – **8** Museo di Stato – **9** Kabinenseilbahn Funivia – **10** San Francesco – **11** Vampir Museum Museo della Creature delle Notte – **12** Museo della Curiosità*

ter südwestlich von San Marino im äußersten Nordwesten der Marken liegt. Dort ist der Heilige auch begraben. Teile seines Sarkophages sind in der Krypta des Doms von San Leo noch zu sehen.

Später wurde die Gemeinde von San Marino stark befestigt. Und im 13. Jh. gaben sich die San-Marinesen eine Verfassung und festigten so ihr Gemeinwesen als freie und unabhängige Republik, die von einem starken Heer geschützt wurde. San Marino musste sich nicht nur der begehrlichen Zugriffe der Päpste, sondern auch der Angriffe der Republik Rimini, die damals im 13. Jh. von den guelfentreuen Malatesta beherrscht wurde, erwehren. Erst als das der kaisertreuen Bewegung der Ghibilinen verbundene Haus der Montefeltro aus Urbino San Marino ein Schutzbündnis anbot, konnte sich die Gemeinschaft wieder sicherer vor feindlichen Übernahmen fühlen.

Von Napoleon heißt es übrigens, dass er die Standhaftigkeit des Kleinstaates bewunderte, dem es eisern und diplomatisch geschickt immer wieder gelang, seine Unabhängigkeit zu bewahren. Angeblich hatte Napoleon auf seinen Vormärschen in Italien seine Truppen angewiesen, nicht in San Marino einzumarschieren.

Nach dem Zweiten Weltkrieg, in dem San Marino von britischen Truppen bombardiert wurde, regierte in der Kleinrepublik eine linke Volksfront, die später als Progressiv-Demokratische Partei auftrat, und als Koalitionspartner noch heute in der Regierung von San Marino ist.

San Marinos Wahrzeichen, die Festung Castello della Guaita. Foto: Goffredo Taddei, Verkehrsamt San Marino,

Schon bald nach Ende des Zweiten Weltkrieges wurde der Fremdenverkehr eine der wirtschaftlich wichtigsten Säulen im Haushalt San Marinos. Wie man liest, sollen die Einnahmen aus der Tourismusindustrie (jedes Jahr kommen mehr als 2 Mio. Touristen, vor allem Tagesgäste, in den Zwergstaat) in San Marino so erfreulich sprudeln, dass die etwa 30.000 San-Marinesen (Sammarinesi) medizinische Versorgung kostenlos in Anspruch nehmen können und der Staatshaushalt durch keine Schulden belastet ist. San Marino gilt offiziell als Steueroase. Man gibt bei Sammlern begehrte eigene Briefmarken und Münzen heraus. Und natürlich hat San Marino auch eine eigene Fußballnationalmannschaft, die „Serenissima".

Wenn Sie sich auf den Weg nach San Marino machen, vermeiden Sie auf der Anfahrt möglichst die schnellere, autobahnähnliche SS72 von Rimini nach San Marino, die zwar den Beinamen „Strada Panoramica" führt, diesem Anspruch aber nicht gerecht wird.

Wesentlich schöner, wenn auch etwas zeitaufwändiger, ist die Anreise von Süden über das kurvenreiche Landsträßchen von Mercantino Conca her.

Im Ort San Marino ist allgemeiner Autoverkehr innerhalb der alten Stadtmauern verboten. Die Ausdehnung des Ortes ist überschaubar, sodass viele Sehenswürdigkeiten zu Fuß erreichbar sind.

Am besten parkt man auf den **Parkplätzen/Stellplätzen P13 in Borgo Maggiore (2) [WP 076, N43° 56' 25.57" E12° 26' 47.53"]** (P11, nur für Pkw, mit Ticketautomat) an der Piazzale Campo della Fiera bei der **Talstation der Kabinenseilbahn Funivia (9)** (1,5 km lang), und fährt mit ihr in knapp zwei Minuten hinauf nach San Marino. Die Seilbahn verkehrt ganzjährig alle 15 Minuten von morgens 7.30 Uhr bis 19 bzw. 20 Uhr, ja nach Jahreszeit (in der Sommerferienzeit bis 1 Uhr nachts).

Ganz in der Nähe unterhalb der Talstation findet man nahe der Pkw-Parkplätze einen bislang gebührenfreien **Parkplatz/Stellplatz für Wohnmobile (P13) [WP 076 / N43° 56' 27.08" E12° 26' 32.56"]** WC + Waschbecken an der oberen Terrasse. An der Auffahrt zum Centro Storico beschildert. Vom Stellplatz/Womo-Parkplatz führt ein befestigter Fußweg bergwärts zur mit „Funivia" beschilderten Talstation der Seilbahn.

Ein weiterer, allerdings gebührenpflichtiger, **Parkplatz (P10)**, der auch für Wohnmobile gut geeignet ist, liegt am Westrand der Stadt an der **Via Napoleone Bonaparte [N43° 56' 3.77" E12° 26' 42.59"]**.

Creature della Notte, und erreicht nach rund 15 Minuten das Castello della Guaita.

Die **Basilica di San Marino (3) [N43° 56' 12.92" E12° 26' 48.68"]**, die Kathedrale der Republik San Marino mit ihrer mit korinthischen Säulen geschmückten Vorhalle an der klassizistischen Fassade und einem kassettengeschmückten Deckengewölbe im Inneren, liegt etwas oberhalb der Piazza Libertà. Die Kirche, die auf den Fundamenten eines früheren romanischen Gotteshauses ruht dessen renovierter Glockenturm noch erhalten ist, ist die Grabkirche des Heiligen Marinus. Seine sterbliche Überreste

San Marino, Palazzo Pubblico, Piazza Libertà. Foto: Goffredo Taddei, Verkehrsamt San Marino

San Marino ist das ganze Jahr über sehr stark besucht, sodass ein Bummel durch die von Souvenirläden und Imbissstuben gesäumten Gassen der Stadt im Geschiebe der Besuchermassen etwas mühsam sein kann.

Von der Bergstation der Kabinenseilbahn Funivia, Via Eugippio, geht man südwärts, über die Straße Contrada Omagnano (Touristenbüro), vorbei an der Basilica di San Marino, dem besuchenswerten Palazzo Pubblico an der Piazza Libertà, dem Museo Armi Moderna und dem Vampirmuseum Muso delle

werden in einem goldenen Reliquiar im Altar aufbewahrt.

In der Kapelle San Pietro neben der Basilika ist eine Steinnische zu sehen, die der Überlieferung nach dem Stadtgründer Marinus als Schlafstätte gedient haben soll, als er hier zu Beginn des 4. Jh. ein Leben als Einsiedler führte.

Eine Besichtigung lohnt der historische Gouverneurspalast **Palazzo Pubblico (4)** an der Piazza Libertà *(geöffnet tgl. 8 - 20 Uhr, Okt. - Mai tgl. 9 - 17 Uhr; www.museidistato.sm), der Regierungssitz der Republik San Marino*. Der imposante Bau mit Loggienhalle und markantem Uhrturm stammt aus dem 19. Jh.

Sehenswert ist die **Empfangshalle L'Atrio** und die representativen Säle im Obergeschoss **„La Salla del Consiglio Grande e Generale"** („Saal des Großen Rates") und **„La Salla del Consiglio dei XII"** („Saal des Rates der 12"). Der „Große Rat" mit seinen 60 vom Volk gewählten Mitgliedern stellt die Regierung von San Marino dar. Der „Rat der 12" wurde erstmals im 15. Jh. installiert und ist die oberste Instanz der Gerichtsbarkeit in San Marino.

Bemerkenswert an der Stirnseite „Saals des Großen Rates" ist ein großes Wandgemälde über dem Doppelthron der jeweils auf sechs Monate gewählten Capitani Reggenti. Das Bild zeigt in der Mitte den Stadtgründer Marinus, der vom Monte Titano herab sein Volk an Freiheit und Unabhängigkeit gemahnt.

Auf der Piazza Libertà vor dem Palazzo Pubblico sieht man die „Freiheitsstatue von San Marino". Von der einer großen Freiterrasse ähnlichen Piazza genießt man einen ganz prächtigen Blick ins Land.

Ein großes Spektakel für die zuschauende Touristenschar ist immer die **Wachablösung** der Staatsgarde vor dem Palazzo Pubblico. Die Wachablösung findet zwischen 8.30 und 18.30 Uhr (in den Wintermonaten weniger häufig) immer zur halben Stunde statt.

Weiter geht man, vorbei am **Museo Armi Moderne (5)** (Waffen, vornehmlich Gewehre aus der Zeit des Ersten und Zweiten Weltkrieges) und am Grusel- und Vampir-Museum **Museo della Creature delle Notte (11),** über die Strada de Magazzeni und die Salita alla Rocca hinauf zum Wahrzeichen von San Mariono, dem steilen Felsen **Rocca [N43° 56' 7.02" E12° 26' 57.66"]**, der vom **Castello della Guaita (6)** mit seinen alles überragenden Türmen gekrönt wird. Außer der herausragenden Lage des Castellos ist es die Aussicht, die man von seinen Mauern genießen kann.

Der „Hexensteig" Passeo delle Streghe führt weiter nach Süden bis zum **Torre La Cesta (7) [N43° 55' 57.28" E12° 27' 5.78"]**. Auch von hier genießt man schöne Ausblicke auf die Festungsanlage, die Stadt und ins Umland. In den Türmen hier ist das **Museo delle Armi Antiche,** ein Waffenmuseum, das vor allem Ritterrüstungen, Hieb- und Stichwaffen sowie einige Armbrüste präsentiert. Die kleine Armee von San Marino war einst stolz auf ihre kühnen Armbrustschützen.

Zu den interessanten Museen in San Marino zählet das **Museo di Stato (8) [N43° 56' 9.67" E12° 26' 47.85"]** an der Piazzetta del Titano. Das Museum, das im Palazzo Pergami Belluzzi eingerichtet ist, ist ein sehenswertes Kunst- und Regionalmuseum mit archäologischer Abteilung (Etrusker- und Römerzeit) und einer Sammlung Sammarineser Münzen und Medaille aus der Zeit von 1865 bis 1938.

Staatliche Museen in San Marino haben einheitliche Öffnungszeiten: 20. März - 20. Sept. tgl. 8.00 - 20.00; 21. Sept. - 19. März. tgl. 9.00 - 17.00 Uhr; www.museidistato.sm.

Weitere Museum sind das **Wachsfigurenkabinett,** Via Lipicidi Marini 17 *(geöffnet Okt. - März 8.30 - 12.30 Uhr, 14 - 17.30 Uhr; Apr. - Juni + Sept. 8.30 - 18.30 Uhr, im Juli und Aug. bis 20 Uhr; www.museodellecerersm.com)* und ein **Kuriositätenmuseum (12)**, Salita alla Rocca 26 *(Öffnungszeiten veränderlich; www.museodellecuriosita.sm).*

PRAKTISCHE HINWEISE – SAN MARINO

Ufficio del Turismo [N43° 56' 15.39" E12° 26' 45.07"], Contrada Omagnano, 20, hinter der Bergstation der Seilbahn, 47890 San Marino Città, Repubblica di San Marino, Tel. +378 05 49 88 29 14; www.visitsanmarino.com; *geöffnet Mo - Fr 8.30 - 18 Uhr, Sa + So 9 - 13.30 Uhr, 14 - 18 Uhr.*

HOTELS

Die Auswahl an Hotels ist recht begrenzt, vielleicht ein Resultat des Besucherverhaltens. Die große Mehrzahl der Besucher sind Tagestouristen.

Hotel Bellavista, 10 Zi., Contrada del Pianello 42, Tel. +39 +378 05 49 99 12 12; www.hotelbellavistasanmarino.com; Haus mit einfacherem Komfort aber unmittelbar an der Bergstation der Kabinenseilbahn gelegen, Restaurant.
Hotel Titano, 48 Zi., Contrada del Collegio 31, Tel. +39 +378 05 49 99 10 07; www.hoteltiano.com; ordentliches Mittelklassehotel mitten in der Oberstadt von San Marino gelegen, schöne Restaurantterrasse mit Aussicht.
Joli San Marino, 30 Zi., Viale Federico d'Urbino 36/b, Tel. +39 +378 05 49 99 10 09; www.hoteljoli.sm; Haus mit einfachem Komfort aber relativ preiswert und verkehrsgünstig gelegen, Restaurant.

CAMPING

Camping Centro Vacanze San Marino [WP 077 / N43° 57' 33.37" E12° 27' 41.18"], Strada San Michele, 50, Tel. +39 05 49 90 39 64; www.centrovacanzesanmarino.com; Jan. – Dez.; nördlich der Città di San Marino, Zufahrt von der SS72 Via Cinque Febbraio beschildert; Terrassengelände mit reichem Baumbestand, durch Hecken und Bäume parzellierte Stellplätze, von einigen Plätzen Meerblick; ca. 10 ha – 180 Stpl. + Dau.; Komfort-Sanitärausstattung; Minimarkt, Restaurant, Pizzeria, Tennis, Schwimmbad (öffentlich), WLAN, Fahrradverleih, 50 Mietbungalows, Mietzelte. **V & E für Wohnmobile**. Busse nach San Marino halten ganz in der Nähe des Platzeingangs.

WOHNMOBIL-STELLPLATZ

Wohnmobil-Stellplatz Area Sosta Camper San Marino P13 [WP 078 / N43° 56' 27.08" E12° 26' 32.56"], Via Bigelli. **Geöffnet:** Ganzjährig zugänglich. **Gebühr:** Kostenlos. **Zufahrt/Lage:** Unweit westlich der Talstation der Kabinenseilbahn, an der Auffahrt zum Centro Storico beschildert (P13). Von der Ausfallstraße Via Ventotto Luglio nur aus Norden kommen zu erreichen. Von Süden kommend bis zum großen Kreisverkehr fahren und dort wenden. **Ausstattung:** Von dichtem Baumbestand umgebener Parkplatz P13, in Terrassen angelegt, geschotterter Untergrund, ca. 50 Stellplätze. Keine Stromanschlüsse, zwei einfache Stehtoiletten + Waschbecken an der oberen Terrasse. V & E Station. Vom Stellplatz/Womo-Parkplatz führt ein befestigter Fußweg bergwärts zur mit „Funivia" beschilderten Talstation der Seilbahn.

Abstecher nach San Leo

*ROUTE: Von **Borgo Maggiore** unterhalb der Stadt San Marino über die Landstraße westwärts bis zur SP258. Ihr folgt man knapp 4 km nach Südwesten und zweigt dann nach Südosten auf eine kurvenreiche Landstraße nach **San Leo** ab, das nach 9 km erreicht wird.*

In der äußersten Nordwestecke der Provinz Marche, und südwestlich der Republik San Marino, liegt **San Leo**, eines der schönsten Dörfer im Hinterland der Region. Einen großen, aber etwas umständlich durch den engen Ort zu erreichenden **Parkplatz [N43° 53' 51.37" E12° 20' 39.20"]** findet man am Nordrand des kleinen Ortes.

Markant und eindrucksvoll ist die **Festung von San Leo [N43° 53' 47.19" E12° 20' 44.32"]** auf dem steilen und historischen Felssporn Mons-Feretrius, die den Ort überragt und von der es heißt, dass sie Machiavelli als die vollkommenste Festungsanlage in ganz Italien angesehen habe. Schon in der Antike soll an dieser die Umgebung beherrschenden Stelle ein Jupitertempel, später eine Römerfestung gestanden haben. Diese Zitadelle erfuhr später zwar mehrfach Anpassungen und Erweiterungen, blieb aber bis ins 18. Jh. als

Verteidigungsanlage und als Gefängnis des Vatikans in Gebrauch.

Der vielleicht prominenteste Gefängnisinsasse war wohl der legendäre Graf Cagliostro, eine überaus schillernde Figur. Der exaltierte „Graf", der eigentlich Giuseppe Balsamo geheißen haben soll, trat als Alchimist und Quacksalber, Schwindler und Hochstapler auf und betätigte sich 1781 in Straßburg gar als Lehrer für Okkultismus.

Schließlich wurde er 1791 als Ketzer und Freimaurer dingfest gemacht und vom Inquisitionsgericht in Rom zum Tode verurteilt. Dank seiner eigenen überaus geschickten Verteidigung und seiner geradezu genialen Überredungskunst wurde das Urteil aber in lebenslange Haft umgewandelt. Schließlich wurde der Graf im vatikanischen Gefängnis in San Leo bis an sein Lebensende 1795 festgesetzt. Cagliostro ist in San Leo begraben. Die Zelle Cagliostros ist heute eine Touristenattraktion.

Nicht bekannt ist, ob Cagliostro bei seinen nächtlichen Versuchen als Alchimist quasi als „Nebenprodukt" auch den „Antico Balsamo Cagliostro" kreiert hat. Jedenfalls ist der verdauungsfördernde Magenbitter auf der Basis von Lakritzwurzeln noch heute in San Leo zu haben.

Neben Cagliostros Zelle sind in der Festung San Leo ein Gemäldegalerie, Festsäle und der Festungswall aus dem 15. Jh. zu besichtigen, der von den Herzögen von Montefeltro in Auftrag gegeben worden war und vom Festungsarchitekten Francesco di Giorgio Martini ausgeführt wurde.

Bemerkenswert im Ort ist auch die **Pfarrkirche**, die schon im 9. Jh. unter Verwendung von Material der Ruine des Jupitertempels von Mons-Feretrius erbaut worden ist.

Auch für den Bau des **Doms von San Leo [N43° 53′ 49.50″ E12° 20′ 33.49″]**, wurden Säulen von Mons-Feretrius verwendet. In der Krypta sind Fragmente des Sarkophags des Heiligen Leo zu sehen, der sich nach der Gründung von San Marino anfangs des 4. Jh. hierher zurückzog und das Dasein eines gottesfürchtigen Einsiedlers führte.

San Leos gewaltige Festung. Foto: Fototeca ENIT.

TOUR 10: PESARO – ANCONA

Länge der Tour: Rund 155 km.

Die Route: SS16 über **Fano** bis **Senigallia** – SP424 über **Mondavio** bis **San Lorenzo in Campo** – SP12 und SP18 über **Ostra** und **Morro d'Alba** nach **Jesi** – SS76 bis **Ancona**.

Abstecher: Zur **Conero-Riviera**, ca. 22 km.

Reisedauer: Mindestens ein Tag.

Höhepunkte: Die **Strände** * bei Fano und Senigallia – **Fanos Altstadt** * – **Roca Roveresca Mondavio** * – **Parco archeologico di Suasa** – Wallfahrtskirche **Santa Maria Goretti in Corinaldo** – **Jesis Innenstadt** * – **Anconas Dom** * **und Museen** – Strände und Küste der **Conero-Riviera** **.

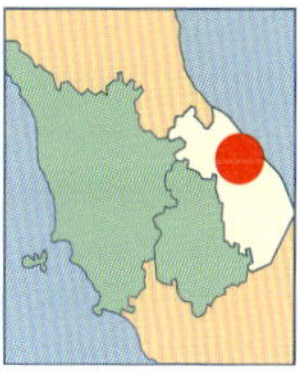

Die Fahrt auf der SS16 von Pesaro südwärts kann nicht nur in der turbulenten Urlaubszeit zu einem reinen Geduldsspiel werden. Auf weite Strecken bestehen Überholverbot und eine Geschwindigkeitsbegrenzung auf 50 km/h. Durch die Orte quält sich dann zu den Hauptverkehrszeiten vormittags und spätnachmittags ein schier endloser Verkehrsstrom. Ein- und Abbiegeverkehr, Ampeln etc. verlangsamen den Verkehrsfluss zusätzlich. Wer's eilig hat, nimmt besser die nahe Autobahn A14!

Von Pesaro nach Südosten erstreckt sich ein fast 180 km langer Küstenabschnitt, der gesäumt ist von schier **endlosen Sand- und Kiesstränden** an denen sich nicht weniger als 26 mehr oder weniger namhafte Badeorte reihen. Nur einmal, südlich von Ancona, wird das flache Küstengestade von den

Fano, Piazza XX Settembre. Foto: Fototeca ENIT.

weißen Klippen am Monte Conero unterbrochen.

Fano, ein weiterer der vielen Badeortorte an der Adriaküste mit annähernd 61.000 Einwohnern, war in der Zeit der Römer ein wichtiger Hafen. Die Via Flaminia, eine der großen, von Rom ausgehenden Römerstraßen, traf hier auf die Adriaküste und führte nordwärts weiter über Pesaro nach Rimini. In Fano erhob sich ein Tempel der Göttin des Glücks, Fortuna, dem der Ort vermutlich auch seinen Namen verdankt. Aus dem römischen Fanum Fortunae wurde später Fano.

Heute ist Fano u. a. ein Zentrum der Goldschmiedekunst.

Parkplätze findet man an der **Via Montevecchio [N43° 50′ 42.81″ E13° 1′ 7.56″]** oder an der **Via XXIV Maggio [WP 080 / N43° 50′ 46.98″ E13° 0′ 52.05″]** am Nordwestrand der Altstadt unweit südlich der Stadtfestung.

Die **Rocca Malatestiana [N43° 50′ 49.09″ E13° 0′ 56.05″]**, die Burg der Malatesta, war einst wichtiger Teil der Stadtbefestigung. Die Malatesta waren ein Adelsgeschlecht aus der Romagna, das bis ins 16. Jh. auch in Rimini herrschte. Traditionell galten die Malatesta als Anhänger der Guelfen (Welfen), die auf der Seite der Päpste standen und in Fehde mit den kaisertreuen „Ghibellinen" lebten.

Vom Parkplatz an der Via XXIV Maggio kann man über die gleichnamige Strasse nach Süden bis zur Corso Giacomo Matteotti gehen. Folgt man der Straße nach links, kommt man zur **Piazza XX Settembre [N43° 50′ 35.55″ E13° 1′ 2.65″]**, dem Mittelpunkt der Altstadt. An der Südwestseite des Platzes steht der Brunnen Fontana della Fortuna, der im 16. Jh. errichtet wurde.

In einem Gebäudekomplex nördlich des Platzes ist im Palazzo Malatesta aus dem frühen 15. Jh. heute das **Museu Civico** (u. a. Statue des Kaisers Claudius und Panthermosaik) und die **Pinacoteca Malatestiana** untergebracht *(geöffnet Di, Do + Sa 8.30 – 13.30 Uhr, 15 – 18 Uhr; Mi + Fr 8.30 – 13.30 Uhr; So 10 – 13 Uhr, 16 – 19 Uhr; Mo geschlossen)*. Zu den ausgestellten Kunstwerken in der Pinakothek, die sich über drei Stockwerke verteilen, zählen Arbeiten von Guido Reni und Giambono („Rosenmadonna"), sowie Gemälde von Guercino („Angelo Custode") oder von Goivanni Santi („Madonna e Bambino").

Von der Piazza XX Settembre kann man die Straße Corso Giacomo Matteotti ein kurzes Stück zurückgehen bis zur Via Arco d'Augusto. Wenn man ihr nach links (südwärts) folgt, kommt man zur **Kathdrale Santa Maria Maggiore**

[N43° 50′ 36.91″ E13° 0′ 55.39″] mit der Capella Nolfi.

Noch ein Stück weiter sieht man den Bogen des alten Stadttors **Arco d'Augusto**, früher der Hauptzugang in die Stadt.

Kurz bevor man das Tor erreicht, sieht man links die Arkadenfassade der Loggia di San Michele.

Die große Sehenswürdigkeit von Fano, der **Arco d'Augusto [N43° 50′ 35.22″ E13° 0′ 52.19″]**, stammt aus den letzten glanzvollen Tagen der Römerzeit. Der Triumphbogen am Beginn der Via Arco d'Augusto steht nur deshalb noch an seinem angestammten Platz, weil er 1463 durch einen glücklichen Zufall der Zerstörungswut der Belagerungstruppen des damals in päpstlichen Diensten stehenden Federico da Montefeltro entging.

Vom Arco d'Augusto kann man durch die Via Mura Augustee an der historischen Stadtmauer entlang zurück zum Parkplatz an der Mia XXIV Maggio gehen.

Mitten durch Fano führt die vielbefahrene Bahnlinie, westlich davon liegt die Altstadt, östlich davon erstreckt sich bis zum Strand das **Seebad Fano**.

Zu den beliebtesten **Stränden** von Fano zählen die besonders von Familien mit Kindern geschätzte **Spiaggia Arzilia** und der **Lido**, nördlich vom Jachthafen, sowie der Sand- und Kiesstrand der **Spiaggia Sassonia** südlich davon.

Vor allem in den Küstenstädten und Fischereiorten Fano, Ancona, San Benedetto oder Porto Recanati ist die **Fischsuppe Brodetto** eine Spezialität. Natürlich hält sich jede Stadt zugute, über das feinste Fischsuppenrezept zu verfügen. Die Unterschiede liegen aber weniger an den Fischzutaten, als eher an der Verschiedenheit der verwendeten Gewürze und Kräuter und darin, ob mehr oder weniger Krustentiere und Muscheln verwendet werden.

PRAKTISCHE HINWEISE – FANO

Centro Informazione Accoglienza Turistica – I.A.T. Fano, Piazza XX Settembre 23, 61032 Fano, Tel. +39 0721 80 35 34; www.turismo.marche.it;

Feste & Folklore in Fano: **Carnevale** im Februar/März mit großem Umzug mit riesigen Figuren aus Pappmaché und „Schlacht" mit Schokolade und Bonbons.
Ein großes Fest, bei dem vor allem der traditionellen Brodetto und anderen Fischsuppen gefrönt wird, ist das **Festival Internazionale del Brodetto**, das gewöhnlich in der zweiten Septemberwoche stattfindet.

HOTEL

Elisabeth Due, 28 Zi., Piazzale Amendola 2, Tel. +39 0721 82 31 46; www.hotelelisabethdue.it; Haus mit gutem Komfort am Lido, von den oberen Stockwerken Blick zum Meer, nur über die Uferstraße zum Lidostrand, gutes Restaurant „Il Galeone", Parkmöglichkeit.

CAMPING

Madonna del Ponte bei Fano
Camping Fano [WP 081 / N43° 49′ 37.05″ E13° 3′ 27.47′], Via Foce del Metauro 1, Tel. +39 07 21 80 26 52; www.campingfano.it; Ende Apr. – Mitte Sept.; beschilderter Abzweig von der SS16 „Via Adriatica"; langgestrecktes Gelände zwischen Bahn, Straße und Meer, sehr stark mit Dauercampern belegt; ca. 4 ha – 80 Stpl. + zahlr. Dau., Standard-Sanitärausstattung; Laden, Imbiss, Restaurant, Schwimmbad, Fahrradverleih; **V & E für Wohnmobile**, Mietbungalows, Sand- und Kiesstrand.

Torrette di Fano
Camping Stella Maris [WP 082 / N43° 47′ 55.21″ E13° 5′ 42.18″], Via A. Cappellini 5, Tel. +39 07 21 88 42 31; www.campingstellamaris.it; Ende Apr.

– 30. Sept.; ca. 10 km südöstlich von Fano, von der SS16 „Via Adriatica" bei KM 258 meerwärts abzweigen, durch eine 3,80 m hohe Eisenbahnunterführung; ebenes, teils erdiges, teils sandiges, stark von Dauercampern geprägtes Gelände unter Pappeln, zwischen Bahnlinie und Meer, an der Seeseite eine blickversperrende Bungalowsiedlung; ca. 3 ha – 100 Stpl. + Dau.+ 70 Mietcaravans/Bungalows, gute Standard-Sanitärausstattung; Laden, Imbiss, Restaurant, Schwimmbad, WLAN, V & E für Wohnmobile. Sandstrand. Keine Hunde.

Camping Mare Blu [WP 083 / N43° 48' 38.97" E13" 4' 37.06"], Tel. +39 0721 88 42 01; www.campingmareblu.net; Mitte April – Mitte Sept.; Zufahrt von der SS16 (Pesaro – Ancona) zwischen KM 256 und KM 257 meerwärts. Fast vollständig von Dauercampern belegtes ebenes Gelände mit Laubbäumen, zwischen Straße und Bahnlinie. Ca. 3 ha – 80 Stpl. + zahlr. Dau., Standard-Sanitärausstattung. Laden, Restaurant, Schwimmbad, WLAN. **V & E für Wohnmobile**. Mietbungalows. Fußgänger-Bahnunterführung zum langen breiten Sandstrand.

San Constanzo bei Fano

Camping Mar y Sierra [WP 084 / N43° 44' 44,21" E13° 4' 56.33"], San Gervasio 3, Tel. +39 07 21 93 00 44; www.marysierra.it; Mitte Apr. – Mitte Sept.; auf der SS16 „Via Adriatica" oder auf der A14 bis Marotta, hier landeinwärts auf die SP424 bis Ponte Rio, dort westwärts Richtung Stacciola; Terrassenplatz mit Schattenbäumen, einige Kilometer im ländlichen Hinterland gelegen, teils Blick zur Adriaküste; ca. 4 ha – 130 Stpl.; gute Standard-Sanitärausstattung; **V & E für Wohnmobile**; Restaurant, öffentliches Schwimmbad, Mietbungalows.

WOHNMOBIL-STELLPLÄTZE – FANO

Wohnmobil-Stellplatz Area Sosta Camper Comunale Viale J. F. Kennedy [WP 085 / N43° 50' 44.02" E13° 0' 39.81"], Viale Kennedy. **Zufahrt/Lage:** Im südwestlichen Stadtbereich, über die Viale J. F. Kennedy (Einbahnstraße) bis zum beschildertem Parkplatz nahe der Altstadt. **Geöffnet:** Ganzjährig zugänglich. **Gebühr:** Gebührenfrei. **Ausstattung:** Asphaltierter und gekennzeichneter Teil eines Großparkplatzes mit Platz für 30 Wohnmobile, zwischen Canale Albani und Friedhof, schattenlos, beleuchtet. Wasserversorgung, Grauwasser- und Chemikaltoilettenausguss. Max. Aufenthalt 48 Stunden.

Wohnmobil-Stellplatz Parcheggio Lungomare Sassonia 3 [WP 086 / N43° 50' 34.15" E13° 1' 51.86"], Via Ruggero Ruggeri. **Zufahrt/Lage:** Vom Ortszentrum meerwärts auf der Strandstraße Viale Adriatico und Via Ruggero Ruggeri zum Platz. **Geöffnet:** Apr. – Sept. **Gebühr:** Gebührenpflichtig. **Ausstattung:** Ebene, schattenlose Wiese am Meer mit Platz für ca. 80 Wohnmobile, schmaler Strand. Frischwasserversorgung, WLAN. Kein Campingverhalten (Tische aufstellen, Sonnenschirme, Markisen ausfahren verboten)! Laut durch Bahnlinie und Straße.

Die Strände von **Senigallia** sind annähernd 13 km lang. Wegen ihres feinen Sandes werden sie von begeisterten Badegästen gerne auch als „Samtstrände" bezeichnet. Geteilt werden die Strände – **Spiaggia di Ponente** nördlich und **Spiaggia di Levante** südlich – durch den Mündungskanal des Fiume Misa, der am Jachthafen das Meer erreicht. Markant am südlichen Strandteil ist der von der **Piazzale della Libertà [N43°42'57.28" E13°13'30.55"]** aus über einen breiten Steg erreichbare, ins Meer gebaute, Seepavillon **„Rotonda a Mare"**. Die Rotonda stammt aus der Zeit um 1922, wurde 2006 umfassend restauriert und dient heute vor allem als Veranstaltungsstätte. Im Sommer startet an der Piazzale della Libertà ein Rundfahrtbähnchen durch die Innenstadt.

Einen **Parkplatz [WP 087 / N43° 42' 50.13" E13° 13' 17.13"]** findet man an

Der Strand bei Gabicce Mare nördlich von Pesaro. Foto: Fototeca ENIT.

der Via Giacomo Leopardi nahe der Rocca Roveresca.

Alter Mittelpunkt des Ortes ist die Piazza del Duca vor der mittelalterlichen, von einem kleinen Park umgebenen **Festung Rocca Roverese [N43° 42' 53.84" E13° 13' 12.22"]** mit mächtigen, runden Ecktürmen.

Gleich gegenüber, an der Westseite des Platzes, liegt der **Palazzo Ducle**, der Herzogspalast. Die Fassade hinter dem Brunnen, die die Piazza del Duca nach Norden hin abschließt, gehört zum Palazetto Baviera.

Nördlich davon sieht man am kanalisierten Fiume Miso das **Foro Annonario**. Der ovale Platz ist von Säulenhallen umgeben und diente vor allem im 19. Jh. als Marktplatz und Markthalle. Das Foro Annonario erinnert an die Zeit, als Senigallia noch ein wichtiger Handelsplatz war.

Senigallia ist Geburtsort von Papst Pius IX. (Giovanni Maria Mastai-Ferretti), der sein Pontifikat – das längste in der Kirchengeschichte – zwischen 1846 und 1878 bekleidete. Sein Geburtshaus, den **Palazzo Mastai-Ferretti [N43° 42' 52.82" E13° 13' 2.83"]**, findet man in der Via G. M. Mastai 14. Heute ist hier das Museum über Papst Pius IX. eingerichtet *(geöffnet 1. Juni – 30. Sept. 9 – 12 Uhr, 17 – 19 Uhr; 1. Okt. – 31. März 9 – 12 Uhr, 16 – 18 Uhr, letzter Einlass 15 Min. vor Schließung)*. Zu sehen sind Salons und Einrichtungsgegenstände des Palazzo, Büsten und Porträts des Papstes, Münzen und Medaillen, Dokumente, Erinnerungsstücke, Gewänder, die Privatkapelle etc.

Einige Straßen weiter südwestlich, an der Piazza Garibaldi, liegt die **Pinacoteca Diocesana di Arte Sacra [N43° 42' 49.87" E13° 12' 57.20"]**, eine umfanreiche Ausstellung sakraler Kunst *(geöffnet 1. Juni – 30. Sept. Do 18 – 24 Uhr, Sa 9 – 12 Uhr, So 21 – 24 Uhr)*. Zu sehen sind Gemälde, kostbare liturgische Geräte, Messgewänder, Skulpturen, Kruzifixe etc.

Das **Museo di storia della Mezzadria „Sergio Anselmi" [N43° 42' 19.94" E13° 11' 11.00"]** *(geöffnet 21. Juni – 4. Sept. Di – Do 16 – 20.30 Uhr, Fr – So 9 – 12 Uhr, 16 – 20.30 Uhr; 5. Sept. – 20. Juni Di, Mi Sa, So 10 – 13 Uhr, Do, Fr 10 – 13 Uhr, 15 – 18 Uhr; letzter Einlass 15 Min. vor Schließung)*, ein Heimat- und Regionalmuseum außerhalb der Stadt, zeigt Gerätschaften aus bäuerlichen Betrieben früherer Tage und aus dem Leben der ländlichen Bevölkerung in der Zeit der sog. Halbpacht (mezzadria). Unter „Halb-

PRAKTISCHE HINWEISE – SENIGALLIA

Centro Informazione Accoglienza Turistica – I.A.T. Senigallia, Via Manni 7, 60019 Senigallia, Tel. +39 071 79 22 725; www.senigalliaturismo.it; www.turismo.marche.it.

HOTEL

Duchi della Rovere, 45 Zi., zwischen 21. Dez. und 7. Jan. geschlossen; Tel. +39 071 792 76 23; www.hotelduchidellarovere.it; zentral gelegenes, komfortables Mittelklassehotel in Gehnähe zum Strand, mittlere Preislage, Restaurant, keine Hunde, Schwimmbad, Hotelgarage, öffentliche Parkmöglichkeiten in der Nähe.

CAMPING

Camping Villagio Turistico Summerland [WP 088 / N43° 42' 15.68" E13° 14' 17.60"], Via Francesco Podesti 236, Tel. +39 071 79 26 816; www.campingsummerland.it; Ende Mai – Mitte Sept.; an der SS16 (Senigallia – Falconara) ca. 1 km südöstlich der Stadt, beschildert. Wiesengelände mit Laubbäumen, im hinteren Platzteil guter Baumschatten, Stellplätze auch unter Mattendächern; ca. 5 ha – 100 Stpl. + zahlr. Dau.; Standard-Sanitärausstattung; Laden, Imbiss, Resaurant, Schwimmbad, Tennis, Mietbungalows. Hundeverbot in der Ferienzeit. **V & E für Wohnmobile**. Über die Straße und durch Bahnunterführung zum Strand.

WOHNMOBIL-STELLPLATZ

Wohnmobil-Stellplatz Area Sosta Camper Comunale Senigallia [WP 089 / N43° 42' 18.44" E13° 14' 14.17"], Via Francesco Podesti 234. **Zufahrt/ Lage**: An der SS16 (Senigallia – Falconara) ca. 1 km südöstlich der Stadt, nahe des Meeres. Vor Camping Villagio Turistico Summerland. **Gebühr:** Gebührenpflichtig. **Ausstattung:** Ebener, asphaltierter Platz für ca. 20 Wohnmobile. Einige Laubbäume. Frischwasser, Grauwasser- und Chemikaltoilettenausguss. Max. Aufenthalt 48 Std. Restaurants nahebei.

Die Roca Roveresca in Mondavio

pacht" versteht man ein Pachtsystem im Agrarbereich, bei dem der Landbesitzer nicht nur das Land verpachtet, sondern auch das Saatgut und die Gerätschaften zur Verfügung stellt. Der Pächter hat – ohne sich selbst weiter finanziell zu engagieren – lediglich die Aufgabe, für die Bestellung und Pflege der Felder, Ernte etc. zu sorgen.

Das Museum, das ca. 3 km westlich Senigallia an der Strada Comunale delle Grazie liegt, ist unmittelbar neben der **Chiesa Santa Maria delle Grazie** eingerichtet, die ein Altarbild von Perugino, „Vergine in Trono e di Santi" („Thronende Maria mit Heiligen"), besitzt.

Mondavio – Die **Roca Roveresca Mondavio [N43° 40′ 26.31" E12° 58′ 4.23"]**, die schon von weitem sichtbare Festung von Mondavio, ist ein gewaltiger Backsteinkomplex und das Wahrzeichen des Ortes. Im Festungsturm sind die Museen **Museo di Rievocazione** und **Museo Armeria** *(geöffnet tgl. 9 – 12 Uhr, 15 – 19 Uhr)* untergebracht. Zu sehen sind einerseits Ausstellungen zur Zeitgeschichte und andererseits Waffensammlungen. Im Burggraben wurden originalgetreue Nachbauten von historischen Kriegs- und Belagerungsmaschinen aufgestellt.

Auf einer Reise durch Marken/Marche fallen einem die vielen Burgen und Festungen auf, von denen viele Orte überragt werden. Die Marken, das „Grenzland", waren über Jahrhunderte hinweg eine Region in Italien, die weit weg war von Rom. Weder der Arm der kaiserlichen noch der päpstlichen Macht reichte immer bis in die hiesigen Gemeinden oder bis an die Höfe der Herzöge und Fürsten. Es boten sich Möglichkeiten zur Etablierung von unabhängigen Kommunen oder Stadtstaaten, in denen vor allem im 14. und 15. Jh. ebenso mächtige und stolze, wie offenbar auch streit-

PRAKTISCHE HINWEISE – MONDAVIO

Punto Informazione Accoglienza Turistica – I.A.T. Mondavio, Corso Roma 1, 61040 Mondavio, Tel. +39 0721 97 77 58; www.mondavioturismo.it; www.turismo.marche.it;

Feste: Rievocazione Storica, 11. bis 15. August. Mittelalterliches Stadtfest mit Bogenschießen, Schwertkämpfen, Gauklern, Fahnenschwingern „Wildschweinjagd" und Renaissance-Bankett.
Rocca von Mondavio, am letzten Septemberwochenende. Italienische Meisterschaften im mittelalterlichen Armbrustschießen.

HOTEL

La Palomba, 15 Zi., Via Gramsci 13, Tel. +39 072 19 71 05; www.lapalomba,it; Haus der einfacheren Kategorie, aber mit Komfort und moderaten Zimmerpreisen, direkt an der Festung gelegen. Restaurant. Schwimmbad, Parkmöglichkeit.

WOHNMOBIL-STELLPLATZ

Wohnmobil-Stellplatz Area attrezzata „Camper Service" Mondavio [WP 090 / N43° 40′ 38.25" E12° 57′ 42.27"], Via Cappuccini. **Zufahrt/Lage:** Von Senigallia SS16 nordwestwärts bis Marotta/Mondolfo. Hier auf der 424bis zum Abzweig nach Mondavio. Am nordwestlichen Ortsrand, Abzweig von der Straße nach Orciano di Pesaro Richtung Albergo ai Cappuccini. **Gebühr:** Gebührenfrei. **Geöffnet:** Ganzjährig zugänglich. **Ausstattung:** Relativ neuer, großzügig angelegter, ansprechender, asphaltierter, leicht geneigter Platz für 10 Wohnmobile, hinter einem Konvent und einer Reihe Zypressen, Blick ins Land. Beleuchtet, Müllcontainer, V & E Säule kostenlos, Bodenauslass für Abwässer, Stromanschlüsse, Picknicktische.

bare und kampfeslustige Familienclans herrschten. Um Macht und Gebietsansprüche zu behaupten, bekriegten sich diese Familien ständig.

Die Maletesta, die Sforza, Della Rovere oder Montefeltro verpflichteten die besten Baumeister der damaligen Zeit, um ihre Besitzungen mit trutzigen Festungen zu schützen. Die Burg der Della Rovere in Mondavio z. B. wurde ausgangs des 15. Jh. von Francseco di Giorgio Martini konzipiert und gebaut.

Das Centro Storico in Mondavio, das historische Stadtzentrum, das gleich hinter der Burg an der Piazza Giovanni della Rovere beginnt, wartet mit einer Reihe stattlicher Gebäude auf, allen voran der **Palazzo dei Malatesta**, einem Palais des Adelsgeschlechts, das lange in Mondavio ansässig war.

Das Stadtmuseum ist im ehemaligen Kloster San Francesco eingerichtet.

Wallfahrtskirche Santa Maria Goretti in Corinaldo

*ROUTE: Von Mondavio zurück zur SS424 Richtung Pergola. Nach rund 6 km Abzweig ostwärts Richtung Castelleone di Suasa, nach knapp 2 km links ab zum **Parco archeologico di Suasa**.*

Parco archeologico di Suasa [N43° 37' 32.16" E12° 59' 4.58"] *(geöffnet 1. Apr. – 30. Juni Sa + So 15.30 – 19.30 Uhr).* Gegründet wurde diese Römersiedlung im dritten vorchristlichen Jahrhundert, in einem Gebiet, das von Senonen, einem aus Gallien stammenden keltischen Volk, bewohnt war.

Die Straße, die man heute noch gut erkennen kann, war ein Nebenzweig der Via Flaminia. 409 n. Chr. wurde die Stadt von Truppen des Gotenkönigs Alarich, die auf dem Wege nach Rom waren, um es zu belagern und einzunehmen, zerstört.

In der archäologischen Ausgrabungstätten sind noch Reste einer Römerstraße, des Forums, Bodenmosaiken in den überdachten Ruinen der Villa Domus dei Coiedii und wenige Meter entfernt die Grundmauerfragmente eines Amphitheaters zu sehen.

In **Castelleone di Suasa**, nur unweit südlich der Ausgrabungsstätte, werden im **Museo Civico Archeologico della Città romana di Suasa „Alvaro Casagrande" [N43° 36' 33.06" E12° 58' 37.98"]**, Via Ospedale 7, die Grabungsfunde aus dem erwähnten Parco archeologico di Suasa ausgestellt *(geöffnet Ende März – 30. Juni, 1. Sept. – Anf. Dez. Sa + So 15.30 – 19.30 Uhr; 1. Juli – 31. Aug. Di – Sa 16 – 20 Uhr, So 10.30 – 12.30 Uhr, 16 – 20 Uhr).* Untergebracht ist das Museum im Palazzo Livia della Rovere aus dem 16. Jh.

ROUTE: *Von Castelleone di Suasa auf der SP14 nordostwärts (knapp 11 km), dort Abzweig westwärts nach **Corinaldo**.*

Corinaldo – Imposant ist noch heute die gewaltige, fast einen Kilometer lange Stadtmauer mit mächtigen Rundtürmen, Bastionen und Stadttoren, die fast unversehrt aus dem 15. Jh. erhalten blieb und nach wie vor das alte Zentrum des hübschen Städtchens Corinaldo umgibt.

Zumal mit einem Wohnmobil sollte man sich nicht darauf einlassen und in die Altstadt hineinfahren zu wollen. **Parkplätze** findet man an der Umgehungsstraße außerhalb der Stadtmauer z. B. an der Nordseite der Altstadt an der **Piazzale Bucci [WP 091 / N43° 39' 3.45" E13° 2' 47.02"]**.

Hat man das Glück an der Südostseite der Altstadt außerhalb der Stadtmauer einen der wenigen Parkplätze [N43° 38' 56.15" E13° 2' 57.07"] an der Borgo di Sotto zu ergattern, kann man über die romantische Treppengasse **Scalinata del pozzo della polenta** und die **Cento Scale** (hundert Treppen) und vorbei am Brunnen **Pozzo della Polenta** hinauf ins Altstadtzentrum von Corinaldo gehen.

Immer am 3. Juliwochenende findet das große Stadtfest „Contesa del Pozzo della Polenta" mit einem mittelalterlichen Umzug statt; www.pozzodellapolenta.it. Gefeiert wird die erfolgreiche Verteidigung der Stadt gegen die – dank der mächtigen Stadtmauer letztendlich vergebliche – Belagerung durch die Truppen des Herzogs della Rovere 1517.

Oben bildet die von dichten Bäumen umstandene **Piazza il Terreno** das Zentrum der Altstadt.

Zwei Gassen weiter westlich liegt die Wallfahrtskirche **Santa Maria Goretti [N43° 38' 57.72" E13° 2' 47.73"]**. In ihr werden die Reliquien der Heiligen Maria Goretti (1890 – 1902) verehrt. Die Heilige, ein 12jähriges Mädchen, starb 1902 den Märtyrertod durch die Hand des jungen Alessandro Serenelli, Sohn des Landbesitzers, dessen Land die Gorettis bestellten.

Allessandro stellte Maria immer aufdringlicher nach und versuchte sie eines Tages zu vergewaltigen. Als sich Maria wehrte, erstach Allessandro Maria mit angeblich 14 Messerstichen. Vor dem Altar sieht man einen beleuchteten gläsernen Schrein mit einer Liegefigur der Heiligen, „die den Augenblick ihres Todes darstellt". Maria Goretti wurde 1950 heiliggesprochen.

Das **Geburtshaus der Maria Goretti [Parkplatz, N43° 39' 34.57" E13° 3' 3.49"]**, heute Museum, liegt nördlich von Corinaldo an der Via Pregiagna.

PRAKTISCHE HINWEISE – CORINALDO

Punto Informazione Accoglienza Turistica – I.A.T. Corinaldo [N43° 38' 59.55" E13° 2' 48.21"], Mitten in der Altstadt, Largo XVII Settembre 1860 1, 60013 Corinaldo, Tel. +39 071 79 78 636; www.corinaldoturismo.it/; www.turismo.marche.it.

Feste: Halloween und das **Fest der Hexen** werden in Corinaldo Ende Oktober gefeiert.

WOHNMOBIL-STELLPLATZ

Wohnmobil-Stellplatz Area Attrezzata per Sosta Camper Coricamper [WP 092 / N43° 38' 46.08" E13° 2' 56.11"], Via Pecciameglio. **Zufahrt/Lage:** Am südlichen Ortsrand von Corinaldo. **Geöffnet:** Ganzjährig. **Gebühr:** Gebührenfrei. **Ausstattung:** Befestigter Platz mit Gittersteinen, von Bäumen umsäumt, mit Platz für 14 Wohnmobile. Frischwasserversorgung, Entsorgungsstation auf der etwas engen Wendeschleife, Strom, Grillplatz, Picknicktische, WC. Max. Aufenthalt 48 Std. Keine Caravans!

CAMPING – OSTRA

Camping L' Prè [WP 093 / N43° 36' 35.27" E13° 9' 13.12"], Viale Giacomo Matteotti 45; Tel. +39 071 68 045; 1. Apr. – 30. Sept.; am Südrand des Ortes an der Straße Richtung Morro d'Alba; kleinere, aber ansprechende Anlage, terrassiertes Grasgelände mit Baumschatten, ca. 1 ha – 30 Stpl., gute Standard-Sanitäranlagen.

ROUTE: SP12 und SP18 Richtung ***Ostra****, einem hübschen Städtchen mit Stadtmauer. Schöne Weiterfahrt mit Ausblicken ins Hügelland über* ***Belvedere Ostrense*** *Richtung* ***Morro d'Alba****. In den Weingärten um Morro d'Alba wächst der rote DOC-Wein „Lacrima di Morro". Weiter südwärts nach* ***Jesi****.*

Jesi, das römische „Aesis", das im Mittellalter bedeutender Mittelpunkt einer Stadtrepublik war, bietet Sehenswertes.

Das nur 96 m hoch auf einem Geländerücken gelegene Jesi erstreckt sich am linken Ufer des Fiume Esino, der nördlich von Falconara in die nahe Adria mündet.

Einen günstig gelegenen **Parkplatz [WP 094 / N43° 31' 21.90" E13° 14' 50.87"]** findet man auf der Piazzale dei Partigiani am Ostrand der Altstadt, an der Stadtmauer nahe der Porta Valle, Via del Torrione.

Ein Spaziergang durch das alte, von Mauern umgebene Zentrum von Jesi ist auch ein Spaziergang durch eine Stadt voller Kunst und Kultur.

In den ganz prächtig dekorierten Salons des **Palazzo Pianetti [N43° 31' 17.36" E13° 14' 33.99"]**, Via XV Settembre 10, aus dem 18. Jh. sind heute **Pinacoteca e Musei Civici**, die Gemäldesammlung der Stadt mit Stadtmuseum eingerichtet *(geöffnet im Winter Di - So 10 – 13 Uhr, 16 – 19 Uhr; im Sommer Di – So 10 – 19 Uhr)*. Glanzstücke der Ausstellungen sind z. B. Werke von Lorenzo Lotto (1480 – 1557), einem aus Venedig stammenden Maler der Hochrenaissance. Zu Lottos Meisterwerken, die in der Pinakothek zu sehen sind, zählen u. a. „Madonna delle Rose" (1526), „Pala di Santa Lucia" (Verteidigung der hl. Lucia, 1532), „Annunciazione" (Mariä Verkündigung, 1526). Bewundert wird von den Besuchern auch der prächtige **Rokokosalon**, der vielleicht schönste Raum im ganzen Palazzo.

Im nördlichen Teil der Altstadt von Jesi kommt man zur **Piazza Federico II [N43° 31' 27.81" E13° 14' 43.64"]**, dem wahrscheinlich ältesten Teil der Stadt, in dem zur Römerzeiten das Forum lag.

Der Platz trägt den Namen des großen Stauferkaisers Friedrich II. (1194 – 1250), der in Jesi am 26. Dezember 1194 das Licht der Welt erblickte und zwar in einem Zelt, das eigens für das Ereignis auf diesem Platz aufgestellt wurde. Heute markiert ein Brunnen mit Obelisk die Stelle.

Die Geburt Friedrichs war aus verschiedenen Gründen eine Begebenheit, die in die Geschichtsbücher einging.

Die Eltern Friedrichs, Kaiser Heinrich VI. (Sohn von Friedrich „Barbarossa") und die Normannenprinzessin Konstanze von Hauteville, waren auf der Reise nach Sizilien. Konstanzes Vater, Roger II., war König von Sizilien. Als bei der schwangeren Konstanze unerwartet die Wehen einsetzten, wurde in aller Eile in Jesi Halt gemacht und Vorbereitungen für die Niederkunft getroffen.

Nun muss man wissen, dass die Ehe Heinrichs VI. mit Konstanze von Hauteville acht Jahre lang kinderlos geblieben war. Als Konstanze schließlich schwanger wurde gingen Gerüchte um, dass das kaum möglich sei. Schließlich war Konstanze damals schon 40 Jahre alt, nach damaligem Vorstellungen also eine „alte Frau". Wie konnte sie da noch schwanger werden?

Die Geburt musste also so weit wie irgend möglich „öffentlich" von statten gehen, um die Legitimität des Kindes als Thronfolger zu beweisen. Also ließ man auf dem Markplatz in Jesi kurzerhand ein großes Zelt aufstellen und alle Damen des oberen Gesellschaftsstandes wurden gebeten, der Geburt, quasi als Zeugen, beizuwohnen. Allerdings gibt es für diese hübsche Geschichte über die Umstände der Geburt von Friedrich II. bis heute keinen wissenschaftlichen Beweis. Verbürgt ist nur, dass der spätere Stauferkaiser in Jesi das Licht der Welt erblickte.

Kaiser Friedrich II. gelang es während seiner Regierungszeit, die einzelnen rivalisierenden Regionen Italiens, die teils mehr der Herrschaft der Päpste zuneigten, andere wiederum lieber die Sache des Kaisers und des Heiligen Römischen Reiches vertraten, zusammen zu halten.

Zeit seines Lebens hatte sich Friedrich II. mit den Machtbestrebungen der Päpste auseinander zu setzen. Die Päpste verteufelten den Kaiser als Ketzer und Antichristen und exkommunizierten ihn 1227 zeitweise. Befürworter des Kaisertums aber sehen in Friedrich II. den „größten Fürsten der Erde" und nannten ihn „stupor mundi", das „Staunen der Welt".

Da der Zusammenhalt des Staatswesens des damaligen Italiens aber sehr mit der starken Persönlichkeit des Kaisers zusammenhing, brach die Einigkeit nach dem Tode Friedrichs II. bald wieder auseinander. Was blieb war die mehr oder weniger bis zur Staatsgründung der Republik Italien im 19. Jh. währende Rivalität zwischen Kirchenstaat und Papsttum und dessen Anhängern, den Guelfen, und den Ghibellinen, den Parteigängern des Heiligen Römischen Reiches. Kaiser Friedrich II. starb im Dezember 1250 in Castel Fiorentino.

Noch auf andere Weise blieb Friedrich II. bis heute in Erinnerung. Der Kaiser befasste sich mit Leidenschaft und großer Hingabe mit der Falknerei. Darüber verfasste er das Buch „Über die Kunst mit Vögeln zu jagen", bis heute ein Standardwerk über die Falknerei und der Beizjagd.

An der Nordseite des Platzes Federico II, der auch als Marktplatz dient, sieht man die einst im romanisch-gotischen Stil errichtete, im 18. Jh. restaurierte und veränderte **Kathedrale San Settimo**. Im Kircheninneren sind noch zwei Löwenskulpturen erhalten, die aus dem 13. Jh. stammen und einst das Hauptportal bewachten.

An der Ostseite des Platzes findet man das **Museo Docesano di Jesi** *(geöffnet Mo – Fr 9.30 – 13.30 Uhr, So 17 – 20 Uhr; museodiocesanojesi.wordpress.com/)*.

Ein anderer namhafter Sohn der Stadt ist der Komponist Giovanni Battista Pergolesi (1710 – 1736), der bereits in jungen Jahren bei Neapel starb. Das

Mächtig, die Stadtmauern von Jesi

Theater der Stadt trägt den Namen des Komponisten.

Auch eine Straße im Zentrum von Jesi ist nach Pergolesi benannt. Früher hieß diese Straße, die direkt am Palazzo della Signoria vorbei führt, allerdings Via degli Orefici, Goldschmiedestraße, ein Hinweis darauf, dass Jesi auf eine lange Tradition des Goldschmiedehandwerks verweisen kann. Und in dieser Straße hatten die Goldschmiede ihre Werkstätten.

Wer sich für Freskenkunst begeistert, sollte der schon im 14. Jh. im gotischen Stil errichteten **Kirche San Marco [N43° 31′ 34.60“ E13° 14′ 37.40“]**, die nordwestlich etwas außerhalb der Altstadt liegt, einen Besuch abstatten. Die sehenswerten Fresken in der Kirche sind im Stile Giotto di Bondones (1276 – 1337), dem großen italienischen Meister, der in die Kunstgeschichte als einer der Wegbereiter des Renaissancestils gilt, gemalt.

Jesi ist aber auch ein Zentrum des **Weinbaus**. In den umliegenden Weingütern wird der köstliche Verdicchio angebaut, ein trockener Weißwein. Nach alter Tradition wird der Verdicchio in amphorenähnlichen Flaschen abgefüllt. Angeblich wurde schon in der Antike Wein aus der Regionen bis nach Griechenland geliefert.

Neben dem Verdicchio ist der Lacrima di Morro d'Alba seit Generationen ein weit über Jesi hinaus bekannter und beliebter Rotwein.

Weinliebhaber können im **Vinothek-Restaurant Rossointenso Enoteca Degusteria [N43° 31‘ 18.33“ E13° 14‘ 29.00“]**, Via Mura Occidentali 9, die besten Qualitätsweine der Region verkosten *(geöffnet tgl. a. Di 9.30 – 13 Uhr, 16.30 – 24 Uhr; www.rossointenso.it)*.

In der Region Ancona werden, besonders bei Monte San Vito, schon seit Menschengedenken Oliven angebaut und daraus feinstes **Olivenöl** gewonnen. Einige der Ölmühlen („friscoli") stammen noch aus dem 17. Jh.

Schon die alten Römer (wieder einmal) waren es, die einführten, dass entsprechende Provinzen ihres Reiches den Tribut mit Olivenöl abzugelten hatten.

Olivenöl war auch im Mittelalter so geschätzt, dass Wegzoll oft nur in feinem Olivenöl bezahlt werden konnte. Auch an den Fürstenhöfen in Florenz und Urbino wurde Olivenöl aus den Marken, das als besonders wertvoll galt, bevorzugt. Venezianische Kaufleute z. B. hatten für „olia de Marchia" ein teureres Preisgefüge eingeführt und handelten Öl aus Marken nie zusammen mit Olivenöl aus anderen Regionen.

Bis auf den heutigen Tag hat kaltgepresstes Olivenöl Extra Vergine aus den Marken seinen Ruf als hochwertiges Produkt behalten. Olivenöl steht so hoch im Kurs, dass in den Marken sogar neue Olivenhaine angepflanzt wurden. Kenner führen die hohe Qualität des aromatischen, säurearmen Öls vor allem auf die Bodenbeschaffenheit der Region zurück. Olivenbäume gedeihen auf den mineralstoffreichen, tonhaltigen und wasserdurchlässigen Böden besonders gut.

Gewöhnlich werden Oliven von Hand geerntet oder sie werden mechanisch von den Bäumen geschüttelt. Gepresst – alleine in den Marken sind 160 Ölpressen offiziell registriert – wird Oli-

PRAKTISCHE HINWEISE – JESI

Centro Informazione Accoglienza Turistica – I.A.T. Jesi, Piazza della Repubblica, 60035 Jesi, Tel. +39 0731 53 84 20; www.turismo.marche.it;

Feste: Zu den größten Stadtfesten in Jesi gehört der jedes Jahr in der ersten Maiwoche abgehaltene **„Palio di San Floriano"**.

WOHNMOBIL-STELLPLATZ

Wohnmobil-Stellplatz Area Attrezzata Jesi [WP 095 / N43° 31‘ 7.7“ E13° 14‘ 29“]. Zufahrt/Lage: Via della Setaiole, im südlichen Ortsbereich. **Ausstattung:** Asphaltierter Parkplatz für Pkw und Wohnmobile. Fußweg hinauf zur Altstadt.

venöl der besten Qualität rein mechanisch, chemische Substanzen oder Methoden der Raffinierung werden dabei nicht zu Hilfe genommen. Voraussetzung für feinstes Olivenöl sind Früchte bester Qualität, optimale Reife und sofortige Verarbeitung der geernteten Oliven. Um einen Liter Olivenöl zu gewinnen, werden etwa 6 kg Oliven benötigt.

*ROUTE: SS76 und SS16 nach **Ancona**, ca. 39 km.*

Ancona – Im vierten vorchristlichen Jahrhundert war Ancona der nördlichste griechische Vorposten von Magna Graecia auf der italienischen Halbinsel, in dem sich verbannte Familien aus Syrakus (Sizilien) niedergelassen hatten, die wiederum mit ansässigen Pizenern den Ort zu einem blühenden Hafen ausbauten. Über den Hafen wurde vor allem der Handel mit Ländern im östlichen Mittelmeer abgewickelt.

Archäologen vermuten, dass sich hier in der Antike ein Heiligtum der Venus befand. Auch der Stadtname stammt aus der griechischen Aera. Damals hieß der Hafen „Ancon", was so viel wie „Ellbogen" bedeutet. Diese Bezeichnung bezieht sich wahrscheinlich auf den langen gebogenen Landvorsprung, der Anconas geschützten Hafen bildet.

Während der Römerzeit wurde der wichtige Hafen vor allem unter Kaiser Trajan weiter ausgebaut. Der 18 m hohe **Trajansbogen (9) [N43° 37' 30.83" E13° 30' 24.06"]**, am Beginn der Nordmole am Hafen, der dort heute wie ein antiquierter Fremdkörper wirkt, erinnert daran. Leider sind die Bronzeskulpturen, die auf dem 115 n. Chr. errichteten marmornen, säulengeschmückten Triumphbogen einst angebracht waren, verschwunden. Große Figuren des Kaisers nebst Gemahlin grüßten einst von der oberste Ebene des Bogens die Seefahrer, die den Hafen von Ancona ansteuerten.

Später im Mittelalter verlief hier die Grenze des Heiligen Römischen Reiches Deutscher Nation. Damals wurde die Region als „Marken" (ein altes deutsches Wort für „Grenzgebiet") bekannt.

Von der alten Bausubstanz der Stadt ist nur wenig erhalten. Ancona ist im Zweiten Weltkrieg stark bombardiert worden. Darüber hinaus wurde Ancona 1972 durch ein Erdbeben stark in Mitleidenschaft gezogen.

Ein Beispiel für Gebäude aus der alten Zeit, die die Luftangriffe fast unbeschadet überstanden, ist – neben der Loggia di Mercanti – die romanische **Kirche Santa Maria della Piazza [N43° 37' 13.87" E13° 30' 37.32"]**, Piazza Santa Maria, deren Fassade bemerkenswert ist.

Heute ist Ancona mit ca. 100.000 Einwohnern Hauptstadt der Region Marken, wichtige Hafenstadt im Mittelmeer und wichtigster Fährhafen der Marken mit regelmäßigen Schiffsverbindungen mit Kroatien, Griechenland und Albanien. Jedes Jahr passieren rund ein Million Passagiere den Fährhafen von Ancona.

Kommt man das erste Mal nach Ancona ist man geneigt, rasch weiter zu fahren. Wie so oft, ist auch in Ancona der Verkehr turbulent, Parkplätze sind Mangelware und die Sehenswürdigkeiten muss man etwas suchen. Dennoch lohnt es sich, mit etwas Geduld dem spröden Charme der Stadt auf die Spur zu kommen.

Wie in so vielen Städten stellt auch in Ancona die Suche nach einem Parkplatz, zumal mit einem größeren Fahrzeug, ein großes Problem dar. Eine immer stark frequentierte **Parkmöglichkeit** liegt oben am Dom [N43° 37' 30.05" E13° 30' 35.56"] am äußersten Nordwestende der Stadt. Einen größeren Parkplatz findet man südlich der ausgehdehnten Fährhafenanlage in Sichtweite des alten Lazzaretto Nuovo (Mole Vanvitelliana) vor dem **Fährenterminal [WP 096 / N43° 36' 46.96" E13° 29' 58.64"]** mit den Ticketbüros der Fährlinien. Von hier aus zu Fuß zu einem Stadtrundgang zu starten ist allerdings mit einem sehr langen Spaziergang verbunden!

Östlich vom Trajansbogen und oberhalb des Hafens liegt auf dem Hügel Colle Guasco die im 11. und 12. Jh. errichtete **Cattedrale San Ciriaco (2) [beschränkte Parkmöglichkeit, WP 097 /**

Das Westportal der Cattedrale San Ciriaco von Ancona

N43° 37' 30.45" E13° 30' 36.20"]. Vom Platz vor der Kathedrale genießt man einen schönen Blick auf den Hafen.

Begonnen wurde der die Stadt überragende Kirchenbau im romanischen Stil, dann im Stil der Gotik weitergeführt und später vielfach verändert. Beachtung verdient das romanische, von zwei Löwen flankierte Westportal, zu dem eine imposante Freitreppe empor führt. Wie so viele Gotteshäuser in den Marken, wurde auch die Kathedrale von Ancona ursprünglich auf den Mauern eines heidnischen Tempels errichtet. Reste davon sind in der Krypta noch zu sehen.

Nördlich schließt das **Museo Diocesano**, ein Museum für sakrale Kunst, an *(geöffnet Okt. – Apr. Sa + So 10 – 12.30 Uhr, 15 – 18 Uhr; Mai – Sept. 10 – 12.30 Uhr, 16 – 19 Uhr; www.museodiocesanoancona.it/)*.

Geht man von der Piazzale del Duomo nach Osten, vorbei an der Via Pio II, kommt man zu den Resten des **Anfiteatro Romano [N43° 37' 29.30" E13° 30' 42.61]** an der Via Giuseppe Birarelli, nicht weit von der Kathedrale entfernt. In der Antike hatten in dem Amphitheater 8.000 Zuschauer Platz.

Man kann zurückgehen bis zur Via Pio II. Folgt man dieser Straße südwärts, kommt man zur **Piazza del Senato**. An der Südseite des Platzes liegt neben der von einer gewaltigen Kuppel überragten Kirche SS. Pelegrino e Teresa das **Museo Archeologico Nazionale delle Marche (3) [N43° 37' 24.08" E13° 30' 39.16"]** *(geöffnet Di – So 8.30 – 19.30 Uhr)*. Das im Palazzo Ferretti, einem stattlichen Patrizierpalais und Grafenresidenz aus dem 16. Jh. an der Via Gabriele Ferretti 6, eingerichtete Museum zählt zu den Sehenswürdigkeiten der Stadt. Hier sind in erster Linie Stücke aus der Zeit der Picener, Etrusker, Griechen, der Gallier und der später in Ancona ansässigen Römer ausgestellt. Zu den Ausstellungsstücken zählen u. a. Vasen, Bronzen, Grabbeigaben und Exponate aus der antiken Grabkultur.

Noch ein Stück die Straße nach Süden folgend liegt die gotische Kirche **Chiesa di San Francesco alle Scale (4) [N43° 37' 17.07" E13° 30' 42.71"]**, an der Piazza San Francesco.

Und weiter die Via Criaco Pizzcolli hinab kommt man schließlich zur Piazza del Plebiscito, die sich linkerhand ausdehnt. Kunstbeflissene werden unterwegs auf einen Besuch in der **Pinacoteca Comunale F. Podesti e Galleria d'Arte Moderne (5) [N43° 37' 15.06" E13° 30' 40.16"]** im Palast Bosdari aus dem 16. Jh., Via Ciriaco Pizzecolli 17,

*ANCONA – **1** Touristeninformationsbüro – **2** Cattedrale San Ciriaco, Museo Diocesano – **3** Museo Archeologico Nazionale delle Marche – **4** Chiesa di San Francesco alle Scale – **5** Pinacoteca Comunale F. Podesti – **6** Piazza del Plebiscito, Chiesa di San Domenico, Museo della Città di Ancona – **7** Fontane del Calamo – **8** Lazzaretto Nuovo, Museo Tattile Statale Omero – **9** Arco di Traiano*

nicht verzichten wollen. Zu sehen sind dort Werke u. a. von Tizian, Carlo Crivelli und Lorenzo Lotto, sowie Arbeiten lokaler Künstler.

Die Piazza del Plebiscito mit der Statue des Clemens XII. wird gerne auch „die gute Stube" von Ancona genannt. An der Ostseite der Piazza sieht man die **Kirche San Domenico (6)**. In der Kirche sind Meisterwerke von Tizian (Kreuzigung) und Guercino (Verkündigung) zu sehen. Der Maler Guercino (17. Jh.) hieß mit bürgerlichem Namen eigentlich Giovanni Francesco Barbieri, wurde aber seit seiner Kindheit, angeblich wegen eines Sehfehlers, „der Schielende" (guercio = schielend) genannt.

Und an der Südseite des Platzes liegt das **Museo della Città di Ancona (6) [N43° 37' 9.57" E13° 30' 42.81"]** *(geöffnet 15. Juni – 14. Sept. Di – Do 17 – 20 Uhr, Fr 10 – 13 Uhr, Sa + So 10 – 13 Uhr, 17 – 20 Uhr; übrige Zeit Fr 16 – 19 Uhr, Sa + So 10 – 13 Uhr, 16 – 19 Uhr)*. Hier erfahren Sie alles über die lange und wechselvolle Geschichte der Stadt und ihres Hafens.

Eine Straße weiter südlich führt der breite, verkehrsberuhigte Corso Garibaldi, die Einkaufsstraße von Ancona, hinein in die Stadt. Machen Sie vom Corso Garibaldi auf der Piazza Roma einen kurzen Abstecher links zur **Fontana del Calamo (7) [N43° 37' 6.39" E13° 30' 45.97"].** Ein beliebtes Fotomotiv dort ist die schön verzierte Brunnenwand aus dem 16. Jh. mit den 13 Wasserspeiern, 12 bronzenen und dem mittleren aus Stein gehauenen.

Am einfachsten geht man den Corso Garibaldi westwärts zurück bis zur Piazza della Repubblica, der Mittelpunkt des alten Stadtkerns. Wenn Sie dort die Via della Loggia nach Norden gehen, kommen Sie vorbei an der mittelalterlichen Warenbörse Loggia di Mercanti [N43° 37′ 12.29″ E13° 30′ 35.66″], deren prächtige Fassade mit üppigem Figurenschmuck, herrlichen Portalen und kunstvoll gearbeiteten Türen erinnert an venezianische Paläste.

Eine besondere Sehenswürdigkeit der Stadt ist das **Lazzaretto Nuovo (8) [N43° 36′ 53.02″ E13° 30′ 16.54″]** am Hafen, ein fünfeckiger, einer Festung ähnlicher Gebäudekoloss mit einer Fläche von 20.000 Quadratmetern, der nach Plänen des aus Venedig stammenden Baumeisters Luigi Vanvitelli errichtet wurde. Das Lazaretto diente als Quarantänestation, um die Stadt, den Hafen und die Soldaten der Garnison vor mit den Schiffen eingeschleppten Seuchen zu schützen. Die Anlage ist für Besichtigungen geöffnet täglich außer Mo 8 – 19.15 Uhr.

Mitte des 18. Jh. sah das Lazaretto einen schon damals sehr illustren Insassen. *Giacomo Casanova*, Chevalier de Seingalt, der vielleicht größte Verführer des „schwachen Geschlechts" seiner Zeit, hatte sich wieder einmal mit der Lustseuche angesteckt – angeblich soll sich Casanova mehr als zwanzigmal mit Geschlechtskrankheiten infiziert haben – diesmal also bei „einer gemeinen Dirne". Bei seiner Ankunft im Ancona im Jahre 1743 musste Casanova in Quarantäne ins Lazaretto Nuovo, bis er nach mehreren Wochen kuriert war.

Um 1771 kam der legendäre Verführer wieder nach Ancona. Diesmal musste er nicht ins Lazzaretto Nuovo einziehen, diesmal endete im Hafen von Ancona seine abenteuerliche, mehrere Jahre dauernde Flucht aus den grauenvollen, berüchtigten Bleikammern in Venedig, in die ihn wegen seines übel beleumundeten Lebenswandels ein Urteil das Inquisitionsgerichts gebracht hatte.

Giacomo Girolamo Casanova war am 2. April 1725 in Venedig geboren worden, betätigte sich später als Schriftsteller, ging am päpstlichen Hof und an den Höfen in Wien, St. Petersburg und Madrid aus und ein und pflegte seine Amouren in ganz Europa zwischen Italien, Paris, St. Petersburg und London.

Seinen Lebensabend verbrachte Casanova auf Schloss Dux in Böhmen, wo er die Schlossbibliothek betreute und nebenher seine in französischer Sprache verfassten Memoiren „Die Geschichte meines Lebens" schrieb, die auch als überaus interessanter Spiegel der Gesellschaft im Europa des 18. Jh. gelten.

Am 4. Juni 1798 verstarb Casanova im Alter 73 Jahre. Er wurde zwar in Dux begraben, seine Grabstätte ist aber heute nicht mehr vorhanden. In Deutschland wurden Casanovas Memoiren 1821 erstmals vom Verlag F. A. Brockhaus in Leipzig veröffentlicht, mit sehr großem Erfolg.

Hat man die Möglichkeit, sich länger in Ancona aufzuhalten, lohnt ein Spaziergang auf dem **Passetto [N43° 36′ 53.70″ E13° 32′ 0.23″]**, am östlichen Stadtrand. Von der Rotunde des Monumento di Caduti an der Piazza IV Novembre kann man über einen breiten Treppenweg hinab zum Meer gehen. Nördlich davon liegt ein kleiner Strand.

Ein beliebter Likör aus Ancona ist der „Turchetto", ein Likör aus Bitterkaffee, Rum und Zitronenschale. Serviert wird der „Turchetto" heiß.

PRAKTISCHE HINWEISE – ANCONA

Centro Informazione Accoglienza Turistica – I.A.T. Ancona (1), Via della Loggia 8, 60121 Ancona, Tel. +39 071 35 89 91; www.turismo.marche.it.
Fremdenverkehrsamt Regione Marche, Via Gentile da Fabriano 9, 60100 Ancona, Tel. +39 071 806 24 31; www.turismo.marche.it.

Feste: Mit der traditionellen **Stoccafissando**, die meist im Juni stattfindet, wird an alte Rezepte erinnert, mit denen Stockfisch (luftgetrockneter Fisch, meist Kabeljau/Dorsch) zubereitet wird.

RESTAURANT

La Moretta, Piazza Plebiscito 52, Tel. +39 071 20 23 17; alteingesessenes, bekanntes Lokal, seit Ende des 19. Jh. in Familienbesitz, gute Küche zu erschwinglichen Preisen. Restaurantterrasse.

HOTEL

NH Ancona, 89 Zi., Rupi di Via 29 Settembre 14, Tel. +39 071 20 11 71; www.nh-hotels.it; komfortables Mittelklassehotel, Restaurant, im westlichen Stadtbereich beim Fährhafen, gegenüber des historischen Lazzaretto Nuovo; Parkplatz. Keine Hunde.

WOHNMOBIL-STELLPLATZ

Wohnmobil-Stellplatz Area Sosta Camper Comunale Ancona [WP 098 / N43° 36′ 2.65″ E13° 29′ 8.02″]. Zufahrt/Lage: Via Sanzio Balsi/Strada del Fornetto, im Stadtteil Posatora; etwa 4 km westlich von Ancona. **Geöffnet:** Ganzjährig. **Gebühr:** Gebührenpflichtig. **Ausstattung:** Großer geteerter Parkplatz für etwa 40, auch große, Wohnmobile. Strom, Wasser, Ausguss für Abwässer und Chemikaltoiletten, Aufenthalt max. 48 Std.

Ein Tipp für Reisende mit Handicap: Die Stadt Ancona hat ein Museum zum Tasten eingerichtet, das **Museo Tattile Statale Omero (8) [N43° 36′ 50.24″ E13° 30′ 13.36″],** Mole Vanvitelliana, im Gebäudekomplex des Lazzaretto Nuovo am Hafen *(geöffnet Sept. – Juni Di – Sa 16 – 19 Uhr, So 10 – 13 Uhr, 16 – 19 Uhr; Juli + Aug. Di – Do 17 – 20 Uhr, Fr 10 – 13 Uhr, 17 – 20 Uhr, Sa 17 – 20 Uhr, So 10 – 13 Uhr, 17 – 20 Uhr; www.museoomero.it/main?lang=3; auch auf Englisch und Esperanto)*. Dieses Museum stellt für sehbehinderte oder anderweitig gehandicapte Besucher Exponate zum Ertasten aus – darunter originalgetreue Kopien weltberühmter italienischer Skulpturen und Plastiken aus der Zeit der Etrusker, der Römer bis hin zur Renaissance – und bietet so die seltene Möglichkeit, durch Berühren der Austellungsstücke etwas über einen gewissen Bereich italienischer bildender Kunst zu erfahren.

Portonovo, Conero-Riviera

Abstecher zur Conero-Riviera

Viele Urlauber lieben die Adriaküste wegen ihrer meist flachen Sandstrände. Eine der wenigen Stellen an der Adriaküste, an der das Land in mächtigen, steilen, weißen Kalkklippen zum Meer abfällt, liegt am **Monte Conero**, rund 12 km südlich von Ancona, etwa zwischen den kleinen Seebädern Portonovo, Sirolo und Numana. Auf dem Wege von Ancona Richtung Portonovo hat man von der Küstenstraße immer wieder schöne Ausblicke auf die Steilküste **[Aussichtspunkt, WP 099 / N43° 33′ 51.5″ E13° 34′ 45.2″]**.

Wenn Sie die schmale Stichstraße (m. E. schlecht geeignet für Caravans und große Wohnmobile) durch die weiten, dichten Eichenwälder hinab nach **Portonovo [WP 100 / N43° 33′ 42.75″ E13° 35′ 35.98″]** fahren, kommen Sie unten an einen im Sommer gebührenpflichtigen **Parkplatz**. Hier gabelt sich die Straße. Rechts führt ein Fahrweg zu einem weiteren ebenfalls im Sommer gebührenpflichtigen Parkplatz [N43° 33′ 47.6″ E13° 35′ 42.9″]. Von dort geht man ca. 500 m bis zum Turm **Torre Clementina**; an der Fußweggabelung links zum Turm, rechts zum Restaurant. Langer Kiesstrand. Der Turm ist eigentlich nur vom Wasser aus gut zu sehen. Der martialische, viereckige, nicht zugängliche Festungsturm unmittelbar am Strand stammt aus napoleonischer Zeit.

Ganz am südöstlichen Ende der verstreuten Ansielung von Portonovo liegt hinter einer Surfschule das romanische Kirchlein **Santa Maria di Portonovo [Parkplatz, WP 100 / N43° 33′ 40.5″ E13° 35′ 58.3″]** aus dem 11. Jh. (nur kurz stundenweise geöffnet, sonst nicht zugänglich!).

Und an der Nordwestseite des Ortes liegt eine von napoleonischen Truppen angelegte Festung, in der heute ein Hotel und ein Restaurant eingerichtet sind.

Falls Sie sich die Mühe machen und mit dem Auto so weit wie möglich hinauf auf den **Monte Conero** fahren möchten, ist das von Süden her möglich. Eine etwa 3 km lange mit „Monte Conero" beschilderte schmale Stichstraße führt von der Hauptstraße hinauf und endet an der **Kirche Badia di San Pietro [N43° 32′ 51.19″ E13° 36′ 52.43″]**, einer alten Benediktinerklause mit sehenswerter Klosterkirche. Teile der Anlage werden heute als Hotel genutzt. Lohn für die Mühe des langen Anfahrtsweges sind die schönen Ausblicke von hier.

Von der Kirche führt ein Fußweg hinauf auf den 572 m hohen Gipfel des Monte Conero. Näheres über die vielen Wanderwege auf dem Monte Conero und im Naturpark drumherum erhält man in Sirolo beim Ente Parco Regionale del Conero, Via Peschiera 30, 60020 Sirolo, Tel. +39 071 933 11 61; www.parcodelconero.org.

Sirolo an der Conero Riviera liegt hoch über dem Meer an den Osthängen des Monte Conero. Picener und Griechen sollen hier schon in vorchristlicher Zeit gesiedelt haben. Später, im 11. Jh., war der Ort im Besitz der Grafen Cortesi, bevor er in den Kirchenstaat eingegliedert wurde.

Die hoch gelegene Altstadt von Sirolo ist zur Bergseite hin immer noch von einer Stadtmauer begrenzt. Benannt ist Sirolo angeblich nach einem römischen Heerführer namens Sirius.

Ein Spaziergang durch die engen, mittelalterlichen Gassen, die Namen früherer Handwerkszünfte tragen (z. B. Vicolo dei caibattini – Gasse der Schuhmacher), führt zur Kirche **San Nicolò di Bari [N43° 31′ 23.35″ E13° 37′ 10.09″]** mit bemerkenswertem Portal und dominierendem Glockenturm (18. Jh.) an der Nordostseite der Altstadt und zur angrenzenden, vom Büro der Touristeninformation (www.turismosirolo.it), von Restaurants und Eisdielen gesäumten **Piazzale Marino**, von der aus Ausblicke hinab zur Adriaküste möglich sind. **Parkplätze [WP 102 / N43° 31′ 18.30″ E13° 37′ 17.23″]** findet man nur im Wald an der Südostseite des Ortes an der Straße Via Bosco, die hinab zum Strand führt. Die Spiaggia Urbani (mehrere Restaurants) ist einer der beliebtesten Strände von Sirolo.

Einige, bei den Bewohnern der Gegend überaus beliebte und an Sommerwochenenden regelmäßig überlaufene Strände, wie der Strand von San Michele oder der Strand Sassi-Neri, sind zu Fuß nur schwer oder gar nicht bzw. nur von See aus mit Booten zugänglich. Infos zur Conero Riviera findet man auch unter www.rivieradelconero.info/de/.

Das südlich benachbarte hübsche Küstenstädtchen **Numana** zieht sich vom feinen Kiesstrand malerisch an den Hängen des Conero hinauf.

Noch zu Beginn unserer Zeitrechnung war Numana ein blühender Hafenort, der gut vom Handel mit den Mittelmeeranrainern lebte. Im 6. Jh. und noch einmal im ausgehenden 13. Jh. wurde der Ort von Erdbeben und Erdrutschen so stark in Mitleidenschaft gezogen, dass Teile des alten Umana, so der antike Namen der Stadt, in den Fluten der Adria versanken. Der Legende nach aber war es die schöne, stolze Königin „Numana la superba" die sich von den Einwohnern von Numana zurückgesetzt fühlte und daraufhin die Stadt zerstörte und im Meer versenkte.

Bei Interesse an der Frühgeschichte Numanas lohnt ein Spaziergang durch die Stadt zum archäologischen **Museum Antiquarium Statale [N43° 30' 48.01" E13° 37' 15.29"]** in der Via La Fenice. Hier werden die Funde ausgestellt, die bei Grabungen in Nekropolen der Picener und in römischen Stätten gemacht wurden. Und einen schönen Blick über den großen Freizeithafen hat man von der **Piazetta della Torre [N43° 30' 39.81" E13° 37' 26.30"]** oberhalb des Hafens. **Parkplätze** findet man am **Hafen [WP 103 / N43° 30' 36.21" E13° 37' 26.30"]** und weiter in der Stadt nahe der Via San Remo [N43° 30' 52.81" E13° 37' 9.73"].

Camerone, unweit im Hinterland der Conero-Riviera gelegen, ist die Heimat des rubinroten Weines Rosso Conero, der jedes Jahr im Herbst mit einem großen, drei Tage dauernden Fest gefeiert wird. Der Wein, der an den Hängen des Monte Conero gedeiht, war schon den Römern bekannt. Und Benediktinermönchen lobten den Wein nicht nur wegen seiner therapeutischen Wirkung bei „Behandlungen mit dem aus den Trauben vom Monte Conero gewonnenen Saft".

Unter Camerone wurden ausgedehnte **Grotten** und Höhlungen entdeckt, die früher als Wohnräume (Grotta Ricotti, ein vermutlich von Tempelrittern angelegtes unteriridische Labyrinth, das evtl. auch als geheimer Treffpunkt der Kreuzritter diente, heute privat) oder als Kirchen benutzt wurden und untereinander verbunden waren. In den Grotte Corraducci, quasi einem unterirdischen Palast, soll bis zu Beginn des 15. Jh. eine Adelsfamilie gehaust haben. Vom Touristenbüro I.A.T. Camerone, Piazza Roma 26, Tel. +39 071 730 40 18, werden Führungen durch das unterirdische Labyrinth, das sich fast unter der ganzen Stadt erstreckt, angeboten und zwar bislang von April bis Herbst Mi, Fr + Sa um 16.30 Uhr, So um 11, 16.30 und 17.30 Uhr. Die Zeiten können sich ändern!

PRAKTISCHE HINWEISE – NUMANA, SIROLO

Punto Informazione Accoglienza Turistica – I.A.T. Numana, Via Flaminia, Ecke Via Avellaneda, 60026 Numana, Tel. +39 071 93 30 612; www.turismo-numana.it/de.

CAMPING

Sirolo bei Ancona

Camping Internazionale [WP 104 / N43° 31' 24.69" E13° 37' 15.01"], Via S. Michele 10, Tel. +39 07 19 33 08 84, www.campinginternazionale.com; 11. Mai – 25. Sept.; von Ancona SS 16 Richtung Porto Recanati bis Abzweig ostwärts Richtung Numana und Sirolo, in Sirolo beschildert, 20%ige Serpetinenzufahrt zum Platz. Terrassen mit Baumbestand an einem abschüssigen Hang, teils Stellplätze mit Meerblick (Extragebühr). Ca. 3 ha – 120 Stpl. + Dau.; Standard-Sanitärausstattung; Laden, Imbiss, Restaurant, Schwimmbad, Fahrradverleih. Mietbungalows. **V & E für Wohnmobile**. Keine Hunde! Langer Treppenweg zum Strand.

Marcelli di Numana

Camping Numana Blu [WP 105 / N43° 28' 35.08" E13° 37' 56.61"], Via Costaverde 37, Tel. +39 071 73 90 993; www.numanablu.it/de/; Ende Apr. – Ende Sept.; von Ancona auf der SS16 Richtung Porto Recanati bis Abzweig Richtung Marcelli, dann nordwärts auf der Küstenstraße SP1 Richtung Scossicci. Campingbereich mit Grasgelände und recht dichtem Laubbaumbestand, durch Platzwege unterteilt, teils sandiger Untergrund, auch Stellplätze mit Mattendächern. Ca. 8 ha – 330 Stpl. + zahlr. Dau.; gute Standard-Sanitärausstattung; Laden, Restaurant, Cafeteria, Schwimmbad, Tennis, Fahrradverleih, **V & E für Wohnmobile**. Geprägt wird die Anlage von einer großen Mietbungalowsiedlung mit 268 Einheiten. Im Sommer Animation, Abendveranstaltungen und Disco bis 24 Uhr.

Scossicci bei Porto Recanati

Camping Bellamare [WP 106 / N43° 28' 15.91" E13° 38' 29.75"], Lungomare Scarfiotti 13, Tel. +39 071 97 66 28; www.bellamare.it; Anf. Apr. – Anf. Okt.; 3 km nördlich von Porto Recanati. Von Ancona auf der SS16 Richtung Porto Recanati bis Abzweig Richtung Marcelli, dann nordwärts auf der Küstenstraße SP1 Richtung Numana, vorbei an Camping Numana Blu. Ebenes Wiesengelände, durch relativ schmale Platzwege und Bäume in Stellplatzareale aufgeteilt. Bis an den Kies- und groben Sandstrand reichend, durch eine Mauer und einen Drahtzaum mit Durchgängen vom Strand getrennt. Ca. 6 ha – 320 Stpl. + Dau.; Standard-Sanitärausstattung, kleine, nicht ganz zeitgemäße Duschen, überwiegend Stehtoiletten. Laden, Restaurant, Cafeteria, Schwimmbad, Fahrradverleih, Mietbungalows, **V & E für Wohnmobile**. Einer der wenigen Plätze an diesem Küstenabschnitt, der nicht an der geräuschvollen Bahnlinie und der SS16 liegt und noch fast ohne Dauercamper ist.

Strand bei Numana, Conero-Riviera

TOUR 11: ANCONA – PORTO SANT' ELPIDIO

Länge der Tour: Rund 155 km.

Die Route: Über die SS16 und Landstraße über **Osimo** bis **Loreto** – SP77 über **Recanati** bis **Villa Potenza** – SP25 bis **Cingoli** – SP25 und Landstraße über **Treja** bis **Passo di Treja** – SP381 und SP77 bis **Macerata** – Landstraße und SP 485 oder Schnellstraße bis **Civitanova Marche** – SS16 bis **Porto Sant' Elpidio.**

Reisedauer: Mindestens ein Tag.

Höhepunkte: Das **Harmonika-Museum*** in Castelfidardo – die **Wallfahrtskirche mit Santa Casa **** in Loreto **– **Giacomo Leopardi Museum *** in Recanati– **Maceratas Altstadt ***.

*ROUTE: **Osimo** liegt südlich von Ancona und westlich der Autobahn A14, Ausfahrt Ancona Sud/Osimo.*

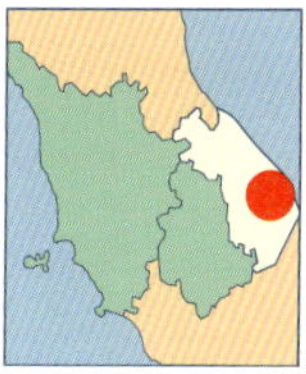

Osimo ist ein Ort mit vielen architektonischen Zeugen aus seiner großen Vergangenheit. Viele davon gruppieren sich im den kleinen zentralen Stadtplatz **Piazza del Comune** mit dem stattlichen Rathaus Palazzo Comunale aus dem 17. Jh. an der Westseite. Nördlich des Platzes, in der Via Fonte Magna, findet man das Büro der **Touristeninformation [N43° 29' 12.58" E13° 28' 57.95"]**.

Unweit westlich vom Stadtplatz kommt man zum romanischen **Duomo San Leopardo [N43° 29' 10.31" E13° 28' 49.26"]** aus dem 13. Jh. mit

PRAKTISCHE HINWEISE – OSIMO

Punto Informazione Accoglienza Turistica – I.A.T. Osimo, Via Fonte Magna 12, 60027 Osimo, Tel. +39 071 72 36 088; www.osimoturismo.it; www.turismo.marche.it;

WOHNMOBIL-STELLPLATZ

Wohnmobil-Stellplatz Maxi Parcheggio Osimo [WP 107 / N43° 29' 2.34" E13° 29' 3.40"], Via Cristoforo Colombo. **Zufahrt/Lage:** Von Ancona auf der SS16 südwärts bis Abzweig zur SP361 und über San Bagio nach Osimo. Am Kreisverkehr weiter Richtung Busparkplatz zum Wohnmobil-Stellplatz hinter dem Großparkhaus „Maxiparcheggio", nicht Richtung Zentrum. Südlich der Altstadt an der Durchgangsstraße SP361. **Gebühr:** Gebührenpflichtig. **Geöffnet:** Ganzjährig. **Ausstattung:** Mit Rasengittersteinen befestigter, ebener Platz ohne Schatten hinter dem Großparkhaus. Platz für 7 Wohnmobile. Frischwasser, Grauwasser- und Chemikaltoilettenausguss.

schöner Säulenvorhalle, Altarapsis mit Goldmosaik, Krypta und mit dem Baptisterium und dem **Diözesanmuseum** daneben *(geöffnet tgl. 8 – 12 Uhr, 15.30 – 19 Uhr)*.

Beachtung verdienen auch die Wallfahrtskirche **San Giuseppe da Copertino** mitten in der engen Altstadt weiter östlich der Piazza del Comune, sowie der Palazzo Campana mit dem Stadtmuseum.

Am besten sucht man einen **Parkplatz [WP 108 / N43° 29' 9.15" E13° 28' 44.23"]** an der Via Cinque Torri, der Umgehungsstraße südlich der Altstadt unterhalb der Stadtmauer. Treppen führen hinauf in die Altstadt

Die **Grotte del Cantinone**, Via Fonte Magna, ein weitläufiges unterirdisches Labyrinth, eine geheimnisvolle Stadt unter der Stadt, soll vor 2.500 Jahren geschaffen worden sein.

Angelegt wurden die Gänge, Höhlen und Räume, deren Wände teils mit Reliefs verziert sind, ursprünglich wohl als Schutz- und Lagerräume. Später dienten sie Mönchen als Klosterzellen und Gebetsräume. Zugangsinformationen erfährt man im Touristenbüro Osimo Turismo, das Führungen veranstaltet und zwar von Dienstag bis Sonntag jeweils um 10.30 Uhr, 11.30 Uhr, 16.15 Uhr, 17.15 Uhr und 18.15 Uhr, Dauer etwa 45 Minuten. Nehmen Sie sich auf Führungen etwas zum Überziehen mit, in den Höhlen ist es nicht wärmer als max. 12 Grad.

*ROUTE: Weiterreise von Osimo nach Südosten über **Castelfidardo** nach **Loreto**.*

Castelfidardo, ein Städtchen mit knapp 19.000 Einwohnern, lässt sich gerne als „Heimat des Akkordeons" bezeichnen.

Von der kleinen Grünanlage **Piazzale Don Giovanni Minzoni [Parkmöglichkeit, WP 109 / N43° 27' 51.0" E13° 32' 55.2"]** an der Umgehungsstraße geht man durch das Stadttor Porta Vittoria ca. 400 m bis zum Rathaus.

Wer sich für die gute alte Ziehharmonika interessiert, wird im Rathaus an der zentralen Piazza della Repubblica rechts im Untergeschoss im sehenswerten **Museo Internazionale Della Fisarmonica [N43° 27' 52.15" E13° 32' 46.58"]**, dem Internationalen Akkordeonmuseum, Via Ciriaco Mordini 1, alles über die in den Marken fabrizierten Akkordeons erfahren *(geöffnet 10.30 – 12.30 Uhr, 16 – 18.30 Uhr, So bis 19 Uhr, Mo Vormittag geschlossen; www.museodellafisarmonica.it)*. Zu sehen sind alle Arten von Akkordeons, diatonische Knopfgriffakkordeons, chromatische Tastengriffinstrumente, Bandoneons, Konzertinas, Harmonien, erste elektronische Akkordeons u. v. m. Ein besonders auffallendes Ausstellungsstück ist das Akkordeon „Leonardo Da Vinci", ein Ungetüm eines Musikinstruments auf einem Holzständer, mit einem großen, hängenden Blasebalg unten und einer Reihe von hölzernen Tonpfeifen oben.

Begonnen hat alles im Jahre 1863. Damals gründete Paolo Soprani die erste Akkordenonwerkstatt in Castelfidardo. Aus diesen Anfängen entwickelte sich eine wahre Industrie, die den Ort veränderte. Heute soll es in Castelfidardo weit über dreißig Unternehmen geben, die die lange Tradition des hochwertigen Akkordeonbaus weiterführen. Im Palazzo Paolo Soprani, heute Laden und Reparaturwerkstatt für Musikinstrumente, ist das größte spielbare Akkordeon der Welt erhalten.

Aus dem Text „Kurzer Überblick über die charmante Geschichte des italienischen Akkordeons", den das Museo Internazionale della Fisarmonica herausgibt erfährt man z. B., dass „das italienische Wort für Akkordeon *fisarmonica* vom deutschen Wort „Phisharmonika" kommt, einem zusammengesetzten Namen aus dem griechischen Wort *Phisa* (das Gebläse) und *Harmonika*".

Weiter wird man darüber informiert, dass Paolo Soprani ein von „Cyril Damian, einem Wiener armenischen Ursprungs, ein 1829 in Paris patentiertes, kleines Vier-Oktaven-Instrument" weiter entwickelte und perfektionierte und damit den Grundstein zu seinem ersten Geschäft in Castelfidardo legt.

Das Akkordeon erlebte seit der Mitte des 19. Jh. in ganz Europa einen glänzenden Siegeszug. Neben den Manufakturen in Italien waren auch in Klingenthal und Trossingen in Deutschland namhafte Akkordeonwerkstätten entstanden.

„Die Popularität des Akkordeons begann berühmte Musiker zu inspirieren. Giuseppe Verdi, welcher die Aufgabe hatte, die Reform der italienischen Bildungsstätten durchzuführen, schlug vor, das Akkordeon zu den Instrumenten aufzunehmen, welche dort gelehrt wurden".

„Das beste Jahr für die Herstellung und die Verarbeitung der Akkordeons war 1953. Italien exportierte 200.000 Akkordeons." In den letzten Jahren hat der Einzug der Elektronik auch vor der guten alten Ziehharmonika nicht Halt gemacht. Heute produzieren noch etwa 40 Hersteller, fast alle im Raum Castelfidardo ansässig, feine Akkordeons.

In die Geschichtsbücher des Landes ging Castelfidardo durch die historische Schlacht von Castelfidardo im Herbst 1860 ein, als piemontesische Truppen die Truppen des Kirchenstaates schlugen. Im Gedenken an diese Schlacht wurde nordöstlich der Stadt der **Parco delle Rimembranze [N43° 28' 0.85" E13° 33' 9.75"]**, ein Volkspark mit dem Nationaldenkmal der Region Marken, einem Kriegerdenkmal, angelegt.

Denkmal für Paolo Soprani, einem Pionier des Harmonikabaus in Castelfidardo

Einen größeren **Parkplatz [N43° 27' 48.74" E13° 33' 3.25"]** findet man am Südostrand der Altstadt an der Via Ugo Foscolo. Von diesem Parkplatz aus lässt sich auch der eben erwähnte Volkspark zu Fuß erreichen.

Loreto – „Loreto" ist ein altes italienisches Wort für Lorbeerhain (lat. lauretum). Und mit einem Lorbeerhain hat die Entstehung Loretos zu tun. Der Legende nach soll das Haus der hl. Maria aus Nazareth von einer Engelschar Mitte des 13. Jh. auf „wundersame Weise" zunächst nach Dalmatien und dann (als Datum ist der 10. Dezember 1294 überliefert, für eine Legende ein erstaunlich präzises Datum) über Umwege hierher in einen Lorbeerhain gebracht worden sein. Rasch entstanden daraufhin an der „Santa Casa" ein Wallfahrtsort und der Ort Loreto. Nach christlicher Überliefe-

Loretto, die Piazza della Madonna und die Fontana della Madonna de Loreto

rung sei das Haus das Geburtshaus der Gottesmutter Maria gewesen sein.

Joachim Schäfer schreibt in seinem Artikel Wallfahrtstätte „Geburtshaus der Maria" in Loreto, aus dem Ökumenischen Heiligenlexikon: „Als Ergebnis neuerer Erkenntnisse aus Dokumenten, Ausgrabungen und philologischer sowie ikonographischer Studien wird die Erklärung vertreten, dass die Steine des Heiligen Hauses durch eine adelige Familie namens Angeli, Engel, die damals über Epirus in Griechenland herrschte, mit einem Schiff der Kreuzfahrer über das Meer nach Loreto gebracht wurden: Niceforo Angelo, Herrscher über Epirus, überreichte anlässlich der Hochzeit seiner Tochter Ithamar dem Bräutigam Philipp von Tarent, dem Sohn des Königs von Neapel, Karl II. von Anjou, als Geschenk u. a. die heiligen Steine, weggetragen aus dem Hause Unserer Lieben Frau, der Jungfrau und Mutter Gottes".

Noch heute wird ein uralter Brauch in Loreto gepflegt. Mit Freudenfeuern und Glockengeläut, die den Engeln den Weg nach Loreto zeigen sollen, feiert man in der Nacht zum 10. Dezember den Festtag „Ankunft des Hauses".

Mit dem Bau der Basilika, die sich heute über der „Santa Casa" erhebt, wurde 1468 begonnen. Die Entwürfe zum Kirchenbau stammen von Bramante, Giuliano da Sangallo und Sansovino.

Das Innere der Wallfahrtskirche strotzt geradezu vor Pracht. Die „Santa Casa" selbst, ein knapp 10 x 4 m großer und 3 m hoher Raum, wurde durch Ziegelsteine aus der Gegend ergänzt und Mitte des 16. Jh. mit einem Tonnengewölbe überfangen. An der östlichen Stirnseite sieht man den Altar und darüber die von den Gläubigen hochverehrte „schwarze Madonna". Die ursprüngliche Marienstatue, die ihrerseits eine Marienikone ersetzte und in den Jahrhunderten vom Kerzenruß geschwärzt war, viel 1921 einem Brand in der Kapelle zum Opfer. Die Statue, die man heute sieht, stammt aus dem Jahre 1922, wurde aus Zedernholz gefertigt und dunkel bemalt.

Außen ist die „Santa Casa" ganz mit kunstvoll gearbeiteten Statuen und Marmorreliefs verkleidet.

Vor der Basilika erstreckt sich der weite rechteckige Platz **Piazza della Madonna** in dessen Mitte sich der prächtige Brunnen Fontana della Madonna de Loreto aus dem 17 Jh. erhebt. An der Westfassades der Basilika sieht man ein Denkmal für Papst Sixtus V., aus dem ausgehenden 16. Jh.

Begrenzt wird der Platz an der Nord- und Westseite von den Fassadenfronten des Apostolischen Palastes und an der Südseite vom sog. Illyrischen Palast.

Im Apostolischen Palast an der Nordseite ist das **Museo-Antico Tesoro della Santa Casa** untergebracht *(geöffnet Apr. – Okt. tgl. 10 – 13 Uhr, 15 – 19 Uhr; Nov. – März 10 – 13 Uhr, 15 – 18 Uhr; www.santuarioloreto.it)*. Zu sehen sind u. a. Devotionalien, historische bemalte pharmazeutische Majolikagefäße, sakrale Kunstgegenstände, kostbare Gobelins, zeitgenössische Kunst und eine sehenswerte Gemäldesammlung mit Werken u. a. von Cesare Maccari (1840 – 1919) und Lorenzo Lotto, der 1556 in Loreto starb. Von Lotto sieht man z. B. „Christophorus mit den Heiligen Rocco und Sebastian", „Der Erzengel Michael stößt Luzifer in den Abgrund", „Taufe Christi" u. a.

Santa Casa Reliefschmuck in der Basilika von Loreto

Einen großen **Parkplatz [WP 110 / N43° 26' 28.04" E13° 36' 25.38"]** findet man am Westrand der Stadt an der Via Costa d'Ancona. Wohnmobilfahrer können auch auf der **Area Attrezzata per Camper Parcheggio P 2 [WP 111 / N43° 26' 29.36" E13° 36' 50.14"]** parken.

PRAKTISCHE HINWEISE – LORETO

Centro Informazione Accoglienza Turistica – I.A.T. Loreto, Via Solari 3, 60025 Loreto, Tel. +39 071 97 02 76; www.comune.loreto.an.it; www.regione.marche.it.

HOTEL/RESTAURANT

Vecchia Fattoria, Via Manzoni 19, Tel. +39 071 97 89 76; www.vecchiafattoria-loreto.it; Hotel-Restaurant mit 13 Zimmern, moderate Preise, gute Küche, regionale Gerichte, Gartenterrasse, Parkmöglichkeit.

WOHNMOBIL-STELLPLATZ

Wohnmobil-Stellplatz Area Attrezzata per Camper Parcheggio P 2 [WP 111/ N43° 26' 29.36" E13° 36' 50.14"], Via Maccari 31. **Zufahrt/Lage:** Von der SS16 (Osimo Stazione – Loreto Stazione) südostwärts nach Loreto. Unterhalb der Stadt in ansprechender Lage. Breite Einfahrt, enge Ausfahrt. **Gebühr:** Gebührenpflichtig. **Ausstattung:** Ebener, eingezäunter Grasplatz mit Gittersteinen. Von den vorderen Plätzen Blick ins Land bis zum Meer. Gepflasterte Platzwege, beleuchtet, Stehtoiletten, Duschen mit Münzautomat, Geschirr- und Wäschewaschbecken, Frischwasser, befahrbare Entsorgungsstation, Mülltonnen. Von der Wallfahrtskirche Basilica della Santa Casa ca. 500 m entfernt.

ROUTE: Auf der SP77 nach Südwesten bis Recanati, ca. 12 km.

Recanati ist fest mit den Namen zweier namhafter Persönlichkeiten verbunden, nämlich mit Giacomo Leopardi und mit Beniamino Gigli.

Einen **Parkplatz [WP 112 / N43° 24' 9.19" E13° 33' 22.70"]** findet man an der Viale Giovanni XXIII, am nordöstlichen Ortsrand, neben dem Wohnmobil-Stellplatz.

Die **Casa Leopardi [N43° 23' 53.10" E13° 33' 06.18"]**, Via Leopardi 14, das Geburtshaus von Giacomo Leopardi, ist heute Museum mit der großen Bibliothek der Leopardis *(geöffnet Sommerhalbjahr ab 1. April tgl. 9 – 18 Uhr; Winterhalbjahr Di - So 9:30 - 13:00 Uhr, 14:00 - 17:30 Uhr; letzter Einlass 30 Min. vor Schließung; www.giacomoleopardi.it/).* Giacomo Leopardi (1798 – 1837) wuchs in einem streng konservativen, gräflichen und streng religösen Elternhaus,

Recanati, Piazza Giacomo Leopardi mit Leopardi-Denkmal

wie in einem goldenen Käfig zwischen den Werken der großen Philosopen und Denker in der reich bestückten Bibliothek der Familie auf.

Bald macht sich Leopardi einen Namen als bedeutender italienischer Schriftsteller und Dichter des 19. Jh. Von Zeitgenossen wurde er einerseits als melancholisch und pessimistisch, andererseits als „Meister der Prosa" mit Geist und Witz beschrieben. In der Kirche Santa Maria di Monte Morello, an der kleinen Piazza del Villaggio (Platz des Samstags im Dorf) gegenüber der Casa Leopardi, wurde Giacomo Leopardi getauft. Im Juni 1837 starb Leopaldi, nur 39 Jahre alt, in Neapel.

Man kann von der Casa Leopardi weiter nach Westen hinauf auf die „Anhöhe der Unendlichkeit" **Colle del Infinito [N43° 23' 53.11" E13° 32' 58.32"]** gehen. In eine gemauerte Wand sind dort die Worte eines Verses aus einem romantischen Gedichtes Leopardis eingelassen: „Sempre caro mi fu quest'ermo colle" (etwa: Schon immer lieb war mir dieser einsame Hügel).

Weiter im Nordwesten der Stadt findet man auf der Piazza Giacomo Leopardi neben dem mächtigen Uhrenturm und vor dem stattlichen Rathaus ein **Denkmal [N43° 24' 12.57" E13° 32' 54.09"]** mit dem „traurigen Poeten" Leopardi, der auf dem Podest völlig in Gedanken versunken zu sein scheint.

Ein weiterer namhafter Sohn Recanatis ist Beniamino Gigli (1890 – 1957). Der Sänger und Schauspieler, gefeierter Star an der Mailänder Scala wie an der New Yorker Met, galt als einer der größten Tenöre seiner Zeit. Am 30. November 1957 erlag Beniamino Gigli in Rom einer Lungenentzündung. Sein Leichnam wurde nach Recanati überführt und unter Teilnahme einer riesigen Trauergemeinde auf dem Friedhof von Recanati in einem mächtigen Mausoleum beigesetzt.

Das Geburtshaus Beniamino Giglis, in dem der berühmte Operntenor am 20. März 1890 das Licht der Welt erblickte, liegt im Nordwesten der Stadt in der Via Piaggia Castelnuovo Nr. 22, einen Straßenzug nördlich der Kathedrale. Das Haus ist leider nicht zu besichtigen.

Unweit südöstlich der Piazza Giacomo Leopardi ist im Teatro Persiani das **Museo B. Gigli** eingerichtet. Es stellt Dokumente, Theaterkostüme, Fotos und persönliche Gegenstände des Sängers aus *(geöffnet Juni – Sept. Di – So 10 – 13 Uhr, 15 – 18 Uhr, im Juli + Aug. bis 19 Uhr; http://www.recanatiturismo.it/musei).*

Sollten Sie Interesse an Gitarren haben, wird Sie Ihr Weg durch Recanati auch zum **Oliviero Pigini Gitarrenmuseum** in der Via Falleroni führen. Aus der Pigini-Werkstatt kommen die berühmten EKO-Gitarren.

Im Stadtmuseum **Museo Civico [N43° 24' 22.53" E13° 32' 35.03"]** in der Villa Colloredo Mels, Via Gregori XII, wird in den mit bemerkenswerten Wand- und Deckenmalereien ausgestatteten Räumen eine Gemäldesammlung gezeigt, zu der auch Arbeiten von Lorenzo Lotto zählen. Die Sektion Museo dell'Emigrazione Marchigiana befasst sich mit der Zeit, als viele Menschen die Marken verließen und in anderen Ländern eine bessere Zukunft suchten. *Geöffnet Di – So 10 – 13 Uhr, 16 – 19 Uhr.*

*ROUTE: SS77 südwestwärts. Nach ca. 15 km Abzweig südwärts ins nahe **Macerata**.*

WOHNMOBIL-STELLPLATZ – RECANATI

Wohnmobil-Stellplatz Area Sosta Camper a Recanati Camping Club Recanati [WP 113 / N43° 24' 9.71" E13° 33' 26.80"], Viale Giovanni XXIII, 12. **Zufahrt/Lage:** Von der SP77 (Loreto – Sambucheto) zum Ortszentrum abzweigen. Platz des Camping Club Recanati am nordöstlichen Ortsrand bei einem Antennenmast. Schlechte Einfahrt. **Gebühr:** Gebührenfrei. **Geöffnet:** Ganzjährig. **Ausstattung:** Ebener, betonierter, schattenloser Platz mit Kiesstreifen, in aussichtsreicher Lage, Platz für ca. 20 Wohnmobilen. Säule mit Strom und Wasser. Max. Aufenthalt 48 Std.

In **Macerata** führt unweit östlich des Parks an der Via Giardini ein Aufzug hinauf in die Oberstadt. Oben geht man auf der Via XX Settembre und die anschließende Via Antonio Gramsci zur Piazza della Libertà. Parken in der engen Altstadt ist praktisch nicht möglich!

Ein großer **Parkplatz [WP 114 / N43° 18' 8.85" E13° 26' 45.44"]** liegt am Nordrand der Stadt an der Via Due Fonti (Via Alfredo Murri).

Auch in Macerata, Verwaltungshauptstadt der gleichnamigen Provinz, stellt die **Piazza della Libertà** den Mittelpunkt in der Altstadt dar. Hier liegen Rathaus, die alte, zweigeschoßige Markthalle Loggia dei Mercanti, der 65 m hohe Uhrenturm Torre Civica und an der Ostseite die ehemalige Kirche San Paolo, die heute als Auditorium der Universität genutzt wird.

Weiter im Osten der Altstadt stellt im **Palazzo Buonaccorsi [N43°18'2.37" E13°27'19.65"]**, Via Don Minzoni 24, das **Kutschenmuseum Museo della Carrozza** eine Besonderheit dar *(geöffnet tgl. a. Mo 10 – 12.30 Uhr, 14 – 18 Uhr; www.provincia.mc.it)*. Insgesamt sind in drei Sälen 21 Kutschen, Landauer, Reisekarrossen aus dem 17. Jh., elegante Coupés, offene und geschlossene „Phaetons" etc. zu sehen. Viele davon waren einst im Besitz des Grafen Pieralberto Conti di Civitanova Marche, andere wurden von namhaften Familien der Stadt zur Verfügung gestellt. Darüber hinaus sind im Palazzo in der Sala dell'Eneide prächtige Wandgemälde zu bewundern. Im Obergeschoss ist moderne Kunst zu sehen.

Am Ostende der Via Don Minzini wird die Altstadt abgeschlossen vom **Duomo San Giuliano**. In dem Kirchenbau aus dem späten 15. Jh. wird eine Armreliquie des hl. Julian, dem Schutzpatron der Stadt, aufbewahrt. Die benachbarte Kirche Santuario Madonna della Misericordia soll im 15. Jh. erbaut worden sein, als Bitte an die barmherzige Madonna, die Stadt vor der Pest zu bewahren.

Fast jedes größere Städtchen in den Marken, das etwas auf sich hält, hat sein eigenes Theater. Macerata setzt da noch einen drauf. Mit dem **Sferisterio [N43° 17' 58.32" E13° 27' 24.81"]** im Osten der Stadt verfügt Macerata über eine Freilicht-Opernarena, die selbst im opernbegeisterten Italien eine Besonderheit darstellt. Das Theaterhalbrund mit 4.500 Plätzen wird im hinteren Bereich von einer langen, säulengeschmückten Logenreihe abgeschlossen. Im Sferisterio findet jedes Jahr das berühmte Macerata Opera Festival statt, zum dem immer tausende von Musik- und Opernbegeisterten eintreffen.

PRAKTISCHE HINWEISE – MACERATA

Centro Informazione Accoglienza Turistica – I.A.T. Macerata, Corso della Repubblica Italiana 32, 62100 Macerata, Tel. +39 0733 23 48 07; www.turismo.marche.it; www.turismo.provinciamc.it.

HOTEL

I Colli Best Western, 60 Zi., Via Roma 151, Tel. +39 0733 36 70 63; www.hotelicolli.com; etwas außerhalb, südwestlich des alten Ortskerns, ordentliches Mittelklassehotel der einfacheren Kategorie, moderate Zimmerpreise, Parkmöglichkeit, kein hoteleigenes Restaurant.

WOHNMOBIL-STELLPLATZ

Wohnmobil-Stellplatz Area di Sosta Attrezzata per Camper Macerata [WP 115 / N43° 17' 53.06" E13° 27' 24.58"], Via Virgilio Paladini. **Zufahrt/ Lage:** Südlich der Altstadt von Umfahrungsstraße am Kreisverkehr Piazza Nazario Sauro südwärts abzweigen und nächste links und gleich wieder rechts zum Platz, vor dem Parkhaus Parcheggio Sferisterio und nahe der Sferisterio-Oper. **Ausstattung:** Asphaltierter, ebener Platz für 8 Wohnmobile mit Versorgungssäule. Zur Altstadt ca. 800 m Fußweg.

***ROUTE:** Von Macerata zurück zur SS77 und auf der SP25 westwärts nach **Cingoli**, ca. 22 km.*

Cingoli, gerne auch als „Balcone delle Marche" bezeichnet, wird seinem Beinamen durchaus gerecht. Von einer großen **Terrasse [N43° 22' 34.94" E13° 12' 58.82"]** an der Via Balcone delle Marche am Ostrand des Ortes genießt man tatsächlich einen prächtigen, weiten Panoramablick, der nach Osten bei klarem Wetter bis zur Adria reicht. Auf der Westseite des Ortes sieht man bis zu den Apenninen.

Parken in Cingoli stellt allerdings ein Problem dar. Evtl. kann man gleich am Beginn der Via Balcone delle Marche am südöstlichen Ortsrand einen Straßenparkplatz [N43° 22' 28.07" E13° 13' 5.87"] ergattern.

Die Altstadt von Cingoli ist für den allgemeinen Autoverkehr gesperrt, was einen Stadtspaziergang angenehmer macht.

Weiter im Süden liegt in den engen Gassen der Altstadt, an der kleinen Piazza Enrico Mestica, die **Kirche San Domenico [N43° 22' 24.29" E13° 13' 5.09"]**. In ihr ist die „Rosenkranzmadonna" zu sehen, eines der Meisterwerke des Malers Lorenzo Lotto.

Einen weiteren bedeutenden Sakralbau stellt die **Cattedrale di Santa Maria Assunta** dar. An der Nordseite der Kirche schließt die Piazza Vittorio Emanuele II. an. Hier ist im **Palazzo Municipale [N43° 22' 26.88" E13° 12' 58.81"]**, erkenntlich durch den Uhrenturm und die Fassade mit Bogengang, das **Museo Archeologico Statale** eingerichtet. Besondere Erwähnung unter den Ausstellungsstücken hier zählen die bronzezeitlichen Funde, die bei Ausgrabungen im nahen Moscosi gemacht wurden.

Unter den Profanbauten Cingolis verdient vor allem der Adelspalast **Palazzo Castiglioni [N43° 22' 34.53" E13° 12' 53.27"]** mitten in der Altstadt Erwähnung. Hier wurde Papst Pius VIII. (Francesco Saverio Castiglioni, 1761 – 1830) geboren.

***ROUTE:** von Cingoli auf der SP25 zurück bis **Chiesanova di San Vito**, ca. 15 km. Dort südwärts über **Treja** nach **Pollenza**, ca. 12 km.*

Eine Sehenswürdigkeit etwa 5 km westlich von **Pollenza** ist die **Abbazia di Santa Maria di Rambona [N43° 15' 53.98" E13° 18' 40.75"]** *(geöffnet März – Okt. tgl. 16 – 20 Uhr; Okt. – März tgl. 15.30 – 19 Uhr; www.pro-rambona.it)*. Die frühromanische Abtei ist eine Gründung von Benediktinermönchen aus dem 9. Jh. Die Klosterkirche, ein Stiftung der lombardischen Königin Ageltrude, wurde auf den Mauern eines heidnischen Tempels errichtet. Geweiht war dieser

WOHNMOBIL-STELLPLATZ – CINGOLI

Wohnmobil-Stellplatz Area Attrezzata Camper Cingoli "Balcone delle Marche" [WP 116 / N43° 22' 35.41" E13° 12' 34.91"], Via San Carlo. **Zufahrt/Lage**: Der südlichen Ortsumfahrung Richtung San Severino Marque folgen, am westlichen Ortsrand. Zufahrt oft mit Pkws zugeparkt, dadurch eng. Zum Altstadtzentrum ca. 800 m. **Geöffnet:** Ganzjährig. **Gebühr:** Kostenpflichtig, zur Einfahrtsgenhmigung Tel. 07 33 60 24 44 oder 339 63 69 296 anrufen, Schlüssel für Schranke beim Touristenamt. **Ausstattung:** Auf einer großen, befestigten Geländestufe, mit Bäumen an den Rändern. Leicht geneigter, asphaltierter Platz in ansprechender Lage mit 10 markierten, mit hellen Steinen gepflasterten, durch junge Bäumchen und schmale Rabatten getrennten Stellplätzen. Für Fahrzeuge über 6 m Länge u. E. wg. beengter Zu-/Einfahrt und Ausfahrt nur schlecht geeignet. V & E Station. Frischwasser, Grauwasserentsorgung, Strom, beleuchtet. Zu- und Abfahrt beengt.

WOHNMOBIL-STELLPLATZ – POLLENZA

Wohnmobil-Stellplatz Area di Sosta Camper Pollenza [WP 117 / N43° 15' 52.90" E13° 20' 46.63"], Via Santo Spirito. **Zufahrt/Lage:** Bei den Sportanlagen am Südwestrand des Ortes und ca. 300 m westlich des Stadttores zur Altstadt gelegen. **Gebühr:** Gebührenfrei. **Geöffnet:** Ganzjährig. **Ausstattung:** Asphaltierter, ebener, schattenloser Parkplatz für 15 Wohnmobile. Frischwasser, Grauwasser- und Chemikaltoilettenausguss. Max. Aufenthalt 48 Std.

Tempel einer Göttin namens Bona. Von dieser heidnischen Göttin leitet die Klosteranlage angeblich ihren Namen ab. 1433 ließ Franzesco Sforza die Kirche zu großen Teilen zerstören, was einen Niedergang der Abtei bewirkte. Die große Sehenswürdigkeit ist die romanische **Krypta**, deren fünf Schiffe und Gewölbe von Reihen unterschiedlicher Säulen mit wunderschön gearbeiteten romanischen Kapitellen getragen werden.

*ROUTE: Von Pollenza südostwärts bis **Stazione di Pollenza**. Fährt man weiter und überquert die Autobahn SS77, kommt man zum etwas westlich gelegenen **Castello della Rancia [N43° 13' 53.09" E13° 21' 19.42"]** an der SS77. Von Stazione di Pollenza 4 km nach Nordosten nach **Sforzacosta** und auf der SS78 südwärts, vorbei an der **Abbadia di Fiastra**, nach **Urbisaglia**, ca. 9 km.*

Die stattliche **Festung Castello della Rancia [Parkplatz, WP 118 / N43° 13' 52.77" E13° 21' 19.25"]** mit ihren markanten, schwalbenschwanzähnlichen Zinnen bewehrten Mauern, dem mächtigen **Wohnturm** und dem schönen **Arkadenhof** liegt dominierend auf einer grünen Anhöhe *(geöffnet Mai – Sept. Di – So 10.30 – 18.30 Uhr; Okt. – Apr. Mi + Do 14 – 18 Uhr; Fr – So 10 – 18 Uhr)*. Die Festung war Mitte des 14. Jh. von Rudolf II da Varano als fürstliche Residenz angelegt worden, der aber auch eine wichtige Funktion bei der militärischen Kontrolle der Umgebung zufiel, die das Castello della Rancia bis ins 16. Jh. hinein erfüllte.

Später, im Mai 1815, war die Gegend um die Festung Schauplatz einer historischen Schlacht. Damals ging es um einen ersten Versuch, aus Italien, das bis dahin weitgehend von eingemächtigen Fürstenstaaten regiert wurde, einen einheitlichen Nationalstaat zu formen. Diese Bemühungen, die bis 1870 andauerten, sind in den Geschichtsbüchern als „Risorgimento" (Wiedererstehung) vermerkt. Im Mai 1815 kämpften die Truppen des Königs von Neapel, Gioacchino (Joachim) Murat, Napoleons Schwager, gegen österreichische Truppen, die von einem General namens Bianchi angeführt wurden, für dieses Ziel, allerdings vergeblich.

Wenige Kilometer nördlich von Urbisaglia liegt an der SP78 das ehemalige Zisterzienserkloster **Abbadia Chiaravalle di Fiastra [großer Parkplatz, WP 119 / N43° 13' 12.99" E13° 24' 21.51"]**, mit bemerkenswerter romanischer Klosterkirche und schönem von Arkaden umgebenem Innenhof. Während des 18. Jh. war das große Anwesen samt der beträchtlichen dazugehörigen Ländereien

WOHNMOBIL-STELLPLATZ – ABBADIA DI FIASTRA

Wohnmobil-Stellplatz Area Sosta Camper Parcheggio P 4 Abbadia di Fiastra [WP 120 / N43° 13' 15.76" E13° 24' 26.73"], Abbadia di Fiastra. **Zufahrt/Lage:** Von der SS77 (Tolentino – Chivitanova) auf die SP78 Richtung Urbisaglia abzweigen und noch ca. 200 m zum Kloster. **Gebühr:** Gebührenfrei. **Geöffnet:** Ganzjährig zugänglich. **Ausstattung:** Ebener, befestigter Platz für Wohnmobile und Pkw mit Platz für 80 Fahrzeuge, ohne Beleuchtung. Frischwasser, Grauwasser- und Chemikaltoilettenausguss.

WOHNMOBIL-STELLPLATZ – PATERNO

Wohnmobil-Stellplatz Agriturismo Colle Regnano [WP 121 / N43° 10' 1.15" E13° 18' 26.81"], Controada Casadicristo 11, Tel. +39 07 33 96 76 91; www.colleregnano.it. **Zufahrt/Lage:** Von Tolentino südwärts auf der Landstraße SP126 ca. 7 km nach Paterno und noch ca. 1 km zum Landgut. **Ausstattung:** Schöner Wiesenplatz mit Platz für 6 Wohnmobilen bei einem Landgut in ruhiger, schöner Umgebung. Frischwasser, Grauwasser- und Chemikaltoilettenausguss, Strom, Dusche, WC, Schwimmbad.

im Besitz der Fürsten Giustiniani-Bandini, die hier ihren Palast einrichteten. Heute ist die weitläufige Anlage Verwaltungssitz und Zentrum des ausgedehnten Naturparks Abbadia di Fiastra.

In verschiedenen Gebäuden sind Museen untergebracht, wie das Bauern- und Heimatmuseum, das **Weinmuseum** und das **Archäologische Museum**. Besuchern stehen Restaurants, Bars und Unterkünfte (Agriturismo) und ein Laden für E-Bikes zur Verfügung. Durch den Naturpark führen drei markierte Rad- und Wanderwege.

An der Ostseite der Anlage ist eine Fläche als Wohnmobil-Stellplatz eingerichtet.

Urbisaglia war in der Antike eine wichtige Stadt im Picenerreich, die damals „Urbs Salvia" hieß. Später wurde der Ort Mittelpunkt einer römischen Kolonie.

Überbleibsel der antiken Stadt sind im weitläufigen **Parco Archeologico di Urbs Salvia [N43° 11' 58.86" E13° 23' 10.29"]** zu sehen. Reste einer Römerstraße, eines Amphitheaters und eines großen Theaters aus dem ersten nachchristlichen Jahrhundert, Badeanlagen, Wasserleitungen u. ä. sind erhalten. Zerstört wurde Urbs Salvia im 5. Jh. n. Chr. von den plündernden Horden des Westgotenkönigs Alarich.

Der heutige Ort Urbisaglia liegt südwestlich der antiken Stätte jenseits der Straße SP78 und fällt durch seine **Festung** aus dem 15. Jh. mit abschreckend großen runden Ecktürmen und einem mächtigen Donjon auf. Gleich daneben fällt die nicht minder mächtige **Rundkirche San Francesco** ins Auge.

Abstecher nach Tolentino

Den Abstecher nach Tolentino kann man auch später noch ab Camerino nachholen (Tour 14, Sarnano – Camerino – Gubbio).

*ROUTE: Der kürzeste Weg nach **Tolentino** führt von Urbisaglia auf der Landstraße nach Westen. Tolentino liegt rund 12 km westlich, jenseits der Autobahn SS77.*

In **Tolentino** findet man den **Parkplatz Parcheggio Filzi [WP 122 / N43° 12' 28.94" E13° 16' 56.74"]** am Südwestrand der Stadt.

An der hübschen **Piazza della Libertà [N43° 12' 32.31" E13° 17' 6.11"]** von Tolentino mit dem markanten Turm mit seinen drei, uns etwas verwirrenden Uhren (eines der Ziffernblätter zeigt die Mondphasen an), liegt auch das Büro der **Touristeninformation I. A. T. Tolentino**, Piazza della Libertà, 62029 Toentino, Tel. +39 0733 97 29 37.

Auch das kleine, aber feine **Museo dell'Umorismo nell'Arte** liegt an der Pazza della Libertà. Vieles werden Sie in diesem internationalen Karikaturmuseum auch dann verstehen, wenn Sie kein Italienisch sprechen *(geöffnet Mai – Sept. Di – So 10.30 – 18.30 Uhr; Okt. – Apr. Mi – Do 14 – 18 Uhr, Fr – So 10 – 18 Uhr)*. Eingerichtet wurde das unterhaltsame Museum, das einzige seiner Art in ganz Italien, 1970 von Luigi Mari, einem Arzt und Karikaturisten aus Tolentino. Und untergebracht ist es im ersten Stock des Palazzo Sangallo aus dem 16. Jh.

Leider sind die meisten Museen in Tolentino nach dem Erbeben vom August 2016 aus Vorsichtsmaßnahmen bis auf weiteres geschlossen! Wie weiter verfahren wird, war nicht in Erfahrung zu bringen.

Einen Straßenzug südlich der Piazza della Libertà kommt man zur **Basilica di San Nicolà a Tolentino [N43° 12' 29.22" E13° 17' 8.13"]**. Die im Inneren überaus reich dekorierte Kirche ist dem Heiligen Nikolaus von Tolentino geweiht. Als Augstinermönch bewirkte Bruder Nikolaus in der zweiten Hälfte des 13. Jh. viele Wunder. Sein Wirken muss so nachhaltig gewesen sein, dass er schon 1325, nur zwanzig Jahre nach seinem Tod, heiliggesprochen wurde.

Die Basilika, in der in einer Kapelle die Reliquien des Heiligen aufbewahrt werden, ist Mitte des 15. Jh. errichtet worden. Eine Legende berichtet von einem Kirchenraub, bei dem versucht worden sein soll, die Reliquien des hl. Nikolaus von Tolentino zu stehlen. Angeblich ließen die Räuber aber von ihrem Vorhaben ab als sie sahen, dass aus den Armen Blut tropfte.

Beachtung verdient in der Basilika die Große **Kapelle Cappellone**, die mit Fresken ausgemalt ist, die Meistern aus der Schule Giottos zugeschrieben werden. Außerdem sieht man in der Kapelle eine Statue des hl. Nikolaus von Tolentino.

Der Basilika ist ein **Kirchenmuseum** angeschlossen, das wertvolle Keramiken, aber auch Gemälde und Skulpturen aufbewahrt.

Im sehenswerten **Kreuzgang**, der als einer der schönsten in der Region Marken gilt, ist die ehemalige Mönchszelle des Heiligen zu sehen, die heute als Kapelle dient.

Wenn Sie noch etwas Zeit haben, gehen Sie von der Basilika weiter nach Süden. Über die Via del Ponte kommen Sie dann nach einem kleinen Spaziergang zur **Ponte del Diavolo [N43° 12' 21.22" E13° 17' 10.12"]**, eine alte, romantische Bogenbrücke, die den Fiume Chienti überspannt.

Ein seit dem Ende des 18. Jh. historisches Gebäude in Tolentino ist der **Palazzo Parisani-Bezzi [N43° 12' 35.16" E13° 17' 3.83"]** nördlich der Piazza Libertà in der Via della Pace. Hier hat der in Italien einmarschierte Napoleon Bonaparte 1797 Papst Pius VI. offenbar diplomatisch so in die Enge getrieben, dass sich der Pontifex genötigt sah, seinen Alleinanspruch am Kirchenstaat zumindest teilweise an Napoleon abzutreten. Leider ist der Palazzo seit dem Erdbeben vom August 2016 bis auf weiteres nicht zugänglich (Änderung möglich!).

HAUPTROUTE

*ROUTE: Von Urbisaglia zurück bis zur Autobahn SS77 (ca. 8 km), der wir ostwärts an die Küste und nach **Civitanova Marche** folgen, ca. 28 km.*

Civitanova Marche, die Stadt an der Küste, und **Civitanova Alta**, die Oberstadt weiter im Hinterland, sind Beispiele dafür, wie früher Bewohner an der Küste der Marken, nicht selten aus Sicherheitsgründen, eine zweite Stadt weiter von der Küste entfernt anlegen mussten.

Das ältere Civitanova Marche (früher Porto Civitanova), eine uralte, vorchristliche Gründung der Picener, war schon in der Römerzeit ein geschäftiger Handelshafen, der damals als „Cluana" bekannt war.

Küstenorte waren immer auch Ziel von seeräuberischen Überfällen, Plünderungen, Eroberungen. Irgendwann waren die Menschen von Cluana die immer wiederkehrenden Attacken von Goten, Langobarden, Sarazenen oder Byzantinern wohl leid, nach denen die Überlebenden ihre Existenzgrundlage immer wieder neu aufbauen mussten. Solchermaßen gezwungen, verlegten Küstenbewohner ihre Siedlung weiter landeinwärts und nannten ihr neues Domizil „Civita Nova". Erst im ausgehenden 15. Jh. wurde Civitanova Marche befestigt und war danach in der Hand verschiedener Herren, darunter den Caserini und den Sforza.

Andere Städte mit Stadtteilen am Meer und Neugründungen weiter landeinwärts sind z. B. Sant'Elpidio a Mare und Porto Sant'Elpidio, Altidona und Marina di Altidona, Massignano und Ma-

PRAKTISCHE HINWEISE – CIVITANOVA MARCHE

Centro Informazione Accoglienza Turistica – I.A.T. Civitanova Marche, Piazza XX Settembre 62, 62012 Civitanova Marche, Tel. +39 0733 81 39 67; www.turismo.marche.it; www.comune.civitanova.mc.it.

RESTAURANT

Galileo, Via IV Novembre 25, Tel. +39 0733 81 76 56, gutes Lokal mit erlesener Weinkarte. Terrasse.

HOTEL

Palace, 37 Zi., Piazza Fratelli Rosselli 6, Tel. +39 0733 81 04 64; www.royalre.it; ordentliches, einfacheres Mitteklassehotel ohne eigenes Restaurant, zentral am Bahnhof gelegen, Hotelgarage.

CAMPING

Camping Belvedere [WP 124 / N43° 19' 24.60" E13° 42' 20.28"], Tel. +39 0733 70 833; www.campingbelvedere.net; 1. Jan. – 31. Dez.; nördlich von Civitanova Marche und westlich der Autobahn A14, an der Straße SP27; Pinienwaldgelände auf einer Anhöhe, unterhalb eines Hanges; ca. 2 ha – 70 Stpl. + Dau.; Standard-Sanitärausstattung, Laden, Restaurant, Schwimmbad, Tennis, **V & E für Wohnmobile**. Mietbungalows.

rina di Massignano, Campofilone und Marina di Campofilone, Massignano und Marina di Massignano u. a.

Zentrum der eng zusammengedrängten Altstadt von **Civitanova Alta** ist die **Piazza della Libertà [N43° 18' 57.59" E13° 40' 50.83"]**. An der Südseite des kleinen Platzes sieht man die romanische Kirche Sant'Agostino. Unweit westlich davon, in der Straße Corso Annibal Caro 1, liegt die Pinacoteca und **Galeria d'Arte Moderna „M. Moretti"** mit einer bemerkenswerten Gemäldesammlung.

Civitanova Marche liegt wenige Kilometer weiter südöstlich. Heute erstreckt sich das Stadtgebiet zwischen Autobahn A14 und Küste. Der alte Stadtteil aber liegt jenseits Bahnlinie am Freizeithafen. Beiderseits des Hafens dehnen sich die Sandstrände, die Civitanova Marche zu einem beliebten Seebad an der Adriaküste gemacht haben.

Zentrum von Civitanova Marche ist die **Piazza XX Settembre**. Hier findet man einen recht zentralen **Parkplatz [WP 123 / N43° 18' 24.73" E13° 43' 43.67"]** und den Richtung Meer hin angrenzenden Stadtpark **Giardino Pubblico**. An der Westseite des Platzes liegt das Rathaus mit dem Touristenbüro. Das Rathaus ist im altehrwürdigen **Palazzo Cesarini-Sforza** eingerichtet. Die Herzöge Cesarini-Sforza festigten ihren politischen und wirtschaftlichen Einfluss in der Region in der zweiten Hälfte des 17. Jh. vor allem durch die Heirat von Federico III. Sforza mit Livia Cesarini, nachdem deren Familie von Papst Sixtus V. zu Herzögen ernannt wurden und somit eine standesgemäße Hochzeit mit den Sforzas möglich geworden war. Unter den Herzögen Cesarini-Sforza wurde die Oberstadt Civitanova Alta befestigt und unter ihrer Herrschaft erlebte die Region eine Blütezeit.

Im südöstlichen Stadtgebiet wird die hübsch angelegte Strandpromenade **Lungomare Sergio Piermanni [N43° 18' 14.41" E13° 44'9.52"]**, an der ein langer Radweg entlangführt, von Palmen gesäumt. Die Strandstraße hier wird von Parkplätzen flankiert, die allerdings immer stark frequentiert sind.

ROUTE: Auf der SS16 südwärts nach Porto Sant'Elpidio, ca. 6 km.

Porto Sant' Elpidio, ein alter Handelshafen, der vor allem im Mittelalter von Bedeutung war, ist seit dem 19. Jh. ein wichtiger Standort der **Damen-**

schuhproduktion. Es gibt Outlets und Factory Stores.

Porto Sant' Elpidio hat eine sehr lange, begrünte **Strandpromenade** (Lungomare), an der ein **Fahrradweg** entlang bis hinab nach Porto San Giorgio führt.

Am Südende der Promenade bieten frühmorgens Fischer frischen Fisch aus ihrem Fang zum Kauf an.

Jedes Jahr Anfang August ist die Stadt Schauplatz des traditionellen Eimerwettkampfs **Contesa del Secchio**. In einem Ballspiel wetteifern die Stadtteile Santa Maria, San Martino und San Giovanni darum, wer als erster Wasser aus den Stadtbrunnen schöpfen darf. Einer der Höhepunkte des Festes ist ein Umzug, bei dem die Teilnehmer in schöne Renaissancegewänder und Kostüme gekleidet sind.

Das wenige Kilometer weiter landeinwärts gelegene **Sant' Elpidio a Mare [Parkmöglichkeit Via Augusto Murri, N43° 13' 50.44" E13° 41' 16.31"]** mit seinem mittelalterlichen Ortszentrum wartet im Palazzo Montalto Nannerini am Corso Baccio mit dem Schuhmuseum **Museo della Calzatura [N43° 13' 48.60" E13° 41' 5.73"]** auf (geöffnet wie Pinacoteca Civica , s. u.). Hier können Sie die Entwicklung der Schuhfertigung vom Handwerk bis zur Industrialisierung nachverfolgen.

Daneben liegt die **Pinacoteca Civica „Vittore Crivelli"**, ein interessantes Kunstmuseum, das vor allem Werke von Vittore Crivelli zeigt. Zu sehen sind u. a. ein Flügelalter aus dem 15. Jh. mit dem Thema „Krönung der Jungfrau Maria" *(geöffnet 1. März – 31. Mai Fr 10 – 12 Uhr, 16 – 19 Uhr, So 16 – 19 Uhr; 1. Juni – 30. Sept. Di, Do, Sa + So 16 – 19.30 Uhr, Fr 10 – 12 Uhr, 16 – 19.30 Uhr; übrige Zeit Fr – So 16 – 19 Uhr)*.

Zentrum der Altstadt mit ihren engen Gassen ist die Piazza Matteotti, die vom markanten Uhrturm **Torre Gerosolimitana [N43° 13' 45.88" E13° 41' 9.43"]** überragt wird. Der Turm wurde im 14. Jh. von Rittern aus Malta errichtet. Die Basilika Santa Maria della Misericordia aus dem 16. Jh., rechts vom Turm, weist Fresken aus dem 17. Jh. und zwei Orgeln aus der Mitte des 18. Jh. auf. Die Orgel rechts wurde 1757 von Pietro Nacchini gebaut, einer aus Venedig stammenden Berühmtheit in seinem Fach. Sein Schüler Callodi fertigte die zweite Orgel. Im August gibt es immer am Mittwoch Orgelkonzerte, die Mitglieder der Accademia Organistica Elpidiense veranstalten.

Südlich vom Turm erhebt sich die **Kollegiatskirche**, die dem Hl. Elpidio, dem Schutzpatron des Ortes, geweiht ist. Im Inneren sieht man einen bemerkenswerten Holzaltar „Mariä Verkündigung" aus dem frühen 18. Jh., einen Sarkophag aus römischer Zeit, sowie eine Orgel aus der Mitte des 18. Jh., die vom Orgelbaumeister Callido stammt. Im Kirchenmuseum sind Gemälde und sakrale Kunstgegenstände ausgestellt.

PRAKTISCHE HINWEISE – PORTO SANT' ELPIDIO

Uffici Informazioni Turistiche, Corso Baccio 91, 63019 Porto Sant' Elpidio a Mare, Tel. +39 0734 8196 407; www.santelpidioamare.it. *Geöffnet Mi 10 – 13 Uhr; Do + So 16 – 19 Uhr; Fr 10 – 13 Uhr, 16 – 19 Uhr.*

CAMPING

Porto Sant' Elpidio bei Civitanova Marche

Camping Villaggio Le Mimose [WP 125 / N43° 14' 15.86" E13° 46' 24.70"], Via Faleria 15; Tel. +39 0734 99 33 79; www.villaggiolemimose.it; 1. Jan. – 31. Dez.; südlich von Porto Sant' Elpidio beschilderte Zufahrt von der SS16 bei KM 351,6 (von Norden kommend), achten Sie bitte auf die Durchfahrtshöhen (3 m!) der Bahnunterführung, ein 4 m hohe Unterführung liegt etwas nördlich vom Platz. Ausgedehntes, ebenes

Wiesengelände mit einigen Laubbäumen, durch Platzwege und hohe Hecken in Stellplatzfelder eingeteilt, nummerierte Stellplätze, zwischen einer Reihe von Wohnhochhäusern und dem Strand, der Platz wird von einer großen Mietbungalowsiedlung geprägt; Bauruine an der Südseite; ca. 3 ha – 60 Stpl.; einfache Standard-Sanitärausstattung; Laden, Restaurant, Schwimmbad. **V & E für Wohnmobile**, langer, breiter Kiesstrand. 120 Mietbungalows.

Camping Centro Vacanze La Risacca [WP 126 / N43° 17' 7.88" E13° 44' 35.05"], Via Europa 10, Tel. +39 0734 99 14 23, www.larisacca.it. Ende Mai – 10. Sept.; Zufahrt von Civitanova Marche auf der SS16 ca. 1,5 km südwärts Richtung Porto Sant' Elpidio. Platz liegt an der SS16. Bahnunterführung 3 m! Eine Bahnunterführung mit 4 m Durchfahrtshöhe liegt ca. 2 km weiter. Ebenes, langgestrecktes Wiesengelände zwischen Strand und Bahnlinie, schattig durch Olivenbäume und andere Bäume. Die Campinganlage wird geprägt von einer großen Dauercamper- und einer großen Mietbungalowsiedlung. Ca. 8 ha – 120 Stpl. + 150 Dau.; gute Standard-Sanitärausstattung. Laden, Imbiss, Restaurant, Schwimmbad, Tennis, Fahrradverleih. **V & E für Wohnmobile**. Langer Kiesstrand. 160 Mietbungalows und Mietcaravans.

WOHNMOBIL-STELLPLATZ – SAN TOMMASO TRE ARCHI

Wohnmobil-Stellplatz Area Sosta Camper l'Oasi [WP 127 / 43° 13' 56.64" 13° 46' 40.02"], Tel. +39 32 91 65 00 47; www.areacamperloasi.com/. **Lage/Zufahrt:** Zufahrt von der SS16 südlich von Porto Sant' Elpidio und südlich der Mündung des Fiume Tenna. **Geöffnet:** Ganzjährig. **Gebühr:** Gebührenpflichtig. **Ausstattung:** Erdiger Platz mit einigen wenigen Bäumen, zwischen einem Appartementhochhaus und dem Meer, durch einen Zaun vom Kiesstrand getrennt, ca. 40 Stellplätze. Waschbecken, Duschen (Gebühr), Strom, Frischwasser, Abwasserentsorgungsmöglichkeit, Kiosk-Bar.

Die Küste bei Porto Recanati. Foto: Fototeca ENIT.

TOUR 12: PORTO SANT' ELPIDIO – GROTTAMMARE

Länge der Tour: Rund 110 km.

Die Route: Über die SS16 und über **Lido di Fermo** bis **Porto San Giorgio** – SP239 bis **Fermo** und zurück bis **Porto San Giorgio** – SS16 bis **Marina Palmense** – Landstraße über **Torre di Palme, Moresco** und **Monterubbiano** bis **Ripatransone** – Landstraße bis **Montalto delle Marche** und zurück bis **Ripatransone** – Landstraße bis **Grottammare**.

Reisedauer: Mindestens ein Tag.

Höhepunkte: Die Strandpromenade von **Porto San Giorgio** – die Innenstadt von **Fermo** ** – **Torre di Palme** * und seine aussichtsreiche Lage – die engste Gasse Italiens in **Ripatransone** – das Sixtinische Museum in **Montalto delle Marche** – Promenade und Strand von **Grottammare** *.

*ROUTE: Straße SS16 über **Lido di Fermo** bis **Porto San Giorgio**, ca. 9 km. Dort westwärts auf der SP239 nach **Fermo**, ca. 7 km.*

Porto San Giorgio, der alte Hafen „Portus Firmi" von Fermo, war schon im 19. Jh. ein viel besuchtes und recht nobles Seebad. Die hübsche Strandpromenade **Lungomare Antonio Gramsci** wird nicht nur von Palmen, sondern auch von einer endlos erscheinenden Reihe von

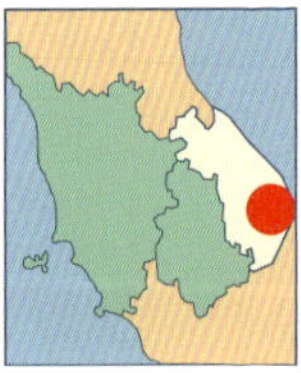

Bars, Pizzerias, Restaurants, Sushibars und Cafés flankiert. Davor erstreckt sich ein kilometerlanger, flacher Sandstrand.

Darüber hinaus verfügt Porto San Giorgio über einen großen Freizeithafen, der zu den größten Marinas an der italienischen Adriaküste zählt.

Die historische Burg **Rocca Tiepolo [Parkplatz, WP 128 / N43° 10' 50.63" E13° 47' 26.57"]**, um die sich später der Ort entwickelte, liegt am Westrand der Stadt nahe der Autobahn. Die schön auf einem bewaldeten Hügel liegende Festung mit ihren wehrhaften Mauern wurde Ende des 13. Jh. von Lorenzo Tiepolo erbaut, der damals das Amt des Gouverneurs von Fermo bekleidete und später als Doge in Venedig residierte.

Fermo soll von Picenern um das 8. vorchristliche Jahrhundert gegründet worden sein. Angeblich sei eine Gruppe Picener dem Flug eines Spechts gefolgt, der sich auf der Anhöhe Sabulo niederließ. Man folgte dem den Picenern heiligen Vogel, erkannte die strategisch günstige Lage des Berges und gründete eine Siedlung, aus der die Stadt Fermo, die „Standhafte" (ital. fermo = fest, beständig, standfest), werden sollte. Später

PRAKTISCHE HINWEISE – PORTO SAN GIORGIO

Centro Informazione Accoglienza Turistica – I.A.T. Porto San Giorgio, Via G. Oberdan 5, 63822 Porto San Giorgio, Tel. +39 0734 68 48 68; www.turismo.marche.it; www.portosangiorgio.it.

Feste: Vongolopolis, Muschelfest im Juli. **Festa del Mare**, Fischefestival im August.

RESTAURANT

Tentacolo, Lungomare Gramsci 57, Tel. +39 0734 67 35 53; www.ristorantetentacolo.it; Restaurant mit ansprechender Terrasse mit Meerblick, Montag Ruhetag, im Winter geschlossen.

HOTEL

Il Timone, 75 Zi., Via Kennedy 85, Tel. +39 0734 67 95 05; www.hoteltimone.com; Mittelklassehotel, renovierter Gebäudeteil, Nähe Strandbad, Restaurant, Parkmöglichkeit.

WOHNMOBIL-STELLPLÄTZE

Lido di Fermo

Wohnmobil-Stellplatz Area Attrezzata Camper Valentino [WP 129 / N43° 12' 01.6" E13° 47' 06.1"]. Zufahrt/Lage: In Lido di Fermo, nördlich von Porto San Giorgio, an der SS16 (Ancona – Pescara) bei KM 355,9 zwischen Straße und Bahnlinie, hinter der ENI-Tankstelle und neben der Kläranlage. **Geöffnet:** Apr. – Sept. **Gebühr:** Gebührenpflichtig. **Ausstattung:** Im Ortsbereich eingefriedeter Wiesenplatz mit jungen Bäumen, beleuchtet, Frischwasser, Strom, Müllcontainer, Grillplatz.

Wohnmobil-Stellplatz Parking Onda Verde [WP 130 / N43° 12' 9.91" E13° 47' 16.10"], Via A. Usodimare. **Zufahrt/Lage:** Von Fermo meerwärts bis Porto San Giorgio, hier auf der SS16 nordwärts nach Lido di Fermo. Der Platz liegt in der Ortsmitte zwischen sehr lauter Bahnlinie und Strandstraße. **Geöffnet:** Anf. Apr. – Ende September. **Gebühr:** Gebührenpflichtig, Höhe je nach Saison. **Ausstattung:** Privat geführter Parkplatz und Wohnmobil-Stellplatz. Ebener, geschotterter Platz mit Wiesenstücken und Laubbaumreihen. Platz für ca. 100 Wohnmobile. Strom, Frischwasser, zwei einfachste Duschen mit Vorhang, zwei Betonwaschbecken, Strom, nicht befahrbarer Bodenauslass für Abwässer. Über die Küstenstraße (Restaurants, allerlei Kneipen, Beachvolleyball) zum Strand.

Porto San Giorgio

Wohnmobil-Stellplatz Area Sosta Camper La Perla dell' Adriatico [WP 131 / N43° 9' 49.76" E13° 48' 26.70"], Via San Martino; www.areaperladelladriatico.it. **Zufahrt/Lage:** In Santa Maria a Mare von der SS16 Richtung Hafen abzweigen, kurz davor rechts Platzeinfahrt. **Geöffnet:** April bis September. **Gebühr:** Gebührenpflichtig. **Ausstattung:** Ebener, ehemaliger Campingplatz mit 75 Grasstellplätzen unter Bäumen. Frischwasser, Grauwasser- und Chemikaltoilettenausguss, Strom, Dusche, WC, WLAN. Restaurants nahebei.

wurde die Ansiedlung von Mönchen des Augustinerordens ausgebaut. Heute ist Fermo Verwaltungshauptort der gleichnamigen Region.

Parkplätze findet man an der **Piazzale Carducci [WP 132 / N43° 9' 46.24" E13° 43' 3.73"]** am Nordrand der Innenstadt oder oben an der Piazzale del Girfalco [N43° 9' 39.36" E13° 42' 54.42"]. Fahrzeugen über 2 m Breite ist der Parkplatz an der Piazzale del Girfalco wegen engem Stadttor zur Piazza Poppolo weniger zu empfehlen. Man stellt breitere Fahrzeuge besser schon an der Zufahrtsstraße unterhalb der Altstadt ab. An Samstagen ist in Fermo bis 13.30 Uhr Markt. Die Parkplatzsituation ist dann besonders schlecht.

Fermos Innenstadt konnte ihren Renaissancecharakter, vor allem mit den repräsentativen Bauten und den adeligen Palazzi um die Piazza del Popolo, gut erhalten.

Der Dom von Fermo

Vor allem Alessandro Sforza ist es zu verdanken, dass Fermo zu einer Stadt mit noblen Palais und ansehnlichen Plätzen wurde. Alessandro Sforza (1409 – 1473), ein illegitimer Spross des mächtigen Sforza-Clans und ein Mann in Diensten der Kirche ebenso wie in Diensten des Königreichs von Neapel, herrschte Mitte des 15. Jh. über Pesaro und über Gradara.

Der **Dom von Fermo [N43° 9' 39.96" E13° 42' 59.23"]** liegt oben auf der Piazzale del Girfalco, der höchsten Stelle der Stadt. Der Platz, früher als „Sabulo" bekannt, mit anschließendem kleinen Park ist eine historische Stelle. Die Römer, die die Stadt „Firmum Picenum" nannten, hatten hier ihre Akropolis errichtet. Und im Mittelalter erhob sich Mitte des 13. Jh. auf der Höhe eine Festung, die aber schon zweihundert Jahre später, von den Sforza, den Herzögen von Mailand, bei der Eroberung von Fermo zerstört wurde. Von der Balustrade des kleinen Parks an der Piazzale del Girfalco hat man einen schönen Ausblick.

Der Dom ist Mariä Himmelfahrt geweiht. Die Hl. Maria und der Hl. Sabinus sind die Schutzpatrone von Fermo. Beachtenswert ist die romanische Westfront des Doms mit herrlichem Portal und Rossettenfenster.

Im Kircheninneren ist rechts vom Altar eine Kapelle mit einer byzantinischen Ikone der „Heiligen Jungfrau" aus dem 11. Jh. zu sehen. Vor dem Altar ist ein Blick durch eine Glasdecke hinab auf ein Bodenmosaik möglich. Unter dem Altarraum befindet sich eine Krypta mit Säulen. Im Dom werden übrigens Messgewänder aufbewahrt, die dem heilggesprochenen Thomas Becket, im 12. Jh. englischer Lordkanzler und Erzbischof von Canterbury, gehört haben sollen. Thomas Becket wurde im Dezember 1170 ermordet. Wie die Gewänder gerade nach Fermo kamen ist nicht überliefert.

Hinter der Kathedrale führt von der Piazzale del Girfalco ein Fußweg hinab in die Innenstadt, der an der **Piazza del Popolo** endet.

Wie in so vielen italienischen Städten ist die Piazza del Popolo oder der Hauptplatz im Ort Ziel der abendlichen „passeggiata". Das Flanieren am Abend auf dem Stadtplatz oder auf der Dorfstraße gehört einfach zum italienischen Alltag. Hier trifft man sich, hält einen Plausch über Gott und die Welt, über die Nachbarn und die kürzliche Heirat der Tochter, man führt seine neuen Kleider aus, zeigt sich der Öffentlichkeit mit der neuen Freundin etc.

An der Nordostseite der Piazza del Popolo sieht man die imposante Renaissancefassade des mächtigen **Palazzo dei Priori [N43° 9' 42.27" E13° 43' 5.76"]** über dessen Portal, zu dem eine Doppeltreppe hinauf führt, eine Bronzestatue von Papst Sixtus V. zu sehen ist (siehe auch unter Montalto delle Marche). Mit der Errichtung der Statue wollte die Stadt ausgangs des 16. Jh. für das vom Papst verliehene Privileg, zum Erzbistum erhoben worden zu sein, ihren Dank abstatten. Sixtus V. war vor seinem Pontifikat mehrere Jahre Bischof in Fermo.

Der Palazzo beherbergt heute wichtige Museen der Stadt. Im 1. Stock ist das **Archäologische Museum** mit Ausstellungsstücken aus der frühen Siedlungszeit der Region eingerichtet *(geöffnet 1. Sept. – 31. Mai Di – Fr 10 – 13 Uhr, 15.30 – 18 Uhr, Sa + So bis 19 Uhr; 1. Juni – 31. Aug. tgl. 10 – 13 Uhr, 16 – 20 Uhr, Do bis 24 Uhr)*. Hier sieht man auch die Repräsentationssäle des Palais, wie die „Sala di Ritratti" (Saal der Porträts), der einstmals als Theater diente, dann die „Sala degli Stemmi" (Saal der Wappen) und schließlich die „Sala dell'Aquila" (Saal des Adlers), in dem sich heute noch der Stadtrat zu wichtigen Sitzungen trifft und in dem früher in einer Voliere tatsächlich ein Adler gehalten wurde.

Im 2. Stock befindet sich die **Pinacoteca** mit kostbaren Werken berühmter Maler des 15. bis 17. Jh. Zu den bedeutenden Stücken der Gemäldesammlung zählt z. B. Peter Paul Rubens' „Anbetung durch die Hirten" (1608). Aber auch Werke von Giovanni Lanfranco, der sich Mitte des 17. Jh. vor allem als Freskenmaler hervortat, oder von Jacobello del Fiore (1370 – 1439), einem Maler der Spätgotik, beeindrucken. Zu den besonders beachtenswerten Objekten im benachbarten Palazzo degli Studi zählt

Fermo, Piazza del Popolo und Priorenpalast rechts

im Bibliothekssaal, auch „Sala del Mappamondo" (Saal des Globus) genannt, mit beachtenswerter hölzerner Kassettendeck, ein vom Kartografen Silvestro Amanzio Moronelli zu Beginn des 18. Jh. gefertigter **Globus**. Der Saal beherbergt darüber hinaus eine der größten Bibliotheken Italiens.

Von den Musei di Fermo im Palazzo dei Priori werden auch Führungen durch die **Römischen Zisternen** von Fermo durchgeführt *(Führungen Di – Fr um 11, 12, 16 und 17 Uhr; Sa + So zusätzlich um 18 Uhr)*. Die Führungen starten am Ticketschalter des Museums. Es wird empfohlen etwas zum Überziehen dabei zu haben, in den Zisternen ist es kühl. Die 30 Kavernen zur Wasserspeicherung sind aus der Römerzeit perfekt erhalten geblieben.

Ein wunderschönes, von außen völlig unscheinbares Theater ist das 1791 eröffnete **Teatro dell'Aquila [N43° 9' 37.21" E13° 43' 1.68"]**, Via Giuseppe Mazzini *(zu besichtigen nur auf Führungen, ausgenommen bei Vorstellungen, Di – So um 12.30 Uhr)*. Details erfährt man am Ticketschalter der Museen im Palazzo dei Priori. Der ovale Theaterraum ist von mehreren Logenrängen umgeben, das Deckengewölbe mit Stuckarbeiten dekoriert und mit imposanten Gemälden von Luigi Cocchetti mit Motiven aus der Mythologie ausgestattet.

Etwas überraschend in dieser mediterranen Region ist es, ein Museum über die polaren Gebiete unserer Erde zu finden, nämlich das Museo Scientifici mit dem **Polar-Museum „S. Zavatti" [N43° 9' 58.60" E13° 43' 32.27"]** in Fermo. Das Museum ist ein gutes Stück nordöstlich der Innenstadt in der Villa Vitali, Viale Trento 29, untergebracht und dem italienischen Polarforscher Silvio Zavatti gewidmet. 1996 ging in der Region Fermo ein Meteorit nieder, vom Gewicht her der drittgrößte Meteorit weltweit, der im Museum zu sehen ist.

Torre di Palme, ein kleines, mittelalterliches, hübsches Dorf mit stolzer Burg, liegt westlich oberhalb der Autobahn A14. Am einfachsten erreicht man den Ort über die SP84 von Marina Palmense aus. Einen gebührenfreien **Parkplatz [WP 134 / N43° 8' 27.80" E13° 48' 36.63"]** findet man an der Via Duca D'Aosta am Südrand vor den Toren von Torre di Palme.

Zu den bescheidenen Sehenswürdigkeiten des hübschen, gepflegten Ortes zählen (falls geöffnet) die Kirchen des Ortes. Die **Kirche Sant'Agostino** mit gotischer Fensterrosette beherbergt u. a. eine Altartafel von Vittore Crivelli, die in

PRAKTISCHE HINWEISE – FERMO

Centro Informazione Accoglienza Turistica – I.A.T. Fermo, Piazza del Popolo 6, 63900 Fermo, Tel. +39 0734 22 79 40; www.turismo.marche.it; www.turismo.fermo.net.

Feste: Palio dell'Assunta, großes Reiterfest und Pferderennen mit sehr langer Tradition, findet immer am 15. August, an Mariä-Himmelfahrt, statt.

CAMPING

Altidona bei Pedaso

Camping Riva Verde [WP 133 / N43° 7' 9.66" E13° 49' 52.89"], Via Aprutina 75, Tel. +39 0734 93 20 12; www.rivaverde.it; Ende Mai – Mitte Sept.; Zufahrt von der SS16 ca. 8 km südlich von Porto San Giorgio, Zufahrt mit starker Steigung. Schmale, langgestreckte, parallel zur Autobahn verlaufende Campinganlage, links (südlich) Badelandschaft und Mietbungalowsiedlung, rechts Campingplatz, Terrassengelände mit lichtem Baumbestand in ansprechender Lage mit Meerblick, Schatten auch durch Mattendächer; ca. 15 ha – 250 Stpl. + zahlr. Dau., von einer Dauercamper- und Mobilheimsiedlung geprägte Campinganlage; gute Standard-Sanitärausstattung; Laden, Imbiss, Restaurant, Tennis, Fitness, **V & E für Wohnmobile**. Öffentliche Großbadelandschaft. Zum Strand durch Autobahn-, Straßen- und Bahn-Unterführung.

WOHNMOBIL-STELLPLATZ

Marina Palmense bei Fermo

Wohnmobil-Stellplatz Area Camper 2004 [WP 135 / N43° 9' 2.06" E13° 48' 50.36"]; www.areacamper.it/en. **Zufahrt/ Lage:** Via della Stazione. Von der SS16 (Porto San Giorgio – San Benedetto) zum Ort abzweigen und an der Bar „Ever Green" meerwärts. **Geöffnet:** Mitte April bis Mitte September. **Gebühr:** Gebührenpflichtig. **Ausstattung:** Ebener, schattenloser Wiesenplatz für ca. 50 Wohnmobile, zwischen geräuschvoller Bahnlinie und Sportplatz. Mehrzweckwaschbecken, Duschen mit Münzautomat, zwei Kaltduschen im Freien. Frischwasser, befahrbare V & E Station, Strom, Mülltonnen, unbewacht. Blick zum auf einem Hügel liegenden Dorf Torre di Palme.

Kunstkreisen offenbar so begehrt war, dass sie im vergangenen Jahrhundert kurzeitig entwendet wurde, aber schon bald, vielleicht wegen Unverkäuflichkeit, wenn auch beschädigt, wieder auftauchte.

Am Ostende der Dorfstraße Via Duca degli Abruzzi liegt rechterhand die im 12. Jh. aus behauenen Feldsteinen errichtete Kirche **Santa Maria a Mare**. Im Inneren sind (falls geöffnet) byzantinische Fresken zu sehen. Von der kleinen Piazza Belvedere vor der Kirche hat man einen schönen Blick bis zur Küste.

Die älteste Kirche des Ortes ist die **Chiesa di San Giovanni**. Sie stammt aus dem 10. Jh. Auf dem Weg auf der schmalen Via Duca degli Abruzzi durch den Ort kommt man gleich zu Beginn u. a. am einladenden Ristorante „Petit Focaro N6" vorbei, Bed & Breakfast gegenüber. Etwas weiter liegt die Pizzeria „Story" (Fisch + Pizza, Veranda mit Aussicht).

*ROUTE: Weiterreise von Torre di Palme auf der Landstraße SP84 nach Südwesten, eine schöne Fahrt über beschauliche Hügellandschaft und über **Moresco** nach **Monterubbiano**.*

Moresco ist Mitglied im Kreis der schönsten Orte Italiens „I Borghi più bel-

Torre di Palme

WOHNMOBIL-STELLPLATZ – MORESCO

Wohnmobil-Stellplatz Area Attrezzata Sosta Autocaravan Moresco [WP 136 / N43° 05' 06.8" E13° 43' 46.7"], Anmeldung bei der Gemeinde über Telefonnummer lt. Anschlagtafel. Zugang nur nach Anmeldung. **Zufahrt/Lage:** Unmittelbar vor dem Ort links hinab, bei der Osteria del Merlo, unterhalb des Burgturms, hinter dem Kinderspielplatz. **Ausstattung:** Ebener, schattiger Platz, Strom Frischwasser, Entsorgungsstation, Fußweg hinauf ins Dorf.

li d'Italia". Das 400 m hoch am Ende eines Hügelrückens gelegene kleine Dorf wartet an seiner Westseite mit einem imposanten **Stadtturm [N43° 5' 8.24" E13° 43' 52.55"]** auf. Die engen Gassen um den zentralen Platz Piazza Castello oder Piazza G. Mazzini lassen noch das Flair eines mittelalterlichen Städtchens erahnen.

Monterubbiano, 463 hoch gelegen und mit mittelalterlichem Ortszentrum, wurde Mitte des 15. Jh. von Francesco Sforza eingenommen und befestigt. Später ging der Ort in den Besitz des Kirchenstaates über und stand unter dem Einfluss der Päpste. Von den einst starken Stadtbefestigungen sind nur noch Teile erhalten geblieben.

Zu den Sehenswürdigkeiten von Monterubbiano zählt das Rathaus **Palazzo Comunale [N43° 5' 6.95" E13° 43' 0.90"]** aus dem 15. Jh. Hier ist das Stadtmuseum mit Gemäldegalerie und archäologischen Sammlungen eingerichtet.

Vincenzo Pagani, ein namhafter Maler der Renaissance, stammte aus Monterubbiano. In der Kirche **Santa Maria dei Letterati [N43° 5' 6.53" E13° 43' 1.44"]** mitten im Ort, eines der zahlreichen Gotteshäuser des Ortes, sind Werke von Pagani zu sehen.

Jedes Jahr am 31. Mai ist Monterubbiano Schauplatz von zwei großen historische Volksfesten, **Armata di Pentecoste** (Pfingstarmee) und **Sciò la Pica**, die teils religiösen, teils volkstümlichen Charakter haben. Mit letzterem Fest wird an die Zeit des antiken Volks der Picener erinnert, die sich der Legende nach auf ihrer Wanderung von den Sibillinischen Bergen an die Adriaküste von einem Specht haben leiten lassen. Noch heute ist der Specht das Wappentier der Marken.

*ROUTE: Über **Rubbianello** südwärts nach **Ripatransone**.*

Ripatransone – Das knapp 500 m hoch auf einem Hügelrücken gelegene Städtchen Ripatransone mit kaum 5.000 Einwohnern war schon im Mittelalter durch Mauern und Türme befestigt. Stadtrechte bekam Ripatransone aber erst 1571 verliehen, als der Ort von Papst Pius V. zum Bischofsitz ernannt wurde. Verbindungen zum Heiligen Stuhl (Santa Sede) in Rom pflegte man aber schon über dreihundert Jahre früher, als Ripatransone dem Kirchenstaat beitrat.

Gern lässt man sich wegen der erhöhten Lage und der schönen Aussicht auf die Landschaft der „Calanchi" auch als „Belvedere del Piceno" oder auch als „Stadt des Weins und des Öls" bezeichnen. Als „Calanchi" werden die tiefen, vom Regen ausgewaschenen, kahlen Erosionsrinnen im lehmigen Untergrund der Region bezeichnet.

Und seit Generationen wird im Ort die Weinspezialität „Vino Santo" (auch Vinsanto, volkstümlich „Messwein") hergestellt, ein aus getrockneten Rosinentrauben vorzugsweise im Winterhalbjahr gewonnener süßer Dessertwein.

Zu den Qualitätsweinen aus der Region zählen der „Rosso Piceno Superiore" oder der „Falerio dei Colli Ascolani".

Unbedingt gesehen haben muss man Ripatransone eigentlich nicht. Aber bei ausreichend zur Verfügung stehender Zeit lohnt ein Spaziergang durch die teils recht engen Gässchen des Ortes allemal.

Eine **Parkmöglichkeit [N42° 59' 58.85" E13° 45' 39.42"]** findet man evtl. an der westl. Umgehungsstraße.

Spazieren Sie auf dem Corso Vittorio Emanuele II, der Hauptader des Ortes, durch die hübsche Altstadt hinauf

Ripatransone

zum Stadtplatz Piazza XX Settembre mit dem sehenswerten **Palazzo del Podestà [N43° 0' 1.18" E13° 45' 44.77"]** aus dem 14.Jh. Im ersten Stock des Palais ist das Stadttheater „Luigi Mercantini" eingerichtet.

Erwähnt werden müssen auch die **Kathedrale** aus dem 17 Jh. wegen ihrer bewundernswerten Kanzel, einer Orgel von Cillado und Altarbildern von regionalen Künstlern.

Im Palazzo Comunale, Piazza XX Settembre Nr. 12, sind im **Archäologischen Museum „Cellini"** *(geöffnet Di – So 10 – 12 Uhr, 16 – 19 Uhr)*, Funde aus der frühen Kultur der Picener und aus der Zeit der Römer bis ins Mittelalter zu sehen.

Etwas weiter, im Nordteil der Altstadt, Corso Vittorio Emanuele II 32, ist im ehrwürdigen Palais Bonomi-Gera die **Pinakothek [N43° 0' 5.67" E13° 45' 47.10"]**, die Gemäldesammlung von Ripatransone, eingerichtet *(geöffnet Jan. – Juni Sa + So 10.30 – 18.30 Uhr; Juli + Aug. Di – So 16 – 19 Uhr; Sept. – Dez. Sa + So 15.30 – 18.30 Uhr)*.

Schließlich zählt das **Museo della Civiltà Contadina [N43° 0' 2.24" E13° 45' 49.10"]**, ein Regionalmuseum mit Ausstellungen aus der Welt des bäuerlichen Alltags und des Handwerks, über Weinbau und Volkskunde, zu den Sehenswürdigkeiten. Zu finden ist dieses Museum in der Krypta der Kirche San Filippo unweit östlich der Piazza XX Settembre.

Neben der erstaunlichen Vielzahl an Museen wartet der Ort mit einer Kuriosi-

Die engste Gasse Italiens findet man in Ripatransone

tät auf, der **engsten Gasse Italiens**, die gerade mal 43 cm breit ist.

Südöstlich des Ortes findet man den Klettergarten **„Quercus Park" [N42° 59' 46.67" E13° 45' 54.50"]** (geöffnet Mitte Apr. – Mitte Sept.).

Zu den größten Stadtfesten in Ripatransone zählt am 1. Sonntag nach Ostern ein spektakuläres Feuerwerk anlässlich des **„Festes des Feuerpferdes" „Cavallo di Fuoco"**. Eine mit Feuerwerkskörpern bestückte Pferdefigur wird unter dem Jubel der Zuschauermenge entzündet.

Abstecher nach Montalto delle Marche

17 km westlich von Ripatransone liegt das kleine Städtchen **Montalto delle Marche**. Im hiesigen Franziskanerkloster wurde um 1520 ein gewisser

Montalto delle Marche

Felice Peretti erzogen, der später als der „fürchterliche" **Papst Sixtus V.** in Rom Furore machen sollte. Über Montalto delle Marche aber hielt Sixtus V. Zeit seines Lebens seine schützende Hand.

Geboren worden war Felice Peretti 1521 in Grottammare. Dorthin waren seine Eltern, einfache Leute aus Montalto, geflohen, als Montalto von der Soldateska von Francesco Maria della Rovere, dem damaligen Herzog von Urbino, heimgesucht worden war.

Trotz der Verpflichtungen seiner hohen Ämter als Mitglied des Franziskanerordens, als Inquisitor, als Bischof und als Kardinal mit großem Einfluss in Rom und in der römischen Kurie, kam Felice Peretti immer wieder gerne nach Montalto zurück. Beliebt bei der Bevölkerung dort waren seine Festbankette, die er nur von den besten Köchen zubereiten ließ. Darüber hinaus bedachte der Kirchenmann Montalto mit großzügigen Zuwendungen. So gründete er ein Gymnasium, sorgte dafür, dass in der Gegend ein Arzt ansässig wurde, versorgte alleinstehende Frauen mit Wohnraum, förderte notleidende Familien, sorgte für eine Kathedrale etc.

So gottgefällig und sozial sich das alles ausnimmt, so hart und ungnädig herrschte Kardinal Peretti als Papst Sixtus V., zu dem er 1558 als Nachfolger von Gregor XIII. in Rom geweiht worden war.

In Rom war Sixtus V., der „fürchterliche Papst", nicht sonderlich beliebt. Mit eisernen Besen hatte er das Bandenwesen bekämpft, dazu hat er angeblich „Tausende von Schafotts" aufstellen lassen. Die Kriegsmarine wurde so ausgerüstet, dass die leidigen Überfälle durch osmanische Piraten bekämpft werden konnten, das Stadtgebiet Roms wurde ohne Rücksicht auf Bestehendes saniert, der Lateranpalast und die Kuppel des Petersdoms vollendet, Straßen gebaut etc. Obendrein wurde der vatikanische Finanzhaushalt ausgeglichen.

Zur Finanzierung dieser gewaltigen Vorhaben wurden den Bürgern Roms allerdings hohe Steuern abverlangt. Kein Wunder also, dass der Pontifex bei den Römern als hart und fürchterlich verschrien war. Nach seinem Tode wurde allerdings festgestellt, dass Papst Sixtus V., Herr im Vatikan wie über den Kirchenstaat, der damals reichste Herrscher in Europa war.

Der Tod von Papst Sixtus V. im August 1590 muss in Montalto mit Bestürzung aufgenommen worden sein. Ein Chronist schrieb: „Das heranwachsende Montalto hat die schützende Hand Sixtus V. verloren". In manchen Bürgerkreisen Roms aber dürfte sich die Trauer in Grenzen gehalten haben.

Im **Sixtinischen Museum Museo Sistini del Picena [N42° 59' 19.68" E13° 36' 30.76"]** an der Durchgangsstraße im Zentrum von Montalto delle Marche wird ein kostbares Reliquiar aufbewahrt, das als ein Meisterwerk der französischen Goldschmiedekunst gilt und das ein Geschenk von Kaiser Karl V. an Papst Sixtus V. war. Das Museum liegt direkt gegenüber der ungewöhnlich mächtigen Kirche mit großer Vorhalle. Das Bogengewölbe im Inneren ist mit Fresken ausgemalt.

*ROUTE: Von Montalto delle Marche fährt man den schon bekannten Weg zurück bis **Ripatransone**.*

HAUPTROUTE

*ROUTE: Auf einer schönen Fahrt von Ripatransone ostwärts an die Küste erreicht man nach rund 14 km **Grottammare**.*

Grottammare wurde schon im 16. Jh. von den Honoratioren der Region als Sommerfrische aufgesucht. Damals kam man aber nicht wegen Strand und Meer nach Grottammare, sondern man suchte den Ort wegen der heilsamen Wasser der Thermalquellen auf. Bald wurden die Quellen von Grottammare bei Atemwegs- aber auch bei Hauterkranken empfohlen.

Bereits in der Zeit um 1930 begann man in weiser Voraussicht auf profitable Geschäfte die touristische Infrastruktur auszubauen. Damals entstand an der Viale Cristoforo Colombo am Strand auch der berühmte **Sala Kursaal [N42° 59' 32.51" E13° 52' 15.18"]** von Grottammare, ein Tanz- und Veranstaltungssaal, der Jahre lang die nobelsten und elegantesten Veranstaltungen an der ganzen Adriaküste sah. Heute ist Grottammare vor allem wegen der weiten Strände an der Riviera Picena delle Palme ein bedeutendes, betriebsames Seebad. An diesem Küstenabschnitt reiht sich eine schier endlose Reihe von Palmen.

Zu den illustren Gästen, die sich vor allem im 19. Jh. in Grottammare wohlfühlten, zählte – neben Bischöfen und Kardinälen – u. a. der Komponist, Pianist und Dirigent Franz Liszt (1811 – 1886). Die Stadt vergibt an junge Pianisten den „Franz-Liszt-Preis Grottammare". Und im Juli oder im August fand bislang jedes Jahr das Festival Liszt statt (www.festivaliszt.com).

Um 1848 hielt sich Italiens Nationalheld Giuseppe Garibaldi (1807 – 1882) in Grottammare auf. Garibaldi gelang es schließlich, die vom Kirchenstaat abhängige Gemeinde für seine Sache, die Unabhängigkeit Italiens, zu gewinnen. Von historischer Bedeutung in diesem Zusammenhang ist der Palazzo Laureati. 1860 bekam hier König Vittorio Emanuele II. von einer Abordnung aus Neapel die Herrschaft über das bourbonische Reich und die italienische Krone angetragen. Im März 1861 wurde vom Parlament in Turin das Königreich Italien ausgerufen und Viktor Emanuel zum König proklamiert.

Auf einem Hügel an der Autobahn, unweit nordwestlich des Küstenortes Grottammare, liegt die Oberstadt **Grottammare Alta** mit altem Ortskern um die Piazza Peretti. Vom Ort sind schöne Ausblicke hinab zur Küste möglich.

Am 13. Dezember 1521 erblickte hier ein gewisser Felice Peretti das Licht der Welt, der als Papst Sixtus V., mächtiger Kirchenfürst und als Reformer des Kirchenstaats und der römischen Kurie in die Geschichtsbücher eingehen sollte (siehe auch unter Montalto delle Marche). Heute erhebt sich an der Stelle, an der einst das Geburtshaus von Sixtus V. stand, die 1590 errichtete Kirche Santa Lucia [N42° 59' 47.11" E13° 51' 59.03"] (Orgel von 1751). Die Kirche soll auf Veranlassung von Camilla Peretti, einer Schwester des Papstes, errichtet worden sein.

Unweit südlich davon, an der Piazza Peretti, findet man die Kirche **San Gio-**

vanni Battista [N42° 59' 44.39" E13° 51' 58.92"], in der heute das **Museo Sistino di Grottamare**, das Sixtinische Museum, eingerichtet ist, das Kunstwerken aus dem 15. Jh. zeigt, darunter Gemälde von Vittorio Crivelli.

In den über der Stadt gelegenen Resten der Festung aus dem 15. Jh. findet man ein weiteres **Museum**. Es ist Arbeit und Werk des Bildhauers Pericle Fazzini, einem Sohn der Stadt Grottammare, gewidmet.

Ein größerer **Parkplatz [WP 137 / N42° 59' 40.53" E13° 51' 55.44"]** liegt in Grottamare Alta an der Zufahrtsstraße südlich des Ortes.

Südwestlich von Grottammare, in der Nähe der Autobahn A14, liegt die romanische **Kirche San Martino [N42° 58' 58.66" E13° 51' 51.41"]**, die auf den Fundamenten eines der Göttin Cupra geweihten und von Kaiser Hadrian veranlassten Tempels „Cruptae ad mare" steht. Cupra war eine, später auch von den Römern verehrte, umbrisch-picenische Gottheit des Wassers und der Fruchtbarkeit. Der Stadtname „Grottammare" soll sich von diesem Cupratempel ableiten.

Promenade und Strand von Grottammare. Foto: Fototeca ENIT.

PRAKTISCHE HINWEISE – GROTTAMMARE

Punto Informazione Accoglienza Turistica – I.A.T. Grottammare, Piazza Percile Fazzini 6, 63066 Grottammare Tel. +39 0735 63 10 87; www.grottammare.it; www.turismo.marche.it.

RESTAURANT

Lacchè, Via Procida 1-3, Tel. +39 0735 63 11 45; knapp 3 km südlich von Grottammare Richtung San Bendetto del Tronto gelegen, gute regionale Küche, mittlere Preislage, Montag Ruhetag.

HOTEL

Parco dei Principi, 54 Zi., Lungomare De Gassperi 90, Tel. +39 0735 73 50 66; www.hotelparcodeiprincipi,it; knapp 1 km südlich des Ortes, komfortables Mittelklassehotel, mittlere bis gehobene Preislage, mediterranes Ambiente, Restaurant, Hotelgarten, keine Hunde, Parkmöglichkeit, über die Straße zum Strand.

CAMPING

Grottammare

Camping Village Don Diego [WP 138 / N42° 58' 20.48" E13° 52' 38.55"], Lungomare de Gasperi 128, Tel. +39 07 35 58 12 85; www.campingdondiego.it; 1. Juni – 15. Sept.; Zufahrt von der SS16 (Grottammare – San Benedetto del Tronto) ca. 1,5 km südlich von Grottammare meerwärts abzweigen; ebenes, durch vielfache Bepflanzung ansprechend gestaltetes, gut schattiges Grasgelände, parzelliert, Platz liegt zwischen Bahnlinie und Strandstraße, lauter Bahnverkehr; ca. 2,5 ha – 200 Stpl. Gute Standard-Sanitärausstattung. Laden, Restaurant, Fahrradverleih. **V & E für Wohnmobile**. Zahlreiche Mietbungalows. Keine Hunde. Über die Strandstraße zum angrenzenden Sandstrand.

Cupra Marittima/Grottammare

Camping Calypso [WP 139 / N43° 2' 38.53" E13° 51' 13.17"], Contrada Boccabianca 7, Tel. +39 07 35 77 86 86; www.campingcalypso.it; 1. Apr. – 30. Sept.; auf der SS16 ca. 2 km nördlich von Cupra Marittima, Einfahrt an der SS16, Bahnunterführung 3 m; ein Platzteil liegt zwischen SS16 und Bahnlinie (durch Bahnunterführung zum Sand- und Kiesstrand), ein anderer Teil liegt zwischen Bahnlinie und Strand, lauter Bahnverkehr; durch relativ eng stehende hohe Bäume, die die nummerierten Stellplätze markieren, sehr beengte Platzverhältnisse, Wende- und Manöveriermöglichkeiten für Caravangespanne und Fahrzeuge über 6 m Länge beschwerlich. Ca. 2,5 ha – 90 Stpl. + zahlreiche Dauercamper, Mietbungalows und Mietcaravans. Nicht mehr zeitgemäße Sanitärausstattung (einsehbar), Geschirrwaschbecken nur Kaltwasser. Laden, Restaurant. **V & E für Wohnmobile**. Schwimmbad, Fahrradverleih. Neben Camping „Led Zeppelin".

WOHNMOBIL-STELLPLATZ – GROTTAMMARE/SAN BENEDETTO DEL TRONTO

Wohnmobil-Stellplatz Area Sosta Camper 43° Parallelo [WP 140 / N42° 58' 0.33" E13° 52' 36.30"]. Details siehe nächste Etappe bei San Bendetto del Tronto.

Weite Ausblicke bis zur Adriaküste genießt man von Torre di Palme aus

TOUR 13: GROTTAMMARE – SARNANO

Länge der Tour: Rund 180 km

Die Route: Über die SS16 bis **San Benedetto del Tronto** – SP1 bis **Offida** – SP43 bis **Castel di Lama** – SP235 „Via Salaria" bis **Ascoli Piceno** – SP4 und SP237 über **Comunanza** bis **Amandola** – SP239 bis **Servigliano** und zurück bis Amandola – SP237 bis **Sarnano**.

Abstecher: Von Amandola nach **Servigliano**.

Reisedauer: Mindestens ein Tag.

Höhepunkte: Strand und Promenade von **San Benedetto del Tronto** * – **Offida** – der Dom und die Piazza del Popolo in **Ascoli Piceno** ** – die alte Innenstadt von **Servigliano** * – die Fahrt über die **Sibillinischen Berge** **.

*ROUTE: SS16 südwärts bis **San Benedetto del Tronto.** Hier bergwärts und auf der SP1 über **Acquaviva Picena** nach **Offida.** Weiter auf der SP43 nach **Castel di Lama** zur SP235, der man westwärts ins ca. 13 km entfernte **Ascoli Piceno** folgt.*

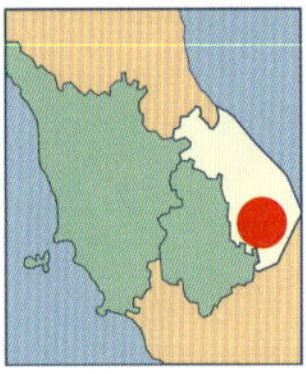

Das alte, 998 erstmals urkundlich erwähnte Seebad **San Benedetto del Tronto** mit seinen noblen Villen aus der Wende vom 19. zum 20. Jh. profitiert von dem kilometerlangen Adriasandstrand, der hier nur durch den großen Jachthafen unterbrochen wird.

Auch in San Benedetto del Tronto wird die hübsche, fast 5 km lange Strandpromenade entlang der Viale Trieste (Parkplätze) südlich vom Hafen von einer schier endlosen Reihe von Palmen und einem Fahrradweg gesäumt.

Hinter einem „Wall" aus Hotels, Restaurants, Bars, Geschäften etc. ist der Strand zu vermuten, der im Sommer von einem Wald aus penibel genau schnurgerade ausgerichteten, bunten Sonnenschirmen bedeckt ist.

Unter den erwähnten noblen Villen zählt die südlich der Stadt an der SS16 mitten in einem Park gelegene Villa Brancadoro. Das Anwesen ist aber in Privatbesitz und kann nicht besichtigt werden!

Traditionelles Zentrum des touristischen Treibens war bei früheren Urlaubern die **Palazzina Azzura [N42° 56' 58.61" E13° 53' 8.09"]**, südlich des Hafens an der Mündung des kanalisierten Torrente Albula am Beginn der Promenade. An den Platz schließt der lauschige Pinienhain Pineta Buozzi an. Im Sommer finden hier Ausstellungen und Märkte statt.

Markantes Wahrzeichen der Stadt ist der viereckige, etwas gedrungene, aber von trutzigen Zinnen gekrönte Uhrturm **Torre dei Gualtieri [N42° 57' 3.74" E13° 52' 33.24"]**, ein historischer Wohnturm einer Adelsfamilie im 12. Jh., der an der Piazza Giuseppe Sacconi in älteren Oberstadt, etwas westlich der Innenstadt, liegt.

Die Zeiten, in denen die Stadt über eine große Fischereiflotte verfügte und mehr oder weniger vom Fischfang lebte, sind lange vorbei. Längst ist der Tourismus, wie überall an der italienischen Adriaküste, zum wichtigen Wirtschaftszweig geworden.

Eine Verbindung zur Fischerei besteht aber noch mit dem **Museo del Mare [Parkplatz, N42° 57' 26.88" E13° 52' 56.55"]** an der Via Cristoforo Colombo *(geöffnet 15. Juni – 15. Sept. Di – So 18 – 24 Uhr; übrige Zeit Fr – So 10 – 13 Uhr, 15.30 – 18.30 Uhr)*. Das Museum befasst sich mit unterschiedlichen Themen und bietet dazu verschiedene Ausstellungen und Abteilungen, wie das Amphorenmuseum „Museo delle Anfore" mit Amphoren und Krügen aus dem ganze Mittelmeerraum, die Fischer in ihren Netzen fanden, das Fischereimuseum „Augusto Capriotti", das archäologische Museum „Antiquarium Truentinum" und das „Museo della Civiltà Marinaria delle Marche" mit Ausstellungen zur regionalen Fischereikultur und zur Seefahrtgeschichte.

Die Sammlung des Amphorenmuseums soll von einem Frauenarzt namens Perotti stammen. Immer wenn die Frau eines Fischers ein Kind zur Welt brachte und der Arzt gerufen wurde, sollen ihm viele der Fischer eine ihrer schönsten Amphoren geschenkt haben. Viele wollten damit wohl auch das Arzthonorar begleichen.

Einen größeren **Parkplatz [WP 141 / N42° 57' 10.08" E13° 53' 12.05"]** findet man an der Südseite des Jachtha-

PRAKTISCHE HINWEISE – SAN BENEDETTO DEL TRONTO

Centro Informazione Accoglienza Turistica – I.A.T. San Benedetto del Tronto, Via delle Tamerici 5, 63074 San Benedetto del Tronto, Tel. +39 0735 78 11 79; www.turismo.marche.it;

Fest: Anghiò Festival del Pesce Azzuro, das „Fest der Blauen Fische", im Juli.

WOHNMOBIL-STELLPLÄTZE

Wohnmobil-Stellplatz Sosta Camper 43° Parallelo [WP 140 / N42° 58' 0.33" E13° 52' 36.30"]; www.sostacamper43parallelo.it. **Zufahrt/Lage:** Via Carlo Alberto dalla Chiesa Ecke Via Giuseppe Panini. Von der SS16 (Grottammare – San Benedetto del Tronto) am nördlichen Ortsrand von San Benedetto meerwärts abzweigen. Platz liegt direkt an der lauten Bahnlinie. **Gebühr:** Gebührenpflichtig. **Ausstattung:** Asphaltierter, ebener, schattenloser Platz an der Bahnlinie, im Wohngebiet.

Markierte Stellplätze für 40 Wohnmobile. Frischwasser, V & E Station, Strom, Dusche, beleuchtet, WLAN. Durch Bahnunterführung, ein Wohngebiet und über die Strandstraße Promenade Lungomare Alcide de Gasperi zum Strand.

Auf dem **Wohnmobil-Stellplatz Area Sosta Camper Comunale San Benedetto del Tronto [WP 142 / N42° 55′ 24.41″ E13° 53′ 41.66″]** an der Viale dello Sport, südlich von San Benedetto del Tronto, können Sie außer Bahnlärm auch Autolärm „genießen". Der Stellplatz liegt nämlich genau unter der Betontrasse der Schnellstraße SS16var. Zufahrt von der SS16var, Ausfahrt Viale dello Sport, zum Kreisverkehr und über die Viale dello Sport südwärts zum Platz. Es gibt ca. 50 asphaltierte Stellplätze, Frischwasser und Abwasserausguss. Das ganzjährig zugängliche Gelände ist nicht nur im Sommer immer gut besucht. Es ist beleuchtet und videoüberwacht und es ist auch noch gebührenpflichtig. Dafür ist der Strand nur knapp 500 m entfernt.

fens an der Viale Tigli. Ein weiterer zentrumsnaher **Parkplatz [N42° 57′ 17.98″ E13° 52′ 48.92″]**, der an den Markttagen Dienstag und Freitag (Märkte dauern gewöhnlich bis 12.30 Uhr) allerdings nicht zu nutzen ist, liegt in der Nähe des Bahnhofs an der Piazza San Giovanni Battista.

ROUTE: Von San Benedetto del Tronto auf Landstraßen westwärts über Acquaviva Picena nach Offida, ca. 20 km.

Acquaviva Picena, ein mittelalterliches Dorf in 350 m Höhe, wartet am Westrand des Ortes mit einer **Fortezza Medievale [Parkmöglichkeit, WP 143 / N42° 56′ 41.26″ E13° 48′ 44.24″]** aus dem 14. Jh. auf, eine wehrhafte Festung mit Ecktürmen und dem mächtigen, runden, 22 m hohen Bergfried „Mastio". Im Turm ist eine Ausstellung mittelalterlicher Waffen zu sehen. Mauern schützen den unregelmäßig geformten Innenhof mit Burgbrunnen. Die Anlage, einst von den Herren von Acquavia erbaut, gilt als ein Meisterwerk der Militärarchitektur.

Immer in der ersten Augustwoche erinnert man in der Burg von Acquaviva mit einem großen Festbankett an die Hochzeit des Rinaldo di Brunforte, der 1234 Forestéria, Tochter des Herrn von Acquaviva, ehelichte. Man sieht mittelalterliche Spiele und Tänze, historische Kostüme und die „Erstürmung der Burg". Die Brunfortes und die Acquavivas waren treue Verfechter der Sache Friedrichs II. Und mit der Heirat sollte die kaiserliche Macht Friedrichs II. im Pinceno gefestigt werden.

Offida soll von Pelasgern gegründet worden sein, einer Bevölkerungsgruppe aus Griechenland. Später ließen sich Römer und Langobarden hier nieder, bis die Stadt unter dem Einfluss des Benediktinerordens eine wahre Blütezeit erlebte.

1533 war Offida Schauplatz des tragischen Endes einer generationenlang währenden Fehde zwischen den Familien der welfentreuen Baroncelli und den ghibellinischen Boldrini. Man traf sich in Offida, um endlich Frieden zu schließen. Kurz vor dem Friedensschluss allerdings brach beim Vertreter der Familie Baroncelli der alte Hass wieder durch. Er ergriff sein Schwert und streckte alle Mitglieder der Boldrinidelegation, und somit fast die ganze Familie Boldrini, nieder.

Lange war Offida ein Zentrum des Klöppelhandwerks, das heute allerdings kaum noch gepflegt und fast ausgestorben ist. Die Klöpplerinnen von Offida, denen an der Stadtmauer sogar ein Denkmal gewidmet ist, konnten wunderschöne filigrane Spitzen (Merletto del Tombolo) herstellen.

Einen **Parkplatz [WP 144 / N42° 56′ 10.81″ E13° 41′ 35.93″]** findet man am nördlich Rand der Altstadt an der Piazzale delle Marlettaia.

Sollten Sie an einem Donnerstag in die Stadt kommen, werden Sie ein bun-

Das Denkmal für die Klöpplerinnen von Offida

tes Markttreiben erleben. Parken müssen Sie dann aber schon vor der Stadt.

Zu den eher bescheidenen Sehenswürdigkeiten von Offida zählt an der zentralen, hübschen Piazza del Popolo, auch Piazza Vittorio Emanuele II., der **Palazzo Comunale [N42° 56′ 5.89″ E13° 41 ,28.23″]**, das Rathaus aus dem 15. Jh., das ganz aus roten Ziegeln errichtet ist und das sich zum Platz hin mit einem harmonischen Bogengang öffnet. Unter den Arkaden findet man das Restaurant „Osteria Cantina Offida".

In dem hohen Uhrturm, der den Palazzo überragt, befanden sich einstmals die Gefängniszellen der zum Tode Verurteilten. Die Repräsentationssalons des Gebäudes sind im Empirestil und im Stil Luis XVI. eingerichtet.

Gleich links vom Rathaus ist das hübsche **Teatro Serpente Aureo** angegliedert, für dessen Bau ein Teil des Palazzo Comunale weichen musste.

Im Karneval ist die Piazza del Popolo Schauplatz traditioneller Feste wie „Lu bov fint", an dem wie frühere Landarbeiter (guazzarone) gekleidete Teilnehmer aus den diversen Ortsteilen Jagd auf einen unechten Stier machen. Wie es heißt, wird mit diesem Brauch an eine in der Antike in der Region übliche Stierhatz erinnert. Am letzten Tag des Karnevals zieht die Prozession der „Velurd" mit langen brennenden Stroh- oder Schilfbündeln durch die Stadt.

Unter den Kirchen von Offida ist z. B. die **Kollegiatskirche Santa Maria Assunta** an der Westseite der Piazza del Popolo interessant. Falls geöffnet, schauen Sie hinein. In der Kirche werden die Reliquien des hl. Leonardo, dem Schutzpatron der Stadt, aufbewahrt. Und in einer Seitenkapelle sieht man das wundertätige Tuch „Palio del Miracolo" mit einem Marienbildnis, das die Stadt einst von der Pest befreit haben soll.

Bei entsprechendem Interesse lohnt das **Museo Archeologico Guglielmo Allevi [N42° 56′ 2.47″ E13° 41′ 22.57″]** einen Besuch. Das Museum präsentiert die Sammlung des verstorbenen Wissenschaftlers Guglielmo Allevi sowie Ausstellungen aus der Region.

Einsam und hoch oben auf einem steilen Landvorsprung am Südwestende des Ortes sieht man die **Kirche Santa Maria della Rocca [Parkplatz, N42° 56′ 0.87″ E13° 41′ 9.84″]** aus dem 14. Jh. liegen. Im Inneren sind Fresken mit Motiven aus der Lebensgeschichte der hl. Katharina zu sehen. Auch das Säulengewölbe der Krypta ist mit Fresken ausgemalt.

Wenn Sie sich für Weine aus der Region begeistern, sollte Sie Ihr Weg durch

Offida auch zum ehemaligen Franziskanerkloster führen, diesmal nicht, um Kunstwerke zu bewundern, sondern um in der **Vinothek Spaziovino [N42° 56' 11.38" E13° 41' 24.06"]**, Via Giuseppe Garibaldi 75, Weine aus der Gegend zu verkosten *(geöffnet tgl. 10.30 - 13.30 Uhr, 15.30 - 24 Uhr; www.vineamarche.it/)*.

Eine kulinarische Spezialität ist der „Chicchiripieno", ein mit Thunfisch, Sardinen, Kapern, grünen Oliven, roten, süßen Peperoni und Gewürzen gefüllter Fladen. Der „Chicchiripieno" gehört so sehr zur Stadt, dass ihm sogar ein eigenes Fest gewidmet ist, das immer im August gefeiert wird.

*ROUTE: Weiterreise südwärts bis **Castel di Lama** (ca. 10 km). Dort westwärts nach **Ascoli Piceno** (ca. 12 km).*

Ascoli Piceno, das antike „Ausculum", gilt als eine der schönsten Städte in den Marken.

Ascoli Piceno, Sant'Emidio Kathedrale

Ihren Namen trägt die Stadt nach den Picenern (Picentes, Piceni), die hier einst an der Biegung des Flüsschens Tronto lebten und 89 v. Chr. von den Römern besiegt wurden. Die Römer benannten die Siedlung um in Asculum Picenum. Reste eines **Teatro Romano [N42° 51' 14.37" E13° 34' 4.75"]** findet man am Südwestrand der Stadt.

In Ascoli Piceno ist man übrigens der festen Überzeugung, dass die Stadt älter als Rom sei. Sicher ist, dass Römer und Langbarden ihre Spuren hinterlassen haben.

Seit dem 19. Jh. ist Ascoli Piceno Hauptstadt der gleichnamigen Region. Den Reiz ihrer alten Innenstadt hat die Stadt vornehmlich den stattlichen aus Travertinstein errichteten Gebäuden zu verdanken.

Geprägt wird das Stadtinnere von zwei prächtigen Plätzen, der Piazza Arringo und der Piazza del Popolo.

Zu den berühmten Söhnen der Stadt zählt u. a. Girolamo Masci, der als Nikolaus IV. (Pontifikat von 1288 bis 1292) als erster Papst aus dem Franziskanerorden in die Kirchengeschichte einging.

Günstig gelegen ist der **Parkplatz Parcheggio Seminario (13) [WP 145 / N42° 51' 9.59" E13° 34' 55.23]**, Viale Alcide de Gasperi. Vom gebührenpflichtigen Parkplatz geht man etwa 10 Min. zu Fuß, vorbei am Dom, zur Piazza Arringo.

Geht man von Osten her über den Corso Vittorio Emanuele, oder vom erwähnten Parkplatz „Seminario" in die Innenstadt, gelangt man zunächst auf die **Piazza Arringo (3)**. Seinen Namen erhielt der Platz von Volksversammlungen (Arengo), die hier früher stattfanden.

Gleich an der Ostseite des Platzes sieht man die **Cattedrale Sant'Emidio (2)**

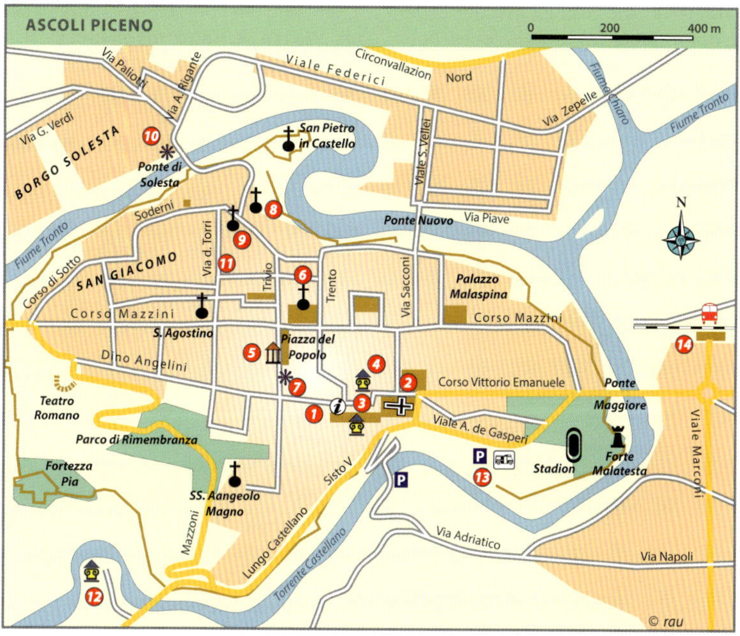

*ASCOLI PICENO – **1** Touristeninformationsbüro – **2** Cattedrale Sant' Emidio, Paptisterium – **3** Piazza Arringo, Palazzo Comunale, Pinacoteca Civica – **4** Museo Archeologico Statale – **5** Palazzo dei Capitani del Popolo – **6** San Francesco – **7** Caffè Meletti – **8** Santi Vicenzo e Anastasio – **9** San Pietro Martire – **10** Fonte di Sant' Emidio – **11** Geschlechtertürme – **12** Papiermuseum Musei della Cartiera Papale – **13** Parkplatz und Wohnmobil-Stellplatz – **14** Bahnhof*

[N42° 51' 12.67" E13° 34' 41.83"]. Mit dem Bau wurde zwar im 12. Jh. begonnen, vollendet wurde er aber erst später im Barockstil.

Besonders sehenswert im Kircheninneren ist die erst 1838 eingeweihte **Capella del Sacramento** mit einem Altargemälde von Carlo Crivelli, das Kunstkenner als Meisterwerk des Malers ansehen. Der aus Venedig stammende Maler, der in alten Künstlerbiografien als „das schwierige Genie" und als recht streitbar geschildert wird, soll im Sommer 1500 in Ascoli Piceno verstorben sein. Im Mittelpunkt des aus mehreren Tafeln bestehende Altarbildes (Polyptychon), das 1473 entstanden sein soll, ist die hl. Maria mit dem Jesuskind auf dem Throne dargestellt, flankiert von den Heiligen Petrus, Johannes der Täufer, Emidio und Paulus (von links nach rechts). Darüber sieht man das Motiv „Beweinung Christi", flankiert von der hl. Katharina, dem hl. Hieronymus, den Heiligen Georg und Ursula (von links nach rechts). In der unteren Bildzeile ist in der Mitte Christus dargestellt, der segnend die rechte Hand hebt, sowie zehn Apostel.

In der **Krypta** unter dem Altarraum werden die Reliquien des Schutzpatrons der Stadt, des Heiligen Emidio, aufbewahrt. Der Heilige, dem auch die Kathedrale geweiht ist, war erster Bischof von Ascoli Piceno. Der Legende nach stammte der hl. Emidio aus Trier und kam als Missionar in die Marken. Während seines Wirkens im 4. Jh. in Ascoli Piceno soll er die Stadt vor Erdbeben bewahrt haben, kein geringer Schutz in dieser immer wieder von Erdbeben heimgesuchten Region Italiens. Sterben musste der Heilige den Märtyrertod. Weil er die Tochter des römischen Statthalters zum Christentum bekehrt hatte, wurde er enthauptet.

Sehenswert im Kircheninneren sind weiter die **Fresken** im Vierungsturm.

Dargestellt sind Szenen aus der Legende des hl. Emidio und weiterer Heiliger.

Unterhalb des Vierungsturms sieht man den **Hochaltar**, der von einem prächtig gestalteten, auf Säulen ruhenden Baldachin überdacht wird. Der Chorraum in der Apsis hinter dem Altar ist mit kunstvoll geschnitztem Chorgestühl versehen. Im Gewölbe darüber sind Szenen aus dem Leben des hl. Emidio zu sehen.

Die Westfassade, an der nur ein Turm vollendet ist, wurde Mitte des 16. Jh. nach Plänen von Cola dell'Amatrice, der mit bürgerlichem Namen Nicola Filostesio hieß, gestaltet.

Beachtung verdient an der Nordfassade das Renaissanceportal „Porta della Musa" mit Kassettentor und Bogenfeld darüber.

Gegenüber der Nordseite der Kathedrale liegt das Johannes dem Täufer geweihte **Baptisterium**, das im 12. Jh. auf den Mauern eines heidnischen Herkulestempels errichtet wurde.

Im **Museo Archeologico (4) [N42° 51' 13.13" E13° 34' 40.32"]**, das im Palazzo Panighi an der Nordostseite der Piazza Arringo eingerichtet ist, wird mit Exponaten aus der Zeit der Picener, der Römer und der Langobarden Einblick in die Frühgeschichte der Stadt und der Region gegeben.

Entlang der Südseite des langen Platzes **Piazza Arringo (3)** erstreckt sich der Komplex des **Palazzo dell'Arengo** und des **Palazzo Comunale [N42° 51' 12.15" E13° 34' 38.20"]**. Neben dem **Touristenbüro** ist hier auch die **Pinacoteca Civica** mit einer erlesenen Gemäldesammlung untergebracht. Zu sehen sind u. a. Meisterwerke von Tizian, Guido Reni, Luca Giordano oder Carlo Crivelli und seiner Schule.

Ab der Piazza Arringo verkehrt zwischen April und Anfang Oktober ein gebührenpflichtiges Trollybähnchen alle 60 Minuten (im Sommer alle 30 Minuten) zu Rundfahrten durch die Altstadt, auf der alle wichtigen Sehenswürdigkeiten passiert werden. Ansagen mit Audioguide auch in deutscher Sprache.

Lebhaftes Zentrum der Innenstadt von Ascoli Piceno, deren Bausubstanz teils noch aus dem Mittelalter stammt, ist die **Piazza del Popolo [N42° 51' 16.81" E13° 34' 31.88"]**. Sie wird von einem sehr repräsentativen Gebäudeensemble umgeben. An der Ostseite sieht man den langen Arkadengang der sog. Kleinen Paläste. Gegenüber, an der Westseite des Platzes, fällt der stattliche **Palazzo dei Capitani del Popolo (5)** aus dem 13. Jh. auf. Das Palais war Sitz u. a. des Rates der Stadt und der päpstlichen Statthalter.

Die Piazza del Popolo in Ascoli Piceno

Der stattliche Palazzo dei Capitani del Popolo, Ascoli Piceno

Die Fassade mit ihrem imposanten Portal wurde 1549 von Cola dell' Amatrice gestaltet. Über dem Portal thront recht majestätische Papst Paul III. (Alessandro Farnese, 1468 – 1549, 1534 zum Papst gewählt), ein Werk des Bildhauers Simone Cioli aus der Mitte des 16. Jh. Links daneben sieht man eine große Uhr mit römischen Ziffern, eine Arbeit aus der Zeit um 1540 eines aus Fossato in der nördlichen Toskana stammenden Meisters. Der Innenhof des Palastes ist von dreistöckigen Arkaden umgeben.

Die Nordseite des Platzes wird von der gotische **Kirche San Francesco (6)** abgeschlossen, die ab 1262 mit Unterbrechungen in fast dreihundertjähriger Bauzeit entstand.

Neben dem Prunkportal an der der Piazza del Popolo zugewandten Kirchenfassade sieht man einen vergleichsweise kleinen Bogengang, die **Loggia dei Mercanti**. Gebaut wurde die Loggia im 16. Jh. auf Veranlassung der offensichtlich sehr wohlhabenden Zunft der Wollweber, um hier ihre Waren standesgemäß präsentieren zu können.

Aus Ascoli Piceno stammt übrigens ein heute noch beliebter Anislikör, der „Anisetta Meletti". Kreiert hat den Likör ein Herr namens Silvio Meletti, ein Spirituosenproduzent, der 1904 das ehemalige Postamt der Stadt erwarb und dort das **„Caffè Meletti" (7) [N42° 51' 15.39" E13° 34' 31.05"]** an der Piazza del Popolo eröffnete. Das Jugendstilcafé mit schöner alter Einrichtung existiert heute noch und scheint beliebter denn je zu sein.

Wenn Sie an der Westfassade der Kirche San Francesco vorbei durch die Via del Trivio nordwärts gehen, kommen Sie in einen der ältesten Stadtteile nahe am von Bäumen gesäumten Flüsschen Tronto. Im Viertel liegen an der Piazza Ventidio Basso zwei bemerkenswerte Kirchen. Die **Kirche Santi Vicenczo e Anastasio (8) [N42° 51' 27.13" E13° 34' 25.49"]** z. B. stammt aus dem 11. Jh. Angeblich wurde sie über einer Heilquelle für Leprakranke errichtet. Wenig jünger ist die **Kirche San Pietro Martire (9) [N42° 51' 26.52" E13° 34' 22.63"]** gegenüber. Sie wurde im 13. Jh. errichtet und gehörte damals zu einer Dominikanerabtei.

Nordwestlich der Kirche liegt jenseits des Fiume Tronto der Stadtteil Borgo Solestà. Eine Brücke mit dem imposanten Brückentor **Porto Solestà [N42° 51' 29.72" E13° 34' 19.22"]** führt hinüber. Kurz nach der Brücke kommt man zur linkerhand gelegenen **Fonte**

di Sant'Emidio (10) [N42° 51' 32.49" E13° 34' 16.86"], einem uralten Waschhaus, dessen Überdachung von zierlichen Säulen getragen wird.

Wenn Sie hinter der Kirche San Pietro Martire über die Via delle Torri wieder stadteinwärts zur Piazza Sant'Angelo gehen, kommen Sie an zwei hohen, viereckigen Türmen vorbei. Es sind zwei der wenigen **Geschlechtertürme (11) [N42° 51' 19.27" E13° 34' 22.73"]** in Ascoli Piceno, von denen sich in der Stadt vor der Mitte des 13. Jh. etwa zweihundert erhoben haben sollen. Damals erhielt die Stadt den Beinamen „Stadt der hundert Türme". Viele der Türme wurden von den Truppen des Stauferkaisers Friedrich II. zerstört. Andere wurden umbaut, in die städtische Bausubstanz integriert oder einfach abgetragen. Einige wenige Türme sind im alten Stadtteil San Giacomo westlich der Via delle Torri, noch erhalten geblieben.

Übrigens: Falls Sie noch etwas durch den alten Stadtteil San Giacomo westlich der Via delle Torri bummeln wollen, werden Sie in der Via Rua Lunga 16 ein Haus finden, dessen Inschrift übersetzt lt. Grazia Raffaeilli in einer Beschreibung der Stadt etwa so lautet: „Wer kann, will nicht, wer will, kann nicht, wer weiß, tut nichts, wer tut, weiß nichts, und so nimmt die Welt ihren ungerechten Lauf".

Das **Papiermuseum Musei della Cartiera Papale (12) [Parkmöglichkeit, WP 146 / N42° 50' 58.11" E13° 34' 11.61"]** liegt am Ende der Via della Cartiera etwas außerhalb südwestlich der Innenstadt von Ascoli Piceno. Das Museum ist auf Führungen zu besichtigen, www.marchedarte.it/interna.php?id=237.

Aus einer Getreidemühle wurde im 16. Jh. mit wohlwollender Unterstützung von Papst Julius II. (Giuliano della Rovere) eine päpstliche Papiermühle gemacht. Angetrieben wurde die historische Mühle durch Wasser aus dem Torrente Castellano, das über ein ausgeklügeltes System aus Kanälen, Rückhaltebecken und Wehren zur Mühle geleitet wurde.

Zu sehen sind u. a. Mühlsteine, ein Hammerwerk, steinerne und hölzerne Bottiche, Pressen und Werkzeuge, die über Jahrhunderte zur Herstellung von Papier-Mache und zur Papierproduktion verwendet wurden. Multimediale Einrichtungen, Videos, Bilder und anderes Anschauungsmaterial geben dem Besucher einen Einblick in die damalige Art Papier herzustellen, ebenso wie in die Welt der Mühlenarbeiter. Im oberen Geschoss ist eine Sammlung von Mineralien, Fossilien, Muscheln etc. zu sehen, die ein Herr namens Antonio Orsini im 19. Jh. zusammengetragen hat.

Eine kulinarische Spezialität der Marken sind gefüllte **Oliven all'Ascolana**, nach Ascoli-Art also. Bevorzugt dazu verwendet werden die „tenera ascolana", eine Olivensorte aus der Region, die besonders groß und fleischig ist. Die Oliven werden gewaschen, in Salzlake eingelegt, entkernt und mit einer Masse aus gedünstetem, magerem Schweine- und Kalbfleisch, sowie Hühner- und Putenbrust, Parmesankäse, Zwiebeln, Weißwein, Salz und Muskantnuss gefüllt, in Mehl gewendet, mit einer Panade überzogen und schließlich in Olivenöl Extra Vergine frittiert. Alles in allem eine ziemlich zeitaufwändige Prozedur. Und wer hat's erfunden? Benediktinermönche aus dem umbrischen Orvieto, sagt man.

Eine traditionelle und überaus beliebte Süßigkeit sind „Cacioni", die in alten Tagen aber nur zu Ostern zubereitet wurden. „Cacioni" sind wie ein Halbmond geformte Blätterteigstückchen mit einer Füllung aus Zucker, Ei und Schafskäse.

Oft nimmt man zu den gefüllten Oliven all'Ascolana oder zu Fleischgerichten gerne einen Rosso Piceno oder den kräftigeren Rosso Piceno Superiore, feine, fruchtige Rotweine aus der Region. Beide Weine sind mit dem Prädikat für kontrollierte Herkunft D.O.C. (Denominazione di Origine controllata) ausgezeichnet.

Zu Antipasti und zu Fischgerichten eignet sich vorzüglich der Weißwein Falerio dei Colli Ascolani. Und zum Nachtisch kann man (falls angeboten, da nur noch selten produziert) den „Vino Cotto" (gekochten Wein) probieren, von dem

PRAKTISCHE HINWEISE – ASCOLI PICENO

Centro Informazione Accoglienza Turistica – I.A.T. Ascoli Piceno (1), Piazza Arringo 7, Palazzo Comunale, 63100 Ascoli Piceno, Tel. +39 0736 25 30 45; www.commune.ascoli-piceno.it; www.turismo.marche.it.

Feste: Ein großes Maskenfest ist jedes Jahr auf der von großen Lüstern illuminierten Piazza del Popolo der **Karneval von Ascoli Piceno**.
Am ersten Sonntag im August feiert man in Ascoli Piceno die **„Giostra della Quintana"**, eines der größten Feste nicht nur in der Stadt und in der Region, sondern in ganz Italien. Bei diesem historischen Spektakel nehmen Bürger der sechs Stadtviertel, in historische Kostüme gekleidet, als Adelsdamen, Knappen, Ritter, Fahnenschwinger und Musikanten an einem großen Umzug teil. In einem Reiterturnier auf der Piazza del Popolo, das angeblich schon 1377 urkundlich erwähnt wurde, versuchen verwegene Reiter aus den verschiedenen Stadtteilen, eine große, schwere, sich bewegende Mohrenfigur zu schlagen.

RESTAURANT

Del Corso, Corso Mazzini 277, Tel. +39 0736 25 67 60; in der Altstadt in einem hist. Gebäude. Tischreservierung empfohlen. Im Juli, Sonntagabend und montags geschlossen.

HOTEL

Palazzo Guiderocchi, 36 Zi., Via Cesare Battisti 3, Tel. +39 0736 25 97 10; www.palazzoguiderocchi.com. Gutes Mittelklassehotel in einem Patrizierpalais aus dem 16. Jh., mitten in der Altstadt Nähe Palazzo del Popolo und Café Meletti, mittlere Preislage, gutes Restaurant „Rua di Notari", schöner Innenhof, eine moderne Dependance liegt ganz in der Nähe. Parkmöglichkeit.

WOHNMOBIL-STELLPLATZ

Wohnmobil-Stellplatz Parcheggio es Seminario Ascoli Piceno (13) [WP 147 / N42° 51' 8.47" E13° 34' 56.57"], Viale Alcide de Gaspari. **Zufahrt/ Lage:** Von der SS81 aus Osten kommend zum Stadtzentrum nordwärts abzweigen und auf der Ponte Maggiore weiter bis kurz darauf Abzweig zum Parcheggio Seminario. **Gebühr:** Gebührenpflichtig. **Ausstattung:** Teil eines großen gebührenpflichtigen Parkplatzes, Platz für ca. 10 Wohnmobile, etwas beengte Platzverhältnisse. Ebener, eingezäunter Platz, schattig durch Bäume. Frischwasser, Grauwasser- und Chemikaltoilettenausguss, Strom.

es heißt, er hätte die marchigiani, die Bewohner der Marken, ihr Leben lang begleitet. Vino Cotto, ein aromatischer Dessertwein, wird durch Kochen und Einreduzierung des Weins und durch anschließendes Lagern in Holzfässern gewonnen. Die Fässer werden aber nie ganz leergezapft. Ein kleiner Rest Vino Cotto, der „Mutterwein", muss immer im Fass verbleiben. Damit ist gewährleistet, dass zugegossener gekochter Wein nach der Lagerung wieder das gewünschte Aroma aufweist.

ROUTE: SS4 südwestwärts über ***Acquasanta Terme*** *und die „Via Salaria" durch das tief eingeschnittene Tal des Fiume Tronto bis* ***Arquata del Tronto*** *am Südostrand des ausgedehnten Natinalparks Parco Nazionale Monti Sibillini. Arquata del Tronto wurde von dem Erdbeben im August 2016 stark in Mitleidenschaft gezogen. Die „Via Salaria" ist übrigens eine überaus historische Straße in den Marken, über die schon in der Zeit der Picener Salz von der Adriaküste nach Rom transportiert wurde.*

Die heilende Wirkung der Quellen von **Acquasanta Terme** ist schon seit Jahrhunderten bekannt. Wie es heißt, sollen die Heilquellen schon von Karl dem Großen geschätzt worden sein.

Die Gegend um Acquasanta Terme war früher verschrien als Hochburg der Wegelagerer und Briganten. Ein legendärer Räuberhauptmann war Giovanni Piccioni.

Abenteuerliche Naturen können auf einer Straße, die in Acquasanta Terme südwärts abzweigt, weiter bis zum Weiler **Umito [N42° 44′ 10.34″ E13° 24′ 17.26″]** fahren. Dort endet die Straße. Ein Pfad führt durch Kastanien- und Buchenwälder (längere Wanderung) hinauf auf den 2.073 m hohen Macera della Morte in den Monti della Laga. Der Gipfel ist Grenzpunkt zwischen den Regionen Marken, Latium und Abruzzen.

Über dem vom Erdbeben von 2016 stark zerstörten Arquata del Tronto erhebt sich eine gewaltige Festung. Angelegt wurde dieses gewaltige Bollwerk mit seinen unbezwingbar erscheinenden Mauern und dem gewaltigen Bergfried im 13. Jh. Zweihundert Jahre später ließ die Königin von Neapel, Johanna II. von Anjou, der ein ziemlich lockerer Lebenswandel und geheime Liebesaffären nachgesagt wurden, den Komplex verändern, ohne aber seine Wehrhaftigkeit zu beeinträchtigen. Wie es heißt, soll sich Johann II. Anfang des 15. Jh. einige Jahrzehnte in der Burg aufgehalten haben.

Nur 21 km weiter südlich, bereits in der Region Lazio, liegt der Ort **Amatrice**, der im August 2016 von einem furchtbaren Erdbeben heimgesucht und größtenteils zerstört wurde. Ob Amatrice je wieder aufgebaut werden kann, ist ungewiss!

ROUTE: **Achtung!** *Die nachfolgend beschriebene Strecke über die Sibillinischen Berge ist nach dem schweren Erdbeben im August 2016 zwischen Arquata del Tronto und Montefortino bis auf weiteres gesperrt! Wiedereröffnung unbekannt. Man muss bis dahin dem unten unter „Mein Tipp“ angegebenen Weg* ***über Comunanza nach Amandola*** *folgen!*

Dieser Weg wird erst ab Wiedereröffnung der Straßen SP89 und SP83 wieder möglich sein: *Nach dem Dorf Borgo bei Arquata del Tronto (vom Erbeben 2016 fast vollkommen zerstört) beginnt über die Straßen SP89, später SP83 eine zwar sehr schöne, aber auch sehr kurvenreiche Bergfahrt, die immer am Ostrand des Nationalparks Monti Sibillini entlang, über Balzo, Montegallo, Piano, Montemonaco (975 m hoch gelegen, enge und nur max. 3 m hohe Ortsdurchfahrt) und Montefortino nach Amandola führt. Zwischen Borgo und Montegallo sieht man im Westen den 2.476 m hohen Apenninengipfel Monte Vettore, die höchste Erhebung im Nationalpark Monti Sibillini.*

Mein Tipp: Wer sehr kurvenreiche Bergstraßen vermeiden will, zweigt 10 km südwestlich von Ascoli Piceno von der SS4 nordwärts ab und nimmt die SP237 über Comunanza nach Amandola, 31 km. Dieser Weg ist wegen der engen und nur max. 3 m hohen Ortsdurchfahrt von Montemonaco auch Fahrzeugen mit einer Höhe über 3 m zu empfehlen!

Abstecher in die Höllenschlucht

Falls Sie dem Abstecher in die Höllenschlucht nicht folgen, bitte weiter mit **„Hauptroute“** weiter unten.

Kurz hinter Montefortino bietet sich Gelegenheit auf einem kurvenreichen, schmalen Landsträßchen (SP148) nach Westen hinein in den weit über 70.000 Hektar großen **Parco Nazionale Monti Sibillini** zu fahren. Die Straße endet kurz hinter dem Weiler **Rubbiano [N42° 55′ 43.36″ E13° 18′ 33.69″]** (einfache Unterkünfte). Von dort kann man weiter nach Westen wandern, hinein in die **Gola dell'Infernaccio**, die steile Höllenschlucht am Fiume Tenna, der sich hier zwischen dem Monte Sibilla im Süden und dem Monte Priora im Norden hindurchwindet. Frühere Bewohner der Gegend waren der festen Überzeugung, dass die Schlucht von Geistern und Kobolden bewohnt sei.

Das gesamte Gebiet der Sibillinischen Berge, die Teil der Apenninen sind, ist voller Mythen, Legenden und Geschichten. So soll auf dem 2.175 m hohen **Monte Sibilla** westlich von Montemonaco die Seherin und Wahrsagerin aus der Mythologie der Antike, Sybille, gehaust haben. Einem Orakel gleich soll die Prophetin durch göttliche Inspiration die Zukunft in einer Art von Rätsel vorhergesagt haben.

Und nach altem Volksglauben ertrank im See Lago di Pilato auf dem Monte Vettore der römische Statthalter des Kaisers Tiberius, Pontius Pilatus, der, nach der Verurteilung von Jesus von Nazaret zum Tod am Kreuz, seine Hände in Unschuld wusch. Pilatus soll auf dem Weg in die Verbannung nach Südfrankreich gewesen sein, als er in dem Bergsee ertrank. Legende, wie gesagt.

Man erzählt sich aber auch von Feen mit liebreizendem Antlitz, aber mit Ziegenfüßen, die sich von den Bergen herab zu den nächtlichen Dorffesten stehlen, um mit der Dorfjugend zu tanzen, aber noch vor Morgengrauen wieder in die Berge zurückkehren müssen, um nicht von den ersten Sonnenstrahlen für immer in Ziegen verwandelt zu werden.

Ein weiteres Landsträßchen führt von Montefortino am Flüsschen Ambro entlang nach Westen und endet nach etwa fünf Kilometern in einem dicht bewaldeten Tal an der Wallfahrtskirche **Madonna dell'Ambro [Parkplatz, WP 148 / N42° 57′ 06.6″ E13° 17′ 20.0″]**, die bereits im 11. Jh. existiert haben soll. Um die Kirche, die gerne auch als „kleines Lourdes der Sibellinischen Berge" bezeichnet wird, rankt sich die Legende einer jungen, stummen Schafhirtin, der die heilige Jungfrau erschien und das Mädchen danach wieder sprechen konnte. Falls geöffnet, kann man in der Kirche Fresken aus dem 17. Jh. bewundern.

Neben dem Parkplatz findet man das Hotel „Albergo Ambro" und Restaurants.

HAUPTROUTE

In **Amandola**, das als „Tor zu den Monti Sibillini" gilt, sind sehenswerte Adelspaläste erhalten geblieben.

Vor allem in der Zeit des 14. und 15. Jh. hatten sich in Amandola eine Reihe von Wollwebern und Färbereien angesiedelt, die dem Ort eine wirtschaftliche Blütezeit bescherten. Amandola war damals das Städtchen mit der größten Einwohnerzahl weit und breit.

Zu den bescheidenen Sehenswürdigkeiten von Amandola zählt im oberen Ostteil des Ortes die **Klosterkirche San Francesco [N42° 58′ 49.35″ E13° 21′ 36.43″]**, in deren Capella dell'Annunciazione ein Freskenzyklus aus dem 15. Jh. zu sehen ist. Beachtung in der Kirche verdient auch ein Holzkreuz aus dem 13. Jh. Auch der **Kreuzgang**, der heute ein kleines Regionalmuseum beherbergt, ist mit Fresken ausgemalt.

An der zentralen Piazza Risorgimento liegen die **Kirchen San Agostino** und

PRAKTISCHE HINWEISE – AMANDOLA

Centro Informazione Accoglienza Turistica – I.A.T. Amandola, Piazza Risorgimento 17, 63857 Amandola, Tel. +39 0736 84 07 31; www.turismo.marche.it;

Feste: Das größte Fest in Amandola wird am 23. August gefeiert. Bei dem historischen Volksfest **„Canestrelle"** kleiden sich junge Bäuerinnen in Kostüme aus dem 19. Jh. und tragen einen aus Weizenähren gefertigten Kopfschmuck. Mit ihrem Umzug durch den Ort ehren sie den Heiligen Antonius.

WOHNMOBIL-STELLPLATZ

Wohnmobil-Stellplatz Area Sosta Camper di Amandola [WP 149 / N42° 58′ 17.88″ E13° 21′ 12.48″], Stadio Comunale. **Zufahrt/Lage:** Von Amandola auf der SP237 südwärts Richtung Comunanza bis zum Stadion im Vorort Piandicontro, Zufahrt an der TAMOIL-Tankstelle. **Geöffnet:** Ganzjährig von 8 – 22 Uhr, Ankunft bis 21 Uhr. **Gebühr:** Gebührenpflichtig. **Ausstattung:** Eingezäunter Platz des Camper Club Sibillini zwischen SP237 und Stadion. Befestigte, ebene Stellfläche mit Platz für ca. 40 Wohnmobile, etwas Baumschatten. Frischwasser, Grauwasser- und Chemikaltoilettenausguss, Strom, WC, Dusche.

Beato Antonio. Letztere ist jedes Jahr Ziel der „Prozession der Körbe", eine Art Erntedank, bei der Frauen in schön gestalteten Körben Feldfrüchte darbringen.

Abstecher zur Abbazia di Ss. Vital e Ruffino und nach Servigliano

Falls Sie dem Abstecher nicht folgen, bitte weiter mit **„Hauptroute"** weiter unten.

Von Amandola bietet sich ein Abstecher auf der SP239 nordostwärts zur rund 7 km entfernten **Abbazia di Ss. Vitale e Ruffino [N43° 00' 27.4" E13° 24' 08.2"]** an. Die Kirche gehört zur wahrscheinlich ältesten Benediktinerabtei in der Region, wenn nicht ganz Italiens. Teile stammen aus dem 6 Jh. Im Laufe der Jahrhunderte wurden die dreischiffige Kirchen immer wieder restauriert und verändert. Unverändert aber ist die kleine Apsis im romanischen Stil geblieben. Bemerkenswert sind Fresken (Madonna mit Kind und Heiligen) aus dem 15. und 16. Jh., sowie die Krypta mit säulengestütztem Gewölbe. In der Krypta werden die Reliquien des hl. Rufino verwahrt. Der Legende nach schützt der Heilige vor Hernie (Leistenbruch mit austretenden Eingeweiden).

Hat man die Zeit, den Abstecher auf der SS239 durch das Tal des Fiume Tenna noch 13 km weiter nach Nordosten auszudehnen, kommt man nach **Servigliano [Parkplatz, WP 150 / N43° 4' 53.43" E13° 29' 27.76"]**. Das konsequent rechteckig angelegte, gerade mal 144 m auf 137 m „große" ursprüngliche Städtchen, um das sich dann der heutige Ort entwickelte, wird von den Außenmauern langer Reihen von Hausfassaden fast komplett abgeschlossen. Nur drei Tore führen hinein in den alten Stadtkern, Porta Marina oder Porta Clementina an der Westseite, Porta Navarra an der Ostseite und Porta Santo Spirito an der Südseite.

Die Stadt wurde erst im ausgehenden 18. Jh. angelegt und nach langen Querelen 125 Jahre nach Grundsteinlegung endlich vollendet.

Ursprünglich wohnten die Bürger von Servigliano in einem Städtchen, das etwa 4 km vom jetzigen Ort entfernt lag. Im Laufe der Zeit stellte sich allerdings heraus, dass der Untergrund des alten Ortes dazu neigte, vor allem nach starken Regenfällen, gewaltige Erdrutsche auszulösen. Die Bewohner wandten sich an die päpstliche Kurie in Rom, der der Ort gehörte, und baten um Hilfe. Hilfe wurde gewährt und ein Standort für einen neuen Ort gefunden.

Nun ging es um die Finanzierung des Vorhabens. Äußerste Sparsamkeit war verordnet worden, die so weit ging, dass im alten Städtchen Dachziegel, Kamine,

Servigliano - der Versuch, die ideale Stadt anzulegen

Wasserleitungen und brauchbare Mauersteine abgetragen und mühsam an den neuen Standort transportiert werden sollten.

Aber die Leute hatten die Schinderei bald satt und lebten lieber in ihren alten Gemäuern weiter. Erst mit Belohnungen für jeden abgebrochenen Ziegel konnten man die Bewohner mühsam dazu bewegen, ihr neues Domizil nach Plänen des Baumeisters Virgino Bracci zu bauen, der die neue Stadt nach klaren geometrischen Regeln im Sinne einer idealen Renaissancestadt geplant hatte, mit der dominierenden Kirche San Marco an der Nordseite.

Wie schon gesagt dauerte es ganze 125 Jahre bis das neue Servigliano endlich eingeweiht werden konnte. Zeitweise war der Ort zu Ehren von Papst Clemens XIV., dem großen Förderer des Wiederaufbaus, umbenannt in „Castel Clementino".

Heute ist das historische Stadtviereck, das direkt an der Durchgangsstraße SP239 liegt, längst von dem sich ausbreitenden Ort umgeben. Ein dunkles Kapitel in der Stadtgeschichte war die Zeit um 1944 als in Servigliano einige Monate lang im 1915 errichteten Gefängiskomplex von Servigliano ein Abschiebelager für Juden eingerichtet war.

Während des **Fronleichnamfestes** im Juni sind einige Altstadtgassen, durch die die feierliche Festtagsprozession zieht, mit wunderschönen Teppichen aus bunten Blumen dekoriert.

Am dritten Sonntag nach Mariä Himmelfahrt (15. August) wird das historische **Ritterturnier** von Castel Clementino aufgeführt, in dem die Teilnehmer in Kostüme aus dem 15. Jh. gekleidet sind.

HAUPTROUTE

Das hübsche Städtchen **Sarnano** liegt an den Ostausläufern der Sibillinischen Berge. Einen größeren **Parkplatz [WP 151 / N43° 2′ 4.90″ E13° 18′ 0.99″]** findet man an der Durchgangsstraße SP78 südlich der Altstadt, von dem aus man zu einem Stadtspaziergang durch die engen Gassen hinauf zur Piazza Alta aufbrechen kann.

Zentrum des ältesten Stadtteils ist die hoch oben gelegene **Piazza Alta [N43° 2′ 8.75″ E13° 18′ 5.57″]**. Hier findet man die repräsentativen Bauwerke der Stadt, den ehemaligen Palazzo del Popolo, der heute als Theater dient (Teatro della Vittoria), dann den Palazzo dei Priori und die Kirche Santa Maria Assunta.

Die **Pinacoteca Comunale e Museo Civici [N43° 2′ 8.75″ E13° 18′ 0.99″]**, Via Leopardi 1, die Gemäldesammlung der Stadt und das Stadtmuseum, sind im ehemaligen Kloster Santa Chiara zu finden. Zu den Glanzstücken der Pinakothek zählt die „Madonna mit Kind" von Vittore Crivelli, Bruder von Carlo Crivelli, dem berühmten Renaissancemaler in den Marken, der im August 1500 in Ascoli Piceno gestorben ist.

PRAKTISCHE HINWEISE –SARNANO

Centro Informazione Accoglienza Turistica – I.A.T. Sarnano, Largo E. Ricciardi 1, 62028 Sarnano, Tel. +39 0733 65 71 44; www.turismo.marche.it;

CAMPING

Camping Quattro Stagioni [WP 152 / N43° 1′ 4.50″ E13° 16′ 54.35″], Contrada Brilli, Tel. +39 0733 65 11 47; www.camping4stagioni.it; 1. Jan. – 31. Dez.; von Sarnano südwestwärts ca. 3 km über kleine Straße Richtung Sassotetto zum Platz; leicht geneigtes Wiesengelände angesichts einer hohen Gebirgskette, durch Kieswege und Laubbäume in Parzellen aufgeteilt, unterhalb einer ausgedehnten Dauercamper-/Laubenpiepersiedlung. Es gibt weit und breit keine Campingalternative. Ca. 4 ha – 50 Stpl. + 150 Dau.; spartanische Standard-Sanitärausstattung; kleiner Laden, Restaurant, Schwimmbad, **V & E für Wohnmobile**. Mietbungalows.

TOUR 14: SARNANO – CAMERINO – GUBBIO (UMBRIEN)

Länge der Tour:	Rund 155 km.
Die Route:	Über die SP120 und über **Bolognola** bis **San Lorezo al Lago** – SP98 und SP132 bis **Camerino** – SP256 und SS76 über **Matelica** bis zur **Grotte di Frasassi** – SP15, SS76, SS318 undSS219 bis **Gubbio**.
Abstecher:	Zum **Monastero di Fonte Avellana**.
Reisedauer:	Mindestens ein Tag.
Höhepunkte:	Die **Fahrt ** über Bolognola nach Camerino** – die Tropfsteinhöhle **Grotte di Frasassi** *** – die Kirche **San Vittore di Chiuse** – die abgeschiedene Lage des **Monastero di Fonte Avellana** – das **Papiermuseum** * in Fabriano.

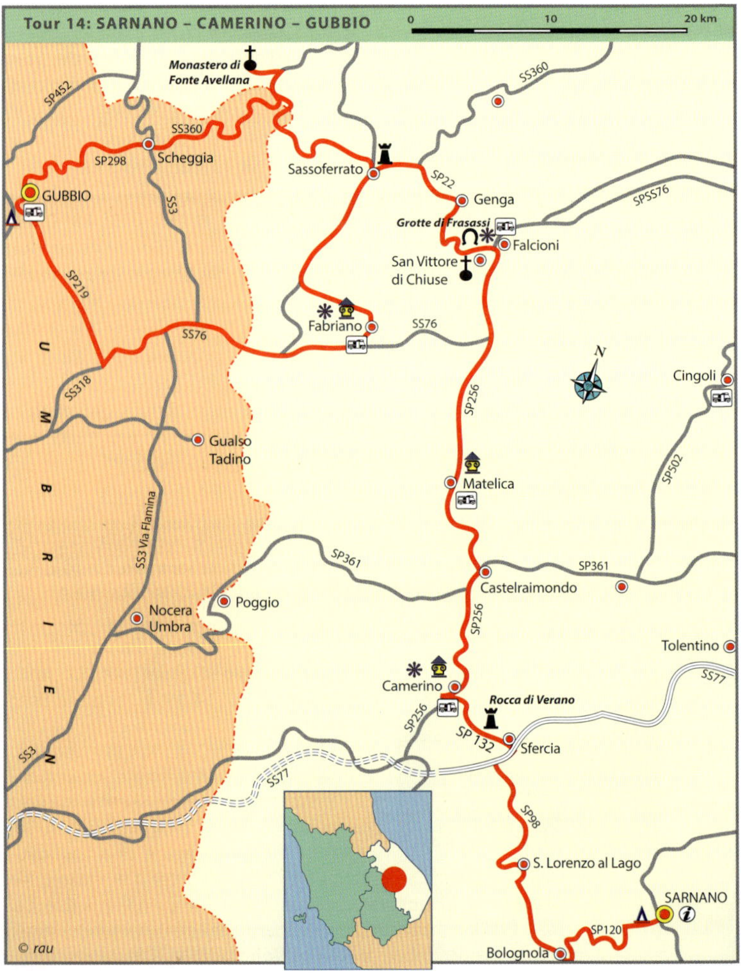

Bolognola

*ROUTE: Auf der Passstraße SP120 in vielen Kurven hinauf zum Pizzo di Mete (1.576 m) und Monte Sasso Tetto (1.624 m). Oben bei den Skiliftanlagen rechts Richtung **Bolognola**, einer der höchstgelegenen Orte der Marken. Zwischen kahlen Hängen erreicht die Passstraße auf 1.460 m ihre höchste Stelle – bei klarem Wetter eine wunderschöne Fahrt! Über **Villa Malvezzi** und **Villa Bentivoglio** nach **San Lorenzo al Lago** am Stausee Lago di Fiastra. Weiter auf der SP98, später (nach Querung der Schnellstraße SS77) auf der SP132 und vorbei an der hoch auf einer Bergspitze thronenden Burg **Rocca di Varano** (nicht zugänglich!) nach **Camerino**.*

Camerino mit seinem mittelalterlichen Stadtbild, nimmt für sich in Anspruch, über eine der ältesten Universitäten der Welt, oder wenigstens Europas, zu verfügen, die bereits 1377 offiziell von Papst Gregor XI. gegründet wurde, aber vermutlich schon hundert Jahre früher tätig war. Der größte Teil der Universität befindet sich noch heute im historischen **Palazzo Ducale** im Norden der engen, seit Generationen unveränderte Altstadt an der **Piazza Cavour [N43° 8′ 8.84″ E13° 4′ 5.60″]**. Im 15. Jh. war das Palais Sitz der Herzöge Da Varano.

Sehenswert im Herzogspalast sind der Innenhof mit Arkadengängen, der mit Fresken ausgemalte „Brautsaal" und die Universitätsbibliothek Valentiana, benannt nach ihrem Initiator Sebastiano Valentini.

Von einem Balkon an der Ostfassade des Palasts genießt man einen wunderschönen, weiten Blick ins Land. Unterhalb der Ostseite des Palazzo Ducale erstreckt sich der kleine Park Orto Botanico.

Die Piazza Cavour mit einer Statue von Papst Sixtus V. wird auch von der Fassade des Doms von Camerino und des Bischofspalais mit dem **Diözesanmuseum** umgeben. Im Diözesanmuseum werden Skulpturen und sakrale Kunst gezeigt. U. a. ist hier eine kunstvoll geschnitzte, bemalte und vergoldete Statue der Hl. Lucia von Syrakus, „die Leuchtende" (3. Jh. n. Chr.), zu sehen.

Die Märtyrerin Lucia starb 304 im sizilianischen Syrakus durch das Schwert, nachdem sie sich der Ehe mit einem Edelmann verweigert hatte, der sie daraufhin prompt als Christin denunzierte. Heiligenlegenden berichten aber auch, dass der später heiliggesprochenen Lucia die Augen ausgerissen wurden. Tatsächlich wird die Heilige auf Bil-

WOHNMOBIL-STELLPLATZ – CAMERINO

Wohnmobil-Stellplatz Area Attrezzata Camerino [WP 154 / N43° 8' 14.06" E13° 4' 5.63"]. Zufahrt/Lage: Am Ostrand unterhalb des Ortes. **Geöffnet:** Ganzjährig. **Gebühr:** Kostenlos, Strom gegen Gebühr. **Ausstattung:** Einfahrtsschranke kann von Hand geöffnet werden. Asphaltierte Terrasse mit 8 markierten Stellplätzen, unterhalb des städtischen Parkplatzes/Parkhauses. Ansprechende Lage. Gut zugängliche V & E Station (kostenlos). Frischwasser, Bodenauslass, Chemikalausguss, 1 Waschbecken, 1 Dusche, 1 Toilette pro Geschlecht. Stromanschlüsse in einem Kasten mit Münzautomat.

dern oder als Skulptur immer mit einem kelchähnliche Gefäß in der linken Hand dargestellt, auf dem zwei Augen liegen. In Schweden ist das Luciafest am 13. Dezember ein großes vorweihnachtliches Lichterfest.

Westlich der Piazza Cavour und jenseits der Umgehungsstraße findet man einen großen **Parkplatz [WP 153 / N43° 8' 14.06" E13° 4' 5.63"]**. Und am Westrand des Parkplatzes ist der gebührenpflichtige Stellplatz für Wohnmobile eingerichtet (s. o.).

Weiter nördlich der Piazza Cavour, in der Via Giovanni Antinori, sind im ehemaligen **Konvent San Domenico [N43° 8' 15.68" E13° 4' 16.74"]** die Städtischen Museen eingerichtet *(geöffnet 1. Apr. – 30. Sept. tgl. a. Mo 10 – 13 Uhr, 16 – 19 Uhr; 1. Okt. – 30. März. tgl. a. Mo 10 – 13 Uhr, 15 – 18 Uhr; www.museicivicicamerino.it/)*. Die **Pinacoteca** zeigt Kunstwerke, Gemälde und Skulpturen aus der Zeit vom 13. Jh. bis ins 18. Jh.

Moderne Kunst ist im **Museo Arte contemporana**, dem Museum für zeitgenössische Kunst, zu sehen. Und im **Museo archeologico** sind Stücke von der Jungsteinzeit bis ins Mittelalter ausgestellt, darunter archäologische Funde, Keramiken, Bodenmosaiken, antike Bronzen und Vasen.

Die Stadt gehörte lange zu den Latifundien der Herzöge Da Varana. Als Cesare Borgia 1502, im Bestreben den Kirchenstaat zu erobern, auch Camerino einnahm, ließ er Herzog Giulio Cesare Da Varana, damals in päpstlichen Diensten, samt seiner Söhne festnehmen und ermorden. Die Tochter von Giulio Cesare Da Varana, Camilla, blieb unbehelligt. Sie führte ein gottgefälliges Leben als Nonne, bewunderte das asketische Leben des Heiligen Franz von Assisi und gründete in Camerino ein Kloster des Klarissenordens (der Orden war vom hl. Franz von Assisi und der hl. Klara gegründet worden), das sie als Äbtissin Battista führte. Zu Beginn des 21. Jh. wurde Camilla Battista von Papst Benedikt XVI. heiliggesprochen. Die Gebeine der Heiligen werden in der Klosterkirche in Camerino aufbewahrt.

Schutzpatron von Camerino ist der Hl. Venantius. Ihm zu Ehren finden jedes Jahr im Mai Festlichkeiten statt, deren Höhepunkt der Schwerterlauf „Corsa alla Spada" ist.

Auf einer Anhöhe im Süden der Stadt ist in den gemauerten Gewölben des ehemals befestigten Landgutes **Rocca del Borgia**, das später den Da Varanos gehörte, das Restaurant „Rocca del Borgia" eingerichtet (Montag Ruhetag, Tel. +39 0737 63 67 69, www.roccadelborgia.com), angrenzender Park mit prächtiger Aussicht vom Belvedere Maria Grazia Capulli.

Und zu den kulinarischen Spezialitäten von Camerino gehören das Nussbrot und die „Ciauscolo", eine Art Salami, die man aufs Brot streichen kann.

Abkürzende Alternativroute

Hat man vor, einen Rundreise durch Umbrien anzuschließen, kann man den Reiseweg abkürzen und von Camerino auf der SS77 südwestwärts nach **Folig-**

WOHNMOBIL-STELLPLATZ – MATELICA

Wohnmobil-Stellplatz Parcheggio Stadio Comunale Matelica [WP 155 / N43° 14' 39.55" E12° 59' 59.79"], Via Guido Rossa, Piazzale Cadduti di el Alamein. **Zufahrt/Lage:** Von Matelica ca. 1,5 km südwestwärts Richtung Esanatoglia. Am südwestlichen Ortsrand von Matelica vor dem Stadion. **Geöffnet:** Ganzjährig. **Gebühr:** Gebührenfrei. **Ausstattung:** Eingezäunter großer Parkplatz für Pkw und Wohnmobile, unbewacht, für jedermann zugänglich. Frischwasser, Grauwasser- und Chemikaltoilettenausguss, befahrbare Entsorgungsstation.

nio reisen (ca. 50 km) und dort in die Tour 5 (Assisi – Spoleto) einsteigen.

HAUPTROUTE

*ROUTE: Von Camerino auf der SP256 nordwärts über **Castelraimondo** bis **Matelica**, ca. 21 km.*

Matelica – Einen größeren **Parkplatz [WP 156 / N43° 15' 23.55" E13° 0' 25.13"]** findet man am Westrand von Matelica. Man überquert die Umgehungsstraße, geht hinein in die enge Altstadt von Matelica und kommt wenig später zur Piazza Mattei mit einem achteckigen Brunnen aus dem 18. Jh. mitten im Zentrum des Ortes.

Etwas südlich davon, an der Via Umberto I., liegt die Sehenswürdigkeit des Städtchens, das **Museum Piersanti [N43° 15' 21.20" E13° 0' 28.99"]** mit einer Gobelinsammlung mit Stücken vornehmlich aus dem 17. Jh. und mit einer Ausstellung über Kirchenkunst und antike Möbel.

Aus der Gegend um Matelica kommt ein bekannter, viel gelobter Weißwein, der Verdicchio di Matelica.

*ROUTE: Von Matelica auf de SP256 nordwärts bis zur Schnellstraße SS76. Ihr folgen wir Richtung Ancona bis zur Ausfahrt zur **Grotte Frasassi**.*

Die **Grotte di Frasassi [Parkplatz, WP 157 / N43° 24' 11.83" E12° 58' 33.41"]** *(geöffnet 15. Mai – 15. Okt.; Führungen täglich um 11.35 Uhr, 13.35 Uhr, 15.35 Uhr, von 1. Juli bis 31. Aug. zusätzlich um 17.15 Uhr; bitte spätestens 30 Min. vor gebuchter Führung anwesend sein; www.frasassi.com/Orari_Costi.aspx?L=DE)* liegt im 1997 eingerichteten, über 10.000 Hektar großen Naturpark **Parco Naturale Regionale della Gola della Rossa e di Frasassi**, der von Naturliebhabern gerne auch als „Grünes Herz der Marken" bezeichnet wird.

Das gigantische Höhlensystem der Grotte di Frasassi aus Hallen, Domen, Gängen und Stollen zählt zu den größten zugänglichen Tropfsteinhöhlen in Europa, wenn nicht gar weltweit.

Erst im Jahre 1971 wurde man auf die Existenz des Höhlensystems aufmerksam, als man ein enges Loch im Erdboden entdeckte, aus dem permanent ein starker Luftstrom wehte. Natürlich vermutete man gleich eine Höhle im Untergrund, der man den Namen „Grotta Grande del Vento" (Große Höhle des Windes) gab.

Als Höhlenforscher sich im Herbst 1971 daranmachten, das Phänomen zu untersuchen, entdeckten sie einen rund 80 m langen engen Gang, der sie in den oberen Teil der großen Halle „Abisso Ancona", den 180 m langen, 120 m breiten und 200 m hohen „Abgrund von Ancona" führte. Wie man liest, soll die Abisso Ancona ein Volumen von annähernd 1 Mio. Kubikmeter haben. Der Mailänder Dom hätte bequem darin Platz. Zwischenzeitlich weiß man, dass das gesamte Höhlensystem annähernd 30 km lang ist.

Ein etwa 1,5 km langes Stück wurde für Besucher erschlossen, die sehr bequem auf befestigten, gesicherten Wegen dieses perfekt erhaltene unterirdische Ökosystem besichtigen und die bizarren Kalkstein- und Kristallformationen, die sich in kleinen Seen spiegeln, und die grandiosen Hallen, Höhlen und Stalagmitengebilde bestaunen können. Beeindruckend z. B. sind die bis zu 20 m hohen Stalagmitenlandschaft „Giganti" in der Halle Abisso Ancona oder die nicht minder hohen Formationen

WOHNMOBIL-STELLPLATZ – GROTTE DI FRASASSI

Wohnmobil-Stellplatz Area di Sosta Grotte di Frasassi [WP 158 / N43° 24' 14.44" E12° 58' 35.34"]. Geöffnet: Ganzjährig. **Gebühr:** Gebührenpflichtig. **Ausstattung:** Ganz in der Nähe des Besucherzentrums der Grotte di Frasassi wird der hintere Teil des großen, von Bäumen begrenzten Parkplatzes neben dem Busparkplatz als Wohnmobilstellplatz genutzt, Platz für ca. 40 Wohnmobile, eben, geschottert, beleuchtet, an der Zufahrtsstraße gelegen. Frischwasser, Grauwasser- und Chemikaltoilettenausguss neben Ticketschalter und Souvenirladenansammlung am Besucherzentrum. Von dort mit Pendelbussen zur eigentlichen Höhle.

im „Sala dell'Obelisco", dem „Obeliskensaal".

Auf Führungen von etwa eineinhalbstündiger Dauer, kann man diese unterirdische Wunderwelt besichtigen. Die Temperatur in der Höhle liegt das ganze Jahr über bei 14°. Empfehlenswert ist es, etwas zum Überziehen und bequeme Schuhe dabei zu haben.

Da auf den Führungen nicht fotografiert werden darf, werden spezielle „Phototouren" angeboten. Für die Teilnahme an der „Phototour" müssen Sie sich aber spätestens 24 Stunden vor Ihrem Besuch anmelden und zwar per e-mail bei booking@frasassi.com.

Wer's abenteuerlich mag, bucht eine der zwei angebotenen „Percorsi Speleo Avventura", Höhlen-Abenteuertouren. Teilnehmen kann man an der „Percorso speleo-avventura Azzuro" (mittlerer bis leichter Schwierigkeitsgrad, Dauer zwei Stunden) oder an der „Percorso speleo-avventura Rosso" (anstrengender, mittlerer Schwierigkeitsgrad, Dauer drei Stunden). Abenteuertouren finden samstags, sonntags und an Feiertagen statt, werden von erfahrenen Speläologen geführt, und führen in Teile der Höhle, die auf den normalen Führungen nicht gezeigt werden. Man kriecht schon mal durch enge Durchlässe und Tunnels oder muss sich durch Schächte hinabzwängen, die dann in versteckten Höhlen enden. Entsprechende Höhlenausrüstung wird gestellt und ist im Preis

Die Abtei San Vittore alle Chiuse

für die Abenteuertouren enthalten. Wer allerdings Probleme mit dem Herzen hat oder an Klaustrophobie leidet, dem ist von der Teilnahme an den Abenteuertouren abzuraten.

Vom Besucherzentrum der Grotte di Frasassi fährt ein **Shuttlebus zum Höhleneingang**.

Umweg über die Eremitage Fonte Avellana

Falls Sie dem Umweg über die Eremitage Fonte Avellana nicht folgen, bitte weiter mit **„Hauptroute"** weiter hinten.

Statt dem direkteren Weg unserer Hauptroute von der Grotte di Frasassi über Spineto und Fabriano nach Gubbio, lohnt bei Interesse an in einsamer bewaldeter Berglandschaft gelegenen Einsiedeleien ein Umweg über Sassoferrato und Serra Sant'Abbondio zur Einsiedelei Fonte Avellana in den Apenninen zu machen.

*UMWEG: Ab den Parkplätzen und dem Besucherzentrum der Grotte di Frasassi nach Nordwesten (SP15/SP360), durch das von versteckten Grotten und Höhlen geradezu übersäte Tal des Torrente Sentino, vorbei an der **Abtei San Vittore alle Chiuse** und an dem kleinen Ort **Genga**, nach **Sassoferrato**, ca. 18 km.*

Ergänzend zum Höhlenbesuch der Grotte di Frasassi kann man in der sehenswerten romanischen **Abtei San Vittore alle Chiuse [Parkplatz, WP 159 / N43° 24' 9.86" E12° 58' 8.17"]** mit schwefelhaltigen Heilquellen (Hotel), unweit westlich der Parkplätze der Grotte di Frasassi, das **Speläo-Paläontologische Museum** für Höhlenkunde und Archäologie, sowie das Regionalmuseum **Arte Storia Territorio**, mit Ausstellungen zur Kunst, Geschichte und über die Region besichtigen. Die Museen sind *geöffnet 15. März – 31. Okt. tgl. 11 – 13 Uhr, 14 – 18 Uhr; 1. Nov. – 14. März Mo – Fr 15 – 18 Uhr, Sa + So 11 – 13 Uhr, 14 – 18 Uhr.*

Unweit westlich passiert man den eigentlichen Zugang zur Grotte di Frasassi (Pendelbusse vom Besucherzentrum) und kurz darauf rechts der Straße einen kleinen **Parkplatz [N43° 24' 17.99" E12° 56' 50.28"]**. Von dort führt – vorbei an einer Statue des Papstes Leo XII. – ein etwa 700 m langer Fußweg an der nördlichen Talseite nach Osten zu einer uralten Einsiedlerhöhle mit der **Kapelle Santuario Madonna di Frasassi** oder auch Tempio del Valadier. In einer großen, sich zum bewaldeten Tal des Sentino öffnenden Felshöhle wurde dieses achteckige, von einer Kuppel bedeckte Tempelchen erbaut. In der ersten Hälfte des 19. Jh. beauftragte Papst Leo XII. (Annibale della Genga, 1760 – 1829) kurz vor seinem Tode den Architekten und Baumeister Giuseppe Valadier das ganz aus weißen, behauenen Travertinsteinen errichtete Bethaus zu bauen.

In dem kleinen Ort **Genga [Parkplatz, WP 160 / N43° 25' 47.72" E12° 56' 6.86"]** an der Straße SP22, den man wenig später passiert, kann man das **Museo di Arte Sacra del Castello** besichtigen. Das Museum für Sakrale Kunst liegt ganz am Südrand von Genga an der Piazza San Clemente. Es ist eingerichtet im ehemaligen Sitz der Grafen von Genga.

Großes Herbstfest im Oktober/November und „Lebende Krippe" im Dezember; www.presepedigenga.it.

Sassoferratos Festung Rocca di Albornoz nördlich der heutigen Stadt stammt aus der Zeit, als Egidio Albornoz, ein bevollmächtigter Gesandter des Papstes, damit begann, Orte zu befestigen. Auftrag dazu hatte Mitte des 14. Jh. der aus Frankreich stammende und in Avignon residierende Papst Innozenz VI. erteilt, um die umfangreichen Ländereien für den Kirchenstaat zu sichern.

In altehrwürdigen Palais in der Stadt sind heute interessante **Museen** eingerichtet – im Palazzo Montanari die Ausstellung über Gegenwartskunst und Volkskunst, im Priorenpalast die Gemäldesammlung und das Archäologische Museum „Sentinate" der Stadt und im Palazzo Oliva ist heute die Stadtbibliothek untergebracht.

Einen **Parkplatz [WP 161 / N43° 26' 16.0" E12° 51' 53.2"]** findet man am östlichen Ortsrand von Sassoferrato, Ortszufahrt für Fahrzeuge bis 3,5 t!

Die Einsiedelei Monastero Santa Croce di Fonte Avellana

*UMWEG: Weiter auf den Landstraßen SP16 entlang der Bahnlinie nordwärts Richtung **Pergola**. Nach knapp 10 km erreicht man eine Straßengabelung, der wir scharf links auf der SP42 nach **Serra Sant'Abbondio** folgen, rund 5 km. Weiter auf der SP16/SP142 südwärts, am Fiume Cesano entlang, und nach 3 km Abzweig westwärts zum **Kloster Fonte Avellana**.*

Die **Einsiedelei Monastero Santa Croce di Fonte Avellana [Parkplatz, WP 162 / N43° 28' 15.50" E12° 43' 32.66"]** an den Nordostausläufern des 1.701 m hohen Monte Catria ganz in der Nähe zur Region Umbrien gelegen, ist auch heute noch ein Ort der Stille und der Abgeschiedenheit. Die Klosteranlage kann auf Führungen und gegen eine Spende besichtigt werden und zwar *Mo – Sa 10, 11, 15, 16 und 17 Uhr; sonntags alle halbe Stunde mit Pause zwischen 12 Uhr und 14.30 Uhr*; Bilder vom Kloster sieht man unter www.fonteavellana.it. Im Klosterladen kann man ländliche Produkte wie Honig, Öl, Kräuter etc. erstehen.

Die alte Abtei des Kamaldulenser-Ordens entstand im 11. Jh. aus einer Ansammlung von Einsiedlerhütten. Davor hatten sich erste Einsiedler hier um einen Haselnussstrauch niedergelassen (Corylus avellana = die gemeine Hasel), bei dem eines Tages auf wundersame Weise eine Quelle entsprang.

Dieser Legende verdankt das Kloster seinen Beinamen „Fonte Avellana". Die Eremiten hatten sich um den Mönch Pier Damiani geschart, der die Gemeinschaft nach den Regeln des Heiligen Romualdo, einem aus Ravenna stammenden Eremiten, führte.

Heute besteht die Klosteranlage aus der Klosterkirche unter der sich eine Krypta befindet, aus dem Kapitelhaus, den Mönchszellen, aus Bibliothek, Gästehaus und Scriptorium. In diesem hohen und recht hellen Raum erstellten die Mönche des Mittelalters illuminierte Handschriften, kopierten antike Texte und versahen sie mit kunstvollen Miniaturen.

Der Einfluss des Klosters wuchs im Laufe der Zeit, reichte schließlich bis Rom und veranlasste Papst Julius II. (Kardinal Giuliano Della Rovere, Pontifikat 1503 – 1513), die Klosteranlage erweitern zu lassen. Der Ruf des Monastero Santa Croce di Fonte Avellana muss so grandios gewesen sein, dass Dante Alighieri (1265 – 1321) im 21. Gesang seiner „Göttlichen Komödie" darüber schreibt. Dante befasste sich in „La divina commedia", der „Göttlichen Komödie", die eine Reise durchs Jenseits, von der Hölle ins Paradies, beschreibt, übrigens recht ausführlich mit der Region Marken: „Und solltest du, ein Lebender, die Auen der Mark Ancona jemals wiedersehn, …" (Fegefeuer, Gesang V).

UMWEG: Vom Monastero di Fonte Avellana fährt man ostwärts zurück bis zur Hauptstraße und folgt ihr südwestwärts. Nach 15 km erreicht man in ***Scheggia*** *die Region Umbrien und nach weiteren 13 km auf der Straße SP298* ***Gubbio.***

HAUPTROUTE

ROUTE: Weiterreise von der Grotte di Frasassi westwärts Richtung ***Sassoferrato*** *durch die vom Torrente Sentino gebildete Schlucht Gole di Frassasi bis* ***Spineto****. Hier auf die SP15 südwärts nach* ***Fabriano****.*

Fabriano mit seinen fast 32.000 Einwohnern ist die Stadt der Papierherstellung. Noch heute gibt es Traditionsbetriebe, die wie in alten Tagen handgeschöpftes Papier oder Büttenpapier herstellen. Büttenpapier wird aus Hadern oder Zellstoff hergestellt und wird heute nur noch für hochwertige Handschriften, Dokumente oder exklusive Druckwerke verwendet.

Und in Fabriano soll es gewesen sein, wo die Technik, Wasserzeichen in Papier für Geldscheine, Wertpapiere u. ä. zu prägen, entwickelt wurde. Natürlich hat sich die Papierindustrie wirtschaftlich positiv auf die Stadtentwicklung ausgewirkt. Eine Schönheit sind die Vorstädte von Fabriano deshalb aber nicht geworden. Das sollte den Besucher aber nicht von einem Bummel durch die Altstadt abhalten.

Natürlich gibt es ein Papiermuseum, das **Museo della Carta e della Filigrana [N43° 19′ 59.23″ E12° 54′ 9.65″]**, Largo Fratelli Spacca 2 *(geöffnet Di – So 9 – 13 Uhr, 14.30 – 18.30 Uhr)*. Eingerichtet ist es im ehemaligen Kloster San Domenica. Dokumentiert werden alte Techniken der Papierherstellung und der Anbringung von Wasserzeichen. Das Museum liegt am Südrand der Altstadt neben dem Stadtpark Parco Pubblico (auch Giardini Regina Margherita).

Einen großen **Parkplatz [WP 164 / N43° 20′ 10.98″ E12° 54′ 25.81″]** findet man östlich dieses Stadtparks an der Via dei Cappuccini Ecke Via Moccia.

Etwas weiter nördlich vom Papiermuseum ist um die **Piazza del Comune** mit dem alten Stadtbrunnen Fontana Sturinalto der alte Teil von Fabriano noch schön erhalten geblieben. Der Platz ist umgeben von repräsentativen Stadtbauten. An der Westseite sieht man den Palazzo del Podestà.

Weiter im Südwesten liegt in der Via del Poio 18 die im ehemaligen Hospiz Santa María del Buon Gesù eingerichtete städtische Gemäldegalerie **Pinacoteca Civica „Bruno Molajoli" [N43° 20′ 8.01″ E12° 54′ 12.18″]** *(geöffnet Di – So 9 – 19 Uhr, Änderung möglich!)*. Zu sehen sind Fresken aus dem 13. Jh., Gemälde aus dem 14. und 15. Jh., die der Schule

PRAKTISCHE HINWEISE – FABRIANO

Centro Informazione Accoglienza Turistica – I.A.T. Fabriano, Piazza del Comune 4, 60044 Fabriano, Tel. +39 0732 62 50 67; www.turismo.marche.it.

WOHNMOBIL-STELLPLATZ

Wohnmobil-Stellplatz Area Sosta Camper Fabriano [WP 163 / N43° 20′ 48.67″ E12° 54′ 59.28″], Via Bruno Buozzi. **Zufahrt/Lage:** Ca. 2 km nordöstlich des Stadtzentrums an den Sportanlagen, hinter dem Stadio Comunale. **Geöffnet:** Ganzjährig. **Gebühr:** Stellplatz gebührenfrei. **Ausstattung:** Erdige Wiesenfläche mit Platz für 16 Wohnmobilen. Frischwasser (Gebühr), Strom, Picknicktische. Grauwasser- und Chemikaltoilettenausguss 100 m entfernt auf betoniertem Parkplatz. Nordöstlich in der Nähe Einkaufszentrum Centro Commerciale il Gentile.

von Gentile da Fabriano zugeschrieben werden, sowie flämische Wandteppiche. Und unweit östlich der Pinakothek erhebt sich die Cattedrale di San Venanzio.

Jedes Jahr am 24. Juni wird in Fabriano zu Ehren und in Erinnerung an Johannes den Täufer, dem Schutzpatron der Stadt, die **„Sfida del Maglio"** gefeiert. Man sieht Umzüge in historischen Kostümen und in den Gassen aus Blüten wunderschön gestaltete Blumenteppiche. Mittelpunkt des Festes ist das „kunstvolle Schmieden von Eisen".

ROUTE: Von Fabriano über die Schnellstraße SS76/SS318 westwärts Richtung Roma. Auf dem Colle di Fossato passiert man die „Grenze" zwischen den Regionen Marken und Umbrien. Rund 10 km weiter südwestlich Abzweig auf die SS219 nach ***Gubbio*** *(Tour 3, Perugia – Gubbio) in der Region Umbrien. In Gubbio besteht die Möglichkeit, in die beschriebene Rundreise durch Umbrien einzusteigen.*

Alternativ zweigt man nicht nach Gubbio ab, sondern bleibt auf der Schnellstraße und fährt bis ***Perugia****, Umbriens Hauptstadt, und steigt dort ggf. in die beschriebene Rundreise durch Umbrien ein (Tour 2, Perugia).*

Eine **Detaillierte Beschreibung von Gubbio (Umbrien)** finden Sie in diesem Reiseführer unter **„Umbrienrundfahrt, Tour 3, Perugia – Gubbio"**.

PRAKTISCHE INFORMATIONEN – GUBBIO

Parkplatz: Piazza 40 Martiri [N43° 21′ 6.08″ E12° 34′ 39.48″]

CAMPING

Camping Città di Gubbio [WP 019 / N43° 19′ 17.64″ E12° 34′ 6.48″], Loc. Ortoguidone. Platz der Gemeinde Gubbio. Ebenes, eingezäuntes Wiesengelände mit Birkenreihen, die die Stellplätze markieren, von Sportanlagen und Wiesen umgeben. Einfache, unzeitgemäße Sanitärausstattung.

WOHNMOBIL-STELLPLATZ

Wohnmobil-Stellplatz Parcheggio Area Camper Gubbio [WP 020 / N43° 21′ 3.14″ E12° 33′ 54.86″], Via del Bottagnone. **Zufahrt/Lage:** Von Gubbio südwestwärts Richtung SP219. Bei den Sportanlagen im Süden der Stadt, vorbei am Sporting Hotel. Zum Amphitheater ca. 500 m, zur Altstadt ca. 800 m Fußweg. **Ausstattung:** Ebener, fast schattenloser Schotterplatz, von hohen Pappeln umgeben, Stromanschlüsse mit Münzautomat, Frischwasser, Bodenauslass für Abwässer, Entsorgungsstelle, Mülltonnen.

Über den Dächern von Gubbio, rechts der Palazzo dei Consoli

PRAKTISCHE UND NÜTZLICHE INFORMATIONEN VON A BIS Z

ANSCHRIFTEN

Fremdenverkehrsämter

Italienische Zentrale für Tourismus (E.N.I.T.), Direktion für Deutschland, Österreich und Schweiz:

60325 Frankfurt/Main, Barckhausstr. 10, Tel. 069-23 74 34, Fax 069-23 28 94, e-mail: frankfurt@enit.it, www.enit-italia.de, *geöffnet Mo - Fr 9.15 - 17 Uhr, Sa + So geschlossen*.

Verkehrsamtszentralen

Marken - I.A.T. Region Marken, Via Gentile da Fabriano 9, 6025 Ancona, +39-071 806 22 84; www.turismo.marche.it.

Umbrien - I.A.T. Region Umbrien, Piazza Matteotti 18, Loggia dei Lanari, 06100 Perugia, Tel. +39-075 573 64 58; http://turismo.comune.perugia.it/.

Automobilclubs

Automobile Club d'Italia (ACI), Viale G. Amendola, 36, 50121 Firenze, Tel. +39 05 52 48 61; www.aci.it

ACI und TCI (Touring Club Italiano; www.touringclub.it) haben Niederlassungen in allen großen Städten des Landes.

Internetadressen

www.auswaertiges-amt.de – Eine Quelle vielfältiger Informationen des Auswärtigen Amtes der Bundesrepublik, u. a. über Länderinformationen, deutsche Vertretungen im Ausland, Sicherheitshinweise zu Auslandsreisen und vieles mehr.

www.autobrennero.it/de/ – Deutsch, alles über die Brennerautobahn, wie Mautgebühren, Verkehrsinfos etc.

www.enit.it – Mehrsprachige Seite de Italienischen Zentrale für Fremdenverkehr.

www.italien.info – Deutsch, alles über Italien als Reise- und Urlaubsland, von Buchempfehlungen über Hotel- und Restaurantlistungen, Spezialitäten und Rezepte bis zu Reisezielen, Wetter etc.

Umbrien

www.umbria.com/de/ – Umbriens offizielle Webseite mit allen erdenklichen Informationen über Umbrien als Reiseland.

www.umbriatourism.it/de/ – Das offizielle Portal der Region Umbrien.

www.parks.it/de/ – Vielfältige Infos zu den Nationalparks, Regionalparks und Naturreservaten in Italien.

www.bellaumbria.net/de/ – Infos zu Umbrien, Unterkünften, Restaurants, touristische Routen, Kunst und Kultur, Veranstaltungen, Essen und Wein u.v.m.

Marken

www.turismo.marche.it – Die touristische Portal der Region Marken mit vielfältigen Reiseinformationen, auch in deutscher Sprache.

www.lemarche.com/de/ – Webseite mit Hinweisen zu Unterkünften, Campingplätzen, Urlaubstipps, Weinkellereien, Agrotourismo in den Marken u.v.m.

www.museionline.info – Das italienische Portal von Museen und Monumenten mit Infos über die Museen des Landes, über Öffnungszeiten, Eintrittspreise, Anschriften u.v.m. Auch in deutscher Sprache.

Konsularische Vertretungen

Botschaft der Republik Italien, Hiroshimastraße 1, 10785 Berlin, Tel. 030-25 44 00; www.ambberlino.esteri.it.

Italienische Generalkonsulate in Dresden, Frankfurt/Main, Hamburg, Hannover, Köln, München und Stuttgart.

Botschaft der Bundesrepublik Deutschland, Ambasciata della Repubblica Federale di Germania, Via San Martino della Battaglia, 4, I-00185 Roma, Tel. +39 06 49 213-1; www.rom.diplo.de.

CAMPING

Camping ist in Italien beliebt und sehr verbreitet. Entsprechend groß ist das Angebot an Campingeinrichtungen.

In Italien gibt es nicht weniger als weit über 2.000 Campingplätze.

Besonders viele Campinganlagen findet man an der Adriaküste. Aber auch im Inland der Provinz Umbrien ist das Netz der Plätze relativ dicht. Lediglich im Hinterland der Provinz Marken findet man überraschend wenig Campinganlagen.

Nach den verheerenden Erdbeben im August 2016, die Orte wie z. B. Arquata del Tronto, Castlluccio, Norcia u. a. stark zerstörten, wurden viele Einwohner obdachlos. Beherbergungsbetriebe, Mietbungalowanlagen und andere Einrichtungen auf Campingplätzen, vor allem an der Küste der Provinz Marken, wurden zu Notunterkünften für Erdbebenopfer gemacht. Wann sich diese Situation wieder entspannen wird, war nicht in Erfahrung zu bringen.

Campingplätze entlang der Adriaküste in der Provinz Marken sind in den wenigsten Fällen wirklich einladende Plätze – oft laut durch die stark frequentierte Bahnlinie, die nicht selten unmittelbar an den Plätzen vorbeiführt, und/oder sie sind vom Straßenlärm der SS16 „Adriatica“ beeinträchtigt. Dazu kommt, dass viele der Campinganlagen stark mit Dauercampern belegt sind. Platz für durchreisende Touristen ist oft rar. Ein anderer Negativpunkt sind die Platzzufahrten, die sich wegen eingeschränkter Durchfahrtshöhen von Bahnunterführungen mitunter schwierig gestalten. Schließlich sind die Einrichtungen der Sanitäranlagen mancher Plätze nicht mehr zeitgemäß, machen einen überstrapazierten Eindruck und bieten nur die nötigsten Funktionen.

Der Ausstattungsstandard der Plätze, die Qualität und der Umfang ihrer Einrichtungen ist recht unterschiedlich.

Natürlich findet man auf allen Plätzen WC's, Warmduschen, Geschirr- und Wäschewaschbecken.

Sucht man aber nach etwas komfortableren Ausstattungen wie Warmwasser in allen Waschbecken, Einzelwaschkabinen, geräumige Duschkabinen, Waschmaschinen mit Trockner, Einrichtungen für Mutter und Kind, Haartrockner, ausreichend Stromanschlüsse für Caravans, Spiel- und Freizeiteinrichtungen oder Wasserzapfstellen auf dem Platzgelände, können nicht mehr alle Anlagen mithalten.

Dafür findet man auf fast allen Campingplätzen eine Einkaufsmöglichkeit für Lebensmittel und eine Bar bzw. Cafeteria oder gar ein Restaurant. In der Nebensaison können solche Einrichtungen aber noch bzw. schon geschlossen sein.

Viele Campingplätze bieten sog. Bungalows an, deren Ausstattung, Komfort und Größe aber so sehr variieren, dass darüber keine allgemeingültige Aussage gemacht werden kann. Auf vielen Plätzen werden Bungalows – vor allem in der Hochsaison – nur wochenweise vermietet. Eine Vorreservierung ist stets ratsam!

Als groben Anhaltspunkt kann man Übernachtungspreise auf Campingplätzen (Stellplatz, Wohnmobil/Caravan und zwei Personen) in der Nebensaison um die 20,- Euro ansehen. In der Hochsaison können die Preise, z. B. auf strandnahen Plätzen, aber leicht das Doppelte und mehr erreichen. Oft kommen dazu noch die Gebühren für Stromanschluss und/oder Warmduschen. Im Landesinneren werden aber auch niedrigere Preise verlangt.

Campingplätze in Mittelitalien sind gewöhnlich von April bis Ende September, teils bis Mitte/Ende Oktober geöffnet. Einzelne Anlagen sind auch ganzjährig geöffnet.

Wildes Campen ist generell nicht gestattet. Toleriert wird aber meist eine einmalige Übernachtung auf Rast- oder Parkplätzen, wenn nichts Gegenteiliges ausgeschildert ist (s. u. „Wohnmobil-Stellplätze“).

Und auch in Italien findet man das für Tourer nicht immer erfreuliche Phänomen, dass manche Campingplätze von Dauercampersiedlungen bzw. Mobilhomes so stark belegt sind, dass sie das Bild des Campingplatzes prägen. Stellplätze für durchreisende Touristen sind auf solchen Campinganlagen, die sich gerne als Camping Village bezeichnen, dann oft rar.

Als **Stromanschlüsse** für Caravans und Wohnmobile auf dem Platzgelände sind die ECC-Kontakte üblich. Stromspannung 220 V.

Anders sieht es aber oft in den Sanitärräumen aus. Dort führen die Steckdosen zwar auch eine Spannung von 220 V. Für Ihren Föhn, elektrischen Rasierer o. ä. sollten sie aber unbedingt einen **Zwischenstecker** dabei haben. Die bei uns üblichen Stecker passen gewöhnlich nicht in die in Italien üblichen Steckdosen!

Mein Tipp! Den absoluten Höhepunkt erreicht die Reise- und Urlaubszeit in Italien in den drei Wochen von der letzten Juliwoche bis Mitte August. In dieser turbulenten Zeit sind die Campinganlagen, vor allem am Meer oder an den inländischen Seen, fast regelmäßig überfüllt. Es empfiehlt sich sehr, diese Zeit im Interesse des Reiseerlebnisses zu meiden!

Hinweis über Angaben zu Campingplätzen

Bei den in diesem Reiseführer angegebenen Campingplätzen folgen dem **Platznamen** die **GPS-Koordinaten** in Eckiger Klammer, dann **Anschrift** bzw. Lokalität, **Telefonnummer** mit Vorwahl, **Öffnungszeit** und Lokalisierung oder **Zufahrt**.

Die **Größe** des Platzes wird in Hektar (ha), die Aufnahmekapazität in **Stellplätzen** (Stpl.) angegeben.

Es wird versucht, die **Platzeinrichtungen**, so wie sie beim Besuch vorgefunden wurden, in etwa zu charakterisieren, wobei Zustand und Pflege der Gebäude, Installationen und des Geländes auch von Bedeutung waren. Die Übergänge zwischen den drei als grobe Anhaltspunkte geschaffenen Kategorien Mindest-, Standard-und Komfort-Sanitärausstattung sind fließend.

Mindest-Sanitärausstattung: Einfacher Platz mit bescheidenen, veralteten oder vernachlässigten Einrichtungen, die außer WC's, Kaltwasserwaschbecken und eventuell einige Kaltduschen keine oder völlig unzeitgemäße Einrichtungen für Hygiene und Körperpflege aufweisen.

Standard-Sanitärausstattung: Der Durchschnittscampingplatz mit WC's, Kaltwasserwaschbecken und Duschkabinen in den Waschräumen (nicht im Freien), evtl. einige davon mit Warmwasser. Ordentlicher Gesamteindruck. Einige Stromanschlüsse für Caravans. Auf einigen Campingplätzen findet man noch einsehbare Waschgelegenheiten und Unisex-Sanitäranlagen.

Komfort-Sanitärausstattung: Außer ausreichend WC's, Waschbecken mit Warmwasser und Warmduschen in zeitgemäßen, gepflegten Sanitäranlagen werden auch Geschirr- und/oder Wäschewaschbecken mit Warmwasser oder Waschmaschine erwartet, ebenso Stromanschlüsse für Caravans in ausreichender Zahl. Das Terrain soll durch Wege erschlossen sein und im Gelände verteilte Müllbehälter und Wasserzapfstellen, ein Restaurant und/oder Einkaufsmöglichkeit, sowie einen Kinderspielplatz aufweisen. Und es sollten ausreichend Stellplätze für durchreisende Touristen angeboten werden.

Umfangreiche Komfortausstattung: Zusätzlich zu den vorgenannten Merkmalen wird erwartet, dass die Anlage und Pflege des Platzes, seine Führung und die Ausstattung, Bauweise und Pflege der Sanitäranlagen gehobenen Ansprüchen genügen. Möglichst komplette Warmwasserausstattung, zahlenmäßig reichhaltige, moderne Installationen, Sport- und Freizeitmöglichkeiten (z. B. Tennis, Schwimmbad, Sauna o. ä.) sollte eine so eingestufte Campinganlage aufweisen.

Wohnmobil-Stellplätze

Italien erlaubt Caravanern und Wohnmobilisten das einmalige Übernachten außerhalb von offiziellen Campingplätzen. Sie können also für eine Nacht an Strassen, auf Park- und Rastplätzen Halt machen, sofern dies auf dem jeweiligen Platz nicht durch entsprechende Beschilderung untersagt ist, oder ein städtisches oder überregionales Verbot diesbezüglich besteht.

Eine erfreulich große Zahl von Städten und Gemeinden in der Toskana haben **Übernachtungsparkplätze** für Wohnmobile ausgewiesen.

Viele dieser **Stellplätze** können sogar unentgeltlich benutzt werden. Allerdings sind solche Übernachtungsstellplätze nicht immer mit Entsorgungsmöglichkeiten für Abwasser (gewöhnlich V & E-Säule, gelegentlich auch nur Luke oder eine Öffnung im Boden) und mit Zapfstellen für Trinkwasser ausgestattet. Sanitäranlagen gibt es auf Stellplätzen selten.

Sind Wasserhähne für Trinkwasser vorhanden, besteht in vielen Fällen das Problem, dass die Hähne keinen Anschluss (Gewinde, Bajonettanschluss) zum Andocken eines Schlauches haben. Geschweige denn ist ein Schlauch vorhanden. Hier sollte man also auf alle Fälle mit Schlauch und entsprechenden Adaptern gut vorbereitet sein! Ansonsten hilft nur noch die gute alte Gießkanne, so man hat.

Meist sind Stellplätze mit dem Verkehrsschild „Wohnmobil" oder „Wohnmobil-Abwasserentsorgung" beschildert. Und halten Sie Ausschau nach Bezeichnungen wie **„Area attrezzata"**, oder **„Camper Service"** oder **„Area di sosta"** o. ä.

Eine in vielen Fällen einladende Alternative zu den kommunalen Stellplätzen bietet sich Wohnmobilisten auf Bauernhöfen, auf denen Wohnmobile willkommen sind. Ausgeschildert sind solche Bauernhöfe gewöhnlich mit **„Agriturismo con campeggio"**. Allerdings sind solche Angebote noch relativ selten! Hier ist das Übernachten allerdings nicht kostenlos. Dafür parkt man oft in schöner Umgebung, kann Frischwasser aufnehmen, bekommt in vielen Fällen auch einen Stromanschluss und kann mitunter den Reiseproviant auch noch mit den Produkten des Hofes ergänzen. Viele Höfe, die Wohnmobilstellplätze anbieten, erwarten oder setzten voraus, dass man Produkte des Hauses erwirbt. Auf vielen der Höfe produziert man vorzügliche Weine, feinstes Olivenöl und traumhafte Würste, Schinken, Käse und ähnliche Köstlichkeiten.

EINREISEBESTIMMUNGEN

Persönliche Dokumente

Für die Einreise nach Italien genügt für Bundesbürger und alle Staatsangehörigen der EU (auch für Staatsbürger der Schweiz) ein **gültiger Personalausweis**. Der Führerschein wird nicht als Ersatz für den Personalausweis akzeptiert.

Kinder unter 16 Jahren benötigen einen Kinderausweis, Kinderreisepass oder Personalausweis

Kinder, die nicht mit ihren Eltern reisen, sondern in Begleitung von „nicht erziehungsberechtigten Personen" reisen, sollten eine Einverständniserklärung ihrer Eltern mitführen. Bei Kontrollen kann dies unliebsame Missverständnisse ausräumen.

Es empfiehlt sich, nicht nur bei Reisen nach Italien, von seinen Personal- und Kfz-Dokumenten Fotokopien anzufertigen und sie an einem anderen Ort als dem der Originalpapiere aufzubewahren. Nach evtl. Verlust der Originale können die Kopien die Prozedur der Wiederbeschaffung erleichtern.

Mit Italien besteht ein Sozialversicherungsabkommen. Mit der Europäischen Krankenversicherungskarte (EHIC), die Ihre Krankenversicherung ausgibt, sollten medizinisch notwendige Leistungen nach den für Italien geltenden Vorgaben in Anspruch genommen werden können.

Einreise mit dem Auto

Gültiger **EU-Führerschein** und **Zulassungsbescheinigung Teil I** (ehem. KFZ-Schein) müssen mitgeführt werden. Gültige Dokumente müssen Sie auch für mitgeführte Anhänger oder Motorräder etc. dabei haben.

Empfehlenswert ist auch die Mitnahme der **Internationalen Grünen Versicherungskarte**.

Bei Fahrzeugen mit Euro-Kennzeichen ist das Anbringen des Nationalitätskennzeichens „D", „A" etc. nicht mehr zwingend vorgeschrieben.

Übrigens: Falls Sie mit einem zu Hause gemieteten Wohnmobil, also mit einem Kfz, das nicht Ihnen gehört bzw.

nicht auf Sie zugelassen ist, ins Ausland reisen, sollten Sie eine Bescheinigung des Eigentümers (Vermieters) mitführen. Schauen Sie in Ihren Mietpapieren danach!

Haustiere

Für die Einfuhr von Haustieren (Hunde, Katzen etc.) nach Italien ist der blaue **EU-Haustierausweis** (Pet Passport) erforderlich. Das Tier muss den Daten im Ausweise eindeutig zugeordnet und identifiziert werden können. Dazu ist es nötig, dass dem Tier ein Mikrochip implantiert ist. Für einen begrenzten Übergangszeitraum genügt eine Tätowierung.

Die letzte **Tollwutimpfung** muss mindestens 30 Tage vor der Einreise nach Italien erfolgen und darf nicht älter als 12 Monate sein.

Maulkorb- und Leinenzwang für „größere" Hunde. Maulkorb und Leine, die nicht länger als 1,5 m sein darf, sind mitzuführen.

Wenn Sie es irgendwie einrichten können, lassen Sie Ihren geliebten Vierbeiner lieber zu Hause. Hunde sind zumindest in der Hochsaison an Stränden fast überall verboten. Auch in manchen Hotels und in vielen Restaurants sind Hunde nicht gerne gesehen. Bei einer Hotelbuchung oder Reservierung auf einem Campingplatz sollten Sie sich unbedingt schriftliche bestätigen lassen, dass Sie Ihren Hund mitbringen dürfen.

Zollbestimmungen (Auszug)

Alle persönlichen Gegenstände, die auf einer Privatreise benötigt werden und alle Waren, die zum eigenen Verbrauch bestimmt sind, können für die Zeit des vorübergehenden Aufenthalts bei Reisen innerhalb der EU zollfrei ein- und wieder ausgeführt werden.

Reisende über 17 Jahre können u. a. folgende Waren, die für den eigenen Gebrauch bestimmt sein müssen, abgabenfrei mitführen: 800 Zigaretten, 400 Zigarillos, 200 Zigarren, 1 kg Tabak, 10 Liter Spirituosen, 10 Liter Alkopops, 20 Liter Wein, 20 Liter Sherry, Portwein oder Marsala und 110 Liter Bier.

Besondere Einfuhrbestimmungen gelten für Funkgeräte, Waffen und Medikamente. Ein Einfuhrverbot besteht z. B. auch für Schreckschusspistolen oder Gassprays!

Wenn Sie aus gesundheitlichen Gründen ständig auf Medikamente angewiesen sind, diese Medikamente aber Stoffe enthalten, die unter das Betäubungsmittelgesetz fallen und Sie diese Medikamente in einem größeren Quantum mit sich führen werden, weil Sie darauf während Ihrer Reise nicht verzichten können, sollten Sie sich rechtzeitig bei Ihrem Arzt oder bei der Italienischen Botschaft in Berlin erkundigen, ob Sie hier eine besondere Bescheinigung mitführen müssen.

Vor Abreise bitte nach den neuesten, ausführlichen Bestimmungen erkundigen.

ESSEN UND TRINKEN

Pizza, Pasta und Polenta

Nur von der „Italienischen Küche" zu sprechen, würde der farbigen Vielfalt ihres Angebots nicht im geringsten gerecht.

Sicher findet man eine große Linie, die sich in Form von Minestrone, Pizza, Spaghetti, Risotto, Polenta oder Ravioli von Mailand bis Palermo durchzieht. Aber erst wenn man den regionalen Unterschieden der Gerichte nachspürt, eröffnet der italienische Speisezettel seinen schier unerschöpflichen Reichtum an köstlichen Gerichten.

Jede Großregion des Landes hat natürlich auch Ihre Spezialitäten. Am bekanntesten dürfte die Pizza sein, eine Spezialität der „Neapolitanischen Küche". Aber auch die „Piemonteser Küche" oder die „Milaneser Küche" kennen ihre besonderen Gerichte.

Die ganze Bandbreite reicht vom teutonischen Sauerkraut, das man durchaus auf Speisekarten in Südtirol finden kann, bis zum nordafrikanischen Kus Kus, das man auf weit südlich gelegenen kleinen Inseln kennt. In nördlichen Provinzen kocht man z. B. gerne mit Butter, in den Abruzzen auch mal mit Schmalz und in der Toskana, in Umbrien, in den

Marken und im Süden zieht man das Olivenöl vor.

Ein gepflegtes italienisches Menü

Ein gepflegtes italienisches Menü beginnt gewöhnlich mit **Vorspeise *(Antipasto)*** und kleinen Appetitportionen mit pikanten Sardellen *(alici piccanti)*, mit Wurst *(salsiccia)*, Salami oder Schinken *(prosciutto)*, mit Oliven, Melone, Pilzen *(funghi)*, Gürkchen, Feigen *(fichi)* oder Mozzarella, oder Weinbergschnecken *(lumache)*, Artischockenböden *(carciofi)* etc. Versuchen Sie z. B. einmal *tonno con fagioli*, das ist Thunfisch mit weißen Bohnen oder *lingua salmistrata* (pikante Pökelzunge). Die Liste ließe sich weiter fortsetzen.

Manche Lokale servieren anstelle der klassischen antipasti auch ***bruschetta*** oder ***fettunta***, eine kräftige Scheibe getoastetes Brot, mit Knoblauch und Olivenöl bestrichen und mit Salz bestreut. Nehmen Sie dazu ein Gläschen Wein, eine köstliche Einstimmung auf weitere kulinarische Entdeckungen. In Montecatini Alto wird im Mai eigens ein Fettunta-Fest gefeiert.

Etwas dünner geschnitten sind die Scheiben getosteten Weißbrotes, die man in Restaurants als ***crostini*** kredenzt. Crostini sind mit einer Paste aus Milz und Leber und/oder mit frisch gemachter Tomatensauce bestrichen und obenauf liegt etwas Basilikum, das die Köstlichkeit wunderbar abrundet.

Die eigentliche Speisenfolge beginnt dann mit dem **Vorspeisengang *(Primo)***, meist einer Suppe (*minestra* oder *zuppa)*. Das kann eine klassische *Minestrone*, ein legiertes, etwas dickes Gemüsesüppchen sein, oder eine klare Brühe *(brodo)* vom Rind oder Huhn *(brodo di pollo)* mit Reis, Ei oder feinen Teigeinlagen (*pastina*).

Neben der Minestrone sind u. a. die *zuppa alla pavese*, eine Rinderbrühe mit Ei und Brot, Bohnensuppen mit Teigeinlagen oder eine Fischsuppe *(zuppa di pesce, alla marinara)* recht typisch.

An Stelle der Suppe kann man auch eine *asciutta*, eine „trockene" Vorspeise in Form eines Reisgerichtes oder einer Portion Pizza, wählen. Pizza in ihren fantasiereichen Varianten, ist bei uns zur Hauptmahlzeit geworden. In ihrem Heimatland gehört sie aber zu den Paste, zu den als Vorspeise gereichten Teigwaren. Und oft nimmt man auch schnell ein Stückchen Pizza zu sich, um die Zeit zwischen den Mahlzeiten zu überbrücken.

Wenn auch die bisher erwähnten Hors d'oeuvres mitunter weggelassen werden (auch in Italien besteht im Alltag das Abendessen nicht immer aus einem mehrgängigen Menü), der nächste Gang, ***Pasta*** (Nudeln, Teigwaren), fehlt bei keinem italienischen Menü.

Die wunderbare Vielfalt italienischer Teigwaren, die in den vergangenen Jahren weltweit die Restaurants erobert haben, ist enorm und so variantenreich, dass man dem Trugschluss aufsitzen könnte, die berühmte *Cucina Italiana* bestünde nur aus Nudelgerichten.

Da gibt es *Spaghetti* und *Linguine*, die klassischen, dünnen, langen Nudeln, dann *Rigatoni* und *Penne*, die kurzen, etwas dickeren, röhrenartigen Nudeln, weiter *Fettuccine* und *Tagliatelle*, mit Eiern zubereitete Bandnudeln. Auch die *Lasagne* zählt zu den Nudelgerichten.

Nicht genug damit. Auch grüne Pasta findet man, z. B. *Tagliatelle verdi* oder *Lasagne verdi*, Bandnudeln, die mit feingehacktem Spinat zubereitet werden.

Eine weitere Sparte der Pasta sind die mit einer Fleisch- oder Käsemasse gefüllten Teigwaren. *Ravioli* gehören ebenso dazu wie *Cannelloni, Cappelletti, Agnolotti* oder *Tortellini*. Auch die *gnocchi*, das sind kleine Klösschen, gehören zu den Teigwaren.

Eine andere Erfahrung sind die diversen **Saucen,** mit denen Penne, Tagliatelle etc. serviert werden. Auch hier findet man wieder die regionalen Unterschiede in Form von Zutaten und Würzung.

Nudelgerichte *(pasta asciutta)* werden z. B. serviert *al pomodoro* (mit Tomatensauce, oft fein gewürzt mit Kräutern, Knoblauch u.s.w.), *al sugo* (mit Tomaten-Fleisch-Sauce), *con parmigiano* (mit Parmesankäse), *in bianco* (nur mit Butter und Parmesankäse) etc. etc.

Im Norden des Landes wird anstelle von Pasta oft auch *Polenta* angeboten. Polenta ist eine aus Maismehl zubereitete breiartige Teigware. In kaltem Zustand wird Polenta oft in Scheiben geschnitten, die dann mit Saucen und Zutaten zubereitet werden.

Oder man nimmt anstelle der Nudeln ein ***Risotto***, ein Reisgericht, wie z. B. *Risotto alla finanziera* (Reis mit Hühnerleber), *Risotto ai funghi* (Reis mit Pilzen), *Risotto alla milanese* (Reis mit Safran), *Risi e bisi* (Reis mit Erbsen) u.v.a.

Hauptgerichte *(Secondo)* bestehen meist aus Fleisch *(carne)* oder Fisch *(pesce)*. Tages- oder Tellergerichte werden als *Piatti del giorno* angeboten.

Gut zubereitet findet man neben Rind *(manzo)*, Kalb *(vitello)* und Schwein *(maiale)*, auch Geflügel *(volatili)*, Huhn *(pollo)*, Lamm *(agnello)*, Hammel *(montone)*, Kaninchen *(coniglio)*, Wildschwein *(cinghiale)*, Ziege *(capra)* oder Hase *(lepre)*.

Fleisch wird z. B. *alla griglia* (auf dem Rost gegrillt), *arrosto* (gebraten), *brasato* (eingelegt, mariniert), *spezzatino* (als Gulasch, Ragout), *alla cacciatora* (nach Jägerart), *a vapore* (gedünstet), *stufato* (geschmort), *lardellato* (gespickt), *ripieno* (gefüllt) oder als *involtini* (Rouladen) angeboten.

Das *Bistecca*, das auf vielen Speisekarten auftaucht, hat in den allerseltensten Fällen etwas mit einem saftigen Beefsteak zu tun. Vielmehr verbirgt sich dahinter ein einfaches Schnitzel *(bistecca alla milanese)*.

Ein wahrer Gaumenschmaus ist z. B. ein fein über dem offenen Holzfeuer gebratenes Lendensteak am Knochen nach Florentiner Art, ein *„bistecca alla fiorentina."* Ein T-Bone-Steak nach Florentiner Art sollte, nach originaler Art und Weise hergestellt, immer vom feinen Fleisch der weißen Chianti-Rinder stammen. Die Steaks müssen traditionsgemäß über Holzkohlefeuer gegart werden. Und jedes einzelne Stück muss mindestens 600 g auf die Waage bringen! Wenn Sie da nicht einen Bärenhunger mitbringen, werden leicht zwei davon satt.

Häufig stehen auf Speisekarten auch *saltimbocca* (Kalbfleischröllchen mit feinem Schinken und Salbei) oder *bocconcini* (Kalbfleischröllchen mit Käse), *scaloppine al marsala* (Kalbsschnitzel in Weißwein zubereitet).

In verschiedenen Zubereitungsarten findet man das Kotelett *(costoletta)*, kleine Schnitzel *(scaloppine)*, Kalbshaxenscheiben *(ossobuco)*, aber auch Leber *(fégato)* oder Nieren *(rognoni)*.

Fischgerichte gehören nicht eben zu den preiswerten Mahlzeiten, werden aber in schmackhaften Variationen angeboten.

Womit man allerdings zögern sollte, ist der Genuss von Schalentiere aus dem Mittelmeer, wie Muscheln *(cozze, vongole)* etc. Oft sind die Zuchtgebiete von Muscheln durch Umwelteinflüsse verunreinigt.

Wer's mag kann *calamari* (Tintenfisch) bestellen. Zu den am häufigsten angebotenen Fischen zählen außerdem Thunfisch *(tonno)*, Kabeljau *(merluzzo)*, Stockfisch *(baccala)*, Seezunge *(sógliola finta)*, Scholle *(passera)*, Aal *(anguilla)* oder Forelle *(trota)*.

Zum **Nachtisch *(Dolce)*** nimmt man Obst *(frutta)*, z. B. Weintrauben *(uva)* oder Erdbeeren *(frágola)*, eine Süßspeise *(dolce)*, z. B. *zabaione* (eine Eierschaumcreme mit Marsala), ein Eisdessert *(gelato)*, z. B. *cassata* (Eis mit kandierten Früchten) oder Käse *(formaggio)*.

Zu den bekanntesten **Käsesorten** zählen der weiche *Bel Paese*, der *Gorgonzola*, ein Blauschimmelkäse, der würzige *Provolone*, der *Groviera* (wie Schweizer Käse) oder der *Fontina* und natürlich der in vielen Varianten und Reifegraden angebotene *Pecorino*, ein Schafskäse, der traditionell aus der Maremma und aus der Gegend um Pienza kommt.

Mozarella ist übrigens ein Frischkäse mit so gut wie keinem Eigengeschmack, der nicht nach dem Essen, sondern als antipasto vor dem Essen gereicht wird. Ein anderer aus Kuhmilch zubereiteter Frischkäse ist der nicht minder beliebte *Ricotta*.

Ein starker schwarzer Espresso beendet fast immer das Menü. Der *Cappuccino* (Kaffee mit aufgeschäumter Milch) gilt in Italien als Frühstückskaffee und ist weniger ein Kaffee nach dem Essen.

Traditionell spielt das Frühstück *(prima colazione)* in Italien übrigens eine untergeordnete Rolle bei den Mahlzeiten des Tages.

Essenszeit ist in Italien allgemein etwas später als bei uns. Zu Mittag isst man gewöhnlich zwischen 13 und 14.30 Uhr und das Abendessen wird selten vor 20 Uhr serviert.

Selbst im einfachsten Restaurant findet man auf der Rechnung den Posten *„pane e coperta"*, der für Brot und Gedeck berechnet wird. Das Bedienungsgeld *„servizio"* ist gewöhnlich im Rechnungsbetrag enthalten.

Ohne besondere Empfehlung wird die abendliche Suche nach einem Speiserestaurant in einem fremden Ort immer ein kleines Abenteuer bleiben. Wirklich richtig reinfallen, wird man in den seltensten Fällen und wenn, dann eher in den Touristenhochburgen als auf dem „flachen Lande".

Ein guter Kompromiss zwischen Preis und Leistung können in Touristenhochburgen durchaus sog. „Touristenmenüs" (menu turistico) sein. Gewöhnlich werden zu einem deutlich bekanntgegebenen, moderaten Preis, mit dem das Lokal gegenüber Mitbewerbern ja konkurrieren will, Vorspeise, Primo (erster Menügang), Secondo (Hauptgericht) mit Beilagen, ein Nachtisch und manchmal sogar noch ein Glas Wein dazu geboten.

Viele der guten Lokale findet man oft weit abseits der Städte. Und man erfährt von ihnen eigentlich nur, wenn man nachfragt.

Wenn Sie in ihrem Hotel oder an der Campingplatzrezeption nach einem empfehlenswerten Restaurant fragen, wird ihnen oft die Adresse eines „befreundeten" Lokals genannt, das ja nicht schlecht sein muss. Wenn Sie des Italienischen einigermaßen mächtig sind, bekommen Sie mitunter sehr gute Restauranttipps, wenn man beim Einkaufen in einem netten Geschäft beispielsweise den Inhaber so beiläufig befragt, wo er denn mit Seiner Familie gerne Essen geht. Ein Lokal mit vom Touristengeschmack geprägter Speisekarte und sog. „Internationaler Küche" werden Sie dann kaum genannt bekommen.

Und verlassen Sie sich bitte nicht mehr darauf, hinter einer noch so einladenden Tür, über der „Trattoria" steht, eine einfache und preiswerte Kneipe zu finden. Längst ist es chic geworden, tief zu stapeln und unter „Trattoria" ein teures Restaurant zu führen. Die Qualitäts- und vor allem die Preisgrenzen, die es zwischen einer Trattoria und einem Ristorante einmal gab, haben sich längst verwischt.

Wenn Sie übrigens an einem Lokal eine Tafel mit der Aufschrift „cucina casalinga" sehen, stehen die Zeichen günstig, dort auch wirklich gute Hausmannskost vorgesetzt zu bekommen. Schauen Sie gar nicht lange auf die Karte, sondern lassen Sie sich vom Wirt, aber auch Wirtinnen kochen ganz vortrefflich, einfach sagen, was er heute auf der Pfanne hat und lassen Sie sich gleich den passenden Vino da Tavola dazu empfehlen. In den allerseltensten Fällen wird man enttäuscht.

Übrigens! Wenn Sie zusammen mit Bekannten zum Essen ausgehen, wird der Ober zum Schluss immer eine Gesamtrechnung über den Verzehr der ganzen Tischgesellschaft präsentieren, die einer aus der Runde bezahlt.

Separate Rechnungen zu verlangen, würde nicht nur den Ober, sondern auch Ihre italienischen Freunde mehr als befremden! Sie hätten für alle Zeiten das Image des kleinlichen Knauserers weg.

Wenn Sie nicht ausdrücklich eingeladen worden sind, Ihre Bekannten aber dennoch energisch darauf pochen, die Zeche zu übernehmen, wäre es ziemlich unangebracht, nun am Tisch große Diskussionen darüber zu beginnen, dass doch lieber Sie bezahlen möchten, oder sich an der Rechnung beteiligen wollen etc., etc. Viel eleganter ist es, wenn Sie sich dem meist keinen Widerspruch duldenden Ansinnen Ihrer Freunde „beugen" und sich bei allernächster Gelegenheit mit einer Einladung zum Essen revanchieren. Das aber sollten sie keinesfalls „vergessen", wenn Sie nicht völlig Ihr Gesicht verlieren wollen. Denn kaum etwas ist unter Italiener mehr verpönt, als keine „bella figura", keine gute Figur zu machen – nicht nur im Erscheinungsbild übrigens, sondern auch im übertragenen Sinne.

Sollten Sie zum Essen eingeladen worden sein, überlassen Sie es Ihrem Gastgeber den Tisch zu wählen, er wird Sie mit Sicherheit so gut es geht platzieren. Und überlassen Sie Ihren Gastgebern auch die Auswahl des Menüs. In vielen Restaurants stehen die Tagesspezialitäten, für die das Lokal vielleicht weit und breit bekannt ist, eh nicht auf der Karte.

Und noch etwas. Pünktlichkeit ist im italienischen Alltag relativ und Unpünktlichkeit noch lange keine Unhöflichkeit.

Bedienungsgeld ist im Rechnungsbetrag enthalten. Im guten Restaurant und wenn der Service wirklich aufmerksam war, sollten Sie an etwa 10% des Rechnungsbetrages als Trinkgeld denken. In Italien völlig unüblich ist es, wenn Sie den Rechnungsbetrag aufrunden, etwa mit einem bei uns durchaus gängigen „stimmt so". Man lässt seinen Obolus beim Verlassen einfach auf dem Tisch zurück. Aber auf Trinkgelder von ein paar Eurocent sollten Sie lieber ganz verzichten. Es hat dann fast noch mehr „Stil", gar nichts zu geben.

Nach offizieller Lesart ist jeder gehalten, die Rechnungsquittung (ricevuta fiscale) nach einem Restaurantbesuch z. B., nach einer Hotelübernachtung o. a. gut aufzubewahren. Wie man liest, sollen von der Finanzpolizei Kontrollen durchgeführt werden (was wir aber auf unseren Italienreisen noch nie erlebt haben). Fehlt die Quittung, können empfindliche Strafen verhängt werden.

Rauchen in Restaurants, Bars, aber auch in öffentlichen Gebäuden und Verkehrsmitteln ist nicht erlaubt!

Und noch ein **kleiner Tipp:** Schalten Sie Ihr Handy aus, wenn Sie in ein Restaurant zum Essen gehen. Denn selbst die sonst so kommunikationsfreudigen Italiener finden es lästig, wenn im Restaurant am Tisch telefoniert wird, was erstaunt, wenn man den ständigen Gebrauch des Handys sonst im italienischen Alltag beobachtet. In besseren Restaurants kann es durchaus passieren, dass Sie freundlich gebeten werden, Ihr Handy am Eingang abzugeben. Ihr Handy sollten Sie übrigens auch ausschalten, wenn Sie Kirchen oder Museen besuchen!

Kleine Weinkunde

Vom Norden bis in den Süden ist Italien ein wahres Eldorado für Weinliebhaber. Auch wer zu Hause lieber anderen Getränken zuspricht, sollte wenigstens gelegentlich sein Essen mit einem Schlückchen Wein abrunden.

Kennt man sich anfangs noch nicht so genau in dem verwirrenden Labyrinth der Lagen, Regionen und Sorten aus, kann man es im Restaurant zunächst getrost mit einem *„vino locale"* als Tischwein versuchen. Und nur selten wird man damit wirklich ganz enttäuscht werden.

Ob Weißwein *(vino bianco)* oder Rotwein *(vino rosso)*, natürlich hat jede Region ihre besonderen Weine.

Aus Umbrien z. B. kommen vorzügliche Weine aus den Anbaugebieten um Orvieto und Torgiano (Weinbaumuseum). Viele der Rosso Riserva aus den Lagen um Torgiano führen das Herkunfts- und Qualitätssiegel D.O.C.G (Denominazione di Origine Controllata e Garantita).

Eine hübsche Geschichte rankt sich übrigens um den legendären Wein ***Est Est Est*** (siehe unter Montefiascone, Tour 7).

FEIERTAGE

Gesetzliche Feiertage sind:

1. Januar – Neujahr
6. Januar – Hl. Drei Könige (Epifania)
Ostermontag
25. April – Tag der Befreiung (Nationalfeiertag)
1. Mai – Tag der Arbeit
1. Sonntag im Juni – Proklamation der Republik
3. Sonntag im Juli - Erlöserfest
15. August – Mariä Himmelfahrt (Feragosto), traditioneller Beginn des Sommerurlaubs
1. November – Allerheiligen

1. Sonntag im November – Tag der Nationaleinheit

8. Dezember – Mariä Empfängnis

25. + 26. Dezember – 1. u. 2. Weihnachtsfeiertag (Stephanstag am 26. Dezember)

31. Dezember – Sylvester

Darüber hinaus gibt es im ganzen Land lokale Feiertage, an denen Feste zu Ehren von Schutzpatronen und Heiligen gefeiert werden.

FESTE UND FOLKLORE

Karneval

Prunkvolle Feste in einigen Städten in Umbrien un Marken.

Karwoche und Ostern

Religiöse Feierlichkeiten mit Prozessionen, Palmenweihe und kirchlichen Ritualen.

Mai

Gubbio (Umbrien), **„Corso dei Ceri"**, Wettlauf mit großen Heiligenfiguren durch die Stadt, an einem Sonntag Mitte Mai.

Gubbio (Umbrien), **Wettbewerb im Armbrustschiessen** auf der Piazza della Signoria, letzter Sonntag im Mai.

Fronleichnam

Orvieto (Umbrien), festliche **Fronleichnamsprozession**.

Juni

Spoleto (Umbrien), internationales **Theater- und Musikfestival**.

Juli

Macerata (Marken), **Freilicht-Opernfestival** in der Sferisterio Arena, Ende Juli bis Mitte August.

Urbino (Marken), **Fest historischer Musikstücke**.

August

Ascoli Piceno (Marken), **„Giostra della Quintana"**, großes, landesweit berühmtes, mittelalterliches Reiterturnir auf der Piazza del Popolo, am 1. Sonntag im August. Großes Rahmenprogramm und Umzug der Teilnehmer in historischen Kostümen.

Pesaro (Marken), **Rossini Opernfestival**, mehrere Tage im August.

Assisi (Umbrien), **Versöhnungsfest**.

In vielen Städten finden an Mariä Himmelfart (Feragosto) am 15. August Umzüge und Feuerwerke statt.

Urbino (Marken), **Festa del Duca**, großes Stadtfest das in Erinnerung an Herzog Federico am 3. Sonntag im August gefeiert wird.

Mondavio (Marken), **„Caccia al Cinghiale"**, die historische Nachstellung einer „Wildschweinjagd" auf der Piazza, viele mittelalterliche Kostüme, Mitte August.

Oktober

Castelfidardo (Marken), **Internationales Akkordeon-Festival**, eines der bedeutendsten Festivals dieser Art in Europa, Mitte Oktober.

Acqualagna (Marken), **Fiera Nazionla del Tartufo Bianco di Acqualagna**, bedeutende Trüffelmesse in der italienischen „Hochburg des Trüffels", letztes Wochenende im Oktober und die ersten Wochenenden im November.

Die **Kirchweihfeste im Herbst** und die Feste zu Ehren der Ortsheiligen und Kirchenpatrone nehmen einen hohen Stellenwert im Brauchtum und unter den Jahresfesten der Städte und Gemeinden ein.

November

Ancona (Marken), **Jazzfestival** im November.

Dezember

Loreto (Marken; **Santa Casa**, Prozession und Freudenfeuer zu Ehren der „Ankunft des Heiligen Hauses", 10. Dezember.

HOTELS

Hotels der gehobenen Kategorien können sich im internationalen Vergleich durchaus sehen lassen. Höchstens in den vom Tourismus noch nicht so eroberten Gebieten kann es sein, dass man am Komfort Abstriche machen muss.

Hotels sind in fünf Kategorien eingeteilt (Luxuskategorie und erste bis vierte Kategorie), **Pensionen** in drei Kategorien (erste, zweite, dritte Kategorie).

Die Kategorien werden durch Sternchensymbole gekennzeichnet.

Die Ausstattung der Luxushotels, oft Häuser international operierender Hotelketten, entspricht gewöhnlich den hohen Ansprüchen, die an solche Unterkünfte gestellt werden, sei es im Komfort der Zimmer, im gebotenen Service oder bei Küche, Keller und Einrichtungen wie Restaurants, Bars, Bankett- oder Konferenzsälen, Geschäften, etc.

Entsprechend sind die Preise, die in dieser Klasse ohne weiteres über 200 Euro für eine Übernachtung steigen können.

Ähnlich verhält es sich bei 1.-Klasse-Hotels.

Recht unterschiedlich dagegen kann die Qualität der Häuser der unteren Kategorien sein. Hier haben z. B. nicht immer alle Zimmer ein eigenes Bad oder eine Dusche, die Zimmer sind kleiner und einfacher ausgestattet, der Service ist bescheidener, was nicht heißen muss, dass er weniger freundlich ist, Restaurant oder Bar fehlen u. U. ganz.

Nicht immer ist für den Gast erkennbar, warum gerade dieses oder jenes Hotel in die zweite Kategorie aufgerückt ist. Andererseits kann man umgekehrt auch auf ein erstklassiges Haus treffen, dessen Betreiber sich vielleicht aus Steuergründen gar nicht besser einstufen lassen will.

Die Zimmerpreise variieren je nach Saison und je nach Kategorie und Lage des Hauses. Offiziell sind die Hoteliers verpflichtet, die Zimmerpreise im Zimmer auszuhängen. Je besser das Haus, desto versteckter die Preistafel. Die Mehrwertsteuer muss im Zimmerpreis enthalten sein.

Manche Häuser haben ein für den Gast ziemlich unübersichtliches System von Zuschlägen zu den Zimmerpreisen entwickelt. Da gibt es Zuschläge für die Steuern natürlich, aber auch für Bedienungsgelder, Kurtaxen, für Heizung, die Vor-, Neben- oder Hauptsaison und ähnliches. Wenn Ihnen solche Preise angeboten werden, sollten Sie unbedingt nach einem Komplettpreis für das Zimmer inklusive aller Steuern und Abgaben (tutto incluso) verlangen, um Überraschungen vorzubeugen! Eine Quittung ist nach Begleichung der Rechnung vom Hotel an den Gast auszuhändigen.

Zimmerreservierungen sollten in den vom Tourismus stark frequentierten Regionen und Städten nicht nur in den Hauptreisezeiten rechtzeitig im voraus vorgenommen werden. Meist wird eine Anzahlung (oder Kreditkartennummer) verlangt, damit die Reservierung auch aufrechterhalten wird.

Eines ist vielen zentrumsnahen Unterkünften, ob gehobenes oder einfacheres Hotel oder Pension gemein, das ist das Problem des **Straßenlärms**, dem die Häuser und ihre Gäste bis spät in die Nacht ausgesetzt sind. Das Knattern der Motorroller und Motorinos hallt in nächtlichen Häuserschluchten bis in die obersten Etagen.

Mit wirksamen Klimaanlagen dürfen Sie nicht in jedem Hotelzimmer rechnen – außer in Häusern der Luxuskategorie vielleicht. Andererseits sind die Temperaturen in Hotelzimmern in Sommernächten oft so hoch, dass ein Schlafen bei geschlossenem Fenster kaum möglich ist. Daran sollten Sie denken, wenn Sie die Auswahl bei Zimmern haben. Vielleicht ist unter diesem Aspekt betrachtet ein nach hinten gerichtetes Zimmer manchmal vorteilhafter, als ein der Hauptstraße zugewandtes, dafür aber aussichtsreicheres Zimmer. Wirklich empfindliche Gemüter sollten zu Hause tatsächlich überlegen, ob sie Ohrstöpsel oder Akustikwatte einpacken.

Sollten Sie dagegen im Frühjahr oder im Spätherbst oder noch später durch Mittelitalien reisen ist daran zu denken, dass nicht alle Hotels über Zentralheizungen oder Heizungen in den Gästezimmern verfügen.

Üblich ist – wie bei uns – eine **Stromspannung** von 220 V. Und für Ihren Föhn, elektrischen Rasierer o. ä. ohne flachen Eurostecker sollten sie für alle Fälle einen **Zwischenstecker** dabei haben. Die bei uns üblichen Sicherheitsstecker passen nicht in die in Italien üblichen Steckdosen!

Einen WiFi-Zugang bieten heute fast alle Hotels an, mitunter allerdings gegen eine Gebühr, die für die Bekanntgabe eines evtl. Passwortes zu entrichten ist.

KLIMA, REISEZEIT, KLEIDUNG

Für Reisen durchs Land aber sind zweifellos der **Spätfrühling und Frühsommer**, etwa die Zeit von Anfang Mai bis Ende Juni und dann wieder der **Herbst**, etwa von Anfang September bis Anfang Oktober, die beste Reisezeit. Im April ist in den Höhenlagen und im Apennin noch mit kalten Winden und im Oktober gelegentlich mit kräftigen Regenschauern zu rechnen. Winter auf den Höhen des Apennin können schneereich sein. Nicht ganz umsonst hat sich in den Monte Sibillini ein wichtiges Skigebiet in Mittelitalien etabliert. Und selbst im schönsten Sommer ist in den Staulagen des Gebirges mit anhaltendem Regen zu rechnen.

Wer die Wahl hat, dem ist anzuraten, die betriebsame Ferienzeit im August, besonders die ersten zwei, drei Augustwochen für einen Aufenthalt an der Küste zu meiden. Es ist die Zeit der Betriebsferien in Italien. Und dann ist fast ganz Italien auf Urlaubsreise. In den Küstenorten, in den Hotels, Restaurants, an den Stränden und auf Campingplätzen dort ist es oft ungemütlich voll. Wer sich gerne antizyklisch verhält, in der Urlaubszeit also lieber ins Binnenland als ans Meer fährt, kommt dann in den Genuss ziemlich leerer, aber oft auch drückend heißer Städte.

Eine Reise durch das herbstliche Mittelitalien, durch Umbrien und die Marken also, kann besonders reizvoll sein. Ab Ende September muss aber damit gerechnet werden, dass der eine oder andere Campingplatz, aber auch Museen in Orten weiter im Hinterland, bereits geschlossen sind. Und ab Mitte Oktober ist besonders in der Region Marken mit kräftigen Regenschauern und trüben, auch nebeligen und schon recht kalten Tagen in den Bergregionen zu rechnen.

Wer allerdings an den Küsten baden will, wird vor Mitte Juni und nach Mitte September zwar leere Strände finden, aber in den Badeorten vor vielen geschlossenen Hotels und Restaurants stehen.

Die wohl beste und angenehmste Zeit für eine Rundreise durch die Marken, wie eigentlich durch ganz Mittelitalien, sind die Monate Mai und Juni und dann wieder der September.

Wer dagegen gerne am Strand in der Sonne schmort, der wird sich wahrscheinlich in der Zeit von Mitte Juli bis Mitte August, der heißesten Zeit in der Gegend, so richtig wohl fühlen. Die Wassertemperaturen in der Adria können dann schon mal 25° erreichen. Allerdings ist das auch die Ferienzeit der Italiener, was in den Badeorten und touristischen Einrichtungen gelegentlich zu Engpässen führen kann.

Vor allem in der Zeit um den 15. August, dem Himmelfahrtstag Ferragosto, hält es kaum jemanden zu Hause. Seit Generationen ist dann „halb Italien" unterwegs und strebt an die Küsten. Wer zu dieser Zeit unterwegs sein muss, sollte seine Herberge rechtzeitig vorab buchen, sich aber über die nicht selten horrenden Preise, die um Ferragosot herum verlangt werden, nicht wundern. Touristische Einrichtungen, vom Hotel, über das Restaurant, den Camping- oder Stellplatz, bis zu den Stränden und Parkplätzen der beliebten Küstenorte platzen dann buchstäblich aus allen Nähten.

Reist man schon früh im Jahr, so bis Mitte/Ende April, oder im Spätherbst (Oktober, November), ist nicht nur mit gelegentlichen Regengüssen zu rechnen, es kann dann nicht nur abends und nachts auch unangenehm kalt werden, was durch den gelegentlich aus Norden blasenden Wind Tramontana noch verstärkt wird. Am heftigsten stürmt der

Tramontana übrigens vor Sonnenaufgang, dann können Böen schon mal 70 km/h erreichen.

Kleidung – Italiener legen großen Wert auf ihre äußere Erscheinung. Ihr Auftreten in der Öffentlichkeit, elegante, höfliche Umgangsformen und nicht zuletzt ihre Kleidung liegen ihnen am Herzen. „Bella figura", eine gute Figur zu machen, ist immer und überall angesagt.

So wird es auch heute noch, nicht nur auf dem „flachen Lande", als völlig unpassend angesehen, wenn beispielsweise von Frauen zu Kirchenbesuchen Shorts und T-Shirts, kurze Tops oder schulterfreie Blusen getragen werden.

Als ebenso „unmöglich" sieht man das Auftreten von Touristen an, die in Badekleidung eine Stadt besichtigen und sich so auch noch ins Restaurant setzen. Männer in Shorts und vielleicht noch mit freiem Oberkörper auf einem Stadtspaziergang, gelten, auch wenn es noch so heiß ist, mehr als nur unfein.

Und bitte, erscheinen Sie zu privaten Einladungen bei einer italienischen Familie keinesfalls in kurzen Hosen. Ihre Gastgeber wären sehr wahrscheinlich ziemlich peinlich berührt!

Bei einer Reise durch Mittelitalien im Winter sollten Sie auf warme Kleidung (auf für drinnen) keinesfalls verzichten! Denn nicht alle öffentlichen Einrichtungen, Restaurants und Hotels haben Zentralheizung!

MINIWORTSCHATZ KLEIN, ABER NÜTZLICH

Allgemeines

Guten Tag! – Buon giorno!
Guten Abend! – Buona sera!
Gute Nacht! – Buona notte!
Herzlich willkommen! – Benvenuto!
Auf Wiedersehen – Arrivederci!
Wer des Italienischen noch nicht so ganz mächtig ist, verwechselt leicht die Aufschriften auf Zugängen zu Toiletten.
Damen – Signore (oder auch Donne)
Herren – Signori (oder auch Uomini)
Ausgang – Uscita
Ausweis – carta d'identità
besichtigen – visitare
Bitte sehr! – Prego!
Brief – lèttera
Briefkasten – cassetta postale
Briefmarke – francobolli
Briefumschlag – busta
Damen – Donne, Signore
Danke – Grazie
Denkmal – monumento
Ehefrau – moglie
Ehemann – marito
Eingang – Entrata
Entschuldigung! – Scusi!
Ferngespräch – comunicazione interurbana
Frau – Signora, Mz. Signore
Fräulein – Signorina
Geburtsdatum – data di nàscita
Herr – Signore. Mz. Signori
Herren – Uomini, Signori
Ja, nein – Si, No
Kirche – chiesa
Museum – museo
Postamt – ufficcio postale
Postkarte – cartolina postale
Reisepass – passaporto
Scheckkarte – carta -assegno
Schloss – castello
Turm – torre
Unterschrift – firma
Vielen Dank! – Tante grazie!
Wohnort – domicilio
Sprechen Sie Deutsch? – Parla tedesco?
Ich verstehe nichts! – Non capisco niente!
Wie bitte? – Come dice?
Ich heiße ... – Mi chiamo ...
Wo befindet sich ...? – Dove si trova ...?
Wo kann ich telefonieren? – Dove posso telefonare?

Auto / Wohnmobil

Abschleppdienst – autosoccorso
Auspuff – scappamento
Auto – automòbile
Batterie – batterià
Benzin – benzina
Bremse – freni
Ersatzteil – pezzo di ricambio
Getriebe – cambio
Kabel – cavo
Keilriemen – cinghia trapezoidale
Kühler – radiatore
Kupplung – frizione
Ölwechsel – cambio dell'olio

Rad – ruota
Reifen – pneumatico, gomma
Scheinwerfer – faro
Sicherheitsgurt – cintura di sicurreza
Unfall – incidente
Wagenheber – cricco
Wohnmobilstellplatz – area attrezzata
Zündkerze – candela d'accensione
Volltanken, bitte. – Faccia il pieno, per favore.
Wir haben eine Panne. – Abbiamo una panna.
Kann ich bei Ihnen telefonieren? – Posso telefonare da Lei?

Hotel

Bett – letto
Briefpapier – carta de lettere
Briefumschlag – busta
Doppelzimmer – camera doppia
Dusche – doccia
Etage – piano
frei (Zimmer) – disponibile
Frühstück – colazione
Reinigung – pulitura
Schlüssel – chiave
Speisesaal – sala da pranzo
Toilette – gabinetto
Wasserhahn – rubinetto d'acqua
Zimmermädchen – cameriera
Zwischenstecker – spina
Wo ist das Hotel...? – Dov'è l'albergho...?
Ich habe ein Zimmer bestellt. – Ho prenotato una càmera.
Wie viel kostet das Zimmer? – Quanto costa la càmera?

Restaurant, Einkauf

(Siehe auch unter „Essen und Trinken")
Herr Ober! – Cameriere!
Fräulein! – Cameriera!
Besteck – posata
Bier – birra
Brot – pane
Brötchen - panino
Butter - burro
Eier – uova
Essig – aceto
Flasche – bottiglia
Fruchtsaft – succo di frutta
Glas – bicchiere
Kaufhaus – grande magazzino
Lebensmittel – gèneri alimentari
Milch – latte
Mineralwasser – acqua minerale
– mit/ohne Kohlensäure – con/sin gas
Öl – olio
Pfeffer – pepe
Sahne - panna
Salz – sale
Serviette – tovagliolo
Spargel - asparagi
Steak - bistecca
Suppe – zuppa
Tee – tè
Zwiebel - cipolla
Zucker – zùcchero
Ich möchte ... – Desidero ...
Die Rechnung, bitte! – Il conto, per favore!
Wie viel kostet das? – Quanto costa questo?

Auf der Speisekarte

agnello - Lamm
antipasto - Vorspeise
arrabiata - scharf gewürzte Pastasauce
arrosto - gebraten
bistecca maialo/manzo - Steak vom Schwein/Rind
bollito - gekocht
brodetto - Fischsuppe (Spezialität der Marken)
bruschetta - Toastbrot mit Olivenöl und Koblauch
cacciagione - Wild
calamari - Tintenfischkringel
carne - Fleisch
castagne - Kastanien
castrato - Hammel
cavolfiore - Blumenkohl
ceci - Kichererbsen
cetriolo - Gurke
ciauscolo - streichbare Salami (Spezialität der Marken)
ciliege - Kirschen
cinghiale - Wildschwein
contorno - Beilage aus Gemüse
cotto - gekocht
cozze - Miesmuscheln
crostini - getoastete Weißbrotscheiben mit Belag der unterschiedlichsten Art
dolci - Süßspeise
farcito - gefüllt
fegato - Leber
fettuccine - Bandnudel

finocchio -Fenchel
formaggio - Käse
fragole - Erdbeeren
frittata - Omelette
frutta - Obst
funghi - Pilze
gnocchi - Kartoffelteigbällchen
in umido - geschmort
lenticchie - Linsen
lepre - Hase
macedonia di frutta - Obstsalat
maiale - Schwein
mandorle - Mandeln
manzo - Rind
mela - Apfel
merluzzo - Kabeljau
miele - Honig
nocciole - Haselnüsse
oca - Gans
osso buco - Kalbshaxenscheiben
panino - Brötchen
panna - Sahne
pappardelle - breite Bandnudeln
patate - Kartoffeln
penne - Röhrennudel, kurz und dick
peperoni - Paprika
pesce - Fisch
pescespada - Schwertfisch
piselli - Erbsen
pollo - Huhn
polpette - Fleischbällchen
pomodoro - Tomate
prosiutto - Schinken, roh
riso - Reis
salciccia - Wurst
sogliola - Seezunge
spezziatino - Gulasch
allo spiedo - am Spieß
spinaci - Spinat
stoccafisso - Stockfisch
tacchino - Truthahn
tartufo - Trüffel
tonno - Thunfisch
tortellini - gefüllte Teigwaren
trippa - Kutteln
trota - Forelle
uova - Eier
verdura - Gemüse
vitello - Kalb
vongole - kleine Muscheln

Unterwegs

abbazia – Kloster
afreschi – Fresken
chiostro – Kreuzgang
cottà – Stadt
giardini – Gärten
lungomare – Strandpromendade
mercato – Markt
navata – Kirchenschiff
piano – Stockwerk
scavi – Ausgrabungen
tesoro – Schatz, Kirchenschatz
vista – Aussicht

Verkehr

area attrezzata – Wohnmobilstellplatz
attenzione – Achtung!
Attenzione alla precedenza – Vorfahrt beachten!
bicicletta – Fahrrad
Caduta di massi – Steinschlag
cantiere – Baustelle
carico – Versorgung (z. B. Frischwasser für Wohnmobile)
a destra – rechts
deviazione – Umleitung
diritto – geradeaus
disco orario – Parkscheibe
divieto di sorpasso – Überholverbot
divieto di sosta – Halteverbot
divieto di sosta – Parken verboten
incrocio – Kreuzung
lavori in corso – Bauarbeiten
motocicletta – Motorrad
neve – Schnee
parcheggio – Parkplatz
parcòmetro – Parkuhr
passaggio a livello – Bahnübergang
patente di guida – Führerschein
pedaggio – Autobahngebühr
pericolo – Gefahr
rallentare – langsam fahren
rouletto – Wohnwagen
sbarrato – gesperrt
scarico – Entsorgung (z. B. Wohnmobil-abwässer)
semàforo – Ampel
senso unico – Einbahnstraße
a sinistra – links
sorpassare – überholen
tenere la destra – rechts fahren
tutte le direzioni – alle Richtungen
uscita – Ausfahrt
velocità màssima – Höchstgeschwindigkeit
vietato – verboten

Zahlen und Zeit

null – zero
eins – uno
zwei – due
drei – tre
vier – quattro
fünf – cinque
sechs – sei
sieben – sette
acht – otto
neun – nove
zehn – dieci
elf – undici
zwölf – dodici
dreizehn – tredici
vierzehn – quattordici
fünfzehn – quindici
sechzehn – sedici
siebzehn – diciassette
achtzehn – diciotto
neunzehn – diciannove
zwanzig – venti
dreißig – trenta
vierzig – quarenta
fünfzig – cinquenta
sechzig – sessanta
siebzig – settanta
achtzig – ottanta
neunzig – novanta
hundert – cento
zweihundert – duecento
tausend – mille
zweitausend – duemila
Wie spät ist es? – Che ore sono?
Es ist genau 3 Uhr. – Sono le tre precise.
heute – oggi
gestern – ieri
morgen – domani
vormittags – di mattina
nachmittags – nel pomeriggio
abends – di sera
Montag – lunedi (il)
Dienstag – martedi
Mittwoch – mercoledi
Donnerstag – giovedi
Freitag – venerdi
Samstag – sàbato
Sonntag – doménica (la)

MIT DEM AUTO DURCH ITALIEN

Ein sehr gut ausgebautes Straßennetz (Gesamtlänge annähernd 479.000 km) und gebührenpflichtige Autobahnen (rund 9.500 km), durchziehen das Land von den Alpen bis Sizilien.

Die einzige Autobahn (autostrada) in der Region Marken ist die A14 (Bologna - Pescara) entlang der Adriaküste.

Schnelle Straßenverbindungen sind die gebührenfreien, mit SS (strada statale) gekennzeichneten Fernstraßen oder die vierspurig ausgebaute Superstrada.

Wenn Sie in Umbrien oder in den Marken in Ost-West-Richtung fahren, werden Sie weniger auf Schnellstraßen, sondern vielmehr auf recht kurvenreichen Straßen, vor allem in den Höhen des Apennin, unterwegs sein.

So gut wie alle Abschnitte der italienischen Autobahnen sind mautpflichtig! An fast allen Autobahnzahlstellen können Sie auch mit Ihrer Kreditkarte die Mautgebühr begleichen. Dafür sind in den Durchfahrten Automaten aufgestellt, die Sie vom Auto aus bedienen können. Dennoch empfiehlt es sich, immer auch genügend Bargeld zum Begleichen der Autobahnmaut dabei zu haben, falls Ihre Kreditkarte einmal nicht akzeptiert wird, oder die Kreditkartenfunktion defekt sein sollte.

Wenn Sie die **Autobahnmaut mit Ihrer Kreditkarte bezahlen** wollen, wählen Sie an der Ausfahrt eine Furt (Zahlstelle), die deutlich mit einem Kreditkartensymbol markiert ist. Fahren Sie keinesfalls durch die mit TELEPASS gekennzeichneten Mautdurchfahrten.

Unbedingt beachten! Wenden oder zurücksetzen an Mautstellen ist verboten!

Wenn Sie bei der Einfahrt auf die Autobahn an einer Box ein Ticket gezogen haben, dann stecken Sie dieses Ticket (Richtungspfeil auf dem Ticket beachten) nun in einen der schmalen Schlitze im Automaten, oft durch ein blinkendes Leuchtsignal markiert.

Für Wohnmobilfahrer ist das Bedienen der Automaten msiet mit Verrenkungen verbunden. Denn die Automatenschlitze für die Eingabe der Mautkarte, der Kreditkarte oder der Bargeldscheine, die Ausgabeöffnung für das Wechselgeld oder der Quittung sind in einer Höhe angebracht, die für Pkw-Fahrer zwar bequem zugänglich, vom höheren Wohnmobilsitz aber nur sehr umständlich zu erreichen sind.

Der Automat liest das eingeschobene Ticket und zeigt auf einer elektronischen Schriftzeile (die je nach Sonnenstand mitunter etwas schwer zu entziffern ist) den zu zahlenden Euro-Betrag an.

Nun schieben Sie in den gleichen Schlitz mit leichtem Druck Ihre Kreditkarte. Sie wird nach innen gezogen. Es ist deutlich markiert, wie herum Sie die Kreditkarte einschieben müssen, damit der Magnetstreifen bzw. der Chip auf der Karte gelesen werden kann. Falls Sie die Kreditkarte falsch herum hineingesteckt haben, fährt sie wieder aus. Eine Stimme meldet sich und Sie müssen den Vorgang (nun möglichst richtig, ungeachtet des evtl. Hupkonzerts hinter Ihnen) wiederholen. Nach einigen Sekunden ist der Zahlungsvorgang abgeschlossen, der angezeigte Betrag von Ihrem Konto abgebucht. Ihre Kreditkarte kommt wieder zum Vorschein und Sie entnehmen sie! Der Schlagbaum hebt sich.

Wenn Sie nun noch den entsprechenden Knopf betätigen, erhalten Sie auch einen Quittungsausdruck. Eine metallene Frauenstimme sagt „grazie, arrivederci", der Schlagbaum hebt sich und Sie haben wieder freie Fahrt.

Einige Durchfahrtsspuren an den Mautstellen sind mit VIACARD bezeichnet. VIACARDs sind Guthabenkarten, die bei Automobilclubs (auch hier) erworben werden können. Beim Durchfahren der VIACARD-Mautstation wird die VIACARD in den Zahlautomaten eingeschoben und die Mautgebühr vom Guthaben abgezogen. Ist das Guthaben auf der Karte zu gering für den geforderten Mautbetrag, wird vom Automaten eine weitere VIACARD gefordert.

Wenn alle Benühungen beim Bezahlen der Maut am Automaten scheitern, können Sie als letzte Notlösung den Knopf „Assistenza" oder „Richiesta di Intervento" drücken. Der Automat druckt eine Quittung aus, die Sie innerhalb von 14 Tagen bezahlen müssen.

Verkehrsregeln

Um es gleich vorweg zu nehmen: Üben Sie sich als Autofahrer in Geduld und fahren Sie defensiv, aber mit größter Aufmerksamkeit.

Und nehmen Sie es nicht als persönliche Herabsetzung, wenn Sie ein anderer Verkehrsteilnehmer in der Hitze südländischer Temperamentswallungen rücksichtslos überholt, aggressiv schneidet, drängelt, die Vorfahrt nimmt, noch kurz vor Ihnen aus einer winzigen Nebenstraße in die Hauptstraße hereinschießt, in der dritten Reihe parkt und Ihnen so den Weg versperrt und so weiter und so weiter.

Und noch eine kleine Empfehlung: Achten Sie im städtischen Verkehrsgewühl vor allem auch auf Motorrollerfahrer. Für sie scheinen Verkehrsregeln noch weniger zu existieren, als für manchen Autofahrer.

Motorrollerfahrer zwängen sich rechts und links vorbei, ignorieren Einbahnstraßen, überholen und wechseln die Fahrspur nach Herzenslust, nicht selten auch noch mit dem Handy am Ohr, schlängeln sich durch Autokolonnen, biegen ein und biegen ab ohne Vorwarnung oder Signal, schneiden Kurven, nehmen sich einfach die Vorfahrt wo auch immer, ignorieren rote Ampeln etc. etc.

Ansonsten entsprechen Verkehrsregeln und Verkehrszeichen den internationalen und europäischen Vorgaben und gleichen im Wesentlichen den uns bekannten Vorschriften bzw. Verkehrszeichen.

Viele Innenstädte in Italien sind für den allgemeinen Autoverkehr gesperrt oder nur zu gewissen Tageszeiten zu befahren. Die Stadtzonen mit Zufahrtsbeschränkungen **Zona a Traffico Limitato ZTL** sind mit entsprechenden Verbotstafeln gekennzeichnet. Es empfiehlt sich, solche Zonen zu beachten, um Bußgelder zu vermeiden.

Linien am Fahrbahnrand sowie **schwarz-gelb markierte Bordsteine** signalisieren ein **Parkverbot** an diesen Stellen. Ebenso darf auf gelb markierten Flächen nicht geparkt werden.

Blau markierte Bordsteine oder Areale weisen auf **gebührenpflichtige Parkmöglichkeiten** hin.

Außerhalb geschlossener Ortschaften muss **auch tagsüber mit Abblendlicht** gefahren werden!

Vor dem Anhalten **muss geblinkt** werden.

Mit empfindlichen Strafen ist zu rechnen, wenn Sie im Mautstellenbereich beim Wenden, Spurwechsel oder Zurücksetzen oder während der Fahrt beim **Telefonieren mit dem Handy** ohne Freisprechanlage erwischt werden! Offizielle Lesart auch dies. Was man im Verkehrsalltag allerdings so sieht, macht den Eindruck, als wäre besonders die Vorschrift über das Telefonierverbot im Auto während der Fahrt noch nicht sehr bekannt.

Und zumindest auf dem Papier ist das private Abschleppen auf Autobahnen verboten.

Es besteht **Anschnallpflicht** auf Vorder- und Rücksitzen. Für Kinder zwischen 3 und 12 Jahren müssen Sicherheitssitze verwendet werden.

Promillegrenze 0,5, für Führerscheinneulinge bis drei Jahre nach Erhalt des Führerscheins 0,0 Promille.

Helmpflicht (Norm ECE R 22) nicht nur für Motorradfahrer, sondern auch für Motorroller- sprich Motorino-Fahrer.

Alle Gegenstände, die nach hinten über das Ende Ihres Fahrzeugs hinausragen (z. B. auch Fahrradträger, Motorroller, Surfbretter, etc. etc.) müssen mit einer rot-weiß gestreiften **Warntafel** abgesichert werden. Die Tafel hat ein Maß von 50 x 50 cm zu haben.

Wenn Sie bei einer Panne oder einem Unfall das Auto verlassen, müssen Sie eine **Warnweste** tragen!

Ein **Wardreieck** ist mindestens 50 m hinter dem Pannenfahrzeug aufzustellen.

Höchstgeschwindigkeiten

Falls nicht anders ausgeschildert gelten für Pkw, Wohnmobile bis 3,5 Tonnen Gesamtgewicht und für Motorräder über 150 ccm Hubraum innerorts 50 km/h, auf Straßen außerhalb von Ortschaften 90 km/h, auf Schnellstraßen 110 km/h und auf Autobahnen 130 km/h (auf dreispurigen Autobahnen, falls so ausgeschildert, 150 km/h) als Höchstgrenze, wenn nicht anders ausgeschildert.

Bei Regen, Schnee und Nebel darf auf allen Autobahnen aber nicht schneller als 110 km/h und auf Schnellstraßen maximal 90 km/h gefahren werden.

Für Wohnmobile über 3,5 Tonnen Gesamtgewicht gelten in Italien folgende Tempolimits: Innerorts 50 km/h, auf Land- und Schnellstraßen 80 km/h und auf Autobahnen 100 km/h.

Für Pkw mit Anhänger gelten innerorts 50 km/h, 70 km/h auf Land- und Schnellstraßen und 80 km/h auf Autobahnen.

Für Motorräder unter 150 ccm Hubraum gelten auf Landstraßen 90 km/h, auf Autobahnen sind sie verboten.

Samstags, sonn- und feiertags gelten in der **Oster- und Sommerferienzeit auf Autobahnen** 110 km/h als Höchstgeschwindigkeit.

Es sollte nicht vergessen werden, dass für das **Überschreiten von Höchstgeschwindigkeiten** recht deftige Bußgelder verhängt werden können!

Erkundigen Sie sich vor Abreise nochmals nach dem neuesten Stand in Sachen Höchstgeschwindigkeiten und Verkehrsvorschriften. Alle unsere Angaben dazu werden ohne Gewähr gemacht.

Notrufnummern

Allgemeiner Notruf, Polizei, Unfall, Notarzt, Feuerwehr - **112**

ACI Notruf - (803) 116

Entlang der Autobahnen sind Notrufsäulen des Italienischen Autobobilclubs ACI aufgestellt. Viele der Säulen sind mit zwei Druckknöpfen ausgestattet, einem für medizinische Betreuung und einem für Pannenhilfe.

Kraftstoffpreise

Superbenzin ca. 1,55 Euro,
SuperPlus ca. 1,65 Euro,
Diesel ca. 1,38 Euro je Liter.

Tankstellen sind in Italien – außer an Autobahnen und Fernstraßen – an Wochentagen zwischen 13 und 15.30 Uhr, sowie Samstag nachmittags und sonntags gewöhnlich zwischen 13 und 15.30 Uhr geschlossen (siehe auch unter „Öffnungszeiten“). Und nicht jede Tankstelle, bzw. nicht jeder Tankautomat akzeptiert unsere Kreditkarten! Bei Tankstellen mit besonders attraktiven Preisen ist Bezahlen mit Kreditkarte in aller Regel gar nicht möglich, es wird Bargeld oder eine besondere Tankkarte verlangt. Und rechnen Sie auch damit, dass Sie VOR dem Tanken bezahlen müssen, was Volltanken oft schwierig macht. Ohne Bares an der Kasse wird die Zapfpistole nicht frei gegeben.

Es empfiehlt sich, durch **Schutzbriefe** und **Zusatzversicherungen** die Folgekosten evtl. Unfälle und Rechtsauseinandersetzungen in Verkehrs- oder Haftpflichtsachen abzudecken. Um nach einem Verkehrsunfall Ansprüche geltend machen zu können, sollten Sie unbedingt Kennzeichen, Name und Anschrift des Unfallgegners und dessen Haftpflichtversicherung und Versicherungsnummer festhalten. Angaben zur Versicherung stehen auf Plaketten, die italienische Autofahrer an der Windschutzscheibe anbringen müssen.

Ein hilfreicher Leitfaden beim Notieren der Unfalldaten kann Ihnen das Formular eines „Europäischen Unfallprotokolls“ sein. Fragen Sie bei Ihrer Versicherung oder Ihrem Automobilclub danach.

Rufen Sie bei Unfällen mit Personenschäden unbedingt die Polizei.

Und unterschreiben Sie nichts, das Sie nicht lesen und genau verstehen können, weil z. B. in italienischer Sprache abgefasst! Treten Sie wenn nötig mit Ihrer Versicherung in Verbindung, die Ihnen einen deutschsprachigen Anwalt nennen können sollte.

Parken in Innenstädten

Bei der Betrachtung der Parkplatzproblematik sollte man daran denken, dass die meisten der alten Städtchen und deren historische Zentren einfach nicht für den Autoverkehr konzipiert sind. Die meisten Innenstädte, besonders historische Altstädte, sind für den Durchgangsverkehr gesperrt und nur für Anlieger mit Sonderausweis zugänglich. Schilder mit der Aufschrift „Zona a traffico limitato riservata ai veicoli autorizzati“ weisen darauf hin.

In aller Regel werden dann Parkmöglichkeiten, teils gebührenfrei, teils gebührenpflichtig, am Rande der Innenstadt angeboten. Soweit möglich, werden solche Parkmöglichkeiten bei den Stadtbeschreibungen in diesem Reiseführer erwähnt.

Blau markierte Parkplätze sind immer gebührenpflichtig. Meist ist es dann auch nicht weit bis zum Parkscheinautomaten.

Manche Parkplätze sind mit Tafeln versehen, die ein Zeitlimit angeben. Hier dürfen Sie nur mit Parkscheibe (disco orario) mit eingestellter Ankunftszeit parken.

Generell kann gesagt werden, dass das Parken, oder besser gesagt, die Suche nach einem freien Parkplatz, in Innenstädten fast immer eine zeitaufwendige und nervenaufreibende Angelegenheit ist, und das umso mehr, je größer ein Fahrzeug (sprich Wohnmobil) ist. Empfehlenswert ist es, wo immer möglich, auf bewachten Parkplätzen zu parken. Fragen Sie aber *vorher* nach den Gebühren!

Beschriftungen auf Verkehrsschildern:

Deviazione – Umleitung
Inizio zona tutelata – Anfang Parkverbotszone
Rallentare – langsam fahren
Sbarrato – gesperrt
Senso unico – Einbahnstraße
Tutte le direzione – alle Richtungen
Zona di silenzio – Hupverbot

ÖFFNUNGSZEITEN

Generell müssen Sie sich bei einer Reise durch Mittel- und Süditalien daran gewöhnen, dass das Geschäftsleben in der Stadt und mehr noch auf dem flachen Lande während der **Siesta**, der unantastbaren Mittagsruhe zwischen 13 Uhr und etwa 16 oder 17 Uhr, zum Erliegen kommt, und zwar umfassend. Angestellte, Geschäftsleute, Arbeiter und Beamte sowieso verlassen fluchtartig ihre Arbeitsstätten, Läden und Büros. Nahezu jedes Dorf wirkt während dieser Stunden wie ausgestorben.

Andererseits findet man als motorisierter Tourist auch schnell Vorteile der Siesta heraus. Die stadtflüchtigen Einheimischen geben in dieser „heiligen" Mittagszeit oft etwas preis, wonach der Besucher zu anderen Tageszeiten in Städten gewöhnlich ebenso verzweifelt wie vergeblich sucht, nämlich zentrumsnahe freie Parkplätze.

Banken – Mo – Fr 8.30 – 13.30 Uhr, 14.30/15 – 16 /16.30 Uhr.

Geschäfte – Örtlich unterschiedliche Öffnungszeiten. Gewöhnlich aber Mo – Sa 9.00 bis 13.00 Uhr und 16.00 bis 19.30 Uhr, in von Touristen stark frequentierten Orten auch länger.

Kirchen sind fast immer ab 12 Uhr, zumindest aber über die Zeit der Siesta geschlossen. Und man sollte den Wunsch der Gläubigen respektieren und während der Gottesdienste in den Kirchen nicht umhergehen und sie besichtigen. Siehe auch unter „Kleidung".

Schalten Sie Ihr Handy während einer Kirchenbesichtigung bitte aus.

Museen – Die Öffnungszeiten der Museen variieren stark! Es hängt oft davon ab, ob der Träger (die Museumsgesellschaft) privat, kommunal, regional oder staatlich ist.

Staatliche Museen sind normalerweise geöffnet Di – Sa 9.00 bis 14.00 Uhr und So 9.00 bis 13.00 Uhr. Namhafte Museen bleiben – vor allem in der Hochsaison – mitunter durchgehend geöffnet, etwa bis 17 Uhr. Wichtige Museen sind im Sommer mitunter an einem Werktag auch abends geöffnet. Es ist durchaus möglich, dass Öffnungszeiten kurzfristig geändert werden!

Letzter Einlass in Museen ist gewöhnlich 30 Minuten vor Schließung.

Montags sind Museen und viele Sehenswürdigkeiten im allgemeinen geschlossen!

EU-Bürger unter 18 Jahren oder über 65 Jahren haben in staatlichen Museen und archäologischen Stätten oft freien oder ermäßigten Eintritt. Ausweise mit Bild muss vorgelegt werden können.

Natürlich versuchen wir bei der Angabe der Öffnungszeiten von Museen und Sehenswürdigkeiten so aktuell wie irgend möglich zu sein. Vom Zeitpunkt der Recherche bis zum Erscheinen des Buches können aber Änderungen eingetreten sein. Sollten Sie also in unserem Reiseführer mit einer nicht mehr ganz richtigen Öffnungszeit konfrontiert werden, bitten wir um Ihr Verständnis.

Postämter – Mo – Sa 8 bis 13.30 Uhr. Hauptpostämter in Großstädten Mo – Sa 8 bis 19 Uhr.

Tankstellen sind gewöhnlich Mo – Fr von 7.00 bis 13.00 Uhr und von 15.30 bis 20.00 Uhr geöffnet.

Vor allem in ländlichen Gebieten bleiben Tankstellen Samstag nachmittags und sonntags geschlossen. Autobahntankstellen sind täglich rund um die Uhr geöffnet.

Immer mehr Tankstellen bieten einen **24-Stunden-Service mit Tankautomaten** an. Gewöhnlich können die Automaten aber nur mit Kreditkarten oder mit kleinen Euro-Scheinen (10,- oder 20,- Euro) bedient werden. Es kann vorkommen, dass Tankautomaten in Deutschland ausgestellte Kreditkarten nicht akzeptieren!

POST UND TELEFON

Briefmarken gibt es nicht nur auf Postämtern sondern auch in Tabakwarengeschäften die mit einem „T" gekennzeichnet sind.

Das Porto für einen Brief bis 20 g oder eine Postkarte belief sich bislang auf 85 Cent.

Briefkästen sind in Italien rot, rotblau oder blau – **Rot** für normale inneritalienische Post, **Rot-Blau** für Eilbeförderung und **Blau** für Post ins Ausland.

Telefonieren im Direktwählver-fahren von öffentlichen Fernsprechern stellt zwischen Italien und Deutschland und umgekehrt keinerlei Probleme dar.

Etwas gewöhnungsbedürftig ist lediglich, dass in den italienischen Rufnummern die mit einer Null beginnende Ortsvorwahl integriert ist. Man muss also, auch bei einem simplen Ortsgespräch in Italien, die ganze Rufnummer bestehend aus Ortsvorwahl mit Null und Teilnehmernummer wählen.

Bei einem **Telefongespräch von Italien nach Deutschland** müssen Sie nach wie vor die Landeskennzahl für Deutschland 0049, (per Handy +49) danach die **Ortsvorwahl ohne die erste Null** und danach die Teilnehmernummer wählen. Beispiel für Stuttgart: 0049-711-Teilnehmernummer.

Haben Sie Ihr Handy vergessen und wollen in Italien öfters mal von öffentlichen Telefonen telefonieren, sollten Sie sich eine **carta telefonica** (Telefonkarte) kaufen. Sie bekommen diese Karten in Werten zu 2,- und 5,- Euro in Bars, Tabakläden, Telecom-Italia Büros und an Zeitschriftenkiosken. Um die Telefonkarte brauchbar zu machen, müssen Sie zuerst die linke obere Ecke abbrechen! Allerdings werden im Handyzeitalter auch in Italien öffentliche Telefone immer seltener.

Die **Inlandsauskunft** (hier wird nur Italienisch gesprochen) erreicht man mit der Rufnummer **12**.

Die **Auslandsauskunft** (hier wird in aller Regel auch Englisch gesprochen) erreicht man unter **176**.

Die Länder-Vorwahlen:
Italien: +39, bzw. **00 39**
Deutschland: +49, bzw. **00 49**
Österreich: +43, bzw. **00 43**
Schweiz: +41, bzw. **00 41**

THEMA SICHERHEIT UND GESUNDHEIT

Für einen eventuellen **Krankheitsfall** sollten Sie sich, zumindest versicherungstechnisch, schon zu Hause wappnen.

Wenn Sie im Besitz einer sog. „Gesundheitskarte“, offiziell einer „Europäischen Krankenversicherungskarte“ (European Health Insurance Card - EHIC) sind, die gewöhnlich von den Krankenkassen an ihre Versicherten ausgeben wird, sollten Sie diese auf Ihre Reise mitnehmen. Mit dieser Versicherungskarte können Sie medizinische Leistungen in EU-Staaten in Anspruch nehmen. Die Leistungen richten sich allerdings nach den für das jeweilige EU-Land geltenden Vorgaben. So können z. B. höhere Kostenbeteiligungen anfallen, als Sie es von zu Hause gewohnt sind. Einen Krankenrücktransport z. B. deckt eine Europäische Krankenversicherungskarte grundsätzlich nicht ab.

Ein gute Idee ist es auf alle Fälle, sich zusätzlich mit einer Auslandskrankenversicherung abzusichern.

Im Krankheitsfall oder bei einem Unfall sollten Sie zunächst die Notaufnahme (Pronto soccorso) eines Krankehauses aufsuchen. Notaufnahmen sind rund um die Uhr geöffnet.

Sicherheit auf Reisen

Grundsätzlich lässt sich schon alleine durch etwas Aufmerksamkeit, Achtsamkeit und gesunden Menschenverstand – wie auf allen Reisen – vielen unliebsamen Überraschungen vorbeugen.

Und Vorbeugen ist allemal besser, als nachher mit dem Handicap der Sprachschwierigkeiten einem wahrscheinlich ziemlich uninteressierten Polizeibeamten den Verlust von Dokumenten oder Wertsachen etc. melden zu müssen.

Handtaschenraub und Diebstahl sind vor allem in Touristenhochburgen auf belebten Straßen und Plätzen, im Geschiebe voller Bahnhöfe oder im vollen Bus oder Zug leider keine Seltenheit. In Städten mit starkem Touristenaufkommen ist die Tendenz wesentlich höher als in ländlichen Gegenden.

Obwohl der Einfallsreichtum und die Unverfrorenheit der Diebe unglaublich ist, können ein paar simple Vorkehrungen hilfreich sein:

Lassen Sie am besten alle Gegenstände von einigem Wert, die Sie unterwegs nicht wirklich und unbedingt brauchen, zu Hause!

Bewahren Sie Personaldokumente, Geld, Kreditkarten, Reiseschecks, Tickets, die Sie möglichst in körpernahen Taschen bei sich tragen, nicht in einer einzigen Brieftasche auf, sondern verteilen Sie die Wertsachen auf mehrere

Hosen-, Rock- oder Gürteltaschen. Wird dann aus einer gezogen, hält sich so der Schaden hoffentlich in Grenzen.

Und wenn Sie zu Mehreren reisen, verteilen Sie Geldbeträge auf mehrere Personen.

Hantieren Sie im Souvenirladen, vor dem Geldautomaten, auf der Straße oder wo auch immer in der Öffentlichkeit nicht mit großen Geldbeträgen, was begehrliche Blicke anziehen und ungebetene Aufmerksamkeit erregen könnte.

Lassen Sie keine Wertgegenstände (Kamera, Schmuck, Geld, Dokumente, Tickets etc.) im Hotelzimmer oder im Auto zurück. Nutzen Sie den Hotelsafe und im Auto den Kofferraum, was zwar auch keine verbriefte Sicherheit ist, aber zumindest das Risiko mindert.

Lassen Sie also, wenn es irgend möglich ist, keine Gepäck- oder Kleidungsstücke sichtbar im Auto liegen. Glauben Sie nicht, eine locker über Ihre teure Kamera auf dem Rücksitz geworfene Jacke würde schon genügen. Diebe sind fast immer ausgebuffte Profis, die wirklich alle Tricks kennen!

Parken Sie wenn möglich auf Parkplätzen mit Aufsicht oder in Hotelgaragen.

Verschließen Sie Ihr Wohnmobil (auch auf dem Campingplatz!), ihr Auto, ihr Hotelzimmer grundsätzlich und immer mit Sorgfalt. Auch wenn Sie nur schnell über die Straße gehen, um eine Zeitung zu holen.

Legen Sie im Strand- oder Straßencafé Ihre Handtasche oder die Kamera nicht achtlos auf den freien Stuhl neben sich.

Zählen Sie Wechselgeld sofort und noch unmittelbar an der Kasse nach!

Prüfen Sie größere Restaurantrechnungen!

Und achten Sie auf die Nullstellung der Zapfsäulenanzeige vor Beginn des Tankvorgangs, etc. etc. etc.

WÄHRUNG

Seit dem 1. Januar 2002 gilt auch in Italien der **EURO** als Zahlungsmittel.

Die gängigen **Kreditkarten**, wie z. B. Eurocard oder Visa, werden in Geschäften, Supermärkten, Hotels, Restaurants, Tankstellen, bei Autovermietern (fast unerlässlich als Kautionsersatz beim Anmieten eines Autos), auf Campingplätzen und an den Autobahnmautstellen im ganzen Lande und besonders in den Urlaubsregionen fast ausnahmslos akzeptiert.

Reist man weit abseits der „üblichen" Touristenrouten und tief im Hinterland, sollte man aber nicht darauf setzen, dass auch dort die Kreditkarte überall angenommen wird. Dort empfiehlt es sich schon, nicht ganz ohne Bares zu reisen. Allerdings sollte man daran denken, dass die meisten Kreditkarteninstitute für den Auslandseinsatz ihrer Karten teils recht stattliche Gebühren pro Transaktion berechnen!

Sehr verbreitet und in fast jedem Ort zu finden sind **Bankautomaten**, an denen Sie mit Ihrer Kreditkarte oder mit Ihrer Maestro-BankCard in Verbindung mit Ihrer Geheimnummer Geld von Ihrem Konto abheben können. Eine wegen der recht erheblichen Gebühren nicht gerade billige, aber auf Reisen sehr komfortable Einrichtung.

Geldautomaten sind in aller Regel auch außerhalb der üblichen Geschäftszeiten und auch am Wochenende, aber nicht immer rund um die Uhr zugänglich. In ländlichen Gegenden kann es durchaus vorkommen, dass Bankautomaten nur während der üblichen Geschäftszeiten zugänglich sind.

Bis auf den letzen Euro sollte man sich also auch im Zeitalter der Bankautomaten nicht unbedingt ausgeben

Übrigens: Das Barzahlen hat in Italien seine Grenze! Sollten Sie eine Rechnung begleichen müssen, die 1.000 Euro übersteigt, können Sie diese Rechnung nicht bar begleichen. Sie müssen mit Kreditkarte, Maestrokarte oder per Überweisung bezahlen.

WICHTIGE RUFNUMMERN

ADAC München Notrufnummer (24-Stunden-Service):

+49 (0)89 22 22 22.

ACI Automobile Club d'Italia -

Notruf: Tel. +39 803 116 (24-Stunden-Service)

Allgemeiner Notruf - Polizei, Rettungsdienst, Feuerwehrt – **112**

Zentrale Sperrnummer für
Kreditkarten – 116 116
Alle Angaben ohne Gewähr.

Die Länder-Vorwahlen:
Italien: +39, bzw. **00 39**
Deutschland: +49, bzw. **00 49**
Österreich: +43, bzw. **00 43**
Schweiz: +41, bzw. **00 41**

Haftungsausschluss

Alle in diesem Reiseführer gemachten Angaben, sowie Reise- und Sicherheitshinweise sind nach den aktuell erreichbaren und dem Verlag zugänglichen Informationen mit Sorgfalt und nach bestem Wissen zusammengestellt. Eine Gewähr für die Richtigkeit und die Vollständigkeit der Angaben sowie eine Haftung für eventuell eintretende oder daraus entstehende Schäden kann nicht übernommen werden. Gesetze und Vorschriften können sich jederzeit ändern, ohne dass der Verlag davon erfährt.

Die Entscheidung über die Durchführung einer Reise liegt in der Verantwortlichkeit des Lesers.

Verlag und Autor empfehlen, sich rechtzeitig vor Antritt der Reise nach den neuesten reiserelevanten Vorschriften zu erkundigen.

ZEICHENERKLÄRUNG

⊛	Hauptstadt	Δ	Campingplatz
◉	Etappen-Start-/Endpunkt		Womo-Stellplatz
◎	Orte		V & E Station
✱	Sehenswürdigkeit		Kirche, Kathedrale
ⓘ	Touristeninformation		Burg, Kastell
	Museum, Schloss		Wandermöglichkeit
	Rathaus, öffentl. Gebäude	⌘	archäol. Stätte
	Busbahnhof, Bahnhof	▲	Berg, Gipfel
P	Parkplatz		Rast-, Picknickplatz
	Tiefgarage		Grenzübergang
	Flughafen	)(	Pass
⊠	Postamt		Strand, Badeküste
	Restaurant	∩	Höhle
	Hotel		

Reiseweg, Route

V & E für Wohnmobile – Einrichtungen für Versorgung mit Trinkwasser sowie Entsorgung für Wohnmobilabwässer sind auf dem Platz vorhanden.

Wichtige, am Anfang zu jeder Tour vermerkte Sehenswürdigkeiten sind ihrer Bedeutung entsprechend mit einem, zwei oder drei Sternchen versehen.

* = sehenswert

** = sehr sehenswert

*** = ein „Muss" auf der Reise

INFORMATIONEN ZU GPS-NAVIGATIONSKOORDINATEN

Ein Wort zu den GPS-Daten

Alle unsere GPS-Koordinaten sind im System WGS 84 („World Geodetic System 1984"), einer der beiden internationalen Standards für Koordinatensysteme (neben UTM), erfasst.

Bitte beachten Sie: Die Genauigkeit der Routenführung durch das Navigationssystem hängt auch von der Genauigkeit und Aktualität des in Ihrem Navigationsgerät vorhandenen Kartenmaterials ab.

Minuten/Sekunden ändern in Dezimalkoordinaten

Alle Navigationsdaten in diesem Buch sind im Format Grad/Minuten/Sekunden angegeben. Falls Sie Navigationskoordinaten in Ihr Navigationsgerät evtl. nur als Dezimalkoordinaten eingeben können, ist das kein größeres Problem.

Koordinaten lassen sich von Grad/Minuten/Sekunden – so wie bei uns dargestellt – relativ einfach „per Hand" in Dezimalkoordinaten umrechnen und müssen dann gewöhnlich auch von Hand in das Navigationsgerät eingegeben werden.

– Da das Minuten/Sekunden-System in 60er Schritten geht, darf man die Minuten- und Sekunden-Markierungen nicht einfach ignorieren und daraus Dezimalkoordinaten machen, sondern man muss die Daten durch 60 teilen. Umgekehrt ist das auch von Dezimalwerten in Minuten/Sekunden möglich (multiplizieren).

Beispiel: Grad/Minuten/Sekunden-Format: z. B. N39° 29′ 12.6″ wird so zum Dezimalformat: 29 : 60 = 0,48, 12.6 : 60 = 0,21. Das wieder zusammengesetzte Format zeigt nun die Dezimalkoordinate: N 39,4821°.

Oder: E 20° 15′ 34.2″ – entspricht dann E 20,2557° (alle Angaben ohne Gewähr).

Sollten Sie Koordinatenformate konvertieren wollen, können Sie sich eines der **Konvertierungsprogramme** bedienen, die Sie kostenlos aus dem Internet herunterladen können, wie z. B.

GPS Babel http://www.gpsbabel.org (Englisch)
Routeconverter http://www.routeconverter.de (Deutsch)
Garmin POI-Loader http://www.garmin.com/products/poiloader (Englisch)

Im Reiseführer sind die Koordinaten wie folgt dargestellt:

Beispiel: [N68° 23′ 23.7″ E14° 25′ 20.4″] oder **[WP XXX / N70° 10′ 40.0″ E25° 17′ 49.0″]**. WP XXX ist die fortlaufende Nummerierung wichtiger Wegpunkte (oder Points of Interest – POI), so wie sie auf der Roadbook-CD abgelegt sind. Für die Verwendung bzw. Übertragung der Koordinaten aus dem Reiseführer durch Eintippen in Ihr Navigationsgerät ist diese WP-Nummerierung ohne Bedeutung.

Koordinaten in diesem Reiseführer, die in Orten/Städten angegeben sind, und nicht mit dem Zusatz [WP XXX / ...] versehen sind, sind als Anhaltspunkte zur Orientierung mit Handnavigationsgeräten bei Stadtrundgängen gedacht. Sie bedeuten NICHT, dass diese Ziele (Wegpunkte) auch immer (Ausnahme Campings oder Wohnmobil-Stellplätze) mit dem Auto zu erreichen sind! Die meisten Ortskerne alter italienischer Städtchen warten mit sehr engen Straßen auf, die für den allgemeinen Autoverkehr ungeeignet und mitunter auch gesperrt sind. Oft sind die Einfahrten in historische Innenstädte nur für den Anliegerverkehr erlaubt. Sehenswürdigkeiten, Museen, Kirchen etc. sind dort nur zu Fuß zu erreichen!

Gelegentlich steht vor der Wegpunktnummer das Wort „Parkplatz", **z. B. [Parkplatz, WP XXX / N70° 10′ 40.0″ E25° 17′ 49.0″]**. Damit wird darauf hingewiesen, dass sich bei oder ganz in der Nähe des Punktes ein Parkplatz befindet. Die Koordinate bezieht sich dann auf den Parkplatz. Vom Parkplatz können es noch ein paar Meter Fußweg bis zum eigentlichen Ziel sein.

Obwohl wir bei der Erfassung von GPS-Koordinaten größte Sorgfalt walten lassen, können wir für die Richtigkeit der in unseren Reiseführern und auf unseren Roadbook-CDs angegebenen GPS-Koordinaten und Wegpunkte sowie für evtl. daraus resultierende Ereignisse durch Missweisungen keine Haftung übernehmen.

GPS-ROADBOOK-CD

Alle mit WP gekennzeichneten Navigationskoordinaten, die in den Touren dieses Reiseführers aufgeführt sind, können Sie als Roadbook-CD beim Verlag erwerben.

Die Navigations-Koordinaten sind im System WGS 84 („World Geodetic System 1984") entsprechend dem Verlauf der in diesem Reiseführer beschriebenen Routen und Touren angelegt. Sie berücksichtigen wichtige Orte, Sehenswürdigkeiten, Campings, Wohnmobil-Stellplätze und andere Points of Interest (POI's).

Übertragen Sie die Koordinaten von der CD mittels PC oder Notebook und entsprechender Software (z. B. MapSource® oder BaseCamp® für Garmingeräte) auf Ihr Navigationsgerät.

Unsere „Roadbook-CD" stellt Ihnen vor Ort erfasste Original-Navigationsdaten im **Garmin-Format *.gdb** (garmin database) zur Verfügung.

Darüber hinaus finden Sie auf der „Roadbook-CD" alternative Dateiformate wie **GPX** (global positioning exchange), **KML 2.2** (Google Earth [Keyhole Markup Language] – *.kml), **TomTom *.ov2 poi files** (Wegpunkte) und **TomTom *.itn files** (Routen).

Sehr hilfreich kann für Sie auch die ebenfalls auf der CD abgelegte MS-Word-Datei **Info-Doc** sein. Dort wird Schritt für Schritt erklärt, wie GPS-Koordinaten von der CD auf ein Garmin-Nüvi gebracht werden können. Es werden Weblinks zu Koordinaten-Konvertierungsprogrammen angegeben und Sie können erfahren, wie Sie Routen vorab in Google Earth™ ansehen können u. v. m.

Die tatsächliche Lage der Wegpunkte (Ziele/Zwischenziele) kann von den angegebenen Koordinaten ggf. bis zu ca. 300 m abweichen!

Mit entsprechender Software „MapSource®, City Select Europe"® oder „BaseCamp"® des Anbieters Garmin® können die Daten im Garmin-Format oder im GPX-Format über einen PC oder über ein Notebook direkt in viele Garmingeräte eingelesen werden.

NEU! Wissen wo's lang geht! Mit den auf der Roadbook-CD abgelegten Dateien im GPX-Format können Sie in Verbindung mit Google Earth® (kostenloser Download) die Reiseroute, sowie alle als Wegpunkt markierten Stationen der Reise schon vorab aus der Vogelperspektive auf Ihrem PC ansehen, oder sich einzelne Abschnitte der Route im Google Earth Routenplaner berechnen lassen. Wie's geht und vieles mehr steht auf der CD.

Für die Richtigkeit der Koordinaten und deren Transformierung in andere Dateiformate kann keine Gewähr übernommen werden!

Unsere Roadbook-CD's können Sie gegen eine Schutzgebühr von EUR 9,90 nur direkt über den Verlag beziehen!

Bestellungen bitte über unseren Webshop:
www.rau-verlag.de/shop.

Oder per Post an: Werner Rau Verlag, Feldbergstr. 54, D-70569 Stuttgart,
Tel. +49-(0)711-687 21 43, Fax +49-(0)711-68 22 47, E-Mail: info@rau-verlag.de.

REGISTER

Personennamen in kursiver Schrift.

(CP) bzw. (ST) hinter dem Ortsnamen weist darauf hin, dass in oder ganz in der Nähe des Ortes ein im Reiseführer beschriebener Campingplatz und/ oder ein Wohnmobil-Stellplatz zu finden ist.

T

U

V

W

MOBIL REISEN

NIX WIE RAUS!

Raus Reiseführer – die gelungene Mischung aus kompetentem Reiseführer, Tourenbuch, Camping- und Stellplatzführer.

Erlebnisreiche Reisen mit Auto, Caravan, Van-Camper oder Wohnmobil.

Mobil Reisen: BALTIKUM
Die schönsten Reiserouten, kombiniert zu einer erlebnisreichen Tour durch alle drei baltischen Länder - Litauen, Lettland und Estland. Mit einem Abstecher nach Kaliningrad. Reisetipps in Fülle. Plus Vorschläge zu sechs Radtouren.
Mit Wohnmobil-Stellplätzen u. Campingplätzen.
Von Michael Moll, ca. 252 S., zahlr. Farbfotos, Karten und Stadtpläne.
ISBN 978-3-926145-72-7. € 19,90.
GPS-Roadbook-CD mit Navigationskoordinaten verfügbar!

Mobil Reisen: BRETAGNE
Ein individueller Reiseführer mit Routenvorschlägen, ausgesuchten Touren für eine Reise von Nantes bis ans „Ende der Welt“, der Finistère an die bretonische Atlantikküste. Historisches, Amüsantes, Kulinarisches und natürlich viele praktische Reisetipps. Jetzt mit noch mehr Wohnmobil-Stellplätzen.
Mit vor Ort erfassten GPS-Koordinaten.
336 S., zahlr. Farbfotos, Karten, Stadtpläne, Hotels, Campingplätze sowie viele Infos und Reisetipps.
ISBN 978-3-926145-49-9. € 19,90.
GPS-Roadbook-CD mit Navigationskoordinaten verfügbar!

Mobil Reisen: DÄNEMARK – Mit Insel Bornholm
Handlich und praktisch für erlebnisreiches Auto-, Motorrad-, Caravan- oder Wohnmobil-Touring. Auf 15 handverlesenen Urlaubsrouten zu den schönsten Städten und Küsten in Jütland, Fünen, Seeland und Bornholm. Ausführlicher Teil über "wonderful, wonderful Copenhagen".
Mit vor Ort erfassten GPS-Koordinaten.
312 S., zahlr. Farbfotos, Karten, Stadtpläne, Hotels, sowie viele Infos, die schönsten Camping- u. Stellplätze.
ISBN 978-3-926145-54-3. € 19,90.
GPS-Roadbook-CD mit Navigationskoordinaten verfügbar!

Mobil Reisen: ENGLAND SÜD

Von den weißen Felsen von Dover über lebhafte Seebäder bis hinaus an die abgeschiedene, wilde Küste von Cornwall. Wandern auf den herrlichen Küstenwegen und Klippenpfaden, den Schauplätzen aus Pilcher-Filmen nachspüren, in prächtigen Gärten schwelgen oder lieber gemütlich in einem uralten Pub verweilen, in dem sich schon die Schmuggler früherer Tage die Klinke in die Hand gaben? Dieser Reiseführer sagt Ihnen, wo's lang geht.
Mit vor Ort erfassten GPS-Koordinaten.
348 S., zahlr. Farb-Abb., Karten, Stadtpläne, Hotels, Pubs sowie viele Infos und die schönsten Campingplätze.
ISBN 978-3-926145-68-0. € 22,90.
GPS-Roadbook-CD mit Navigationskoordinaten verfügbar!

Mobil Reisen: FINNLAND – Mit Åland-Inseln

Das „Land der tausend Seen“ von Helsinki über das Labyrinth des Saimaa-Seengebiets, weiter über Karelien, die einsamen Weiten Lapplands und zurück über den finnischen Schärengarten auf eigene Faust erleben. Anschließend ein Abstecher auf die Åland-Inseln.
Mit einem ausführlich geschilderten **Abstecher zum Nordkap**. Und das Ganze mit vor Ort erfassten GPS-Koordinaten.
264 S., zahlreiche Farbfotos, Karten, Stadtpläne, Hotels, Campingplätze sowie viele praktische Informationen über Land und Leute.
ISBN 978-3-926145-50-5. € 19,90.
GPS-Roadbook-CD mit Navigationskoordinaten verfügbar!

Mobil Reisen: GRIECHENLAND

Aus der Reisepraxis für die Reisepraxis geschrieben. Ein Reisehandbuch mit Routen, Touren und Reisetipps fürs Auto-, Motorrad-, Caravan- oder Reisemobil-Touring. Eine Fülle von Routenvorschlägen führt Sie durch alle Regionen Festlandgriechenlands, von den Badestränden der Chalkidiki-Halbinsel bis in den Süden des Peloponnes und natürlich zu allen archäologischen Stätten.
Mit vor Ort erfassten GPS-Navigationskoordinaten!
264 S., zahlr. Farbfotos; Karten, Stadt- u. Lagepläne, Stadtspaziergänge, Hotels und die schönsten Campingplätze.
ISBN 978-3-926145-36-9. € 18,90.
GPS-Roadbook-CD mit Navigationskoordinaten verfügbar!

Mobil Reisen: IRLAND – Mit Nordirland

Der ideale Urlaubsführer für alle, die den Charme der "Grünen Insel" auf eigene Faust entdecken wollen. Ausgesuchte Routenvorschläge fürs Auto-Touring von den südlichen Counties über die imposante Westküste bis hinauf ins abgeschiedene Donegal und durch Nordirland. Ausführlicher Dublin-Teil mit detaillierten Rundgängen. Kultur, Folklore, Tipps zu Pubs, Wandermöglichkeiten.
Mit vor Ort erfassten GPS-Navigationskoordinaten!
336 S., zahlr. Farbfotos, Karten, Stadtpläne, Hotels, viele Infos und die schönsten Campingplätze.
ISBN 978-3-926145-58-1. € 22,90.
GPS-Roadbook-CD mit Navigationskoordinaten verfügbar!

Mobil Reisen: KORSIKA
Korsika, „Ile de Beauté“, die „Insel der Schönheit“ besticht durch ihre wunderbare Berglandschaft und ihre herrliche, oft atemberaubende Küstenszenerie. Eine Herausforderung für alle unternehmungslustigen Wohnmobilisten und Caravaner und ein Eldorado für anspruchsvolle Wandertouren.
Hotels, Restaurants, Campingplätze und jede Menge Tipps und Infos.
Mit vor Ort erfassten GPS-Koordinaten.
228 S., zahlreiche Farbfotos., Karten, Stadtpläne.
ISBN 978-3-926145-41-3. € 18,90.
GPS-Roadbook-CD mit Navigationskoordinaten verfügbar!

Mobil Reisen: KROATIEN
Istrien, die Dalmatinische Küste und Kroatiens herrliche Adriainseln auf den schönsten Reisewegen erleben. Dieses praktische Reisehandbuch sagt Ihnen, wo's lang geht. U. a. mit Dubrovnik, Plitvicer Seen, Zagreb und einer Fülle an Reisetipps, Infos zu Hotels und Campings.
Mit vor Ort erfassten GPS-Koordinaten.
257 S., zahlreiche Farbfotos, Karten, Stadtpläne, Stadtspaziergänge.
ISBN 978-3-926145-61-1. € 18,90.
GPS-Roadbook-CD mit Navigationskoordinaten verfügbar!

Mobil Reisen: LOIRETAL
Komplett überarbeitet, aktualisiert! Noch mehr Womo-Stellplätze! Die schönsten Reisewege durch das Herz Frankreichs, der Landschaft, in der es sich leben lässt „wie Gott in Frankreich“. Nicht umsonst entstanden hier die prächtigsten Schlösser Frankreichs. Aber auch wer weniger das Historische als viel mehr kulinarische Erlebnisse sucht, wird in der Gegend um das Loiretal auf seine Kosten kommen. Und dieser Reiseführer sagt Ihnen wo’s lang geht. Mit vielen Wohnmobil-Stellplätzen und mit vor Ort erfassten GPS-Navigationskoordinaten!
282 S., zahlr. Farbfotos, Karten, Stadtpläne, Hotels, sowie viele Infos und die schönsten Campingplätze.
ISBN 978-3-926145-67-3. € 19,90.
GPS-Roadbook-CD mit Navigationskoordinaten verfügbar!

Mobil Reisen: NORWEGEN – Reisewege zum Nordkap
Komplett überarbeitet! Aktualisiert! Noch mehr Womo-Stellplätze! Neue Touren und zusätzliche Routen! Noch übersichtlicher!
Jetzt mit praktischen „Tourenpaketen“ zum Kombinieren, wie z. B. „Südnorwegen“, „Gletscher, Fjells und Fjorde“ oder „Finnmark und Nordkap“. Durchgehend farbig und noch mehr Fotos und Karten!
Verlässliche Kompetenz aus langjähriger Reiseerfahrung.
Mit vor Ort erfassten GPS-Koordinaten.
408 S., Stadtrundgänge, Wandervorschläge, viele Farbfotos, Karten, Stadtpläne, Hotels, sowie Reise-Infos in Fülle, dazu über 200 Campingplätze und zahlr. Stellplätze. ISBN 978-3-926145-65-9. € 22,90.
GPS-Roadbook-CD mit Navigationskoordinaten verfügbar!

Mobil Reisen: OSTSEE-RUNDE

Auf überlegt ausgesuchten Routen und Touren die schönsten Gegenden Pommerns und Masurens, wunderschöne baltische Städte wie Vilnius, Riga und Tallinn, sowie die russische Perle Sankt Petersburg erleben. Reisen Sie über Finnland, Schweden und die dänische Insel Seeland zurück. Dieser Reiseführer hilft – ob Wohnmobil-Tourer, Caravaner, Autourlauber oder Motorbiker – sowohl bei der Vorbereitung als auch auf der Reise unterwegs. Ein unvergessliches Reiseerlebnis!
ca. 396 S., Stadtrundgänge, zahlr. Farbfotos, Karten, Stadtpläne, Hotels, sowie viele Infos und die schönsten Camping- und Wohnmobil-Stellplätze. ISBN 978-3-926145-75-8. € 22,90.
GPS-Roadbook-CD mit Navigationskoordinaten verfügbar!

Mobil Reisen: POLEN

Polen bequem auf eigene Faust kennen lernen. Über die Sudeten und über Schlesien, weiter durch die Karpaten, Zentral- und Ostpolen mit einem ausführlichen Teil über die Hauptstadt Warschau, durch Ermland, die Masurische Seenplatte, durchs Lebuser Land und über Pommern schließlich bis zur Ostseeküste. Alles in bequem nachvollziehbaren Reiserouten beschrieben.
Von Michael Moll, 240 S., zahlr. Farbfotos; Karten, Stadt- u. Lagepläne, Stadtspaziergänge, Hotels und die schönsten Campingplätze.
ISBN 978-3-926145-73-4. € 19,90.

Mobil Reisen: PORTUGAL

Gesamt Portugal, vom grünen Norden bis zur sonnigen Algarveküste, vom kargen, ursprünglichen Alto Alentejo bis zu den Seebädern am Atlantik beschreibt dieser Band auf leicht nachvollziehbaren Touren, die einen kompletten Eindruck von diesem überaus interessanten Reiseland vermitteln. Besonders ausführlich die Weinstadt Porto und natürlich Lissabon, eine der schönsten Hauptstädte Europas.
Mit vor Ort erfassten GPS-Koordinaten.
300 S., zahlr. Farbfotos, Karten, Stadtpläne, Hotels, sowie viele Infos und die schönsten Campingplätze.
ISBN 978-3-926145-64-2. € 19,90.
GPS-Roadbook-CD mit Navigationskoordinaten verfügbar!

Mobil Reisen: SARDINIEN

Ein Reiseziel mit ganz unerwarteten Attraktionen – zauberhafte Küstenszenerien, das größte Dünengebiet ganz Italiens, wunderschöne Seegrotten, mystische Nuraghen, geisterhafte alte Minenstädte und einer der spektakulärsten Canyons in Europa.
Dieses Tourenbuch, gespickt mit jeder Menge Reisetipps, führt auf den schönsten Routen und Wohnmobil-Touren durch Sardinien. Mit Wohnmobil-Stellplätzen, Tipps zu Hotels und Restaurants, Campingplätzen. Mit vor Ort erfassten GPS-Navigationskoordinaten!
240 S., zahlr. Farbfotos, Karten, Stadtpläne.
ISBN 978-3-926145-62-8. € 18,90.
GPS-Roadbook-CD mit Navigationskoordinaten verfügbar!

Mobil Reisen: SCHOTTLAND

Schottland auf neuen Wegen erleben. Eine variantenreiche Rundreise – von den Borders bis zu den Highlands, von den Western Isles bis zu den Orkneys. Detaillierte Beschreibung von Edinburgh, Glasgow, allen wichtigen Städten, Schlössern und Landschaften.
Außerdem Essen und Trinken, Whisky, Clans, Tartans und Dudelsäcke, Wandern u.v.m.
276 S., zahlr. Farbfotos., Karten, Stadtpläne, Hotels, sowie viele Infos und die schönsten Campingplätze mit GPS-Koordinaten.
ISBN 978-3-926145-57-4. € 19,90.
GPS-Roadbook-CD mit Navigationskoordinaten verfügbar!

Mobil Reisen: SCHWEDEN

Mit Inseln Öland und Gotland

Komplett überarbeitet, aktualisiert! Noch mehr Wohnmobil-Stellplätze! 22 sorgfältig ausgewählte, vor Ort getestete Reise(mobil)routen und Autotouren durch die schönsten Landschaften, Städte und Regionen. Mit vielen Reisetipps und Informationen über Sehenswertes vom südlichen Schonen bis Lappland. Mit ausführlichem Stockholm-Teil, Stadtrundgänge u. a. durch Helsingborg, Göteborg, Uppsala, Kalmar, sowie die Inseln Öland und Gotland. Mit vor Ort erfassten GPS-Koordinaten.
ca. 336 S., zahlr. Farbfotos, Karten, Stadtpläne, Hotels, sowie viele Infos und die schönsten Campingplätze. Mit Wohnmobil-Stellplätzen.
ISBN 978-3-926145-74-1. € 22,90.
GPS-Roadbook-CD mit Navigationskoordinaten verfügbar!

Mobil Reisen: SIZILIEN

Auch ein klassisches Reiseziel lässt sich immer wieder neu entdecken. Dieses neue Tourenbuch schildert kompetent und ausführlich die schönsten Reisewege durch Sizilien.
Mit Wohnmobil-Stellplätzen und mit vor Ort erfassten GPS-Koordinaten.
252 S., zahlr. s/w.- u. Farb-Abb., Karten, Stadtpläne, Hotels, sowie viele Infos und die schönsten Campingplätze.
ISBN 978-3-926145-55-0. € 18,90.
GPS-Roadbook-CD mit Navigationskoordinaten verfügbar!

Mobil Reisen: SKANDINAVIEN

Reiseziel Nordkap

Die große Tour zum Nordkap in bequem zu kombinierenden Reiserouten. Mit neuen Touren und vielen Streckenvarianten durch alle vier nordischen Länder – Dänemark, Norwegen, Schweden und Finnland. Ausführliche Beschreibung der Hauptstädte. Übersichtlich, informativ, kompetent. Mit vor Ort erfassten GPS-Koordinaten.
408 S., zahlr. Farbfotos, Karten, Stadtpläne, Hotels, sowie viele Infos und die schönsten Campingplätze und viele Wohnmobil-Stellplätze.
ISBN 978-3-926145-71-0. € 22,90.
GPS-Roadbook-CD mit Navigationskoordinaten verfügbar!

Mobil Reisen: UMBRIEN, MARKEN

Vorliegend: 1. Auflage 2018/2019

VERLAG RAU MOBIL REISEN

WERNER RAU VERLAG, Feldbergstraße 54, D - 70569 Stuttgart

www.rau-verlag.de – e-mail: info@rau-verlag.de